무송
김태길 전집

윤리 문제의 이론과 사회 현실
존 듀이의 사회철학

김태길 전집

윤리 문제의 이론과 사회 현실
존 듀이의 사회철학

철학과 현실사

1980년대 후반의 모습

1997년 이스라엘 예루살렘에서

차례

윤리 문제의 이론과 사회 현실

머리말

해방과 더불어 경성대학으로 편입했을 때, 법학을 버리고 윤리학으로 마음을 옮긴 것은 '대학교수'라는 직업을 희망했기 때문은 아니었다. 일제의 억압에서 벗어나게 되었을 때, 곧 희망의 나라가 눈앞에 전개될 것이라는 기대를 배반하고, 내가 체험한 38선 이남의 한반도는 폭력과 비리가 난무하는 무정부 상태였다. 자유를 방종으로 착각한 사람들이 각자의 이익을 잡으려고 제멋대로 행동했던 것이다. 거기에 좌우 이데올로기의 싸움까지 가세하여 세상은 극도의 혼란으로 치닫는 듯하였다.

가장 근본적인 것은 한국인의 도덕적 의식 수준을 높이는 일이라고 생각하게 되었다. 심훈의 『상록수』 주인공이 했듯이, 청년들을 모아서 윤리 운동을 하리라는 생각을 하게 되었고, 그렇게 하자면 우선 윤리학부터 공부해야 할 것 같았다. 윤리 운동을 하고자 하는 사람은 먼저 삶에 대한 자신의 신념 체계를 확고히 세울 필요가 있다고 본 것이다.

대학교수가 되기 위해서는 다년간 어려운 철학을 공부해야 하겠지만, 삶의 신념 체계를 터득하기 위해서라면 한 3년만 공부해도 충분할 것 같은 안이한 생각으로 출발한 것이 큰 잘못이었다. 어린이의 병을 고치기 위해서도 의학의 어려운 기초 공부와 실습을 해야 하듯이, 삶의 문제를 해결하는 데 필요한 실천적 지혜를 충분히 얻기 위해서도 대학의 윤리학 교수에게 필요한 모든 이론적 연구가 필수적임을 곧 알게 되었다.

"선과 악을 판별하는 객관적 기준이 있는가?" "윤리학이 엄밀한 의미의 학(學)이 될 수 있는가?" 실천 생활과는 직접 관계가 없을 것 같은 이러한 분석 윤리학의 문제들과의 정면 대결을 회피할 수 없다는 것을 깨닫게 되었을 때, 나는 분석 윤리학(meta-ethics)의 선진국 미국으로 유학할 것을 갈망하게 되었고, 그 기회를 얻은 것은 1957년이었다. 미국에서 귀국한 직후에는 주로 분석 윤리학에 관심을 기울였다. 그러나 나날이 다가오는 사회 현실의 문제들을 마냥 뒤로 미룰 수 없음을 곧 알게 되었고, 대학에서의 강의는 주로 기초적 이론 문제에 집중하되, 강단 밖에서는 틈틈이 사회 현실의 문제들과 씨름을 하기도 하였다. 그런 가운데 얻게 된 논문들도 자연히 두 부류로 나누어지는 결과가 되었다. 윤리의 순수 이론 문제를 다룬 논리적 탐구와 삶의 현장에서 부딪치는 경험적 현실에도 크게 의존하는 종합적 탐구로 나누어지는 결과를 얻게 된 것이다.

여기 한 권의 책으로 묶은 여섯 편의 논문 중 세 편은 순수 이론 문제를 다룬 논리적 탐구에 해당하고, 나머지 세 편은 경험적 현실과 직결되는 종합적 탐구에 해당한다. 그러나 나는 이 책에서 그렇게 두 부류로 나누어서 논문을 배열하지 않고, 논문을 작성한 연대순으로 그것들을 배열하였다. 나의 학문적 성장의 기록으로서 이 책을 남기고 싶어서이다. 각 논문 후미에 그것을 발표한 연도와 그 매체를 기록해 두었다.

여러 가지 정황으로 보아서 손해를 보지 않을까 크게 염려되는 이 책의 제작을 철학과현실사에서 두말 없이 수락하였다. 미안한 마음과 감사하는 마음이 교차한다.

2004년 9월 15일
김 태 길

차례

1 장
도덕적 가치와 인간의 심성

— 스피노자와 흄의 견해를 중심으로

1장 도덕적 가치와 인간의 심성
— 스피노자와 흄의 견해를 중심으로

1. 서론

윤리학적 상대론(ethical relativism)은 물론 현대에 와서 비로소 나타난 사상은 아니다. 그러나 경험적 사실과의 배치(背馳)를 적극적으로 회피하고자 하는 다수의 현대 윤리학자들이, 나날이 진보하는 과학의 성과와 근래 영미의 철학자들에 의하여 크게 개척된 철학적 분석의 수법을 도입하여, 과거 어느 때보다도 공고한 경험적 근거와 치밀한 논리로써 도덕 상대론(相對論)을 옹호하는 경향이 있음은 널리 알려진 사실이다. 그러므로 도덕 상대론을 냉철한 견지에서 재검토함은 현대의 윤리학도가, 그 상대론에 대하여 기질적(氣質的)인 찬동(贊同)을 느끼는 사람의 경우에 있어서나 또는 즉각적인 반발을 느끼는 사람의 경우에 있어서나, 한 번은 거쳐야 할 과정이 아닌가 생각된다. 왜냐하면 윤리학설에 있어서 우리는 다른 어느 철학적 분야에서보다도 선입견 내지 주관의 영향을 받기 쉽기 때문이다.

현대의 도덕 상대론에 대한 고찰을 하기에 앞서 고전적 윤리 사상 위에 나타난 상대론을 다시 검토함은 결코 공연한 헛수고가 아닐 것이다. 어떤 철학적 사상을 고찰함에 있어서 그 근원으로부터 더듬어 내려오는 것은 초학자(初學者)의 경우에 대체로 무난한 출발이 되기 때문이다. 이 글은 윤리학적 상대론의 재검토라는 과제를 앞에 둔 초학자가 그 '무난한 출발'을 꾀하여 시험하는 예비적 소론(小論)이다.

프로타고라스(Protagoras)를 비롯하여 상당수의 상대론자들이 있었는데, 그 중에서 스피노자(B. Spinoza)와 흄(D. Hume)을 선택한 데는 약간의 독단도 있을지 모른다. 그러나 필자가 이 두 사람을 선택한 데는 전혀 이유가 없지도 않다. 필자는 첫째로 이 두 사람의 학설이 현대적인 사색과 비교적 가까운 거리에 있는 것으로 보았으며, 둘째로 이 두 사상가가 17, 18세기 유럽 철학에 있어서의 현저한 대립, 즉 합리론과 경험론의 대립의 다른 진영을 각각 대표하는 사람들임에도 불구하고, 윤리 사상에 있어서는 상당한 유사성을 보이고 있다는 사실을 흥미 있게 느낀 것이다.

흄이나 스피노자의 윤리설을 상대론의 고전적 대표라고 보는 견해에 대하여 의구심을 갖는 사람들도 있을지 모른다. 특히 스피노자의 경우에 그 의구심은 더욱 강조될 것이다. '윤리학적 상대론'이라는 말이 의미하는 바가 '도덕 판단에 보편타당성이 있을 수 없다는 견해'라고만 해석되어야 한다면, 스피노자나 흄의 윤리설을 함부로 '상대론'이라고 부르는 것은 그리 적당한 일이 아닐 것이다. 사실 스피노자는 만인이 지향하는 공동의 이상을 밝히고자 힘썼으며, 흄도 행위가 의거할 보편적인 원리가 있다고 믿었다. 그러므로 그들을 프로타고라스나 트라시마코스(Thrasymakhos)와 동류(同類)라는 뜻으로 '상대론자'라고 부르는 것은 적당하지 않다. 그러나 '상대론(relativism)'이란 본래 'relative' 또는 'relational(relativ, relatif)' 등의 외국어 형용사에 근원을 둔 말로서, 진위(眞僞) 또는 시비(是非)나 선악(善惡)의 구별이 어떤 주체의 지각(知覺), 의지, 감정 등의 심적(心的) 태도와의 관계에 의해서 결정된다는 견해를 널리 일컫는 것으로 안다. 스피노자와 흄은 다 같이 선악의 가치가 모든 주관을 떠나서 그 자체 독립해서 존재한다는 실재론적 견지를 취하지 않고, 사물에 대하여 인간이 느끼는 모종의 욕구 내지 정서와의 관계를 통하여 선과 악의 구별이 생긴다고 믿는다. 이러한 점으로 볼 때 우리는 스피노자와 흄을 윤리학적 상대론자의 고전적 대표로 대접하여도 좋을 것 같다.

스피노자와 흄이 특히 우리의 주목을 끄는 것은, 그들이 위에 말한 바와 같은 뜻으로 상대론적 견지를 취함에도 불구하고, 행위가 의거할 보편타당한 원리가 있음을 믿었으며 그 원리의 확립을 꾀하여 성공했다고 스스로 믿었다는 바로 그 점이다. 오늘날 인간에 관한 과학의 여러 가지 성과를 솔직히 받아들이는 한편, 독단적 가정은 될 수 있는 한 이를 물리침으로써, 이른바 '과학적인 윤리학'을 세워 보고자 애쓰는 학자들의 윤리학적 상대론에 대한 태도에는, 많은 경우 한편으로는 이것을 긍정하면서도 다른 한편으로는 이를 극복하고자 하는 이중의 성격이 있는 것같이 보인다. 다시 말하면, 과학적 사고의 틀을 윤리학에도 적용해야 한다고 믿는 다수의 학자들은 선악의 가치와 인간의 마음가짐(attitude) 사이에 뗄 수 없는 관계가 있다는 상대론의 견해에 물리치기 힘든 근거가 있음을 인정한다. 그러나 그들은 선악이 개인의 주관적 의견이나 감정에 의하여 결정되며, 이것을 구별할 하등의 객관적, 보편적 기준이 있을 수 없다는 프로타고라스적 결론에 이르러서는 냉큼 받아들이기를 주저하는 것이다.

윤리학적 상대론이 프로타고라스의 방향을 끝까지 달릴 때, 윤리 내지 도덕 자체의 권위가 짙은 회의에 잠기고, '윤리학'이라는 이름의 학문이 부정되기 쉽다는 것은 이미 하나의 상식이다. (우리는 'emotivism'을, 극단까지 밀고 나간 현대의 윤리학적 상대론이 도달한 결론의 한 가지 형태라고 이해할 수 있을 것이다.) 윤리학적 회의론으로부터 헤엄쳐 나오기를 원하는 마음에는 '윤리학'이라는 학문의 분야가 지속되기를 바라는 '학도(學徒)'로서의 관점 이상의 것이 있다. 거기에는 '인생'이 뜻있기를 바라는 인간으로서의 염원이 있으며, '보람 있는 삶'을 단념하지 못하는 사람다운 정열이 있다. 그러나 선악과 사람의 마음가짐 사이에 뗄 수 없는 관계가 있다고 인정한다면, 어떻게 객관적 타당성을 갖는 선악의 척도를 발견할 수 있을까?

심리학이 가르치는 바에 의하면, 사람의 마음가짐은 개인에 따라 다르고, 같은 사람일지라도 때에 따라 그것이 바뀐다. 그렇다면 변동하는 것과의 관계 아래서 결정된다는 선악의 가치도 따라서 변동할 것이 아닌가? 이러한 관점으로 볼 때 상대론적 견지를 한편으로 받아들이면서도, 또 한편으로는 윤리학적 무정부주의를 극복하고자 한 선철(先哲)들에게 깊은 관심이 끌리지 않을 수 없다. 바로 그러한 선철들의 전형(典型)으로서 우리는 스피노자와 흄을 선택한 것이다. 그들은 어떠한 입론(立論)으로써 행위의 보편적 규범을 발견하고 또 이를 옹호하는 것일까? 그들의 입론은 어느 정도의 성공과 어떠한 약점을 감추고 있는 것일까? 우리는 우선 그들의 입론의 근간을 살피고, 나아가서 비판적인 고찰의 시도를 덧붙일 것이다. 먼저 스피노자부터 시작하기로 하자

2. 스피노자: 욕구의 대상으로서의 선(善)

1) 가치의 주관성

스피노자에 의하면, 이 우주에 있는 것은 오직 하나의 광막한 대자연의 체계뿐이다. 이 대자연이 유일한 실체(實體)요 동시에 신(神)이다. 그리고 그 밖에는 아무것도 없다. 이 자연의 체계는 처음도 없고 끝도 없이 무한하다. 그리고 그것은 막대한 생산력을 숨긴 생성(生成)의 원천이기도 하다. 이 원천으로부터 "무한한 사상(事象)이 무한한 방식으로 생겨난다."[1] 그리고 이 무수

한 사상들은 불변하는 인과의 법칙과 기존하는 사상들의 구조 및 상호 관계의 제약을 받고 불가피하게 생긴다. 거기에는 '우연'이라는 것이 끼일 틈이 없이 앞의 것을 따라 뒤의 것이 필연적으로 일어난다. "자연 안에는 우연이라는 것이 없다. 오직 모든 것이 숭엄한 자연의 필연성을 따라 일정한 양식으로 존재하고 또 변화하기 마련이다."[2]

위에서 그 일부를 기술한 스피노자의 세계에 있어서, 바로 어느 곳에 또는 무엇을 기점으로 삼고 '가치'의 지평이 열리는 것일까? 아리스토텔레스(Aristoteles)가 믿은 바와 같이 세계 전체가 하나의 목적론적 체계라면 실재의 나라는 그것이 곧 가치의 나라이기도 하겠다. 아리스토텔레스의 목적론적 체계에 있어서는, 모든 '있는 것'이 '있어야 할 것'을 위한 과정적 존재이며 더 높은 단계를 목적으로 삼는 자료인 까닭에, 실재의 세계는 이미 그 자체 안에 가치의 원리를 품었다. 그리고 그의 세계는 객관적이요 보편적인 평가의 기준을 가졌다. 아리스토텔레스에 있어서 세계의 목적은 세계 밖에 있는 어떤 초월자가 정한 것이 아니며, 그 안에 사는 어떤 유정적(有情的) 존재가 정하는 것도 아닌 까닭에, 즉 세계 그 자체가 본래부터 가지고 있는 것인 까닭에, 그 목적은 그 세계 안에서 생기는 모든 사상(事象)의 가치를 평가하는 완전히 객관적인 표준이 된다. 그리고 그의 세계에는 오직 하나의 공통된 목적만이 있는 까닭에, 그 평가의 표준은 보편적인 타당성을 아울러 가졌다.

그러나 스피노자에게 있어서 유일한 세계인 '자연'에는 아리스토텔레스의 경우에 있어서와 같은 목적이 있을 수 없다. '목적'이란 본래 노력의 대상이

---

1 B. Spinoza, *Ethica*, Pt. I, Prop. 16. (*Ethica*의 인용은 W. H. White의 번역본을 토대로 번역한 것이다.)
2 *Ethica*, Pt. I, Prop. 29.

다(때로는 그 노력이 무의식적일 경우는 있을지라도). 그리고 '노력'은 보통 의지의 개입을 예상한다. 그러나 스피노자의 '자연' 즉 '신'에게는 의지라는 것이 인정되지 않았으며, 보통 우리가 말하는 '지성'도 인정되지 않았다.[3] 그리고 '목적의 왕국'에서는 미래가 현재를 제약하는, 이를테면 인과의 시간적 역행이 있다. 그런데 스피노자의 '자연'에 있어서는 인과는 오직 과거로부터 미래로의 방향으로만 작용한다. 다음에 무엇이 올지는 이미 결정되어 있다. 이와 같이 스피노자의 세계는 오로지 냉정한 자연이요, 그 안에 일어나는 모든 사상은 필연적이고 불가피한 인과의 법칙을 따라 일방적으로 결정되는 까닭에, 그 세계 전체가 노력의 대상으로 삼을 어떤 목적을 생각할 수 없다. 따라서 스피노자의 경우는 아리스토텔레스의 경우와 같이 목적론의 관념을 통하여 가치의 지평을 설명할 수가 없다.

유대교나 기독교에서 믿는 바와 같은 인격신(人格神)을 우주와 인생의 근본원리로 삼는 세계관에 있어서도, 가치의 나라는 객관적이요 보편적인 근거 위에 전개된다. 인간을 포함한 우주의 창조자 신(神)이 지혜와 의지와 감정을 가진 존재로서 그 지(知)와 의(意)와 정(情)을 기울여 우주의 구조와 양상을 계획하고 마련한 것이라면, 그리고 그 창조의 신이 피창조자 인간에게 행위의 규범을 하사했다면, 가치의 지평은 이미 천지의 개벽과 더불어 열렸다고 볼 수 있을 것이다. 행위의 규범, 즉 '율법(律法)'이라는 개념은 벌써 '해야 할 것'과 '해서는 안 될 것'과의 구별을 가리키는 것이니, 가치의 참됨을 전제로 하는 것이기 때문이다. 여기서 물론 피창조자가 창조자에게 복종할 의무의 근거를 반문할 수는 있을 것이다. 도덕성의 근본을 자율에서 구해야 한다는 신념에 토대를 둔 이 반문을 어떤 윤리적인 이유로써 떠받칠 수도 있

---

3 *Ethica*, Pt. I, Prop. 17, Note 참조.

을지 모른다. 그러나 이 반문은 '가치'라는 것 자체의 진실성을 부인하는 뜻을 내포하지는 않는다.

그러나 스피노자의 신은, 널리 알려진 대로, 인격신이 아니다. 그것은 유대교적, 기독교적 전통을 멀리 벗어났다. 그리고 의지도 감정도 없는 스피노자적 '신'의 개념이 가치의 지평을 여는 원리가 될 수 없음은 명백하다. 뜻도 정도 없는 까닭에, 스피노자의 신에게는 나은 것과 못한 것의 구별이 없고, 옳은 것과 그른 것의 차등이 없다. 스피노자는 '신(Deus)'이라는 말을 즐겨 쓰기는 했으나, 그는 이 말에 특수한 뜻을 넣어 준 까닭에, 그의 '신'은 도덕적 가치의 기준을 위한 원리를 제공하지는 않는다.

스피노자의 형이상학에 의하면, 이 세계에는 온갖 것이 그것을 실현하기 위하여 애써야 할 선천적 목적도 주어지지 않았으며, 또 어떤 초월자가 행위의 규범을 내려 우리에게 신성한 의무를 부과한 일도 없다. 만약, 스피노자의 형이상학이 암시하듯이, 도덕적 가치의 기준이 될 만한 목적론적 원리도 법칙론적 원리도 주어진 바 없다면, 우리는 무엇에서 시비(是非)와 선악(善惡)을 가리는 근거를 구할 것인가? 도대체 그것을 가릴 근거가 있기나 한 것일까?

'완전', '불완전' 또는 '좋다', '나쁘다' 하는 구별이 어떤 객관적인 근거라도 가진 것처럼 생각하는 것은 한갓 착각에 지나지 않는다고 스피노자는 단언한다. 그와 같은 구별은 우리들의 주관적 태도의 투사(projection)에 불과하다는 것이다. '완전'이니 '불완전'이니 하는 말을 정당하게 사용할 수 있는 유일한 경우는, 일정한 의도를 따라서 만들어진 사물에 관해서뿐이다. 입안자 또는 설계자의 의도가 남김 없이 실현됐을 때, 우리는 본래의 의미에 있어서의 '완전하다'는 말을 쓸 수 있으며, 그렇지 못할 경우에 '불완전하다'는 말을 제대로 쓸 수 있다고 스피노자는 주장한다. 그러므로 집, 자동차, 피아노 등과 같이 사람들이 일정한 목표를 따라 만든 사물에 관해서는, 우리가 그 목표를 잘 알고 있는 한, '완전하다' 또는 '불완전하다'는 말을 올바로 쓸 수 있음이 분명하다. 그런데 사람들은 인간의 의도와 관계없이 생겨난 자연물에 대해서도 '완전' 또는 '불완전'이라는 평가어를 사용한다. 만약 신 또는 조물주가 일정한 목적과 계획 아래 이 우주를 창조한 것이라면 그렇게 사용함이 마땅할 것이다. 그러나 이 우주는 아무런 목적을 가짐이 없이 그저 있는 것이며, 자연계에 일어나는 모든 현상에도 이렇다 할 목적이 없다는 것이 스피노자의 신념이다. 그러므로 자연의 일부분인 인간을 가지고 '완전한 인격'이니 '불완전한 인격'이니 하는 언사를 쓰는 것은 스피노자가 보기에는 일종의 망발이다. 즉 그것은 사람들의 주관적인 욕망 내지 포부를 반영하는 말버릇에 지나지 않으며, '완전한 사람'과 '불완전한 사람'을 가릴 객관적인 표준은 없다는 것이다. 이 점은 스피노자의 견해를 밝히는 데 중요한 대목이라고 생각되므로 그의 말을 옮겨 보기로 한다.

어떤 사람이 일정한 일을 할 계획을 세우고 그것을 완수했을 때, 그는 그것을 완전하다고 부를 것이다. 그 사람뿐 아니라, 그의 의도를 정말 안 사람 또는 안다고 믿는 사람들도 누구나 그것을 완전하다고 부를 것이다. 예컨대 어떤 이가 집을 지으려는 생각으로 일을 시작했으나 아직 그것을 완성하지 못했음을 보았을 때, 우리는 그 집을 불완전하다 말할 것이요, 그것이 완성되면 이젠 완전하다고 말할 것이다. 이것이 이 말들 본래의 뜻이라고 생각된다. … 그러나 사람들은 차츰 일반적 관념을 형성하기 시작한다. 즉 집, 건물, 성(城) 등에 관해서 전형(典型)을 생각해 내게 되고, 어떤 유형을 다른 유형보다 낫다고 생각하게 된다. 이리하여 그들은 자기네가 형성한 일반적 관념(즉 일반적 표준)과 일치하는 사물은 완전하다 부르고 그렇지 못한 것은 불완전하다고 부르게 된다. … 이것이 아마 사람이 만들지 않은 자연물에까지 '완전'이니 '불완전'이니 하는 말을 일반적으로 적용하게 된 이유의 전부인 것 같다.

왜냐하면 사람들은, 자연도 반드시 어떤 목적을 가지고만 행동을 일으킨다는 일반적인 의견을 따라서, 인조물에 관해서뿐 아니라 자연물에 관해서도 일반적 관념을 형성하는 버릇이 있기 때문이다. … 이리하여 우리는 '완전하다'와 '불완전하다'라는 말을 자연적 사상(事象)에 적용함이 그 사상에 대한 참된 이해에서 온 것이 아니라 사람들의 편견에 기인한 것임을 알 수 있다. 왜냐하면, 이 *Ethica* 제1부의 부록에서 밝힌 바와 같이, 자연은 결코 어떤 목적을 위하여 움직이는 일이 없으며, 우리가 '자연' 또는 '신'이라고 부르는 저 영원하고 무한한 존재는 그의 있음을 결정한 바로 그 필연성을 따라서 움직이기 때문이다.[4]

'좋음'과 '나쁨'에 관해서도 스피노자는 그것이 어떤 이의 욕망과의 관련에서 생긴 주관적 산물이라는 견해를 고집한다. '좋다', '나쁘다'라는 말은 '사물 그 자체의 객관적인 성질'을 나타내는 것이 아니라, 사고의 양식 또는 우리가 사물을 비교함으로써 지어내는 관념에 지나지 않는다.[5] 그러므로 동일한 사물도 그것을 대하는 사람의 주관에 따라서, 좋은 것이 될 수도 있고 또 나쁜 것이 될 수도 있다는 것이다.

그러나 좋은 것과 나쁜 것 또는 선과 악을 구별할 **객관적인** 근거가 없다는 스피노자의 견해는 그 구별이 전혀 무의미하다는 주장은 아니다. 만약 우리가 모든 욕구와 의지 그리고 감정을 초월한 자의 관점에서 사물을 고찰할 수 있었다면, 우리에게 있어서 좋은 것과 나쁜 것과의 구별은 해소되었을 것이다. 그러나 욕구와 감정의 소유는 선과 악의 구별을 가능하게 할 뿐만 아니라

---

4 *Ethica*, Pt. IV, 머리말.
5 *Ethica*, Pt. IV, 머리말.

그것을 **불가피**하게 한다는 것이 스피노자의 생각인 것 같다. 스피노자 자신도 욕구와 감정을 가진 인간인 까닭에 그 역시 가치의 세계 밖으로 탈출할 도리가 없다. 그에게도 좋은 것과 나쁜 것, 또는 선과 악의 구별은 엄연한 사실이다. 다만 그 사실이 모든 주체의 심적 태도를 떠나서 독자적으로 존재하는 것이 아니라, 반드시 인간적 욕구의 관여를 기다려서 비로소 성립한다고 보는 점에 스피노자의 특색이 있다.

2) 자아 보존의 원리와 이상적 인간상

스피노자는 가치의 근원을 인간성 안에서 발견하였다. '좋음(善)'이란 '인간이 스스로의 목표로 내세운 이상적 인간형으로 조금씩이라도 다가감에 도움이 되는 모든 것'을 의미하며, '나쁨(惡)'이란 그와 반대되는 모든 것을 가리킨다.[6] 이와 같은 기본 견지에 뒤따르는 문제는 그 인간의 이상이 어떠한 설계도로 묘사되는 목표이냐는 그것이다. 스피노자에 있어서는 이 이상도(理想圖)가 행위의 시비를 자질하는 도덕적 원리의 구실을 할 수밖에 없다. 만약 인간의 이상(理想)이라는 것이 각자의 개성을 따라 결정되는 것이며 백인백태(百人百態)의 도면을 가졌다면, 선악 시비를 가리는 척도는 각 개인에 따라 달라야 할 것이니, 결국 옛 소피스트들의 상대론으로 되돌아갈 수밖에 없다. 그러나 이미 언급한 바와 같이 소피스트의 학설은 일종의 상대론이기

---

6 *Ethica*, Pt. IV, 머리말. 제4부의 명제 1에는 "좋음이란 우리에게 틀림없이 유용한 것이다."라고 되어 있다. 이 본질이 같은 두 가지의 정의에 있어서 스피노자는 이른바 'instrumental good'을 심중에 두었고, 윤리학에서 일반적으로 더욱 중요시되는 'intrinsic good'에 대해서는 언급하지 않았다. 그러나 스피노자가 인간이 궁극적으로 소망하는 것을 'intrinsic good'으로 보고 있음은 전체의 문맥으로 보아 분명하다.

는 하나, 인류에게 공통된 하나의 목표가 있음을 주장함으로써 행위를 위한 보편적인 원리를 세우고자 한다. 개인 각자가 의식하는 이상이 천차만별이라는 것은 아마 스피노자도 부인하지 않을 것이다. 그럼에도 불구하고 그는, 인간의 참된 이상은 근본에 가서 일치한다고 믿은 모양이다. 그리고 스피노자의 이와 같은 신념은 그의 인성론(人性論)에 근원을 두었다. 이에 우리는 스피노자의 심리학에 대해 언급하지 않을 수 없다.

"모든 개체는 … 각각 자기의 존재를 지속하고자 힘쓴다."라는 *Ethica* 제3부 명제 6은 욕구 및 정서에 관한 스피노자 심리학의 기본이요, 동시에 그의 윤리학의 관건이기도 하다는 것이 일반적인 해석이다. 그리고 이러한 해석 그 자체에 대하여 이견이 있을 리도 없다. 다만 주의를 요하는 것은 이 명제 6의 뜻을 분석함에 있어서 현대 생물학적 사고의 틀을 그대로 적용해서는 안 되리라는 점이다. 스피노자가 만물이 자기 보존의 욕구(conatus)를 가졌다고 말했을 때, 그가 '생존경쟁(struggle for existence)'을 생물 진화의 원리라고 본 다윈(C. Darwin)을 위하여 선구(先驅)의 구실을 한 것 같지는 않다. 그는 다만 "밖으로부터의 원인이 작용하지 않는 한 개물(個物)은 파멸될 수 없다."는 명제 4와 "서로 부정하는 두 개의 개물은 본질이 다른 두 가지 사물이며, 따라서 동일한 주체 내에서 공존할 수 없다."는 명제 5로부터의 윤리적인 귀결을 명시했을 뿐이다. 그리고 물리학에서 말하는 '관성(慣性)'의 법칙에도 가까운 이 자기 보존의 원리를 물질현상에뿐만 아니라 정신현상에까지 적용한 것은 스피노자로서는 당연한 일이다. "마음도 역시 … 영원한 자기 보존을 힘쓰며 또 그 노력을 의식한다."(명제 9) 마음이 그 자기 보존의 노력을 의식하는 까닭에 마음에는 '의지'라는 것이 따르고, 몸과 마음의 결합으로서의 인간에게는 '욕망'이라는 것이 있다.

'의지'니 '욕구'니 하는 것은 '자아 보존'의 기본 경향이 자의식(自意識)을 동반한 것임에 지나지 않는다. 그러므로 모든 의지와 욕구는 결국 자기 자신의 보존을 궁극의 목표로 삼는다. 이와 같은 스피노자의 심리학적 이기설(利 己說)은 곧장 윤리학적 이기주의로 그를 이끌어 갔다. 인간은 누구나 자아를 위하여 살기 마련이며, 따라서 자아의 본질을 유감없이 지켜 감이 가장 보람 있는 삶이라고 스피노자는 믿었던 것이다.

그러면 어떻게 하는 것이 자아의 본질을 유감없이 지키는 것이며, 또 그렇게 하기 위한 가장 효과적인 방법은 무엇일까? 스피노자는 '자아 보존'을 생물학적으로만 해석하지 않았다. 물론 그도 인간이 대체로 장수(長壽)를 바라고 종족 유지를 원한다는 일상적인 사실을 몰랐을 리 없으며, 그의 심리설이 이와 같은 일상적 관찰의 영향을 받은 바 전혀 없으리라고 보기도 힘들다. 그러나 스피노자가 인간의 이상(理想)을 발견하는 이론적 근거로서 '자아 보존'이라는 것을 내세웠을 때, 그는 생물학적이기보다는 형이상학적 의미로 이 개념을 사용하였다. 그가 말하는 자아 보존이란 '자신의 본질을 수호(守護)한다'는 뜻에 가까울 듯하다. 그리고 '자신의 본질을 수호한다' 함은 나의 행동이 나 밖의 것에 의하여 좌우되지 않고 나 스스로의 내적 원인에 의해서 결정되도록 한다는 뜻이니, 스피노자적인 '자유'의 실현을 의미하는 것이다. 무릇 인간은 외적 환경의 영향을 받아 피동적으로 움직일 수도 있고, 자기 스스로의 내적인 원인을 따라 능동적으로 움직일 수도 있다. 그리고 피동적인 행동은 그 개인의 '힘'의 위축을 의미하고, 능동적인 행동은 그 팽창을 의미한다고 스피노자는 믿는다. 바로 이 **능동적 행위** 또는 **힘의 팽창**을 스피노자는 그가 말하는 '자아 보존'과 연결시키고, 한 걸음 더 나아가서는 이들을 동일시한다. 이리하여 그는 항상 팽창하는 힘으로써 능동적으로 행위하는 인생을 가장 값진 인생이라고 단정하는 것이다. 주위 사정의 변동에 따라 좌우로 흔들리는 꼭두각시가 될 것이 아니라, 자신의 일은 스스로 결정짓는 자유인이 되어야 한다는 것이다.

그러면 능동의 주체, 즉 자유인이 되는 방도는 무엇인가? 스피노자에 의하면, 우리가 타당한 관념(adequate ideas)을 가지면 가질수록 우리의 행동은 능동적이고, 부당한 관념을 가지면 가질수록 수동적이다.[7] 다시 말하면 우리의 생각이 진리에 접근하면 할수록 우리는 자유의 이상에 가까워진다. 따라서 참된 자유인이라는 인간적인 이상을 실현하는 길은 바로 참된 인식을 지향하는 철학자의 길과 일치한다. 스피노자에 있어서 자유인은 곧 지자(知者)요, 지자는 곧 자유인이다.

그러나 진리의 인식이 어째서 곧장 자유의 보장이 될 수 있는 것일까? 이 점의 해명을 직접적 목표로 삼는 스피노자의 논술을 우리는 *Ethica* 제3부 명제 1의 뒤를 따르는 '증명'에서 발견하나, 그 구절만으로는 석연치 않은 구석이 있다. 그러나 그의 철학 전체의 문맥으로 볼 때, 우리는 스피노자의 논리를 다음과 같이 이해할 수 있을 것 같다.

'과학적 단계'에 있어서 스피노자가 말하는 '타당한 관념'이란, 유한한 개별자의 특수한 양상 또는 실체의 부분적 상호 관계를 반영하는 것이 아니라, 내 몸 및 다른 모든 물체들이 공유하는 속성, 즉 '연장(延長)'의 보편적인 성질들을 반영하는 관념을 가리킨다. 그러므로 '타당한 관념'으로 엮어진 사유의 과정과 표리의 관계를 가진 연장의 측면은 신 또는 자연 전체의 본질인 동시에 나 자신의 본질이기도 하다. 바꾸어 말하면, 과학적 단계에 있어서의 타당한 관념이란 스피노자의 이른바 '공통 관념(notiones communes, common nations)'을 가리키는 것으로서, 그 관념과 표리일체하는 물질적 근거를 내 자신의 본질 속에서 충분히 발견할 수가 있다. 따라서 만약 내 마음이 타당한 관념들의 계기(繼起)만으로 충만될 수 있다면, 그 순간의 내 마음을 결정한 것은 오로지 내 자신의 본질뿐이요, 나 밖으로부터의 간섭에 의

---

7 cf. *Ethica*, Pt. III, Prop. 1.

하여 내 마음이 좌우된 바가 전혀 없다. 그리고 '내 본질에 의한 내 마음의 결정' — 이것은 스피노자가 다름 아닌 '자유'로써 의미한 것이었다.

'타당한 관념' 즉 진리의 인식과 자유와의 불가분의 관계는, 스피노자가 지식의 최고 단계로 숭상하는 '직관지(直觀知, scientia intuitiva)'의 개념을 음미할 때 더욱 명백해진다. '직관지'란 자연 전체를 하나의 통일된 체계로서 파악하는 종합적인 지식이다. 그것은 곧 신에 대한 직관적인 파악이며 최대의 포괄성을 가진 지식으로서, 절대로 타당하고 절대로 참되다. 그런데 스피노자에 의하면 모든 관념은 그것과 표리일체를 이루는 물체의 심적 측면인 까닭에 자연 전체의 통일적 파악으로서의 직관지는 우주 전체를 상응(相應)하는 물체(ideatum)로 삼는 관념이다. 따라서 엄밀하게는 전체로서의 자연, 즉 신만이 직관지를 가질 수 있다. 인간의 처지에서 볼 때는 직관지란 오직 접근을 위한 목표에 불과하다. 그리고 인간이 어느 정도까지 이 목표에 접근할 수 있는가는, 그가 어느 정도까지 자기와 신을 동일시할 수 있는가, 즉 그가 자아의 외연(外延)을 어디까지 확대시킬 수 있는가에 달려 있다. 이 점은 관념과 물체를 동일한 실체의 (또는 실체의 부분의) 표면과 이면이라고 보는 스피노자의 형이상학적 견지에서는 자명한 일이다. 한편 우리가 자아의 외연을 확대시켜 감에 따라 우리의 '자유'도 증대되고, '나'와 신을 완전히 동일시할 수 있을 때 우리의 자유도 완전한 것이 될 것이다. 왜냐하면 스피노자에 있어서 '자유'란 행동의 원인이 나 자신 안에 있음을 의미하며, 신과 '나'가 동일한 외연을 가질 경우에 이 세상에 나 밖에는 아무것도 없으니 나 밖에서 나의 행동을 제약할 아무런 힘의 존재도 생각할 수 없다. 자연 전체를 하나의 주체로 볼 때, 이 세상에 일어나는 모든 일은 필연인 동시에 자유다. 모든 사상(事象)은 불가피한 결과이나, 그 원인은 모두 신 즉 나 안에 있기 때문이다.

그러나 어떻게 나와 신을 동일시할 수 있을까? 스피노자도 그것이 하나의 이상에 지나지 않음을 인정하고 현실적으로 어느 개인이 그 경지에 도달하기는 지극히 어렵다고 주장한다. 여기서 '동일시'라 함은 단순히 머릿속에서 그렇게 **생각함을** 뜻하는 것이 아니라, 나와 남과의 구별을 초극하는 인격적인 해탈을 의미하기 때문이다. 그러나 그것이 하나의 떳떳한 이상이 될 수 있으려면, 거기에는 적어도 이론적인 가능성만은 보장되어 있어야 할 것이다. 과연 스피노자의 철학에는 그 가능성의 문이 열려 있는 것으로 보인다.

스피노자에게는 **오직 하나의** 실체만이 있다. 존재하는 모든 개체들은 자연이요 신(神)인 이 오직 하나의 실체를 구성하는 여러 부분들이다. 이 점은 사람들에 있어서도 마찬가지니, 어느 개인도 엄밀하게는 독립한 존재가 아니라, 더 큰 전체의 한 부분을 이룰 뿐이다. 스피노자의 관점에서 볼 때, 한 사람을 하나의 독립된 단위로 볼 수 있는 근거는 나뭇잎 하나를 독립된 단위로 볼 수 있는 그것 이상의 것이 아니다. 나뭇잎의 '나'가 급기야 나무의 줄기와 뿌리에까지 확대될 이유가 있다면, 사람의 '나'도 우주의 끝까지 뻗어 갈 이유를 가졌다. 다섯 자 정도의 육체 속에 갇힌 것을 ― 그리고 그것만을 ― '나'의 전부라고 보는 것은 도리어 사리의 극치(極致)를 모르는 천박한 관념의 소치라 하겠다.

'나'의 경계선을 여섯 자 미만의 공간 안에 긋고 이 경계선 안에 국한된 부분을 마치 하나의 독립된 실체처럼 생각하는 그릇된 관념은 인생이 경험하는 모든 불행의 원천이다. 왜냐하면 불행이란 결국 슬픔, 두려움, 노여움, 걱정 따위의 괴로운 정서들의 함수이며, 괴로운 정서를 빚어내는 첫째 인자(因子)는 전체의 진상을 모르고 부분을 전체로 인식하여 부분의 보존에만 여념이 없는 어리석은 애착(愛着), 이를테면 **무식한 이기심**이기 때문이다. 자리 다툼, 세력 다툼, 재산 싸움 그리고 시기와 질투 ― 이 모든 불화와 고통의 원인을 스피노자의 견지에서 이해한다면, 그것은 마치 같은 나무의 여러 잎들이 서로 좋은 자리를 다투는 격이며, 왼손과 오른손이 서로 더 많이 가지려고 싸우는 격에 지나지 않을 것이다.

불행의 원천인 괴로운 정서를 빚어내는 또 하나의 인자는, 우주와 인생 안에 일어나는 모든 사실이 필연이요 불가피하다는 사리를 깨닫지 못하는 무지에 있다. 우리는 지난 일을 후회한다. ― 마치 그렇게 안 할 수도 있었던 것처럼. 그러나 우리는 그때 결국 그렇게밖에 할 수 없었던 것이다. ― 인간의 행위를 포함한 모든 사건이 필연적 인과의 지배하에 있는 까닭에. 우리는 운명을 저주하고 팔자를 한탄한다. ― 마치 그 운명과 팔자에 대한 책임을 질 존재라도 있는 것처럼. 그러나 그 밖의 다른 운명, 다른 팔자가 나에게 배당될 도리는 없었으며, 따라서 이에 대하여 책임을 질 존재도 없다. 우리는 앞날을 근심하고 미래를 걱정하기에 바빠 현재를 헛되이 하기가 일쑤다. 마치 근심과 걱정이 불상사를 예방할 수 있기라도 한 것처럼. 그러나 근심해도 올 것은 기어이 오고, 걱정하지 않아도 오지 않을 것은 결코 오지 않는다. 우리가 만약 모든 일이 필연의 법칙하에 있음을 투철히 깨닫는다면, 지난 일을 후회하거나 앞날을 근심할 까닭이 없을 것이다. 오직 냉철한 지성으로 과거를 거울삼아 미래를 계획할 뿐이다.

이상에 이야기한 바를 종합하건대, 인생이 경험하는 모든 불행은 무지(無知)에 ― 부분을 독립된 실체로 오인하는 무지와, 만사의 필연성을 간과하는 무지에 ― 그 근원을 두었다. 만약 우리가 자연을 통일된 전체로서 직시하고 만상필연(萬象必然)의 원칙을 터득한다면, 우리는 모든 정념(情念)과 번뇌의 사슬을 벗어나 자유로울 것이며, 따라서 고요한 지복(至福)을 누리게 될 것이다. 이 최고의 지혜는 곧 대상을 '영원의 광명을 통하여' 직시함이요, 신을 '지적 사랑'으로써 사모함이다. 스피노자에 있어서 신에 대한 이해는 곧장 신에 대한 사랑으로 연결되며, 이 이해, 이 사랑이 곧 인생 최고의 선이요 최고의 축복이다. "최고의 선은 신에 관한 지식이요, 최고의 덕은 신을 인식함이다."[8]

3) 비판적 고찰

스피노자를 다루게 된 우리들 본래의 관심은, 그가 가치관에 있어서 상대론의 진영을 택했음에도 불구하고 행위를 위한 보편적 원리를 세우고자 했으며, 또 그 의도에 있어서 스스로 성공했다고 믿었다는 사실에 의해서 자극됐던 것이다. 그리고 앞 절에서 우리는 스피노자가 그의 형이상학을 기초로 삼고 인간의 최고선을 이끌어 내는 연역적 과정의 줄거리를 더듬어 보았다. 만인에게 타당성을 가졌다고 믿은 이 최고선의 발견에 있어서의 성공 여부가 소피스트적 결론을 극복하려 한 스피노자의 의도의 성패(成敗)를 결정할 것이다. 이제 우리는 최고선을 연역한 스피노자의 논리를 비판적으로 음미할 시점에 이른 것 같다.

'최고선'에까지 이른 스피노자의 추리(推理)는 요약하면 다음과 같은 것이었다. ① 가치의 근원은 욕구에 있다. 인간의 선은 인간이 욕구하는 것이다. ② 모든 개체는 자기 보존을 희구(希求)하기 마련이며, 인간도 각각 자기의 보존을 위하여 애쓴다. ③ 자기 보존이란 자신의 본질을 수호한다는 뜻이며, '자신의 본질을 수호한다' 함은 나의 행동이 나 밖의 것에 의하여 좌우됨이 없이 내 스스로의 내적 원인에 의해서 결정되도록 함이다. ④ 나 밖의 것에 의하여 좌우됨이 없는 행동에 두 가지 경우가 있다. 첫째는 순전히 '과학적'인 인식 작용이요, 둘째는 자연 전체 즉 신의 행동이다. 전자 즉 과학적 인식 또는 '타당한 관념'이 능동적이요 자유로운 행위인 이유는, 그것이 유한한 개별자의 특수한 양상 또는 실체의 부분적 상호 관계를 반영하는 것이 아니라, 내 몸 및 다른 모든 물체들이 공유하는 속성 즉 연장의 보편적 성질들을

---

8 *Ethica*, Pt. IV, Prop. 28.

반영하는 관념이기 때문이요, 후자 즉 신의 행동이 자유인 이유는, 신이 유일한 존재인 까닭에 신 밖에서 신에게 간섭할 외세(外勢)를 생각할 수 없기 때문이다. ⑤ 그러므로 우리가 자아를 보존하는 길 즉 자유롭게 사는 길은, 첫째로 과학적 진리 파악에 힘을 기울이는 일이요, 둘째로 옹색한 소아(小我)의 망집(妄執)을 벗어나 대자연과 혼연일체가 됨으로써 나와 남의 구별을 초월하는 지경에 도달하는 일이다.

이상과 같이 전개된 스피노자의 학설에 대한 우리의 비판은 두 가지 단계로 나누어질 것이다. 첫째로 만약 스피노자의 가정과 추리가 흠잡을 곳 없이 완전하다면, 그는 만인이 추구할 보편적인 목표를 발견한 셈이 되고, 따라서 행위의 선악을 판별할 부동하는 기준을 세우려는 목표에 완전히 도달한 것인가를 살펴야 할 것이며, 둘째로는 스피노자의 가정과 추리 그 자체가 흠잡을 곳 없이 만족스러운가 아닌가를 음미해야 할 것이다. 첫째 문제부터 시작하기로 하자.

설령 스피노자의 주장 가운데서 이상에 소개한 바가 모두 옳다 하더라도, 행위의 선악을 판별할 기준이 완전히 세워졌다고는 생각되지 않는다. 스피노자는 모든 사람이 '과학적' 진리를 명상하고, 나아가서는 신을 영원의 광명을 통하여 통찰하는 직관지(直觀知)의 극치를 다함으로써 인생의 최고선으로 삼았다고 보았다. 이 이상(理想)은 어느 특정한 개인만의 것이 아니라 만인에게 타당한 것으로 보는 점에 있어서, 그것은 보편성을 가진 이상이며, 따라서 인류의 공동 목표를 제시하고자 하는 윤리학의 목표가 추상적으로는 달성됐다고 볼 수 있다. 그러나 우리의 지성이 의식주의 물질생활을 요구하는 육체와 결합되어 있는 한, 모든 사람이 진리의 심오에 도달한다는 것은, 브로드(C. D. Broad)가 지적했듯이,[9] 한갓 '잠꼬대'에 불과하다. 왜냐하면 심오한 진리에 도달한다는 것은 단순한 결의나 소망으로 이루어지는 것이 아니라, 오랜 훈련과 연구의 과정을 기다려서 비로소 접근할 수 있는 목표이며, 현실에 있어서 오랜 훈련과 연구의 기회를 가질 수 있는 것은 오직 국한된 범위의 사람들뿐이기 때문이다. 스피노자가 말하듯이 인간은 본래 이기적인 것이라면, 각자는 서로 자기가 진리를 터득하고자 다툴 것이다. 이와 같은 경쟁에 있어서 욕구의 대립을 지양할 어떤 원리가 제시되지 않는 한, 스피노자의 가르침은 결과에 있어서 프로타고라스적 성격을 벗어나지 못한다. 왜냐하면 갑의 진리 인식과 을의 진리 인식은 비록 그것들이 같은 대상에 관한 같은 정도의 것일지라도 결코 동일한 사건이 아니므로, 갑에게는 갑의 진리 인식이 선(善)이고 을에게는 을의 진리 인식이 선이라는 결론이 되며, 선악의 척도가 개인에게로 옮겨지기 때문이다.

이 문제에 관하여 스피노자의 견해는 두 가지의 해명을 준비하고 있다. 그 첫째는 재산이나 지위와 같은 물질적 이익은 한 사람이 이를 차지하면 다른 사람은 그것을 얻을 수 없는 '경쟁적 선(善)'이나, 지식은 만인이 공유할 수 있는 '비경쟁적 선'이라는 주장이다. 물론 정신적 가치가 여럿이 분유(分有)할 수 있는 특색을 가졌으며 물질적 가치와는 근본이 다르다는 스피노자의 구별에는 일리가 있다. 예컨대, 플라톤(Platon)에 관한 지식을 한국 학생들이 배운다고 해도 그것이 그리스 학생들의 플라톤 연구를 가로막지는 않을 것이다. 그러나 이 비경쟁성이 무제한하게 강조되어서는 안 된다. 모든 한국인이 플라톤 연구의 대가가 된다는 것은 논리상 불가능한 일은 아니지만 실제로는 거의 불가능하다. 우선 플라톤을 제대로 연구할 수 있는 기관에 자리를 얻는 일부터가 경쟁을 내포하며, 나라의 온 인구가 그리스의 고전을 읽어 낸다는 것도 생각하기 힘든 일이다. 진리에 도달한다는 일은 분명히 경쟁적이며, 이 경쟁을 원만히 해결할 어떤 원리가 제시되지 않는 한 스피노자의 윤

---

9 C. D. Broad, *Five Types of Ethical Theory*, London, 1956, p.44.

리설은 완벽할 수 없다.

스피노자의 둘째 해명은, 인간이 각각 자기의 이상을 실현함에 있어서 서로 협조하는 것보다 더 효과적인 방법이 없다는 주장이다. "세상에는 개인이 그 자유를 실현함에 도움이 되는 여러 가지 사물이 있다. 그러나 그 어느 것도 상호 협조처럼 효과적일 수는 없다."고 스피노자는 말한다.[10] 대단히 많은 경우에 있어서 스피노자의 이 말은 타당할 것이다. 그러나 비록 갑의 지적 성장이 을의 지적 성장을 초래한다 하더라도 그것으로 갑의 선이 곧 을의 선이라는 결론이 되는 것은 아니다. 이기주의의 입지에서 보는 한 을에게는 을 자신의 지적 성장만이 참된 선이 될 수 있다. 따라서 스피노자의 제2의 해명이 그 자체로서는 참이라 하더라도, 그의 이기설이 하나의 통일된 선악의 척도를 세우지 못했다는 비판을 완전히 막아 주지는 않는다. 그뿐만 아니라 상호 협조가 나의 지적 성장을 위하여 가장 효과적이라는 주장은 반드시 언제나 타당하지는 않을 것이다. 때로는 남의 지적 성장을 도우려는 행위가 나의 지적 성장을 지연시킬 수도 있을 것이다. 동생의 학비를 조달하기 위하여 자신은 상급학교 진학을 단념하는 사람의 경우와 같이. 그리고 상대편은 협조적이 아니며 자기의 이익만을 추구할 때에 이쪽에서는 어떠한 태도를 가질 것인가 하는 현실적인 문제도 남아 있다.

스피노자의 가정과 추리 그 자체에도 약간의 의심스러운 점이 없지 않다. 첫째로 스피노자는 인간의 선(善)은 인간이 욕구하는 것이라고 주장하는데, 이 주장이 선악에 관한 심리학적 사실판단인지 또는 윤리학적 가치판단인지 분명치 않다. 대부분의 고전적 윤리학자의 경우에 있어서와 같이 스피노자의 경우에도 윤리학에 있어서의 분석적인 측면과 규범적인 측면의 혼동이

---

10 cf. *Ethica*, Pt. IV, Prop. 18, Note.

있다. 둘째로 모든 개체가 자기 보존을 위하여 애쓴다는 스피노자의 주장은 그리 자명한 원리가 못 된다. '자기 보존'을 스피노자는 생물학적 개념으로 쓴 것이 아니라, '만물의 자기동일성을 유지하려는 형이상학적 내지 물리학적 경향'의 뜻으로 쓴 것이었다. 따라서 그것은 엄밀히 자기동일성을 유지하려는 경향이요, 자기를 **확대**하고자 하는 투쟁의 원리가 될 수는 없다. 그렇다면 개체의 멸망 또는 새로운 개체의 출현이라는 현상이 어째서 생기는 것일까? 온갖 개체가 모두 자기의 동일성을 유지하려는 경향이 있다면, 타자(他者)에 대한 간섭이라는 것이 있을 수 없으며 모든 개체는 특히 노력할 필요 없이 그 현상(現狀)을 유지하게 될 것이다. 따라서 자기 보존을 조장하는 것이 선이요, 방해하는 것이 악이라는 구별이 나올 근거가 없다. 스피노자에 있어서 '개체'의 단위는 그리 분명치 못하지만, 개체의 범위를 어떻게 생각하든지 간에 위에 말한 바는 타당성을 유지할 것이다. 이러한 점으로 볼 때, 스피노자의 '자기 보존'에는 역시 생물학적 사고가 알지 못하는 사이에 침입한 것이 아닌가 하는 의심이 든다. 그리고 스피노자가 때때로 '능동(能動)'이라는 말을 '힘'이라는 말로 바꾸어 놓고, 선이란 곧 '힘의 증대(增大)'라고 언명(言明)한 사실은 이러한 의심을 더욱 뒷받침한다.

인간이 욕구하는 바가 인간의 선이라고 단정한 스피노자는 인간의 여러 가지 욕구가 결국은 '자기 보존'이라는 기본욕구의 다양한 표현이라고 보았다. 그러나 인간에게는 '자기 보존의 욕구' 안에 포섭시킬 수 없는 욕구가 있을 뿐 아니라, 심지어는 자기 보존에 역행하는 욕구도 간혹 있는 것이 아닐까? 어떤 이는 그것이 자기의 건강에 불리함을 알면서도 예술이나 학문을 위하여 정진한다. 등산가나 탐험가의 경우에 흔히 볼 수 있듯이, 어떤 이들은 모험을 위하여 모험하며, 또 어떤 이들은 의식적으로 죽음의 길을 택하기도 한다. 이와 같은 특수한 행위들도 어떤 의미로는 자기를 보존하기 위한 것이라고 말할 수도 있을지 모른다. 그러나 스피노자가 말하는 '자기 보존'이란 결코 그러한 뜻이 아닌 듯하다. 스피노자의 '자기 보존'에는 항상 육체적인 것의 보존이 포함되어 있다고 보아야 할 것인데, 위에서 예를 든 특수한 경우에 있어서 보존되는 것은 언제나 오로지 정신적인 것이기 때문이다. 무릇 욕구란 유기체 내에 있어서 생물학적, 심리학적 균형이 상실됐을 때 그 일그러진 균형을 바로잡으려는 자연적인 운동이 어떤 의식(意識)과 결합된 것이라고 생각된다. 따라서 만약 생물학적, 심리학적 균형이 잘 잡힌 상태를 '자기'의 본래적 모습이라고 본다면, 모든 욕구는 '자기의 보존'을 목표로 삼는다는 입론(立論)도 가능하게 될 것이다. 그러나 스피노자가 말하는 자기 보존이란 자기동일성의 유지를 의미하는 것으로서 단순한 균형의 유지 이상의 것을 의미한다. 물론 이 균형의 유지는 자기동일성의 유지를 위한 필요조건이기는 하겠지만.

'자기 보존'을 욕구의 전체라고 본 까닭에 스피노자는 진리의 인식이 행복을 위하여 필요하고도 충분한 조건이라는 결론에 도달하였다. 그러나 자기 보존의 욕구 이외에도 사람에게는 여러 가지 욕구가 있다. 따라서 이 여러 가지 욕구를 조화 있게 충족시킬 경우에만 사람들은 완전히 행복할 수 있는 것이며, 오직 사물의 이치를 터득하는 것만으로 참된 행복을 누릴 수는 없다. 설령 스피노자의 이상인 '자유인'의 경지에 도달했다 하더라도 우리의 행복은 아주 완전할 것같이 생각되지 않는다. 그것은 주어진 것을 오직 '체념'의 이름으로 받아들이는 너무나 가냘픈 행복, 이를테면 소극적 행복이 아닐까? 현대인의 가치감은 오로지 체념하고 관조(觀照)하는 소극적 태도보다도, 운명에 도전하는 적극적 노력의 태도를 요구하는 것이 아닐까? 여하튼 스피노자의 윤리학으로 현대의 역사적, 사회적 여러 문제를 타개하기는 매우 어려울 것 같다. 스피노자는 문제의 참된 해결보다도 문제로부터의 회피를 우리에게 시사하는 것같이 보인다. 한마디로 요약하면 스피노자의 윤리설은 그 기본 가정과 추리에 있어서 약간의 이론적 약점을 숨기고 있는 동시에, 그 규

범적인 결론에도 현실이 봉착하는 다난(多難)한 문제들을 해결하는 실천적
역량에 있어서 부족한 바 없지 않다.

3. 흄: 행위와 정서 반응의 관계로서의 선악

1) 도덕감

흄의 윤리설은 스피노자의 그것보다도 한 걸음 더 현대의 윤리학적 상대론
에 접근하고 있는 것으로 보인다. 왜냐하면 스피노자의 윤리설은 근본에 있
어서 아직도 합리론적 방법을 통하여 세워진 것이었으나, 흄의 그것은 뚜렷
이 경험론적 방법으로 일관되고 있기 때문이다. 이론철학의 분야에 있어서
는 흄보다 앞서서 경험론을 지키고 발전시켰던 로크(J. Locke)와 버클리(G.
Berkeley)도 실천철학의 분야에 있어서만은 중세기적 전통을 벗어나지 못하
고 있었던 상황에서, 흄은 스스로 경험론적 방법을 윤리학에까지 응용해야
한다고 믿었으며, 또 그렇게 실천한 점에 있어서, 현대 윤리학의 선구자로서
의 그의 위치가 뚜렷하다.

흄이 자신의 윤리 사상을 체계적으로 표명한 초기의 저술 *A Treatise of
Human Nature*의 제3권은, 이성(理性)이 단독으로 선악을 판별할 수 있는
선천적이요 보편적인 기능이라는 합리론적 원리에 대한 공격으로 시작된다.
그러나 흄이 선악의 구별은 이성에 유래하는 것이 아니라 도덕감(道德感,
moral sense)에 유래한다고 단언했을 때,[11] 그는 '도덕적 가치의 보편적 척

---

11   cf. D. Hume, *A Treatise of Human Nature*, Oxford University Press, 1955, Bk. III,
     Pt. I, Sect. 1-2.

도 확립'이라는 윤리학 본래의 과제를 매우 난감하게 만들었다. 왜냐하면 'reason'에 대립시켜 'moral sense' 즉 도덕감을 선악의 근원으로서 내세웠을 때, 흄은 그 도덕감을 어떤 선천적 기능으로 본 것이 아니라 일반적인 쾌·불쾌의 감정을 기초로 삼고 경험적으로 형성되는 일종의 종합 감정이라고 보았기 때문이다. 쾌·불쾌를 위시한 여러 감정들은 대체로 주관적이요 개인의 이해와 깊은 관련을 가진 까닭에, 그러한 감정(feeling) 또는 정서(sentiment)를 바탕으로 삼고 보편타당한 도덕적 가치의 척도를 확립한다는 것은 매우 어려운 일일 것이다.

흄 자신이 보편타당한 도덕원리의 가능성을 애당초에 부인하고 나온 것이라면 문제는 도리어 간단했을 것이다. 그러나 흄의 견해를 전체적으로 바라볼 때, 그가 정말 윤리학적 문제들에 대하여 철저한 회의론자였던 것처럼 생각되지는 않는다. 출발에 있어서 회의적인 요소를 다분히 짊어지고 나선 것은 사실이나, 흄은 역시 도덕에 보편적 원리가 가능함을 믿었으며 또 그것이 가능함을 그의 이른바 '실험적 방법'으로써 밝히고자 했던 것이다. 이제 '도덕감'이라는 경험적 원리를 발판으로 삼고 보편타당한 윤리학의 체계를 세우고자 한 그 의도를 어느 정도까지 그가 성공적으로 밀고 나갔는지 대충 살펴보기로 하자.[12]

만약 흄이 말하는 도덕감이 정말 보편적인 도덕의 원리가 될 수 있으려면, 동일한 대상에 의해서 유발되는 도덕감이 사람에 따라 또는 때에 따라 달라

---

[12] 흄의 윤리설을 Naturalism의 18세기적 모델로 보아야 옳은지, Emotivism의 선구로 보아야 옳은지에 대해서는 이론(異論)의 여지가 있다. 아마 흄에게는 cognitivist의 일면과 non-cognitivist의 일면이 논리의 모순을 무릅쓰고 혼재했다고 보아야 옳을 것이다. 하여튼 흄이 윤리학을 일종의 경험학으로 수립하려고 한 것은 사실이며, 이 글에서 우리의 관심은 흄이 윤리학을 하나의 science로서 확립하고자 한 그의 적극적인 의도를 어느 정도까지 성취했는가에 그 초점을 두었다.

서는 안 될 것이다. 다시 말하면, 도덕감에는 다른 감정 일반의 경우와 같은 개인차가 없다는 의미로, 그것은 보편적인 성질의 것이라야 한다. 그리고 사실에 있어서 흄은 도덕감이 그와 같은 보편성을 지닌 특수한 감정임을 믿는다. 또 도덕감이 그러한 보편성을 갖게 된 심리학적 근거는 모든 인간이 공통으로 가지고 있는 '동정(同情)' 또는 '자선심(humanity)'에 있다고 그는 생각하였다. 그뿐 아니라 흄은 도덕 판단의 특유한 권위성, 즉 우리가 도덕률을 지켜야 할 이유도 도덕감 및 동정심의 개념을 중심으로 설명될 수 있다고 믿는다. 그러므로 흄의 윤리설의 장점과 단점을 파악하고자 하는 우리의 시도는, '도덕감' 및 '동정' 내지 '자선심'에 관한 그의 심리설을 음미함으로써 적당한 기초를 얻을 수 있을 것이다.

흄에 의하면 선악의 구별은 어떤 감정에 기원을 두었다. "선악이란 그러므로 판단된다기보다 느껴진다고 말하는 것이 더욱 정확할 것이다."[13] 그러면 선악의 구별을 일으킨다는 그 감정 내지 정서는 어떠한 성질의 것이며 또 그것은 어디로부터 유래하는 것일까? 그것은 '도덕적 시인(moral approval)' 및 '도덕적 비난(moral disapproval)'이라고 부를 수 있는 특수한 인상(impressions) 또는 감정으로서, 전자는 일종의 쾌감이요 후자는 일종의 불쾌감이다. 덕으로부터 오는 인상은 즐거움을 주고 부덕(不德)이 일으키는 인상은 기분에 거슬린다고 흄은 말한다. "선과 악을 헤아리게 하는 인상은 일정한 쾌와 불쾌의 감정 이외의 아무것도 아니다."[14] 도덕적 시인(是認)의 감정이란 우리가 우리 자신의 이해관계를 떠나서 어떤 인격을 음미했을 때 느끼는 특수한 쾌감이다. 그러면 일정한 인격의 특질이 우리에게 쾌 또는 불쾌

---

13 D. Hume, *A Treatise of Human Nature*, Bk. III, Pt. I, Sect. 2, p.470.
14 Ibid., p.471.

의 느낌을 일으키는 이유는 무엇일까? 여기서 만약 일정한 인격 특질을 대했을 때 도덕적 시인의 쾌감을 느끼는 것은 인성의 선천적인 법칙이라고 흄이 대답했다면, 우리는 그를 특히 경험론적 윤리설의 주목할 만한 선구자로서 이 자리에 끌어내지는 않았을 것이다. 그러나 흄은, 일정한 인격 특질이 도덕적 시인의 느낌을 일으키는 것은 그러한 인격 특질에서 흘러나오는 행동들이 대체로 **유용하기**(useful) 때문이라고 대답한다.[15] 이로써 흄이 말하는 도덕감이 선천적이요 원초적인 것이 아니라, 경험적이요 파생적인 기능임이 분명하다.

　무엇이든 **나에게** 유용한 것이 나로 하여금 쾌감을 느끼게 함은 만인이 아는 일상적 사실이다. 나의 자연스러운 욕구가 충족됐을 때 우리는 언제나 기쁨을 느낀다. 그리고 유용하다 함은 곧 '욕구를 충족시킬 수 있다'는 뜻이다. 이상은 설명을 요하지 않는 단순하고 원초적인 사실이다. 그러나 도덕감에 관한 심리는 두 가지 점에 있어서, 이 단순하고 원초적인 사실과 — 나 자신의 욕구를 채워 주는 것에 대하여 쾌감을 느낀다는 원초적인 사실과 — 다르다. 즉, ① 도덕감이란 본래 어떤 유용한 인격 내지 행위에 관한 **관념** 또는 **생각**에 의해서 유발되는 느낌이요, 예컨대 굶주림 같은 어떤 기본욕구의 **현실적인** 충족 없이도 일어날 수 있다. ② 그것의 관념이 나의 도덕감을 일으키는 그 유용성이 반드시 **나에 대한** 유용성이 아니다. 인류 전체를 위해서 유용한 인격은, 비록 그것이 나의 개인적 이익에는 배치될 경우에도 나의 시인을 유발한다.

　나 한 사람의 견지에서 볼 때는 해로우나 인류 전체를 위해서는 유익한 성격이나 행위에 관한 관념이 나에게 도덕적 시인의 감정을 일으킨다는 사실

---

15 Ibid., Bk. III, Pt. II, Passim.

은, 그것이 나의 신체 구조 안에 생리학적 내지 해부학적 근거를 갖고 있지 않다는 뜻으로, 단순하고 기본적인 심리 현상이 아니다. 그러므로 우리가 만약 흄을 따라서 도덕 현상의 기원에 관한 과학적 설명을 꾀한다면, 우리는 이제 말한 사실에 대한 심리학적 설명을 제공해야 할 것이다. 이에 우리들의 문제는 다음과 같이 두 가지로 나누어 생각할 수 있다. ① 어떻게 유용한 성격 또는 유용한 행위의 **관념만으로** 도덕적 시인의 감정을 일으킬 수 있는가? ② **나에게 유용한 것이 아니라** 오직 다른 사람들에게만 유용한 성격이나 행위가 어떻게 **나의** 도덕적 시인을 일으킬 수 있는 것일까?

우리의 첫째 물음에 대해서 흄은 그의 인상(impressions)에 관한 이론으로써 대답할 수 있을 것이다. 그는 '인상'을 '감각'과 '반영(反映)'의 두 가지 종류로 나누고 이어 다음과 같이 말한다.

첫째 종류의 인상은 알 수 없는 원인에 의하여 본래 우리 마음속에 일어난다. 둘째 종류의 것은 주로 우리의 관념으로부터 생기되, 그 생기는 과정은 다음과 같다. 어떤 인상이 우선 우리의 감관(感官)에 부딪치고 이것이 우리로 하여금 뜨거움 또는 차가움, 목마름 또는 배고픔, 어떤 종류의 즐거움 또는 괴로움 등을 느끼게 한다. 우리의 마음은 이렇게 일어난 인상의 모사(模寫)를 하나 만들며, 이 모사는 저 원래의 인상이 사라진 뒤에까지도 남으니, 이것이 이른바 관념(idea)이다. 즐거움 또는 괴로움의 감각의 모사로서의 이러한 관념은, 그것이 우리 마음에 되돌아와 부딪칠 때, 욕구와 혐오, 희망과 공포 등의 새로운 인상을 생산한다. 그리고 이 새로이 생산된 인상은 그것이 파생적인 것인 까닭에 반영 인상(impression of reflection)이라고 불러 마땅할 것이다.[16]

16 Ibid., Bk. I, Pt. I, Sect. 2, pp.7-8.

도덕감이란 바로 이 관념에서 파생된 이차적 인상, 즉 반영 인상 또는 반영의 일종이다. 관념이 생생하면 생생할수록 그로부터 파생되는 '반영'도 강하다.

위에 소개한 흄의 심리설이 타당함은 그 후 파블로프(Pavlov)의 조건반사 내지 조건반응에 관한 연구에 의해서 실험적으로 밝혀진 것으로 안다. 개한테 물린 어린이는 개의 그림만 보아도 놀라며 심지어 울기까지 하는 수가 있다. 그 어린이에게 고통의 인상을 처음 일으킨 자연적 자극은 개에게 물렸다는 사건이다. 그런데 이제는 개의 모양만 보아도, 또는 개의 그림만 보아도, 어린이는 놀라고 운다. 이것은 물론 개의 모양 또는 그 그림이 그 고통 반응을 일으키는 조건 자극(conditioning stimulus)의 역할을 했기 때문이다. 만약 개의 그림이 주는 인상이 조건 자극의 역할을 할 수 있다면, 개에게 물렸던 무서운 경험의 기억 표상 또는 상상 표상이 같은 구실을 못하리라고 믿어야 할 이유가 없다. 이 기억 또는 상상에서 오는 자극이 저 한갓 그림이 주는 자극보다 약하리라고는 생각되지 않기 때문이다.

현재 우리가 고찰하고 있는 첫째 물음에 대한 해답으로는, '관념이란 인상의 모사(模寫)'라고 말한 흄의 정의만으로도 넉넉했을 것을, 여기에 조건반응의 심리설까지 끌어들인 이유는, 도덕감의 성질 및 도덕의 기원에 관한 여러 가지 문제들이 '조건반응'의 관념을 통해 볼 때 한결 명백해지리라는 예견이 있었기 때문이다.

주린 배를 채움, 체온의 조절, 피곤할 때의 휴식 등 생리적 욕구의 직접적 충족이 우리에게 쾌감의 인상을 일으킴은 단순하고 원초적인 현상이다. 그리고 생리적 욕구를 충족시킬 수 있는 사물 — 예컨대 먹을 것, 입을 것, 집 등 — 을 얻었을 때에 쾌감을 경험하는 것은 앞의 것과 같은 의미로 단순하고 원초적인 현상은 아니다. 전자의 경우에는 그러한 느낌을 일으킬 생리적 내지 해부학적 근거가 우리 신체 구조 안에 선천적으로 주어져 있으나, 후자의 경우에는 그와 같은 근거가 선천적으로 주어져 있지 않다는 점에서 이 두 가지 현상은 분명히 구별된다. 또 우리의 재산이나 생명을 보호하고 육성해 주는 경향을 가진 인격 내지 행위에 대해서 도덕적 시인이라는 기쁨의 정감을 느끼는 것은 위에 말한 두 가지 현상과 구별되는 삼차적인 현상이며, 우리는 이 삼차적 현상을 (즉 '유용한' 인격과 행위에 대해서 찬양의 기쁨을 느끼는 도덕 현상을) 앞서 말한 이차적 현상 또는 원초적 현상으로부터 조건 형성 (conditioning)을 통하여 파생된 것으로 이해할 수 있을 것이다. 그러므로 이상을 종합하여 우리는, 모든 종류의 '유용한' 인격과 행위를 의식할 때 사람들이 경험하는 기쁨의 감정은 그들이 기본적인 생리의 욕구가 충족됐을 때 느끼는 저 원초적 쾌감에 기원을 둔 것이라고 결론 내릴 수 있음직하다.

여기서 아직도 해명을 요구하는 문제 하나가 남았다. 그것은 "어떤 인격이나 행동은 전혀 유용성이 없음에도 불구하고 '덕'이라는 이름 아래 찬양되는데, 이 사실을 어떻게 설명할 것인가?" 하는 물음이다. 흄은 모든 '인위적 덕(artificial virtues)'과 대부분의 '자연적 덕(natural virtues)[17]이 사회복지를 조장하는 경향이 있음을 믿었다. 그러나 그는 일부의 자연적 덕은 그러한 경향을 갖지 않았음을 인정한다. "자연적 덕의 대부분이 사회복지를 조장하는 경향이 있음은 아무도 의심하지 않는다. … 그러나 그 밖에도 공중(公衆)의 이해(利害)와는 별로 관계가 없는 덕과 악덕이 존재한다."고 흄은 말하고 있다.[18] 그러나 현재에 있어서는 사회복지를 조장하는 효과를 갖지 않는 자연적 덕일지라도 그 시초에 있어서는, 비록 사회 전체에 유익하지는 못했을지언정, **예외 없이 누군가의 이익을 조장**한 까닭에 찬양을 받게 됐으리라는 것

---

17 흄의 'natural virtues'와 'artificial virtues'의 구별에 대해서는 *A Treatise of Human Nature*, p.475, p.477, p.574 참조.
18 Ibid., Bk. III, Pt. III, Sect. 1, pp.578–579.

은 결코 엉뚱한 추측은 아닐 것 같다.

위에 말한 추측이 엄밀히 증명되기는 어려울 것이다. 그러나 실리와는 아무런 관계도 없다고 일반이 생각하는 여러 가지 인격과 행동들이 사실인즉 그 옛날에 있어서 어떤 사람들에게 — 특히 권위와 세도를 잡은 사람들에게 — 무슨 이익을 주는 경향이 있었던 까닭에, '유덕하다', '갸륵하다' 따위의 영광스러운 평가를 받게 되었으리라는 것을 납득이 가도록 설명하는 것은 반드시 불가능하지 않을 성싶다. 한두 가지 예를 들어 생각해 보기로 하자.

얼마 전까지만 하더라도 우리나라 노인들 가운데는, 청춘 과부가 재혼을 하지 않는 것은 '갸륵한 일'이라고 칭찬하는 사람들이 있었다. 수십 년 전만 하더라도 양가(良家)의 부녀(婦女)가 재혼을 한다는 것은 극히 수치스러운 일이라고 상을 찌푸렸다. 이 '수절(守節)'의 덕은 아마 '현실적 이익을 초월한 덕' 가운데 하나라고 보아도 좋을 것이다. 이해를 따지기로 말하면 수절에 따르는 폐단이 도리어 클지도 모른다. 그러나 여성의 재혼에 대한 비난이 본래는 그 비난하는 사람들의 이욕(利慾)과 밀접한 연결성을 가졌으리라는 것은 ① 봉건시대 이 나라의 남편들은 가정에 있어 절대자였으며, 영혼의 불멸을 믿은 그들은 자기가 죽은 뒤일지라도 살아남은 아내가 후살이 가기를 원치 않았다는 사실 및 ② 옛날에 며느리란 시어머니를 위한 노동력을 의미했으며 자식이 세상을 떠난 뒤에도 시어머니는 여전히 그 노동력에 애착할 이유가 있었다는 사실을 상기할 때, 쉽사리 짐작이 갈 것이다. 한마디로 말해서 여자의 재혼은 그 남편의 견지에서 보나 시어머니의 관점에서 보나 손실을 의미했던 것이다. 그리고 남편과 시어머니는 모두 가정 내의 지배층에 속했던 까닭에, 그들의 욕구와 의견은, 가정을 사회의 가장 중요한 기본단위라고 믿었던 나라에 있어서, 도덕관념에 결정적인 영향을 미쳤던 것으로 보인다. 과부가 된 며느리의 처지로 보더라도 재혼을 보류할 충분한 이유가 있었다. 첫째로 그도 영혼의 불멸을 믿었으며, 둘째로 봉건사회에 있어서는 결국 윗사람에게 순종하는 것이 더 큰 불행을 막는 길이었다. ("신세 생각해서 후살이 간다."는 속담도 있다.)

애당초에 있어서는 그것이 **손실**을 의미했던 까닭에 재혼은 비난을 받았다. 그러나 나중에는 그것이 '재혼'인 까닭에 비난을 받게 되었다. ― 이것은 문화 발전에 있어서의 일반적 순서이며, 또 조건 반응이 사회현상에 나타난 하나의 예라고 볼 수 있는 것이 아닐까?

또 하나의 알기 쉬운 예로는, 무가시대(武家時代) 일본에서 성행했고 제2차 세계대전 때까지만 해도 훌륭하다고 칭찬을 받았던 일본 무사의 할복 자결이 있다. 할복 자결은 본인의 생명을 빼앗아 갈 뿐 아니라 가족과 친지 일반까지도 슬프게 하니 정녕 유익한 행위라고 보기 힘들다. 그러나 이 유해무익한 행위가 찬양을 받게 된 원래의 사유는 역시 그것이 어떤 이의 이욕(利慾)을 만족시켰기 때문이 아닐까?

할복으로써 사죄하는 행위는 봉건시대에 있어서 절대적 충성의 상징이었다. 그리고 상징(symbol)이 이것을 대하는 이에게 일으키는 반응은 그것이 상징하는 사물 그 자체가 일으키는 반응과 유사하다는 것은 평범한 심리학적 상식이다. 그런데 군주의 견지에서 볼 때 신하의 충성보다 더 중요한 이익은 없다. 따라서 군주는 충성을 극구 찬양할 이기적인 이유를 가졌으며, 충성의 상징인 할복도 이를 시인할 심리적인 이유를 가졌다. 오늘날 우리의 상식으로 볼 때 이해심(利害心)과 관계없이 찬양된 듯한 할복의 행위도 그 유래를 더듬으면 역시 원초적인 이해심과 관련된 것이었으리라고 짐작이 된다.

위에 예로 든 두 가지 '덕행'들 및 그와 비슷한 '덕행'들이 오늘날 점차 아무에게도 이익이 되지 않음이 밝혀짐에 따라, 그것들을 숭상하는 도덕 사상까지 차차 쇠퇴해 간다는 사실도, 그것들이 일찍이 누구에겐가 이익을 베푼 까닭에 '덕'으로서 인정을 받아 왔다고 생각할 유력한 근거라 하겠다. 만약 여기서 필자가 예로 든 행위는 **참된** 덕행이 못 된다고 지적하며 필자의 논의는 원시적 관습과 진정한 도덕과의 혼동을 기초로 삼았다고 공격하는 이가 있다면, 그는 흄이 그 출발점에서 배척한 합리론의 견지로 되돌아가는 것이다. 관습과 도덕을 발전 단계의 차이라는 관점에서 이해하는 것은 윤리학적 경험론의 일반적 견해다.

사실 어떤 덕은 "그 자체가 목적이요 그 자체가 바람직한 까닭에, 아무런 대가나 보수가 아니라도"[19] 우리가 그것을 찬양하는 경우가 있다. 그러나 아주 처음부터 그것이 그렇게 완전히 이해와 무관했는지는 자못 의심스러운 바가 있다.

2) 동정

우리들의 둘째 문제, 즉 "어떻게 타인 또는 사회의 이익이 나에게 도덕적 시인이라는 쾌감을 일으킬 수 있는가?"라는 물음에 대한 흄의 대답은 '동정' 또는 '자선심'의 개념을 중심으로 전개된다. "우리가 우정을 느끼지 않는 타인의 기쁨이 우리를 즐겁게 하는 것은 오로지 동정 때문이다."[20]라고 그는 말하고 있으며, 또 다른 곳에서는 "동정은 인간성에 있어서 매우 강력한 원리다. 그것은 미(美)에 대한 우리의 판단을 크게 좌우하며, 모든 종류의 인위적 덕에 있어서 우리들에게 도덕적 시인(是認)의 감정을 일으킨다."[21]고 주장한다.

Treatise 안에서 흄은 동정이라는 이 '강력한 원리'를 연상 심리학의 견지

---

19 D. Hume, *An Inquiry Concerning Principles of Morals*, The Liberal Arts Press, 1957, p.111.

20 D. Hume, *A Treatise of Human Nature*, Bk. III, Pt. III, Sect. 1, p.576.

21 Ibid., pp.577-578.

에서 설명하려고 하였다. 흄에 의하면 모든 사람들의 마음은 그 느낌과 작용에 있어서 본질적으로 같다. 그래서 마치 합주할 때 여러 현악기들이 서로 장단을 맞추듯이, 한 사람에게 일어난 감정은 곧 다른 사람들에게로 전파되어 모든 사람들이 같은 느낌에 잠기게 된다. 좀 더 구체적으로 말하자면, "어떤 사람이 경험하는 격정의 결과로서 생기는 목소리나 몸짓을 지각했을 때, 우리는 금세 이 결과로부터 그 원인으로 이행하여 그가 경험하는 격정에 관한 매우 생생한 관념을 얻게 되며, 이 생생한 관념은 바로 그 격정 자체로 변한다. 우리가 어떤 정서의 원인을 간취(看取)했을 경우에도 그와 마찬가지로 우리의 마음은 그 결과로 이행하여 그와 동류의 정서를 맛보게 된다."[22]

그러나 그의 후일의 저작 *An Inquiry Concerning Principles of Morals* 안에서는, 흄은 위에 언급한 연상 심리학적 설명이 신통치 못하다고 느꼈는지, 그 견지를 포기하고, 다만 우리는 천성에 있어서 자선심 또는 동정심을 갖도록 마련됐으며 이 자선심이 인간성의 근본원리라는 것은 의심의 여지가 없는 사실로서 경험된다고 주장한다. 그리고 그는 이 자선심의 원리로써 도덕의 기원을 대강 설명할 수 있다고 다짐하면서, 우리가 타인에 대하여 자선심 내지 동정심을 갖게 된 그 유래는 물을 필요도 없다고 잘라 말한다.[23] 그러나 필자는 도리어 흄의 초기의 견지, 즉 동정심을 선천적 원리로서 가정하지 않고 이에 대한 경험론적 설명을 꾀하던 *Treatise*의 견지에 더욱 흥미가 끌린다. 그리고 오늘날 발달된 심리학적 개념을 적용하면 흄의 초기의 신념이 좀 더 성공적으로 설명될 수 있지 않을까 생각하는 것이다.

---

22 Ibid., p.576.
23 D. Hume, *An Inquiry Concerning Principles of Morals*, Sect. V, Pt. II, p.47 및 각주 참조.

러셀(B. Russell)도 지적한 바 있듯이,[24] 연상 심리학과 조건반응설은 같은 견지에 발을 디디고 섰다. 흄의 소박한 연상 심리학 대신 '조건반응의 확대(irradiation of conditioned response)'라는 개념을 적용할 때, '동정'이라는 심리 현상에 대한 좀 더 투명한 이해에 도달할 수 있음직하다.

조건반응에 대한 파블로프의 기본 원리는 다음과 같이 설명할 수 있다. S_1이라는 자극이 필연적으로 R이라는 반응을 일으킬 때, 만약 어떤 동물이 S_1과 함께 S_2라는 또 하나의 자극을 아울러 경험하기를 여러 번 거듭한다면, 나중에는 그 동물은 S_1 없이 S_2만에 대하여도 본래의 반응 R을 일으킨다. 그런데 나중의 실험에 의하면, S_2와 비슷한 제3의 자극 S_3만으로도 그 동물은 역시 R의 반응을 일으킬 수가 있다. 예컨대 A라는 음색의 종소리에 대해서 침을 흘리도록 길든 개는 B라는 음색의 종소리에 대하여도 역시 침을 흘린다. 다른 예로서는 개에 놀란 어린이가 고양이만 보아도 놀라는 경우가 있다는 사실을 들 수 있다. 이와 같이 조건반응에 있어서 그 반응을 일으킬 수 있는 자극의 범위가 넓어져 가는 원리에 비추어 동정의 심리도 어느 정도 설명될 것 같다. 즉 나의 상처와 남의 상처 사이에는 비슷한 점이 많다. 나의 성공과 친구의 성공 사이에도 비슷한 점이 있다. 이 유사성으로 말미암아 남의 상처, 남의 성공을 목격했을 때, 마치 내가 상처를 입은 듯한 고통을 느끼고 또는 내가 성공한 듯한 기쁨을 느낀다는 것은 — 비록 그 느낌이 정도에 있어서 매우 낮을지는 모르나 — 아주 불가능한 일이 아니다. 그렇게 느끼는 경향이 있다는 것이 바로 '조건반응의 확대'에 관한 실험적 연구가 밝힌 사실이다.[25]

물론 '조건반응의 확대'의 이론만으로 동정의 심리를 충분히 설명하지는

---

24 B. Russell, *A History of Western Philosophy*, New York, 1954, p.774.
25 '조건반응의 확대(irradiation of conditioned response)'에 관한 기초적 설명의 한 가지 예로 L. F. Shaffer, *The Psychology of Adjustment*, Boston, 1936, p.70 이하 참조.

못할 것이다. '동정'에 관해서 고려해야 할 더욱 중요한 점은 아마 '자아' 또는 '나'라는 것이 신축성 있는 외연(外延)을 가진 개념이라는 사실일 것이다. '자아'란 결코 고정된 외연을 가진 개념이 아니다. 우리가 '나'라고 생각하는 것의 범위는 항상 늘었다 줄었다 한다. 내 친구가 기쁜 까닭에 나도 기쁠 때, 내 동생이 슬픈 까닭에 나도 슬플 때, 또는 인류의 평화와 자유를 염원하는 참된 정열에 불탈 때, 그때 그 친구, 동생 그리고 인류는, 적어도 그 순간에 있어서, 결코 **순전한 남이 아니다**. 그들은 '나' 안에 동화되었고 더 큰 '나'의 한 부분을 형성한다. 이른바 이기주의자란 그가 평소에 '나'라고 의식하는 것의 범위가 매우 좁은 사람이요, 참된 애타주의자란 반대로 평소에 넓은 범위의 '나'를 가진 사람이라고 볼 수도 있음직하다. 이에 "인간은 본래 타인에 대하여 동정(또는 자애심)을 느낀다."는 흄의 명제를 우리는 인간에게 타인의 존재를 넓은 의미의 '자아'의 일부로서 흡수할 수 있는 능력이 주어졌다는 사실을 지적한 것이라고도 이해할 수 있을 것이다. 여하튼 '나'라는 개념이 고정불변한 어떤 실체를 가리키는 것이 아니라 유동하는 존재 내지 의식을 지칭하는 것이며, 우리가 보통 '남'이라고 생각하는 존재도 그것이 우리의 사랑의 대상이 될 경우에는 벌써 순전한 남이 아니라 **나의 남**이라는 사실은, 우리가 '동정'의 본질을 이해함에 있어서 고려해야 할 중요한 점이라고 생각된다.[26]

우리는 지금까지 도덕의 기원에 관한 흄의 견해를 요약하는 동시에, 흄의

---

26 '남'이 넓은 '나'의 일부가 될 수 있다는 주장에 반대하는 의견이 있을지 모른다. ― 내가 남을 사랑한다 할 때 벌써 그 '남'은 사랑의 대상으로서 사랑의 주체인 '나'와 구별되는 존재라는 근거에서. 그러나 내가 나를 사랑한다 할 경우에도 **사랑하는 나와 사랑받는 나**가 동일한 존재가 아니기는 마찬가지다. **의식하는 나와 의식되는 나**는 언제나 구별해야 할 두 가지의 것이며, 남이 나의 일부가 된다 할 때 그 '나'는 의식되는 쪽의 나다.

심리학적 설명이, 그가 아직 심리학이 경험과학으로서 발전하기 이전의 시대인이었던 이유로, 너무 엉성하다고 생각된 점은 현대 심리학의 도움으로 이를 옹호함으로써 그의 기본명제들만은 떠받들기를 꾀해 왔다. 그리고 그의 기본명제들이란 다음과 같은 것이었다. ① 선악의 구별은 이성에서 유래하는 것이 아니라 도덕감(moral sense or moral sentiment)이라는 일종의 감정에서 유래한다. ② 도덕감이란 선천적으로 주어진 원리가 아니라, 자기에게 유리한 사물에 대하여는 기쁨을 느끼고 불리한 사물에 대하여는 괴로움을 느끼는 원초적 감정을 토대로 삼고 후천적으로 발달한 원리다. ③ 인간이 자기에게 유리한 것뿐만 아니라 타인에게 유리한 것에까지도 기쁨을 느끼는 것은 인간에게 동정심 내지 자선심이 있기 때문이다. (이 동정심 내지 자선심도 '연상 작용'을 통해서 경험적으로 발달한 것이라고 본 것이 흄의 초기의 견해였으나, 나중에는 그것이 선천적 원리라고 관점을 고쳤다. 그러나 우리는 흄의 초기의 견해가 경험론에 철저하려는 현대적 상대론에 더 가깝다고 본 까닭에, 그의 후기의 견해는 일단 괄호 안에 넣어 두었다.)

　이상의 명제들은, 선악 기타의 도덕적 가치를 독립적으로 존재하는 객관적 실재로 보지 않고 인간의 욕구 내지 감정과의 관계를 통하여 생기는 상대적 관념이라고 해석하는 현대의 경험론적 윤리설과 공통된 토대 위에 섰다. 이 명제들을 옹호하는 흄 및 이에 호응하는 현대의 경험론자들은, 그들의 견해가 주관주의적이요 상대론적이라는 비판을 감수해야 하는 동시에, 윤리학에 있어서 전통적인 두 개의 어려운 문제를 매우 불리한 발판 위에서 맞이해야 할 것 같다. 그 두 개의 문제란 ① "도덕적 가치판단이 어떻게 객관적 타당성을 가질 수 있는가?"라는 것과, ② "도덕의 권위 또는 도덕률에 순종해야 할 의무의 근거가 어디 있는가?"라는 그것이다. 흄의 동정의 원리는 도덕감이 단순한 이기심에 의해서만 좌우되는 것이 아님을 보장하기에는 충분하나, 도덕 판단의 객관적 기준을 마련하기에는 부족하다. 그러므로 '동정'의 개념만으로는 해결되지 않는 문제로서 첫째 물음이 내닿는다. 다음에 도덕감 및 동정에 관한 흄의 학설은 도덕 판단이 어떻게 일어나는가를 밝히는 **심리설**이요, 도덕 판단의 시비 자체를 논하는 **가치설**은 아니다. 따라서 그것만으로는 도덕적 권위의 근거를 밝힐 수 없으니, 둘째 물음이 새로운 각도에서의 해결을 요구하는 심각한 문제로 제기된다. 이러한 문제들에 대해서 흄의 견해는 어떠한 대답을 준비하는가? 첫째의 문제부터 살피기로 한다.

3) 객관적 타당성 및 의무의 문제

본래 이해와 관련된 쾌·불쾌의 느낌을 바탕으로 삼는 도덕 감정이 단순한 이기주의에 빠지지 않고, 보편타당한 도덕 판단의 기초가 될 수 있는 것은 동정심 또는 자선심의 덕분이라고 흄은 주장하였다. 그러나 흄 자신도 인정하듯이 동정 내지 자선이란 그것을 주는 이와 받는 이 사이의 시간상·공간상의 거리, 그들의 개인적 관계 및 다른 요인들에 의해서 강약, 지속성 등에 있어서 여러 가지 **정도의 차이**를 갖는다.[27] 그렇다면 이토록 주관성의 영향 아래 있는 동정심 내지 자선심이 어떻게 도덕원리의 보편적 표준의 기초가 될 수 있을까? 이 반문에 대하여 흄은 "동정심을 교정함으로써"라고 대답한다. 망막에 비치는 물체의 크기는 거리에 따라서 다르지만 우리는 그 변동하는 망막의 상(像)을 조정하여 그 물체의 일정한 크기를 인식하듯이, 우리의 마음은 경우에 따라 주관적으로 변동하기 쉬운 동정심의 편견을 교정하여 객관적으로 타당한 판단에 도달한다는 것이다. 흄 자신의 표현을 빌리면 다음과 같다.

---

27 D. Hume, *A Treatise of Human Nature*, Bk. III, Pt. III, Sect. 1, pp.580–581.

모든 물체는 거리가 멀어짐에 따라서 크기가 줄어드는 것같이 보인다. 그러나 감관에 비치는 물체의 인상이 그 물체를 판단하는 본래의 표준이기는 하지만, 우리는 실제로 거리가 멀어짐에 따라서 물체가 작아진다고 판단하지 않고, 그 인상을 성찰로써 교정함을 통하여 더 항구적이요 타당성 있는 판단에 도달한다. 그와 마찬가지로 동정심이 비록 자신을 사랑하는 마음에 비하여 훨씬 미약한 것이기는 하지만, 그리고 나에게 먼 사람에 대한 동정은 가까운 사람에 대한 그것에 비하여 매우 약한 것이기는 하지만, 그러나 우리가 남의 인격을 음미하는 냉철한 판단에 있어서 모든 이러한 차이는 극복되고 만다.[28]

한마디로 말하자면, 우리가 도덕적 상황을 판단할 때 동정심이 가치판단의 원초적인 기준이 되는 것이기는 하나, 동정심의 소박한 반응이 그대로 판단의 기준이 되는 것이 아니라, "냉철한 관점 또는 성찰의 관점에 서서 보편적이요 냉담한 감정의 결정을 내린다."[29]는 것이다. 이와 같은 냉철한 관점을 취하는 동기는 만인이 편견에 사로잡힐 때 생기는 사회적 혼란과 '우리 감정 안에서 일어나는 끊임없는 요동과 모순'을 방지하려는 데 있으며, 이 보편성 있고 냉철한 관점에 도달하는 방법은 '상상(imagination)'이라고 흄은 주장한다.[30]

Inquiry에서, 흄은 '동정심의 교정(the correction of sympathy)'을 다른 각도에서, 즉 인간 생활의 사회성이라는 각도에서 설명하고 있다. 인간이란

---

28 Ibid., Bk. Ⅲ, Pt. Ⅲ, Sect. 3, p.603.
29 Ibid., Bk. Ⅲ, Pt. Ⅲ, Sect. 1, p.583.
30 Ibid., pp.580–584.

본질에 있어서 사회적 존재이며, 타인에 대한 적극적인 관심이 사람들로 하여금 상호 관계를 맺게 한다. 그리고 이 상호 관계 안에서 사람들의 감정이 왕래하며, "이 감정의 왕래가 … 사람들로 하여금 인격과 행위의 평가를 위한 보편적이요 궁극적인 표준을 형성하게 한다."[31]

우리의 다음 문제는 "도덕의 권위(또는 도덕률에 순종해야 할 의무)의 근거가 무엇인가?"에 대하여 흄의 견해가 어떠한 해답을 준비하고 있는가를 살피는 일이었다. 일반적으로 경험론의 견지에서는 의무(obligation) 내지 당위(ought)의 문제를 제대로 다룰 도리가 없다는 주장은 윤리학적 경험론이 수없이 받아 온 비난이며, 그 불충분한 경험론의 본보기로서 흄의 윤리설이 거듭 언급되곤 하였다.

도덕감 및 동정심에 관한 흄의 이론은 당위 내지 의무에 관한 판단이 어떻게 일어나는가에 대한 심리학적 설명이기는 하나, 우리가 왜 도덕에 권위를 인정하고 이에 순종해야 하는가에 관한 윤리학적 입론은 아니다. 흄이 주장하듯이, 만약 선악에 관한 판단이 유용성에 관련된 원초적 감정 및 경험을 통해 발달한 (또는 인심(人心)에 본유(本有)한) 동정심에 유래할 뿐 그 이상의 깊은 근원을 갖지 못했다면, 도덕적 명령도 결국 한갓 감정의 표명 또는 욕구의 발로에 불과한 것으로서, 우리에게 순종의 의무를 지을 만한 권위를 갖추지 못한 것이 아닐까? 도대체 감정이나 욕구를 도덕의 근원으로 보는 심리학적 윤리설이 '의무'에 관한 어떤 긍정적인 입론을 내세울 수 있는 것일까?

흄 자신이 의무의 문제를 윤리학의 기본 문제로서 중대시한 것 같지는 않다. 윤리학적 저술 전체를 통하여 그는 '의무'를 장황한 논제로서 다룬 바 없

---

31 D. Hume, *An Inquiry Concerning Principles of Morals*, Sect. V, Pt. II 및 C. W. Hendel의 Introduction 참조.

으며, 다만 그의 *Inquiry*의 마지막 부분에서 다음과 같은 서두로 이 문제를 언급하고 있을 뿐이다. "덕성(德性)에 대한 도덕적 **시인**에 관한 설명이 끝난 이제 남은 것은 오직 그것(덕성)에 관한 **이해심과 연결된 의무**(interested obligation)를 간단히 살펴보는 일뿐이다."[32] 그러나 이 말 다음에 따르는 논술에서 흄이 밝힌 것은, 결국 **유덕한 행위가 자타(自他)를 위하여 가장 유리한 행위**라는 요지의 내용이요, 유덕한 행위 또는 유리한 행위를 선택함이 어째서 우리의 의무가 되는가에 관해서는 전혀 언급이 없다. 생각건대 흄은 자기와 사회 전체 모두를 유리하게 하는 행위가 바로 우리가 마땅히 해야 할 행위라는 것을 암묵리에 전제하고 나선 것 같다. 따라서 흄의 심중을 차지한 '의무'의 문제는 이른바 **의무를 위한 의무**의 그것이 아니라, 우리가 **필연적으로 아니 할 수 없는 행위로서의 의무**의 그것이라고 보아야 할 것이다. 흄이 'duty'라는 말보다도 'obligation'이라는 말을 즐겨 쓴 것도 이러한 관점에서 수긍이 간다.

헨델(C. W. Hendel)이 지적한 바와 같이,[33] 흄이 사용하는 'interested obligation'이라는 말 자체가 좀 이상한 결합이다. 칸트적인 전통의 관점에서 말한다면 'interest'와 'obligation'은 근본적으로 상반되는 두 가지 개념으로서 나란히 연결될 수 없는 성질을 가졌다. 이것들을 태연히 연결시켜 'interested obligation'이라는 표현을 사용한 데 이미 의무의 문제에 대한 흄의 관점이 전통적 사고의 틀에서 약간 벗어났음을 암시한다. 흄에 있어서도 '의무'란 우리가 '마땅히 해야 할 것'임에는 다름이 없다. 그러나 그것은 **무엇인가를 위해서** 마땅히 해야 할 것이요, 아무런 목적도 전제하지 않는 법칙

---

32 Ibid., Sect. IX, Pt. II, p.99.
33 *Inquiry*에 붙인 Hendel의 해설 참조.

주의자의 의무는 아닌 것으로 보인다. 그러면 흄의 '의무'에 있어서 전제가 되고 있는 목적이란 무엇인가? 모든 인간이 자연적으로 욕구하는 것 또는 염원하는 것이 그것이라고 흄은 암묵리에 가정한 것 같다. 만약 인간의 욕구를 충족시켜야 한다는 것이 의심의 여지 없는 원칙으로서 확립됐다면, 이 욕구를 가장 효과적으로 충족시킬 수 있는 수단으로서의 '유덕한 행위'가 '마땅히 해야 할 것'임에도 의심이 없을 것이다. 그러나 인간의 욕구가 충족되어야 할 무엇이라는 것을 어떻게 밝힐 것인가? 흄은 이 점에 대해서 언명한 바가 없는 것으로 안다. 존스(W. T. Jones)가 말한 바와 같이, 흄의 윤리설에 있어서 근본적 탐구의 대상이 된 것은 "형이상학적, 종교적, 또는 도덕적 궁극 원리가 아니라, … 경험적으로 논증할 수 있는 여러 관계였다."[34]

4) 비판적 고찰

도덕감 및 동정심에 관한 흄의 심리학적 설명이 만족스럽지 못하다는 것은 이미 지적하였다. 따라서 앞으로의 우리 고찰은 도덕 판단의 객관적 타당성 및 의무에 관한 흄의 해명이 만족스러운가 아닌가에 국한된다.

'동정심의 교정'에 관한 흄의 논술은 대부분의 독자가 느끼는 대로 매우 모호하고 소략(疏略)하다. 첫째로, 동정심의 편견이 교정되는 심리 작용을 물체의 크기에 관한 시각상(視覺像)이 교정되는 그것과 비슷하다고 흄은 비유하고 있으나, 이 비유는 꼼꼼히 살펴볼 때 그리 적절한 것이 못 된다. 망막에 비치는 시각상이 원근(遠近)을 따라 변동함에도 불구하고 우리가 대상의 크기에 관한 **일정한** 인식을 유지하는 것은 주로 지나간 경험에 대한 상기(想起)

---

34 W. T. Jones, *A History of Western Philosophy*, Vol. II, New York, 1952, p.194.

에 의존하는 것이며, 이때의 교정 작용에 있어서 중추(中樞)의 구실을 하는 것은 일종의 조건반응으로 간주할 수 있는 **반사작용**이다. 그러나 자연 발생적인 동정심 안에 깃든 사적(私的) 요소를 제거하는 작용은 결코 반사적인 그것이 아니라 지성의, 반성과 의지력의 적극적인 발동으로 이루어진다. 다시 말하면 선악의 구별에 있어서 근본원리가 아니라고 흄이 그 출발점에서 배제한 '이성'이 이때 능동적인 구실을 하는 것이다.

흄이 강조한 바와 같이, 오로지 이성만으로는 선악의 구별이 생기지 않을 것이다. 그러나 오직 감정만으로도 참된 선악의 구별은 생기지 않는다. 우리로 하여금 수학과 각종 자연과학을 세울 수 있게 한 바로 그 **논리적 일관성의 추구**가 윤리학의 분야에 있어서도 스스로 작용한다. 예컨대 "너는 조만간 죽을 것이다. 그러나 나만은 영원히 죽지 않을 것이다."라는 판단을 금하는 같은 논리가, "너희들은 결코 거짓말을 해서는 안 된다. 그러나 나만은 거짓말을 해도 좋다."는 판단도 금하는 것이다. 인간에게 개인적 귀천의 차별이 없이 만인은 동등한 인권을 가졌다고 믿는 우리로서 자기에게만 특권을 인정하는 판단을 냉정한 순간에 내릴 수는 없다. 논리의 일관성에 대한 우리의 요구가 그것을 금하는 것이다. 이 논리의 일관성에 대한 요구가 단순한 감정의 소산이라고는 생각되지 않으며, 지성 또는 이성이라고 불리는 인간 정신의 부분이 이러한 논리적 요구와 직결되고 있음은 의심의 여지가 없다. 따라서 종래 '이성'이라는 이름으로 불리던 정신의 측면도 감성과 아울러 도덕에 있어서 중요한 몫을 차지하고 있음이 분명하다.

합리론적 윤리설이 감정과 욕구의 비중을 과소평가해 온 전통 아래서 도덕에 있어서의 감정의 위치를 강조한 흄의 공적은 크다. 그리고 그가 도덕에 있어서의 이성의 중요성을 전혀 망각하지 않았음도 그의 '동정심의 교정'이라는 관념을 통해서 엿볼 수 있다. 그러나 그는 도덕에 있어서의 감정적인 것과 이성적인 것의 관계를 더 날카로운 분석으로 다루었어야 할 것이다.

'인간 생활의 사회성'을 통하여 동정의 주관성이 교정된다고 한 *Inquiry* 안에서의 설명도 역시 막연함을 면치 못한다. '감정의 왕래'가 사람들의 도덕적 가치판단을 객관적인 방향으로 인도하는 과정을 흄은 좀 더 면밀히 서술했어야 할 것이다.

　그러나 도덕적 평가의 보편적 기준에 관한 흄의 견해에 있어서 가장 근본적인 난점은 동정심이 교정을 받은 결과로서 우리의 도덕 감정이 필경은 개인차를 지양할 수 있다는 생각이 정말 경험적 사실과 부합하느냐는 문제에 있다. 물론 '냉정한 일반적 관점(general calm viewpoint)' 및 '정감의 왕래(intercourse of sentiments)'는 동정심의 편파를 어느 정도는 시정할 것이다. 그러나 그것들의 힘이 우리로 하여금 절대 보편적인 도덕의 기준에 도달하게 하도록 강대하리라고는 믿어지지 않는다. 때와 자리를 달리함에 따라 사람들의 도덕적 상황은 천차만별할 뿐 아니라, 인간성 자체에도 변동이 없으리라는 보장이 없다. 이러한 각도에서 볼 때 사람들의 도덕감이 다양하다는 사실은 결코 우연한 현상이 아니며, 이 다양한 도덕감이 모든 개인차를 극복하고 하나의 보편적인 선악의 기준을 형성한다는 것은 사실상 매우 어려운 일일 것 같다. 그리고 흄에 있어서는 도덕감이 곧 선악 구별의 근본원리인 까닭에, 인류의 도덕감이 그 다양성을 벗어나지 못하는 한 선악의 보편적 기준이 있을 수 없다.

　도덕적 권위의 근거, 또는 도덕률에 순종할 의무의 근거에 관한 흄의 입론도 역시 지나치게 소략(疏略)하다는 인상을 준다. "유덕한 행위가 우리에게 선택되기를 강요하는 근거가 무엇인가?"라는 물음에 대하여 "유덕한 행위는 나 자신과 타인을 행복하게 함에 가장 적절한 수단이다."라고만 대답하고 만다면, 질문한 사람은 약간 동문서답을 당했다는 느낌을 금치 못할 것이다. 자신과 타인이 모두 **행복을 누려야 할** 존재라는 것을 (좀 더 정확하게 말하자면, 우리는 자신과 타인을 모두 행복하게 할 의무가 있다는 것을) 밝혀 주었을 때, 비로소 질문한 사람의 의문이 완전히 풀릴 것이다.

앞서 지적한 바와 같이, 흄에게는 자기가 가장 욕구하는 것, 즉 자기의 행복을 위하여 노력해야 한다는 것은 당연한 이치라는 전제가 있었다. 이 자기의 행복을 위해서 노력해야 할 당연한 길을 흄은 '이해심과 관련된 의무'라는 이름으로 부른 것이며, 유덕한 행위를 선택함이 바로 그 '이해심과 관련된 의무'에 해당함을 논증하기 위하여 '유덕한 행위'는 관용, 자선 등 일반적으로 이타적이라는 인정을 받고 있는 따위들까지도 결국은 자기에게도 유리함을 강조한 것이다.

보통 '이타적'이라고 형용되는 부류의 행위들이 필경은 자기 자신에게도 유리하다는 명제는, 냉철한 관찰에 충실했다기보다는 이기와 이타의 대립을 지양하고자 하는 학자적인 욕망과 인류에 대한 희망을 끝내 버리지 못하는 낙관적인 성격들에 의하여 지지되어 왔다. 근시안적 이기주의보다는 사회의 성원다운 협조가 자기에게도 좋은 결말을 가져온다는 명제는 **대체로** 타당한 주장임에 틀림이 없다. 그러나 이 명제는 결코 모든 경우에 반드시 들어맞는 절대적 원리로서 확립된 것은 아니다. 이 명제에 배반하는 소수의 **예외**가 있을 것이다. 소수의 예외는 실천상으로는 무시할 수 있을지 모르나 이론상으로는, 그것이 아무리 소수일 경우에도, 무시할 수 없는 중대성을 갖는다.

의무에 관한 흄의 견해 가운데서 가장 주목을 끄는 점은 그가 '의무'의 개념을 전통적 사고의 궤도를 벗어난 각도에서 해석했다는 것이다. 일종의 필연성 내지 불가피성 ― 생물학적, 심리학적 필연성 ― 을 도덕이 갖는 규범성의 근거로 보려 한 창의(創意)에 찬 관점은 많은 시사를 내포한 것으로 보인다. 그러나 흄이 이 관점을 끝까지 밀고 들어가지 않고 한갓 암시의 정도에서 멈춘 것은 아까운 일이다. 경험론적 윤리설은 그 부정적인 단계에 관한 한 ― 즉 고래의 윤리 사상을 떠받들어 온 독단과 논리의 비약을 폭로시킨 비판적 관찰에 관한 한 ― 착실한 공적을 세웠다. 그러나 경험론적 윤리설의 비판과 공격이 직각론(直覺論) 내지 형이상학적 윤리설을 물리치는 정도에서 멈추지 않고 도덕 및 윤리학 그 자체까지도 부정하는 태세에 이르렀음은 그 경험론적 견해의 심각한 고민이 아닐 수 없다. 경험론적 윤리설이 윤리학의 자기부정의 위협 앞에 놓이는 첫째 이유는, 이 학설이 윤리 판단의 표준을 제시하기 힘들다는 사실이요, 둘째 이유는 이 학설의 견지에서 윤리 판단에 특유한 규범적 성격, 즉 윤리 판단이 가졌다고 인정하는 의무 부과력을 정당화하기 힘들다는 사실이다. 흄은 이 두 가지 난점의 극복을 위하여 각각 암시에 가득 찬 정초를 시도하였다. 그러나 그것은 어디까지나 정초에 그칠 뿐, 문제의 본격적인 해결은 남겨 두고 말았다.

4. 남은 문제들: 결론을 대신하여

모든 종류의 학문이 반드시 어떤 가정(假定)을 발판으로 삼고 있으며, 따라서 아무리 '과학적'임을 자랑하는 명제일지라도, 그것이 같은 말 되풀이(tautology)가 아닌 이상, 엄밀히는 증명할 수 없다는 사실은 인간 지식에 불행한 한계선을 친다. 우리가 무엇인가를 '자명한 원리'라는 이름 아래 믿고 들어가지 않는다면, 우리는 아무런 판단도 내리지 못한다. 그러므로 '엄밀하게는 증명할 수 없는 주장'이라든지 '가정 위에 세워진 체계' 등의 비난은 비단 윤리학만에 해당하는 불명예가 아니다. 그러나 종래의 윤리학이 근자에 이르러 '비과학적'이니 '독단적'이니 하는 공격을 받고 있음은 결코 공연한 비방만도 아닌 것 같다. 다시 말하면, 종래 윤리학설들의 발판이 되어 왔던 가정들은 학문의 다른 분과들이 발판으로 삼아 온 원리들보다도 더욱 믿음직하지 못하다는 의견에는 — 결국 그것이 정도의 차이를 지적하고 있음에 불과하겠지만 — 전혀 근거가 없지 않다. 형이상학 또는 신학(神學)에 의지해 온 종래의 여러 윤리학설들이 '자명한 원리'로서 받들어 온 직각론적 원리들은, 일반 자연과학들이 출발점으로 삼은 가설들에 비하여 — 적어도 현대적인 관점에서 볼 때에는 — '독단적'이라는 인상이 깊다.

이에 **좀 더 믿음직한 근거를 희구하는** 움직임이 윤리학자들 사이에 일어났음은 매우 자연스러운 일이 아닐 수 없다. 그러면 그 근거를 무엇에서 구할 것인가? 그것을 일단 **인간**에서 구해 봄은 매우 당연한 순서인 것 같다. 왜냐하면, 앞으로 인간이 어떻게 해야 할 것인가라는 당위의 문제를 해결할 사고의 출발점이 만약 어떤 기정사실에서 발견될 수 있다면, 그것은 아마 인간이 과거에 어떻게 있었으며 또 현재 어떻게 있는가라는 사실에 관련되어 발견되리라고 우선 짐작이 가기 때문이다. 실은 플라톤, 아리스토텔레스, 그리고 스토아 학파들을 위시한 여러 고대의 사상가들도 윤리학의 근거를 인간존재에서 구한 바 있다. 그러나 그들은 가치 그 자체의 근원을 인간 또는 인간성에서 구한 것이 아니라 인간존재의 파악 그 자체를 이미 그들의 가치관에 의지했고, 그 가치관을 통해서 파악된 인간존재에서 윤리학의 근거를 발견하고자 했다. 따라서 '가치의 근원'을 묻는 견지에서 본다면 플라톤, 아리스토텔레스 등은 선결문제를 요구하고 들어간 셈이다.

스피노자와 흄은 인간 또는 인간성 안에 가치 그 자체의 근원을 찾아보려고 꾀한 점에서 현대적 윤리학의 관심과 가까운 거리에 있다. 스피노자는 인간이 가진 욕구에서 가치의 근원을 보려 하였고, 흄은 인간이 가진 정서에서 그 근원을 찾으려 했다. 그러한 의미에서 스피노자와 흄은 가치의 근원을 가치의 세계 이외에서 찾으려 한 태도에 철저한 사람들 가운데 속한다. 그러나 문제는 스피노자나 흄이 가치의 세계 이외에서 가치의 근원을 찾으려는 의도에 있어서, 그리고 그 인간성을 바탕으로 삼은 가치관 위에서 도덕 판단의 기준을 확립하고자 한 계획에 있어서, 과연 성공했는가에 있다. 더 구체적으로 말하자면, **인간 및 인간성에 관한 사실을 토대로 삼고, 주어진 가치판단의 진위를 분간할 방법을 발견함**에 성공했는가에 있다.

인간 및 인간성에 관한 사실에 의거하여 가치판단의 진위를 발견함에 성공할 수 있으려면, 적어도 ① 인간존재에 관한 사실로부터 인간의 당위를 밝힐 가치론적 원리를 이끌어 냄이 논리상 가능해야 하며, ② 가치론적 원리의 토대가 될 인간존재에 관한 지식이 충분히 정확해야 할 것이다. 스피노자 및 흄의 인간에 관한 파악이, 인간을 대상으로 삼는 여러 자연과학의 착실한 발전을 겪은 오늘날의 안목으로 볼 때 만족스럽지 못하다는 것은 이미 어렴풋이나마 지적한 바 있다. 스피노자의 인간 이해는, 경험적 관찰로부터 자료를 빌린 바 전혀 없는 것은 아니나, 대체로 보아 그의 형이상학으로부터의 연역(演繹)이었다. 그러므로 그의 인간학은 적어도 도덕적 원리의 근거를 찾는 견지에서 보는 한 만족스러울 수가 없다. 왜냐하면 여기서 찾는 '근거'란 곧 경험으로써 확인할 수 있는 증험(evidence)이며, 이러한 증험을 형이상학적 기초 위에서 발견하기는 원칙상 어려운 일이기 때문이다. 흄의 인간성에 관한 파악은 경험론적 방법에 입각한 만큼 현대적인 인간 이해에 가깝다고 볼 수 있다. 그러나 심리학도 사회학도 아직 유년기 이전에 있었던 18세기의 수준을 배경으로 삼은 흄의 인성론에도 스스로 한계가 있었다. 만약 인간존재의 사실에 관한 지식이 인간이 따를 도덕에 관한 가치론적 원리의 기반이 될 수 있다는 신념이 옳은 것이라면, 현대가 이룩한 과학적 인간 연구의 성과들을 도입함으로써 스피노자와 흄에 있어서 부족한 점을 어느 정도 보충함은 현대 윤리학에 주어진 과제이며, 또 실제로 많은 학자들이 그러한 방향으로 노력을 기울이고 있다.

　그러나 더욱 근본적인 문제는 인간존재에 관한 사실로부터 인간의 당위를 밝힐 가치론적 원리를 이끌어 냄이 논리상 가능한가에 있다. 스피노자는 모든 개체가 그렇듯이 모든 개인이 자기 보존을 욕구한다는 그의 형이상학적 명제를 기초로, 인간의 선은 인간의 자기 보존을 성취함에 있다고 단정하였다. 한편 흄은, 만인이 용기, 절제, 정직, 관용 등등의 '덕성'을 갖춘 인품에 대하여 찬양과 시인(是認)의 감정을 느낀다는 심리학적 사실을 토대로 삼고, 유덕한 성품의 인격을 가진 사람이 선인(善人)이라는 결론에 이르렀다. 다만 이와 같이 추리한 스피노자와 흄을 '자연론적 오류(naturalistic fallacy)'[35]에 빠졌다고 단순히 비난해 버릴 수는 없을 것 같다. 왜냐하면, 앞서도 언급했듯이 흄이 그 윤리학에서 정면으로 추구한 문제는 "우리는 무엇을 해야 옳은가?" "인생의 목적이 무엇인가?" 등의 규범적인 물음이 아니라 선악의 판단을 비롯한 도덕 현상에 관한 분석적 문제였으며, 스피노자의 경우에 있어서도 "우리는 어떤 대상이 선한 까닭에 그것을 얻고자 애쓰고, 원하고, 바라는 것이 아니라, 그와 반대로, 우리가 얻고자 애쓰고, 원하고, 바라는 까닭에 어떤 사물을 선하다고 **판정한다.**"[36]라고 한 구절이 암시하듯이, 그의 학문적 자세가 '모럴리스트'의 실천적 관심보다도 분석가의 이론적 관심에 의하여 지배됐다고 생각되기 때문이다.

그러나 스피노자나 흄이 시종일관 이른바 '메타 윤리학(meta-ethics)'에만 종사한 것은 아니며, 때때로 규범적 문제들에 대한 답을 제시하려고 했음도 의심의 여지가 없다. 그들의 윤리학적 결론들이 부분적으로나마 인생을 위한 처방으로서의 의미를 가졌다면, 그리고 그러한 처방에 도달한 이론적 근거로서 인간성 및 도덕 현상에 관한 그들의 분석적 연구가 선행했다면, 이 분석적 연구가 저 규범적 결론의 근거가 될 수 있다는 것을 논리적으로 밝힐 책임이 그들에게 지워져야 할 것이다. 설령 스피노자와 흄 자신은 윤리학의 범위를 순전히 현상 내지 언어에 대한 이론적 분석에만 국한했다 하더라도, 실천 문제를 윤리학적 관심 밖으로 추방할 수 없는 우리로서는 역시 실천 문

---

35 cf. G. E. Moore, *Principia Ethica*, Cambridge University Press, 1956(first edition 1903).

36 B. Spinoza, *Ethica*, Pt. III, Prop. IV, scholium.

제 해결의 단서를 현존해 있는 **사실에서** 구할 수밖에 없으며, 따라서 사실에 관한 지식과 당위에 관한 처방을 연결해 줄 논리적 유대를 모색하지 않을 수 없다.

무릇 사실판단과 가치판단은 오직 문법상의 구조를 같이할 뿐 본질은 서로 다르다는 것, 따라서 사실판단으로 된 전제로부터 가치판단으로 된 결론을 이끌어 낼 수 없다는 것은 이미 하나의 상식이다. 인생을 위한 처방의 구실을 할 가치판단을 결론으로 얻을 수 있으려면, 전제들 가운데 적어도 하나는 가치판단이 아니면 안 된다. 따라서 인간과 인간성 그리고 우주 안의 모든 사상에 관한 몰가치적 형이상학과 과학의 심오한 지식을 총동원하여도 그것만으로는 인생을 어떻게 살아야 한다는 실천의 지혜를 이끌어 낼 충분한 근거가 될 수 없다. 존재의 세계에 관한 지식으로부터 당위의 세계에 관한 지혜로 넘어가는 길목에서 교량의 구실을 해줄 하나의 대전제가 — 그 자체 가치판단 또는 당위 판단(ought judgment)으로 된 하나의 대전제가 — 서야 한다. 그러나 그 대전제를 어떻게 세울 수 있을까?

만약에 그 대전제를 세움이 절대로 필요한 일이라면, 우리는 두 가지 길 가운데서 하나를 골라잡아야 할 것이다. 그 첫째 길은 하나의 기본 신조를 밖으로부터 무조건 **받아들이는** 것이요, 그 둘째는 내 스스로가 하나의 기본 신조를 스스로의 책임하에 **세우는** 것이다. 앞의 것은 고래(古來)의 윤리 사상으로 되돌아가 타협하는 길이요, 뒤의 것은 끝까지 경험론적 논리에 충실하려는 모험의 길이다.

고전적 위치를 차지한 종래의 거의 모든 윤리학설들은, 밖으로부터 명시적으로 또는 암묵리에 받아들인 어떤 규범적 기본 신조를 토대로 삼고 세워졌다. 예컨대 "우리는 양심의 명령에 순종해야 한다." "불만족보다는 만족을 택해야 하며, 소수의 만족보다는 다수의 만족을 택해야 한다." "우리는 신의 명령에 절대 복종해야 한다." 등의 기본 신조를 토대로 삼고 양심설, 쾌락설,

신학적 윤리설 등의 학설들이 세워졌다. 이와 같은 기본 신조를 받아들이고 또 이를 정당화하는 태도에 크게 두 가지 유형이 있다. 하나는 '자명성(自明性)'을 방패로 삼는 직각론자(直覺論者)의 태도요, 또 하나는 신과 인간·사이에 가로놓인 요원한 거리에 민감한 종교가의 태도다. 그들의 기본 신조가 과학적으로 논증될 수 없으며 또 논증할 필요도 없다고 믿는 점에 있어서, 직각론자와 종교가는 의견이 일치한다. 다만 전자가 자신들의 신조가 절대 진리라는 보장을 스스로의 이성(理性)에서 구하는 데 반해, 후자는 같은 것을 자신들의 정감(情感)에 비친 계시(啓示)에서 구하는 차이가 있다.

'증거'의 제시를 생명처럼 중요시하는 자연과학적 사고에 깊이 물든 현대인의 기질로 볼 때, 직각론자의 태도에도 종교가의 단정에도 얼른 납득하기 힘든 구석이 있다. 그래서 현대의 많은 윤리학도들이, 스피노자와 흄을 비롯한 몇몇 이단(異端)들이 시험한 새로운 침로(針路)를 더듬어, 명확히 밝혀진 사실만을 근거로 삼는 '과학적 윤리학'의 수립을 꾀하였다. 그러나 그들의 과학적 윤리학의 시도는 사실판단으로부터 논리의 비약 없이 가치판단을 이끌어 낼 수 없다는 비판에 부딪쳤을 때, 이를테면 절벽을 만난 셈이다. 이때 윤리학을 전적으로 포기하지 않기 위하여 취할 수 있는 하나의 길은 직각론자 또는 종교가의 신조를 다만 하나라도 받아들여 이를 대전제로 삼고, 오직 소전제만을 사실에 관한 지식에서 구함으로써 일종의 타협을 꾀하는 일이다. 그러나 이러한 타협이 있을 수 없는 사람들에게 남은 길은, 그들이 윤리학을 전적으로 부인하는 견지에 찬동하지 못하는 한, 앞에서 말한 둘째의 길, 즉 내 자신의 책임하에 스스로 하나의 기본 신조를 세우는 길뿐이다.

내 스스로가 세우는 기본 신조는 그 내용에 있어서 직각론자나 종교가들이 신봉한 그것과 반드시 다를 필요가 없다. "양심의 명령에 복종해야 한다." "소수의 만족보다는 다수의 만족을 택해야 한다."는 등의 원리를 그대로 내세워도 좋다. 밖으로부터 기본 신조를 받아들이는 견지와 스스로 그것을 세우는 견지의 기본적인 차이는 어떠한 원리를 신조로 삼는가에 있는 것이 아니라, 신조로 받아들여진 원리의 자격을 어떻게 해석하는가에 있다. 즉 전자는 신조로서 받들어진 원리를 선천적이요 객관적인 진리로 보는 동시에, 그 타당성은 모든 종류의 인간적인 마음가짐과는 상관이 없다고 믿는 데 비하여, 후자는 자기가 세운 원리의 선천적 진리성을 주장하지 않으며, 다만 그러한 원리를 내세우는 것은 인생에 대한 자기의 **태도 표명**이요 여러 갈래로 뻗어 나간 삶의 길 가운데서 하나의 길을 골라잡는 **선택의 결정**에 불과하다고 털어놓는다. 후자의 견지에서 "소수의 만족보다도 다수의 만족을 택해야 한다."고 주장할 때 그 주장에는 그것을 주장하는 자 스스로 다수를 위해서 살겠다는 약속의 뜻이 포함되어 있는 동시에 듣는 이들에게도 같은 생활 태도를 종용하는 권고의 뜻이 있다.

그러면 윤리학의 기본 원리가 밖으로부터 주어지는 것이 아니라 스스로 세우는 것이라고 믿는 이 견지에서는 자기가 내세우는 원리의 '타당성'을 주장하지 않는 것일까? 전혀 주장하지 않는 것은 아니다. 그러나 그들이 주장하는 '타당성'은 사실에 관한 원리들에 대하여 주장되는 그것과는 성질이 다르다. 그들이 주장하는 타당성은, 비유해 말하자면, 문법학자가 일정한 어법 (語法)에 대하여 주장하는 타당성에 가깝다. 그리고 그들이 내세우는 원리가 타당한가, 타당하지 않은가 하는 것은 그 원리와 **부합되는** 어떤 객관적 사상 (事象)에 의하여 결정되는 것이 아니라, 그 원리가 사실상 실제 사회에서 **통용**되는가, 통용되지 않는가 하는 역사적 사실에 의해서 결정된다. 마치 어떤 어법의 타당성 여부가 그 어법이 실제 사회에 있어서 '정당한' 것으로서 통용되는가, 통용되지 않는가에 의하여 판정되듯이.[37]

윤리 사상가가 일정한 명제를 처세의 원리로서 내세우며 삶에 대한 자기의 태도를 표명할 때, 그는 아무런 '이유' 없이 단순한 기분에서 그렇게 하는 것은 아니다. 그가 어떤 생활 신조를 옳은 원리라고 주장할 때, 그로서는 그렇게 주장하는 이유가 있다. 그 이유라는 것은 역시 인생과 자연, 즉 존재하는 사실에 관한 지식 가운데서 제시된다. 그도 역시 자기가 내세우는 당위의 원리를 정당화할 근거를 존재의 원리에서 구한다. 그러나 존재의 원리에서 당위의 원리가 형식논리학의 법칙을 따라 추리되는 것은 아니다. 그에 있어서 존재의 원리와 당위의 원리를 연결시켜 주는 매개는 그의 생명의 필연적인 요구, 이를테면 생의 논리다.

생명을 가진 자에게 선택의 자유가 있다면, 그것은 가능한 몇 가지 행동 중에서 하나를 선택하는 자유요, 행동함과 행동 안 함 사이에서 하나를 선택하는 자유는 아니다. '무위(無爲)'도 일종의 행위다. 개인이 어떤 행동의 길을 택하는가는 그가 가진 자기와 자기 환경에 대한 지식에 의하여 결정된다. 자기와 환경에 대한 지식에서 하나의 생활신조가 필연적으로 결론되며, 생활신조의 채택을 완전히 보류하거나 다른 생활신조를 채택할 수도 없다. 존재에 관한 지식이 전제가 되어 처세에 관한 원리가 반드시 결론으로서 따르니, 거기에 일종의 결(理), 즉 논리가 있는 셈이다. 그러나 이는 단순한 사유(思惟)의 논리와는 달리 생명의 흐르는 방향을 결정하는 법칙이니, 앞서 '생의 논리'라는 말을 시용(試用)해 본 까닭이다.

생의 논리를 존재의 세계에서 당위의 세계로 건너가는 교량이라고 보는 견지에서 보편성을 가진 윤리설이 가능하다고 말할 수 있을까 하는 문제에 대한 해답은 스티븐슨(C. L. Stevenson)이 다른 맥락에서 시사한 바 있듯이, 존재의 세계에 관한 사람들의 견해가 완전한 일치를 보았을 때, 당위에 관한 사람들의 태도도 완전히 일치할 것이냐에 달려 있다.[38] 다시 말하면 생의 논

---

37 졸고, 「평가적 발언의 의미와 타당성에 관하여」, 『인문과학』 제6집, 연세대학교, 1961, p.100 이하 참조.

리가 개인에 따라 다른 것인지, 인류 전체에게 제일(齊一)한 것인지에 달려 있다. 만약 생의 논리가 어떤 시대와 지역의 한계 안에서만 한결같다면, 국한된 시대와 지역 안에서만 타당하는 상대적 윤리설만이 가능하게 될 것이다. 그러나 생의 논리에 관한 더 상세한 음미는 지면이 제한된 이 글의 범위를 넘어선다.

우리는 인간의 **있음**을 토대로 하여 인간의 **있어야 함**을 밝히려 한 자연주의적 의도가 "있는 세계로부터 있어야 할 세계로 어떻게 넘어갈 수 있는가?" 하는 논리적 난관에 봉착하게 된다는 것을 스피노자와 흄의 학설을 매개로 삼고 밝혔다. 이 논리적 난문(難問)은 스피노자나 흄 자신의 깊은 관심을 끌지 못한 채 뒤로 남겨진 문제였다. 우리는 이 남겨진 문제에 주목하는 동시에, 존재의 세계에서 당위의 세계로 건너갈 수 있는 다리의 구실을 할 수 있는 대전제를 얻는 길이 두 가지 길 중의 하나임을 시사하였다. 직각론자나 종교가의 원리를 받아들이는 길과 스스로의 책임 아래 실천의 신조를 세우는 길이 그것이었다. 그러나 이 두 가지 길 가운데 어느 것이 옳은 길인지에 관하여는 우리는 언급하기를 삼가지 않으면 안 되었다. 그것은 이 두 가지 길에 관련된 여러 가지 사항을 면밀히 검토한 뒤가 아니면 결정할 수 없는 문제일 뿐 아니라, 이 문제의 해결은 결국 철학에 있어서의 가장 근본적인 두 가지 견지의 대립이 지양(止揚)되기 전에는 완전할 수 없기 때문이다.

(『연세논총(延世論叢)』, 1962)

---

38 C. L. Stevenson, *Ethics and Language*, New Haven: Yale University Press, 1944, p.136 이하.

2 장
존 롤즈의 사회정의론

— 그 방법론에 대한 비판적 고찰

2장 존 롤즈의 사회정의론
— 그 방법론에 대한 비판적 고찰

1. 롤즈의 사회정의론이 동시에 해결하고자 한 두 가지 근본 문제

존 롤즈(John Rawls)의 『정의론(*A Theory of Justice*)』이 출판된 지 벌써 오랜 시간이 지났고, 이 야심작을 소개 또는 비판하기 위하여 쓰인 논문과 단행본이 무수히 쏟아져 나온 지금, 새삼스럽게 그의 학설을 들추는 것은 좀 때늦은 느낌이 있다. 롤즈에 대하여 한국말로 쓰인 논문이 적다는 우리의 뒤떨어진 실정을 지적할 수도 있을 것이나, 스스로의 게으름과 무능함을 고백하는 데 지나지 않을 것이다. 플라톤이나 아리스토텔레스 같은 옛 철인들의 학설이 아직도 연구의 대상이 되고 있다는 사실에 대해 언급할 수도 있을 것이나, 롤즈가 과연 그토록 고전적인 인물이냐는 물음은 접어둔다 치더라도, 필경 무슨 새로운 말을 할 수 있느냐가 문제라 하겠다.

롤즈의 『정의론』을 전반적으로 검토하고 비판한 연구로는 울프(R. P. Wolff), 배리(Brian Barry), 핵사르(Vinit Haksar) 등의 단행본이 있다.[1] 또한 '원초적 입장(original position)', '최악 최선의 원칙(maximin principle)', '기본적 가치(primary goods)' 등 롤즈의 기본 개념 내지 주요 가설

및 그의 추리 과정의 논리 등에 대한 부분적인 분석과 비판에 역점을 둔 논문들은 이루 헤아릴 수 없을 정도로 수없이 발표되었다. 그러한 연구들을 소개하고 대조해 가면서 롤즈의 학설의 큰 줄거리를 고찰해 보는 것도 한국적 상황에서는 전혀 무의미하지는 않을 것이다. 그러나 필자가 이 글의 목표로 삼는 것은, 롤즈의 학설의 줄거리를 밝히거나 그의 학설의 어떤 부분에 대하여 새로운 말을 하고자 함에 있기보다는, 현대 윤리학이 안고 있는 전체적인 과제와 관련하여, 특히 그 방법론적인 문제와 관련하여 롤즈의 학설이 어떠한 함축된 의미(implication)를 가지고 있는가를 살펴보고자 함에 있다.

20세기 후반기에 접어들면서 현대 윤리학은 두 가지의 매우 큰 과제와 정면으로 대결해야 할 처지에 놓이게 되었다. 그 과제의 하나는 윤리적 회의론(ethical skepticism)을 말끔히 극복함으로써 도덕 판단의 시비를 가릴 수 있는 확고부동한 기준이 존재함을 밝히는 일이요, 또 하나는 본래 실천을 위한 철학이었던 윤리학이, 메타 윤리학이라는 논리와 언어분석의 늪을 벗어나서, 사회 현실의 문제에 대답하는 본연의 구실을 회복하는 일이었다. 1920년대에서 30년대에 걸쳐 학계의 주목을 끌었던 논리실증주의자들(logical positivists)의 투철한 이모티비즘(hardboiled emotivism)의 주장에 지나침이 컸다는 반성론이 대두하면서, 윤리적 추리에도 객관적 근거와 이성적 요소가 존재한다는 것을 역설한 학자들이 많이 나타나기도 했으나, 아직도 사실(is)과 당위(ought) 사이의 논리적 간격을 튼튼하게 메울 수 있는 확고한 근거를 보여준 사람은 없었다. 따라서 정치와 경제, 그리고 사회 일반에 있어서 심각하고 복잡한 문제들이 끊임없이 일어나고 있는 시대에 살고 있음

---

1 R. P. Wolff, *Understanding Rawls*, Princeton, 1977; Brian Barry, *The Liberal Theory of Justice*, Oxford, 1975; Vinit Haksar, *Equality, Liberty, and Perfectionism*, Oxford, 1979.

에도 불구하고, 현실 문제에 대한 해결의 원리를 제시할 책임을 가진 윤리학자들이 그 소임을 다하기 어려운 실정이었다.

사회정의의 원리를 확립하는 일을 일차적 과제로 삼은 롤즈가 위에 말한 윤리학의 두 가지 과제를 어느 정도 의식했는지는 확언하기 어렵다. 그러나 그가 만약 사회정의의 원리를 이론적으로 확립하기에 성공했다면, 거의 자동적으로 위의 두 가지 과제를 해결하는 결과를 가져왔다고 볼 수 있을 것이다. 왜냐하면, 롤즈가 제시한 '정의의 두 원리'는 사회윤리 전반에 걸쳐서 적용될 수 있는 도덕 판단의 기본 원리로서의 성격을 띠고 있기 때문이다. 롤즈가 제시한 '정의의 두 원리'가 의심의 여지 없이 확립된 원리로서 인정된다면, 우리는 사회윤리 전반에 걸쳐서 시비(是非)를 판단할 수 있는 근본원리를 얻은 셈이 될 것이다. 그리고 사회윤리를 위한 객관적 판단의 기준이 사실상 확립되었다면, 굳이 메타 윤리학적 분석의 증명을 거치지 않고서도, 우리는 윤리적 회의론을 이미 극복하고 있다는 사실을 알 수 있을 것이기 때문이다. 그뿐만 아니라, 롤즈의 사회정의론은 본래 현실 문제에 대답하는 규범 윤리설로서 출발한 것인 까닭에, 다시 말하면 메타 윤리학의 늪에는 처음부터 빠지지 않았던 까닭에, 두 번째 과제도 동시에 해결한 결과가 될 것이다.

롤즈는 메타 윤리학에 있어서 제기되는 문제들을 먼저 해결하고 그 다음에 규범 윤리학의 문제로 넘어가는 순서를 밟지 않았다. 그는 일찍부터 규범 윤리학의 기본 문제의 하나인 사회정의의 문제와 정면으로 대결하기 시작했다. 다만, 그 사회정의의 문제를 해결해 가는 과정에 있어서, 형이상학적 전제나 직각론적 원리에 호소함이 없이 경험적 사실과 치밀한 논리에 의거함으로써, 메타 윤리학적 견지에서 제기할 수 있는 문제점을 미리 제거하기를 시도하였다. 바꾸어 말하면, 롤즈는 분석철학의 빈틈없는 수법을 고려해 가며 실천철학의 문제를 해결하고자 꾀한 셈이다. 그가 만약 이 시도에서 성공하여 사회정의의 원리를 이론의 여지가 없는 확고한 원리로서 확립하기에 이르렀다면, 그는 앞에서 말한 윤리학의 두 가지 과제를 해결할 수 있는 길을 **사실상** 연 셈이 될 것이다. 그렇다면 과연 롤즈의 사회정의론은 논리적으로 완벽하다고 볼 수 있는 것일까?

2. 개인들의 이상과 바람직한 사회

개인을 위하여 이상적인 삶이 모든 사람들에 있어서 동일하다면, 즉 모든 사람들에게 공통된 **하나의 참된** 삶의 목표가 존재한다면, 그 참된 삶의 목표가 도덕 판단을 위한 보편적 기준이 될 수 있을 것이다. 전통적으로 목적론자로 알려진 윤리학자들 가운데는, 참된 삶의 목표는 만인에게 공통될 것이라는 가정에서 출발한 사람이 많았다. 따라서 그들에게 있어서 가장 중요한 문제는, 모든 사람이 목표로 삼아야 할 이상적 인간상(人間像)이 무엇인가 하는 물음이었다. 인간상을 한 집단으로서 파악하고 이상적 사회 또는 이상적 국가를 문제 삼은 철학자들도 있었으나, 더 많은 경우 개인으로서의 이상적 인간상이 추구의 대상이 되었다.

그러나 인간을 개인으로서 파악하고 모든 사람들에게 보편적으로 타당한 이상형(理想型)을 찾아낸다는 것은 성공할 가능성이 거의 없는 모색에 불과한 것으로 보인다. 왜냐하면, 경험적 세계에 존재했거나 존재하는 사람들이 다양하게 추구했거나 추구하는 이상을 초월하여, 선천적으로 주어진 이상적 인간상이 존재한다는 가정은 이렇다 할 근거가 없는 가정에 불과하며, 경험적 인간이 현실적으로 추구하는 다양한 개인적 이상을 종합하여 하나의 '참된 이상적 인간상'을 추출해 낸다는 것도 성공할 가망성이 희박한 시도이기 때문이다.

사람들이 현실적으로 추구하는 개인의 이상과 인생 설계는 매우 다양하다. 예술, 학문, 종교, 도덕, 향락 등 여러 가지 영역 가운데 어느 것을 가장 소중하게 생각하는가에 따라서, 그리고 자기의 소질과 사회적 조건이 어느 영역에 적합하다고 판단하는가에 따라서, 사람들은 각각 자신의 길을 정하고 그 길에 맞추어서 인생을 설계한다. 그뿐만 아니라, 같은 영역을 택한 사람들 가운데도 그들의 영역에 대한 견해에 개인차가 생기기 마련이어서, 개인적 이상의 설계도는 실로 백인백색이다. 그리고 개인적 인생 목표의 다양성은 인생과 문화를 풍부한 것으로 만드는 근원이므로 일단 긍정적으로 받아들여야 할 것이다. 무수하게 다양한 인생 목표들 가운데서 어느 하나만을 '참되고 옳은 것'으로 선정할 수 없을 뿐 아니라, 그 여러 가지 목표의 좋은 점을 살려서 하나의 종합적 내지 고차원적 목표를 구상한다는 것도 생각하기 어렵다. 철 따라 피고 지는 무수한 종류의 꽃들 가운데 한 가지만을 골라 지구를 장식하고자 하는 생각은 어리석은 생각이며, 여러 가지 꽃들의 장점을 모두 갖춘 종합적이고 차원 높은 새로운 화초로 대체하고자 하는 생각도 어림없는 생각이다.

사람에 따라서 다양한 인생 목표를 하나의 추상적 개념으로 묶을 수는 있을 것이다. 예컨대, "각자의 소질을 최대한으로 발휘하도록 사는 것이 옳은 삶의 길이다." 또는 "가능한 한 최대의 가치를 실현하도록 사는 것이 옳은 삶의 길이다." 하는 등의 명제로써 하나로 통일된 길을 제시할 수는 있을 것 같은 생각이 든다. 그러나 이러한 해결책은 말장난의 속임수에 불과한 것이며, 실질적인 문제 해결에는 별로 도움이 되지 않는다. 왜냐하면, 예시한 첫 번째 명제는, 인간의 소질이 단일한 요소로서 있는 것이 아니라 여러 가지 요소들의 복합인 까닭에, 그리고 '소질을 최대한으로 발휘함'이라는 말은 몰가치적 기술언어(記述言語)가 아니라 평가를 포함한 언어인 까닭에, '각자의 소질을 최대한으로 발휘하는 길'이 여러 갈래로 나누어질 수밖에 없다는 치명적 결함을 가졌다. 그리고 둘째 명제는 어떠한 일들을 했을 때 '가능한 한 최대의 가치가 실현될' 것인지에 관해서 하나의 일치된 대답을 얻을 수가 없는 까닭에 별로 쓸모가 없다.

여기서 우리는 "개인을 위해서 가장 바람직한 삶은 사람마다 다르다고 보아야 하며, 모든 사람들이 동일한 인간상을 목표로 삼아야 할 이유가 없다."는 전제로부터 다시 출발하는 길을 생각하지 않을 수 없다. 이러한 전제는 개인의 자유와 개성을 중요시하는 현대인의 생각과도 잘 조화를 이룬다. 그리고 개인은 각자의 개성을 따라서 자유롭게 자기의 인생 목표를 선택할 수 있다는 것을 하나의 원칙으로 받아들일 때, 윤리학의 문제는 개인에서 사회로 그 중심을 옮기게 될 것이다.

개인에게 자신의 소망을 따라서 인생 목표를 마음대로 추구할 자유가 있다는 것을 원칙으로서 인정한다 하더라도, 그 자유가 무제한의 자유일 수는 없다. 사회적 존재로서 여러 사람들과 관계를 맺어 가며 집단생활을 하기 마련인 인간이 각각 제멋대로의 목표를 정하고 그 목표로 접근해 감에 있어서 아무런 자제(自制)도 가하지 않는다면, 사람들의 의도와 실천은 어지럽게 충돌할 것이며, 집단 전체가 질서를 잃고 파멸하게 될 것이다. 따라서 개인이 스스로 선택한 삶의 목표를 달성하자면 우선 그가 속해 있는 집단이 질서를 유지할 필요가 있으며, 그 집단을 구성하는 개인들은 집단의 질서유지와 발전을 위하여 필요한 행위의 규범을 지킬 필요가 있다. 사회의 유지와 발전을 위해서 필요한 규범을 지키도록 자제하는 것이 결국 나도 위하고 남도 위하는 현명한 길이 될 것이다.

사회의 유지와 발전을 위한 규범은 적절하고 공정해야 할 것이다. 그것은 사회를 유지하고 발전시키고자 하는 목적에 적합해야 할 것이며, 개인들의 행위를 불필요하게 제약함이 없어야 할 것이다. 규범의 내용 자체가 우선 공정해야 할 것이며, 규범은 모든 성원들에게 한결같이 적용되어야 할 것이다. 그렇다면, 도대체 어떠한 사회규범이 적절하고 공정한 규범에 해당하는 것일까? 현실적으로 모든 사회에는 이미 도덕 또는 법의 이름을 가진 사회규범이 존재하고 있으나, 현존하는 규범들이 모두 적절하고 공정하다고 보기는 어렵다. 적절하고 공정한 규범을 발견 내지 정립하는 일은 사회문제를 다루는 학자들의 공동 과제이며, 특히 규범들을 위한 기초가 될 기본 원리를 발견 내지 정립하는 일은 윤리학자들의 과제라 하겠다. 이와 같은 방식으로 생각할 때, 윤리학에 있어서 가장 기본적인 문제는 개인을 위해서 바람직한 삶의 목표가 무엇인가라기보다도, 정당하고 바람직한 사회를 위하여 요구되는 규범의 원리는 무엇인가 하는 것이 될 것이다.[2]

"정의로운 사회를 위해서 가장 올바른 규범의 원리는 어떠한 것일까?" 다시 말해서 모든 사람들에게 보편적 타당성을 가진 정의의 원리(principles of justice)는 무엇일까? 이 물음이 바로 롤즈가 윤리학에 있어서 가장 근본적인 문제로 보고 그 해결을 위해서 오랜 세월을 두고 심혈을 기울인 문제다.

3. 롤즈가 세우고자 한 '정의의 원리들'

보편적 타당성을 가진 정의의 원리가, 만유인력의 원리가 존재하듯이 이미 주어져 있다고 보기는 어렵다. 그것은 인간이 합의(agreement)를 통하여 스스로 세워야 할 과제라고 보는 것이 롤즈의 출발점이다. 정의의 원리는

---

2 이때 윤리학의 문제가 개인에서 사회로 옮겨 가는 동시에, 윤리의 기본 원리를 탐구하는 관점은 목적론적 견지를 버리고 법칙론적 견지를 취하게 된다. 그러나 여기서 윤리 문제의 중심은 개인으로부터 사회로 옮기되, 윤리의 기본 원리를 탐구하는 관점은 여전히 목적론적 견지를 고수할 수도 있으며, 또 실제로 그러한 견지를 취한 학자들이 있다. 즉, "우리가 목표로 삼아야 할 이상적 개인의 상(像)이 어떤 것인가?" 하는 물음 대신에 "우리가 목표로 삼아야 할 이상적 사회상이 어떤 것인가?" 하는 물음을 제기하고, 사회 그 자체에 추구해야 할 목적이 있다는 전제로부터 출발할 수도 있다. 이러한 전제로부터의 접근은 그 나름의 많은 난점을 가지고 있는데, 롤즈의 사회정의론을 다룸에 있어서 반드시 짚고 넘어가야 할 이유가 없으므로, 이 글에서는 사회적 목적론의 문제는 지나치기로 한다.

"각자의 이익을 추구하는 자유롭고 합리적인 사람들이 최초의 평등한 입장에서 그들의 공동체에 관한 기본적 약정(約定)으로서 받아들이게 될 원리다."[3] 만약 공동체의 성원 모두가 찬동하는 어떤 원리를 찾아낼 수만 있다면, 그 원리는 성원들 자신이 선택한 원리인 까닭에 모든 성원들에 대한 구속력, 즉 타당성을 갖게 될 것이다. 그러나 정의롭고 바람직한 사회를 위한 규범의 원리가 무엇인지에 관하여 과연 모든 사람들이 의견의 일치를 볼 수 있는가가 문제다.

대개의 국가에는 입법기관이 있어서 국민들이 지켜야 할 법률을 정한다. 입법기관을 위한 대표를 선출하고 또 그들이 법률을 제정하는 절차는 나라에 따라서 차이가 있겠으나, 결과로 얻어진 법률이 국민 전체의 동의(同意)로써 이루어진 것으로 볼 수 있는 경우는 드물다. 다수의 견해 또는 우세한 집단의 이익을 결정적으로 반영하는 반면에 소수의 견해 또는 약자들의 이익은 억압하는 내용의 법률이 제정되는 경우가 많다. 의견과 이해관계를 달리하는 사람들이 모여서 만장일치의 의결에 도달한다는 것은 일반적으로 어려운 일이다. 이 어려움은 사회정의의 원리를 계약론적 방법으로 정립하고자 하는 롤즈에게도 따른다고 보아야 할 것이다.

공동의 관심사에 대한 해결책을 모색하기 위하여 모인 사람들의 의견이 서로 엇갈리는 것은, 모인 당사자들의 입장이 서로 다르기 때문이다. 가령 사회의 기본 구조에 관한 원칙을 대화와 계약으로 결정하기 위하여 각계각층의 대표자들이 모였다고 하자. 이때 여러 대표자들의 이해관계와 사고방식에 차이가 있는 것이 보통이며, 따라서 그들은 서로 엇갈리는 주장을 하게 되고, 만장일치의 합의를 보기가 힘들 것이다. 그러나 만약 대표자들이 서로

---

3 John Rawls, *A Theory of Justice*, Harvard University Press, 1971, p.11.

다른 이해관계와 사고방식으로 인한 영향을 받지 않는다면, 합리적 사고에 입각한 대화를 통하여 만장일치의 합의에 도달할 수 있는 길이 그들에게 열리게 될 것이다. 바로 이 점에 롤즈는 착안했던 것이며, 그의 정의론에 있어서 중요한 위치를 차지하는 '원초적 입장(original position)'이 만장일치의 합의에 도달하기 위한 가상적 상황으로서 그가 생각해 낸 장치라는 것은 널리 알려진 사실이다.

롤즈의 '원초적 입장'에 따르면 사회의 기본 구조를 정의롭게 형성하기 위한 근본원리, 즉 '정의의 원리(principles of justice)'를 제정할 목적으로 참석한 대표자들은 다음과 같은 조건들의 제약을 받고 계약 당사자로서의 임무를 수행한다. 첫째로, 그들은 세계와 사회와 인간에 관한 일반적 지식은 가지고 있으되, 자기의 개인적 특수 사정 또는 자기가 사는 시대와 사회의 특수사정은 전혀 모르도록 '무지의 장막(veil of ignorance)'으로 가려져 있다. 둘째로, 그들은 기본적 가치(primary good)의 자기 자신의 몫에 대해서만 관심을 국한하고 타인의 문제에 대해서는 서로 무관심하다. 셋째로, 그들은 시기심을 갖지 않았으며, 자기의 목적을 달성하기 위하여 가장 효과적인 방법을 택하는 합리성(rationality)을 가졌다. 넷째로, 그들은 안전을 꾀하고 모험을 싫어하는 경향을 가지고 있으며, 따라서 '불충분한 이유의 원리(the principles of insufficient reason)'를 적용하기를 원치 않는다.[4]

이상과 같은 심리적 제약 이외에, 원초적 입장의 대표자들은 다시 '형식적 조건의 제약'을 받고 정의의 원리를 선택해야 한다. 모든 윤리의 원리는 그것이 윤리의 원리가 될 수 있기 위해서 만족시켜야 할 최소한의 형식적 조건 (formal constraints)이 있는 것이며, '정의의 원리'도 그 형식적 조건을 어

---

4 Ibid., pp.136-150 참조.

길 수 없기 때문이다. 그러한 형식적 조건으로서 롤즈는 다음의 다섯 가지를 열거한다.

첫째로, 원리는 일반적(general)이라야 한다. 즉, 원리를 공식화함에 있어서 고유명사를 사용해서는 안 되며, 원리의 진술은 일반적 성질 내지 일반적 관계만을 서술해야 한다. 둘째로, 원리는 만인에게 보편적으로 적용될 수 있어야 한다. 그것은 모든 사람이 이해할 수 있어야 하고 모든 사람이 몸소 적용할 수 있어야 한다. 셋째로, 공지성(公知性, publicity)의 조건이 첨가되어야 한다. 즉 원리의 내용이 모든 사람들에게 널리 알려질 것을 전제로 삼아야 한다. 계약 당사자에게 계약의 내용을 알리는 것은 당연한 일이므로, 이 조건은 계약론의 입장에서 정의의 원리를 이해하는 이상 응당 따르기 마련이다. 넷째로, 원리들이 요구하는 것들 사이에 충돌이 생겼을 경우에 하나의 결정을 내릴 수 있도록 우선순위에 관한 규정이 마련되어야 한다. 다섯째로, 궁극성(finality)의 조건이 하나 더 첨가되어야 한다. 즉, 정의의 원리는 실천적인 윤리 문제의 해결을 위해서 우리가 의지할 수 있는 최고의 규범으로서의 권위를 가져야 한다.[5]

위에서 열거한 바와 같은 심리적 조건 및 형식적 조건의 제약을 전제로 삼았을 경우에, 최초의 상황에서 정의의 원칙을 선정하기 위하여 참석한 대표자들은, "사회의 기본 구조를 올바른 것으로 만들기 위하여 우리가 의존해야 할 근본원리는 무엇인가?"라는 물음에 대답할 수 있는 원리를 결정함에 있어서 만장일치의 합의에 도달할 수 있을 것이라고 롤즈는 주장한다. 이러한 절차를 밟음으로써 모든 대표자들의 동의를 얻을 수 있을 것으로 기대되는 원리로서 롤즈가 제시한 원칙이 곧 그의 '정의의 두 가지 원리'이며, 그것들

---

5 Ibid., pp.130–136 참조.

은 다음과 같은 표현으로 정식화된다.

(1) 각 개인은 모든 사람들의 비슷한 계통의 자유(similar system of liberty)와 양립할 수 있는 기본적 자유의 가장 광범위한 전 체계에 대하여 동등한 권리를 갖는다.[6]

(2) 사회적 불평등 내지 경제적 불평등은, ① 최소 수혜자(the least advantaged)에게 최대의 이익을 보장하는 동시에, 후세를 위한 절약의 원칙에 위배됨이 없도록 조정되어야 하며, ② 그 불평등의 계기가 되는 직위(office)와 지위(positions)는 공정한 기회균등의 원칙에 따라서 모든 사람에게 공개되어야 한다.[7]

롤즈의 정의의 원리는 두 가지로 나누어져 있고, 그 둘째 원리는 다시 두 항목으로 나누어진다. 따라서 그의 원리들이 요구하는 것들이 서로 충돌할 경우가 생길 수 있으므로, 여기 우선순위의 규칙(priority rule)으로써 보완할 필요가 생긴다. 롤즈가 제시한 우선순위의 규칙은 다음과 같다.

(1) 평등한 자유에 관한 첫째 원리는 사회적, 경제적 가치의 분배에 관한 둘째 원칙보다 절대적으로 우선한다. 따라서 자유의 제한은 오직 더 큰 자유를 위해서만 허용될 수 있다.

(2) 두 번째 정의의 원리는 효율성의 원리(the principle of efficiency) 또는 이익의 극대화의 원리보다 절대적으로 우선한다. 그리고 기회균등의 원칙은 차등의 원칙(difference principle)보다 우선한다.[8]

6 Ibid., p.250, p.302.
7 Ibid., p.83, p.302.
8 Ibid., pp.302-303 참조.

4. 롤즈는 정의의 원리들을 확립하는 데 성공했는가

객관적 타당성을 주장할 수 있는 확고부동한 정의의 이론을 세우는 것이 롤즈의 포부요 의도였다. 롤즈의 야심에 찬 의도가 성공했다고 인정되기 위해서는 다음과 같은 조건들이 만족되어야 할 것이다.

(1) 최초의 상황에 있어서의 대표자들의 원리 선택을 유도하기 위하여 롤즈가 전제한 원초적 입장의 여러 조건들은 모두 객관적 타당성을 가진 제약 (constraint)의 조건들이다.

(2) '무지의 장막'을 위시한 원초적 입장의 여러 조건들을 전제로 삼을 때, 롤즈의 두 정의의 원리가 만장일치의 합의로써 선정될 것임에 의심의 여지가 없다.

(3) 롤즈가 제시한 우선순위의 규칙에도 이론(異論)의 여지가 없다.

우선 롤즈가 전제한 원초적 입장의 여러 조건들의 객관적 타당성의 문제부터 살펴보기로 하자. 앞에서 우리는 원초적 입장에서의 대표자들에게 제약을 가할 조건들을 심리적인 것과 형식적인 것으로 나누어서 소개한 바 있는데, 이 가운데 형식적 제약의 조건은 모든 윤리의 규범이 만족시켜야 할 일반적 원칙에 해당하므로 별로 문제가 되지 않을 것이다. 따라서 여기서는 '무지의 장막'을 비롯한 심리적 조건들만을 고찰의 대상으로 삼고자 한다.

개별적 사실에 대한 무지, 상호 무관심, 시기심의 결여 등 원초적 상황에서의 당사자들의 심리적 조건들은 롤즈가 필요에 따라서 마음대로 정한 것들이다. 다시 말하면, 롤즈 자신이 원하는 결론을 얻기 위해서, 필요한 조건들을 자유롭게 집어넣음으로써 그의 '원초적 입장'을 규정지은 것이다. 객관적 사실과 필연적 논리에 의하여 원초적 입장의 조건들이 먼저 결정되고, 그 다음에 그 원초적 입장의 개념으로부터 롤즈의 두 원리가 도출된 것이 아니라, 오히려 두 원리에 대한 롤즈의 신념이 먼저 생겼고, 그 신념을 정당화하기 위

한 장치로서 '원초적 입장'의 개념을 창출해 낸 것이다.[9]

그렇다면 롤즈는 무엇에 의하여 그의 '원초적 입장'의 개념을 정당화하는 것일까? 여기서 롤즈가 힘을 빌린 것은 일종의 직각론(intuitionism)이라고 볼 수 있다. 우선 원초적 입장을 규정하는 몇 가지 조건들은, 정의의 원리를 선정하는 상황을 위한 조건으로서 합리적(reasonable)이라는 것을 우리들의 숙고된 판단(considered judgments)은 부인하지 않을 것이라고 롤즈는 생각하고 있다. 그리고 그가 규정한 원초적 입장의 제약에 힘입어 선정된 두 정의의 원리 및 그 원리들에 입각해서 도출되는 여러 가지 원칙들도 우리들의 숙고된 판단과 잘 부합된다는 것이다.[10] 요컨대, 롤즈는 그의 계약론적 방법과 라이언스(D. Lyons)의 이른바 정합론적 논의(coherence argument)를 상호 보완적으로 겸용함으로써 그의 학설의 타당성을 밝히려 하는 것인데, 여기에는 상당한 문제점이 도사리고 있는 것으로 보인다.

정합론적 논의가 결정적 논증의 방법이 될 수 없다는 것은 롤즈 자신도 인정하고 있는 것으로 보인다. 왜냐하면 아무리 숙고(熟考)를 거듭한 끝에 도달한 판단이고 또 틀림없이 옳은 것처럼 느껴지는 판단이라 하더라도, 그것이 추호의 틀림도 없는 절대적 타당성을 가진 것으로 단정할 수는 없다는 것을 롤즈도 인정하기 때문이다.[11] 윤리 문제에 관해서는 어떠한 숙고 판단도 절대적으로 옳다고 장담할 수는 없는 까닭에, 원초적 입장에 관한 롤즈의 가상 조건과 그 조건들에 입각하여 도출된 정의의 원리가 우리들의 숙고 판단과 일치한다 치더라도, 그 조건들 또는 원리의 객관적 타당성이 입증되었다

---

9 롤즈는 그의 '원초적 입장'에 관해서 "나는 내가 원하는 결론을 얻기 위해서 원초적 입장의 조건을 정하고자 한다."고 분명히 말하고 있다. Ibid., p.141.
10 Ibid., p.19 이하, p.120, p.579 이하 참조.
11 Ibid., p.20 참조.

고 볼 수는 없다. 여기서 롤즈가 끌어들인 것이 '숙고의 평형 상태(reflective equilibrium)'라는 개념이다. 계약을 위한 최초의 상황의 조건들은 일단 일상적 숙고 판단에 의거하여 잠정적으로 규정하되, 원초적 입장을 바탕으로 삼고 도출된 원리들에 비추어서 우리들의 숙고 판단에 수정을 가하고, 수정된 숙고 판단에 비추어서 다시 원리와 원초적 입장의 조건들을 조정하여 …, 이러한 방식으로 왔다갔다하면서 더 고칠 필요가 없는 상태, 즉 '숙고의 평형 상태'에 이르러서 멈춘다는 것이다.[12]

라이언스도 지적하고 있듯이, 롤즈가 사용한 정합론적 논의에는 순환논리(circular reasoning)의 요소가 들어 있다. 기본 원리의 타당성은 일상적 도덕 판단에 의해서 뒷받침하고, 일상적 도덕 판단의 타당성은 기본 원리의 힘을 빌려 뒷받침하는 순환논법이 깃들어 있는 것이다.[13] 따라서 정합론적 논의는 롤즈의 원초적 입장을 규정한 조건들을 정당화함에 있어서 결정적인 구실을 하기 어렵다.

윤리 문제에 있어서 정합론적 논의의 적용을 어렵게 하는 또 한 가지 난점은 우리들의 숙고된 판단들 사이에도 상당한 불일치가 생긴다는 사실이다. 롤즈는 자기의 숙고 판단에 비추어서 정의의 원리와 원초적 입장의 조건들을 선정했으며, 그의 모든 독자들의 숙고 판단도 롤즈의 그것과 결국은 일치하리라는 희망을 전제로 삼지 않는 한, 롤즈의 정의의 원리가 만장일치의 합의로써 확립되기는 어렵다. 그러나 모든 사람들의 숙고 판단이 결국은 일치하리라는 가정은 경험적 뒷받침이 약한 너무나 큰 가정인 것이다.

롤즈의 독자들 가운데 롤즈와 숙고 판단을 달리하는 철학자들이 실제로 나

---

12 Ibid., pp.20-21 참조.
13 David Lyons, "Nature and Soundness of the Contract and Coherent Argument", *Reading Rawls*, Norman Daniels ed., Oxford, 1975, pp.146-147 참조.

타나고 있다. 예컨대, 네이글(Thomas Nagel)은 원초적 입장에서 계약 당사자들에게 그들의 고유한 가치관(particular conception of the good)에까지 무지의 장막을 강요하는 것은 부당하다고 믿고 있다. 정의의 원리를 선정할 때, 대표들이 자신의 가치관에 입각하는 것은 당연한 일이며, 사회에 있어서 자기가 차지하는 위치를 모르는 이상, 자신의 가치관에 입각해서 원리를 선택하는 것은 결코 불공정하지 않다는 것이다. 자기의 가치관에 대한 지식을 박탈당한 상태에서, 그 무지로 말미암아, 장차 자기의 가장 깊은 신념으로서의 자기의 가치관에 맞지 않을 가능성이 있는 정의의 원리를 선택하고 그 선택에 대한 책임을 지도록 강요하는 것이 도리어 불합리하다고 네이글은 주장한다.[14]

이러한 반론에 대하여 롤즈는 그의 '얇은 가치관(thin theory of good)', 즉 모든 사람들의 다양한 가치관의 공분모(公分母)의 구실을 하게 될 기본적 가치들(primary goods)에만 국한된 최소한의 가치관의 개념으로써 응답할 것이다. 롤즈의 이러한 답변은 그의 '얇은 가치관'의 개념이 완전히 중립적이라는 것을 전제로 삼는 것인데, 과연 그의 '기본적 가치'의 선정이 엄정하게 중립적인지 하는 점에 의문의 여지가 있는 것으로 보인다.

롤즈는 어떠한 인생 설계를 가진 사람이라도 합리적인(rational) 사람이라면 누구나 원할 것임에 틀림이 없는 기본적 가치들 가운데서, 건강과 원기 또는 지능과 같은 자연적 가치(natural goods)는 일단 접어 두고, '사회적 기본 가치들(social primary goods)'만을 원초적 입장의 소관으로 문제 삼는다. 그리고 그가 열거한 사회적 기본 가치들은 권리와 자유, 권능(power)과 기회, 수입과 재산 및 자존감(self-respect)이다. 이들 기본적 가치 가운데

---

14 Thomas Nagel, "Rawls on Justice", *Reading Rawls*, pp.7-10 참조.

가장 핵심적인 것으로 롤즈는 자존감의 중요성을 강조한다.[15]

이상과 같은 '기본적 가치'의 조건을 포함하고 있는 원초적 입장에 대하여, 네이글은 "중립적 가치관(a neutral theory of good)을 전제로 한 것이 아니라, 자유주의적 가치관을 전제로 한 것으로 보인다."고 비판하고 있다.[16] 필자가 보기에도 롤즈가 모든 가치관의 공분모로서 제시한 '기본적 가치'의 개념이 엄밀하게 중립적이라고 말하기는 어려울 것 같다. '자존감'을 기본적 가치들 가운데서 핵심적인 것으로 본 점에 있어서, 그리고 수입이나 재산보다도 자유와 권리를 우선적 가치로 본 점에 있어서, 우리는 롤즈의 '얇은 가치관'에도 그 나름의 **색채**가 있음을 발견할 수가 있다.

배리도 롤즈의 '기본적 가치'에 관한 견해의 중립성을 의심하고 있다. 그는 롤즈의 '기본적 가치' 대신 욕구의 충족, 쾌락, 정신적 내지 육체적 안녕(well-being) 등을 기본으로 삼고 정의 원리를 선정할 수도 있다고 주장한다. 롤즈가 기본적 가치로서 열거한 권능, 기회, 수입, 재산 등도 결국은 욕구의 충족 또는 심신의 안녕을 위한 수단으로 볼 수도 있으므로, 배리의 비판은 말씨름에 불과하다는 인상을 줄지도 모른다. 그러나 엄밀하게 따질 때, 롤즈의 '기본적 가치'를 정의의 원리 선정의 기본으로 삼는 것과 배리의 욕구의 충족(want-satisfaction) 기타를 기본으로 삼는 것은 실질적으로 차이가 있다. 왜냐하면 배리가 지적하고 있듯이, 욕구의 충족 또는 심신의 안녕을 위해서 필요한 수단은 사람을 따라서 차이가 있는 것인데, 롤즈에 따르면 일정한 금액의 돈은 모든 사람들에게 같은 가치가 있는 것처럼 계산되기 때문이다.[17]

---

15 John Rawls, *A Theory of Justice*, p.62, p.178 이하, p.397 이하 참조.

16 Thomas Nagel, "Rawls on Justice", *Reading Rawls*, p.10.

울프는 기본적 가치들 사이의 서열(ordering) 또는 상대적 비중의 문제에 관해서 난점이 있음을 지적하고 있다. 즉 롤즈가 열거한 기본적 가치들을 되도록 많이 얻고자 함에 있어서는 모든 사람들의 태도가 일치하리라고 볼 수 있을 것이나, 그것들 가운데서 어떤 것을 더 중요시하느냐 하는 문제에 대해서는 개략적인 의견의 일치에 도달하기도 어려울 것이라고 비판한다. "이 문제에 대해서 롤즈는 주로 '기본적 가치의 지수(index)'를 언급함으로써 교묘하게 빠져나가려 하지만, … 그 지수를 확정할 수 있는 명확한 방도가 없다."고 울프는 추궁한다.[18]

5. 롤즈의 방법론이 포함된 증명되지 않은 가설

롤즈는 자기가 제시한 두 가지 정의의 원리가 사회의 기본 구조를 결정함에 있어서 적용되어야 마땅한 윤리의 원칙이라고 믿었으며, 이 같은 믿음의 객관적 타당성을 입증하기 위하여 계약론적 방법을 사용하였다. 즉, 원초적 입장의 대표자들은 롤즈가 제시한 두 원칙을 정의의 원리로서 선정하는 데 만장일치의 합의를 볼 것임에 틀림없다는 것을 밝힘으로써 자기의 두 원리를 보편타당한 원리로 확립하고자 하였다.

원초적 입장이라는 가상적 상황에서 정의의 원리를 제정할 임무를 띤 대표자들은 자기 마음대로 정의의 원리의 대안들(alternatives)을 제출하고 또 개의(改議)도 해가면서 마지막 합의에 도달하는 것은 아니다. 총회의 집행부가 통과를 원하는 안건의 원안(原案)을 미리 준비해 가지고 나오듯이, 롤즈

17 Brian Barry, *The Liberal Theory of Justice*, pp.54–56 참조.
18 R. P. Wolff, *Understanding Rawls*, pp.134–135 참조.

도 자기가 옳다고 믿는 두 원칙을 미리 제시하고 그 제시된 원칙에 대하여 원초적 입장의 대표자들이 찬동하는 결과를 가져오도록 유도한다. 다만, 자신의 두 원리만을 제시하고 찬반을 묻는 것이 아니라, 그 밖의 몇 가지 대안들을 들러리로 세우고, 그 들러리 대안들과의 비교를 거쳐서 끝으로 롤즈의 두 원리가 선택되는 결과에 이르는 형식을 취한다. 롤즈가 들러리로 세운 대안들은 고전적 공리주의(classical utilitarianism)의 원칙, 평균 공리주의(average utilitarianism)의 원칙, 완전주의(perfectionism)의 원칙, 직각론(intuitionism)의 원칙, 이기주의(egoism)의 원칙 등 대체로 사상사적 근거를 가지고 있는 것들이다.[19]

롤즈는 들러리 대안들이 모두 결함을 가지고 있음을 지적하여 원초적 입장에서 그것들이 선택될 가능성은 없음을 시사한다. 다만, 그 가운데서 평균 공리주의는 약간 상대가 될 만한 경쟁자임을 인정하고, 이것과 자기의 두 원리의 우열을 비교적 상세하게 다룬다. 평균 공리주의와의 대결에 있어서도 결국은 롤즈 자신의 원안이 우월함을 밝힘으로써 정의의 원리를 확정하고자 하는 것인데, 여기에도 문제점은 있는 것으로 보인다.

첫째로, 롤즈는 계약 당사자인 대표자들에게 창의적 대안을 제출할 기회를 주지 않고 오직 자기가 제시한 선택지의 목록 가운데서 하나를 선택하게 함으로써, 자기의 정의의 원리로 하여금 상대적 원리 이상의 것이 될 수 있게 하였다. 롤즈보다도 더욱 지혜롭고 창의적인 학자가 나올 수 있는 가능성을

---

19 원초적 입장에서의 선택지(選擇肢)에 관한 전체의 목록은 롤즈의 *A Theory of Justice*, p.124에 보인다. 여기에 고전적 사회사상이 거의 모두 반영되었으나, 사회주의의 경우는 드러내지 않고 있다. 사회주의의 중요한 개념들까지도 자기 자신의 두 원리가 포섭할 수 있다고 롤즈는 변명할지 모르나, 사회주의 사상가를 포함한 일부 학자들은 롤즈의 학설을 보수주의적 주관에 바탕을 두었다고 비판하고 있다. Milton Fisk, Benjamin Barbet, Richard Miller 등의 이에 관련된 논문들이 *Reading Rawls*에 실려 있다.

배제할 이유는 없으며, 그러한 학자가 나타나서 더욱 합리적인 대안을 제시할 경우에는 이 새로운 대안이 채택되리라고 보아야 할 것이다. 따라서 롤즈의 정의 원리가 사회의 기본 구조를 결정하기 위한 원칙으로서 일단 합의를 볼 것이라고 인정한다 하더라도 그의 원리들이 갖는 타당성은 잠정적임을 면하지 못한다.[20]

둘째로, 롤즈의 제2원리에 포함된 '최소 수혜자의 이익 극대화'의 원칙을 도출하도록 함에 있어서 결정적인 구실을 한 '최악 최선의 규칙(maximin rule)'의 적용에 관련하여 여러 학자들의 비판이 있었으며, 이들 비판에 대해서도 롤즈의 입장에서 만족스러운 답변을 하기는 어려울 것으로 보인다. 바꾸어 말하면, 롤즈로 하여금 평균 공리주의를 물리치고 그의 두 원리를 도출할 수 있게 한 것은 '불충분한 이유(insufficient reason)의 원리'를 거부하고 '최악 최선의 규칙'을 적용했기 때문인데, 왜 반드시 최악 최선의 규칙을 적용해야 하는지 그 당위성에 대한 설명이 부족한 것이다.

타인에 대해서는 서로 무관심하고 시기심도 없는 사람들이 각각 자기의 이익을 극대화하고자 하는 동기를 가졌다고 전제할 때, 만약 기본적 가치에 대한 차등 분배가 자기의 몫의 절대치를 높여 줄 가능성이 크다면, 당사자들은 그 차등 분배에 찬성할 이유를 가질 것이다. 즉 차등 분배가 그 집단 전체의 생산성과 부(富)를 증대시켜 준다는 전제 아래서 그 늘어난 가치의 혜택이 자기에게도 돌아오리라고 기대될 때, 사람들은 그 차등 분배에 찬성할 것이다. 이때 차등 분배의 기준을 무엇에 두느냐 하는 문제가 생기며, 계약 당사자들은 장차 일어날 수 있는 가능한 경우들에 대한 확률을 알지 못하는 상태에서

---

20 이 점에 관해서는 이인탁이 그의 석사 논문 「J. Rawls의 정의론에서 정의 원칙 도출의 전개과정」(1981, 3장, 1절)에서 이미 좋은 지적을 한 바 있다.

그 기준을 정해야 하는 것이 원초적 입장의 조건이었다. 이 경우에 우리는 불충분한 이유의 원리에 의거해서 그 기준을 도출할 수도 있고, 최악 최선의 규칙에 의거하여 그것을 도출할 수도 있는데, 전자에 의거하면 평균 공리주의의 원칙을 기준으로 얻게 되고 후자에 의거하면 롤즈의 차등 원칙을 결론으로 얻게 된다.[21] 장차 일어날 사태에 관한 확률을 잘 모르는 상태에서 위험 부담이 큰 불충분한 이유의 원리를 적용하는 것은 불합리하다는 것이 롤즈의 주장인데, 그것이 불합리하다는 점에 대하여 의문을 제기할 수 있는 것이다.

최악 최선의 규칙을 적용하는 것이 도리어 불합리하다고 생각되는 경우가 있다는 반례(反例)를 여러 가지로 들 수 있다. 배리가 제시한 레인코트에 관한 반례도 그 대표적인 것의 하나다. 만약 최악의 경우에 대비하는 것이 마땅하다는 방침을 따라야 한다면, 다소라도 비가 올 가능성이 있는 지역에 사는 사람들은 항상 레인코트나 우산을 들고 다녀야 할 것이다. 그러나 비가 올 확률이 낮을 경우에까지 우비를 들고 다니는 것이 합리적이라고 생각하기는 어렵다는 것이 배리의 요점이다.[22]

최악의 경우를 최선으로 하도록 배려함이 언제나 합리적일 수 없다는 것을 밝히는 반례가 롤즈에게 치명적 타격을 주리라고는 생각되지 않는다. 모든 경우에 있어서 최악 최선의 규칙을 적용해야 한다는 것을 롤즈가 주장한 것은 아니기 때문이다. 롤즈는 후손들에게까지도 막대한 영향을 미칠 사회 기본 구조의 원칙을 마련하기 위한 원초적 상황에 있어서, 계약 당사자들이 취해야 할 합리적 태도는 최악 최선의 전략이라고 주장했을 뿐이다. 따라서 최

---

21 John Rawls, *A Theory of Justice*, pp.152–157 참조.
22 Brian Barry, *The Liberal Theory of Justice*, p.89 참조.

악의 경우를 지나치게 염려하는 것이 도리어 불합리한 사태도 있을 수 있다는 것이 롤즈에게 큰 타격을 준다고 속단하기는 어렵다. 다만, 원초적 입장에 놓인 대표자들이 '최악 최선의 전략(maximin strategy)'을 택해야 한다는 것을 **적극적으로** 밝힐 책임이 롤즈에게 있다는 사실에 비추어 볼 때, 과연 그의 논의가 만족스러우냐 하는 것이 문제다.

롤즈는 최악 최선의 규칙을 적용함이 합리적인 것은 다음과 같은 세 가지 특징을 갖춘 상황이라고 주장한다. 첫째로, 어떤 사태가 일어날 수 있는 확률이 알려져 있지 않아야 한다. 둘째로, 계약 당사자는 최악 최선의 전략이 보장해 주는 최소의 혜택 이상의 것에 대해서는 별로 욕심을 내지 않는 가치관을 가져야 한다. 셋째로, 최악 최선의 전략 이외의 다른 전략을 취했을 경우에는 견딜 수 없을 정도의 불행한 결과가 야기되리라는 예견이 서야 한다. 그리고 롤즈의 원초적 입장의 상황은 이 세 가지 조건을 갖추었으므로 바로 최악 최선의 규칙을 적용해야 마땅하다는 것이다.[23]

롤즈의 이상과 같은 주장에 대하여, 헤어(R. M. Hare)는 다음과 같이 비판하고 있다. ① 객관적 확률을 계산할 수 있는 모든 지식을 박탈한 것은 자의적(arbitrary)이다. ② 두 번째 특징을 인정하는 것은 원초적 입장의 당사자들로 하여금 자기의 가치관을 모르도록 마련한 본래의 가정과 모순된다. ③ 견딜 수 없는 불행한 결과가 예견된다는 셋째 조건은, 극대화 작전(maximizing strategy)이 아니라, 보험 작전(insurance strategy)을 정당화한다.[24]

객관적 확률에 지식을 박탈한 것은 자의적(恣意的)이라고 말한 헤어의 첫째 지적은, 롤즈가 마련한 무지의 장막이 필요 이상으로 두텁다는 그의 견해를 말하는 것으로 보이는데, 이 비판은 롤즈에게 별로 타격을 주지 않을 것

---

23 John Rawls, *A Theory of Justice*, pp.154–156 참조.

같다. 롤즈는 본래 자기가 원하는 결론이 도출되도록 원초적 입장의 조건들을 자의적으로 정했음을 자인했던 것이며, 그 자의적 설정에 어떤 불합리한 점이 없는 한 나무랄 수가 없다. 헤어의 세 번째 지적도 롤즈에게 큰 충격을 주지는 못할 것으로 보인다. 왜냐하면, 원초적 상황에 있어서는 최악의 경우를 최선으로 하는 전략과 '보험 전략'은 결국 같은 내용으로 귀착할 것이기 때문이다.

그러나 헤어의 두 번째 지적에 대해서는 롤즈의 입장에서 되받아 넘기기가 어려울 것 같다. 롤즈는 그의 저술 첫머리에서, 계약 당사자들의 "특정한 성격이나 포부 또는 가치관이 원리 선택에 영향을 주는 일이 없도록 보장해야 한다."고 분명히 말해 놓고, 이제 와서 그들에게 "최소의 혜택 이상의 것에 대하여 별로 욕심을 내지 않는다."는 가치관이 필요하다고 주장하는 것은 분명한 자기모순이 아닐 수 없다.[25]

더 큰 자유를 위해서 작은 자유를 희생할 수는 있으나, 수입 또는 재산의 증대를 대가로 자유나 권리를 양보할 수 없다는 롤즈의 우선순위의 원칙에 대하여도 많은 비판이 제기되었다.[26] 롤즈 자신도, 모든 경우에 자유의 절대우선을 고집했을 때 곤란한 문제가 생긴다는 것을 알았던 까닭에, 경제생활이 어느 정도의 수준에 이르기 전에는 기본 생활의 안정을 위해서 자유를 양보할 수도 있다는 단서를 미리 알았다.[27] 그러나 자유가 절대적 우선권을 갖

---

24 R. M. Hare, "Rawls' Theory of Justice", *Reading Rawls*, p.106 참조.
25 John Rawls, *A Theory of Justice*, p.18과 p.154 비교.
26 예컨대, H. L. A. Hart의 "Rawls on Liberty and its Priority", *University of Chicago Law Review*, Vol. 40, No. 3(1973)는 그 대표적인 것이다. 그리고 B. Barry는 *Liberal Theory of Justice*, 7장에서, R. P. Wolff는 *Understanding Rawls*, 9장에서 각각 롤즈의 자유 우선의 원칙에 문제점이 있음을 지적하고 있다.
27 John Rawls, *A Theory of Justice*, p.254 참조.

는 것이 정확하게 어떤 경제 수준부터인가 하는 문제를 떠나서도, 그러한 단서만으로 문제가 완전히 해결되지는 않을 것으로 보인다.

자유에도 여러 가지 종류가 있다. 모든 종류의 자유를 남김 없이 누린다는 것은 현실적으로 불가능한 일이며, 자유들 사이에 갈등이 생길 경우에는 더큰 자유를 살림으로써, 현실적으로 누리는 자유의 전 체계가 가장 광범위하게 되도록 해야 한다는 것이 롤즈의 생각이다. 여기서 필요한 것이 여러 가지자유들의 결합으로서의 자유의 체계들 가운데서 어느 것이 가장 광범위한가를 비교할 수 있는 방법이다. 그 비교가 가능하기 위해서는 여러 가지 종류의자유들을 같은 단위로 환산할 수 있는 지수(指數) 같은 것을 만들어야 하는것인데, 하트(H. L. A. Hart)와 울프가 입을 모아 지적하듯이 그것은 매우어려운 것이다.[28]

그러나 더욱 근본적인 문제는, 경제적 가치에 대한 자유 및 권리의 절대적우위를 인정하는 원칙에 대하여 과연 모든 계약 대상자들이 동의하겠느냐하는 문제다. 울프가 지적한 바와 같이 어떤 종류의 정치적 권리는 단순한 수단에 불과한 것으로 보는 인생관도 있을 수 있는 일이며, 그러한 인생관을 가진 사람의 입장에서 볼 때는 투표권 또는 입후보권을 포기하는 대가로 큰 재산을 얻을 수 있다면, 그러한 거래는 별로 불합리할 것이 없을 것이다.[29]

자기의 정의 이론의 정당성을 밝히고자 하는 전 과정을 통하여 어려운 고비를 만날 때마다 롤즈가 내세우고 의지한 것은 '합리적(reasonable)'이라는 개념이다. 정의의 원리의 기본 개념으로서의 '사회적 기본 가치'에 관한 '얇

28 H. L. A. Hart의 "Rawls on Liberty and its Priority", *University of Chicago Law Review*, p.139 이하 및 R. P. Wolff, *Understanding Rawls*, p.90 참조.
29 R. P. Wolff, *Understanding Rawls*, p.93 참조.

은 가치관(thin theory of good)'을 옹호할 때도 그렇게 하였고, '최악 최선의 전략(maximin strategy)'을 옹호할 때도 그랬으며, 그의 원칙 상호간의 우선순위(priority)를 정당화할 때도 그렇게 하였다. 그리고 자기의 주장이 합리적이라는 것을 보증해 주는 것은 언제나 롤즈 자신의 직관(intuition)이었다.

"반드시 합리적인 길을 택해야 할 이유가 있는가?"라는 반문을 여기서 제기할 수도 있을 것이다. 그러나 '이유(reason)'를 묻는 것 자체가 이미 합리성의 추구를 전제로 하는 것이며, 모든 이론적 탐구는 합리적인 길을 숭상한다는 묵약을 바탕으로 삼고 출발한다고 볼 수 있으므로 이 반문은 롤즈에게 큰 지장을 주지는 않을 것이다.

문제는 '합리적'인 것과 '불합리적'인 것을 구별하는 객관적 기준을 어떻게 세우느냐에 있는 것으로 보인다. 롤즈는 자신의 직관을 그 기준으로 삼은 셈이며, 그의 직관은 그가 존중하는 '숙고 판단(considered judgments)'의 핵심이기도 하다. 롤즈는 모든 사람들의 숙고 판단이 자기의 직관에 동의해 줄 것을 기대하면서 자신의 정의 이론의 정당성이 인정되기를 바라는 터인데, 롤즈와는 다른 직관 또는 숙고 판단을 가진 사람들도 있을 수 있다는 사실로 말미암아 롤즈의 이론이 난관에 부딪치게 된 것이다. 다니엘스(Norman Daniels)를 비롯한 여러 평자들이 지적하고 있듯이, 롤즈의 정의 이론은 '평등적 자유주의(equalitarian liberalism)'라고 부를 수 있는 일종의 사회사상을 배경으로 삼고 있는 것이며, 일정한 사회사상을 바탕에 깔고 있다는 뜻에서, 그것은 역시 주관론(subjectivism)의 차원을 벗어나지 못했다는 비판을 받을 여지가 있는 것이다.

6. 롤즈의 공적과 그 한계

　이상의 고찰을 요약할 때, 경험적 사실과 엄정한 논리에 의하여 뒷받침된 객관적 정의의 원리를 정립하고자 한 롤즈의 의도는, 크게 성공을 거두지 못했다는 결론을 우리는 얻게 될 것이다. 그러나 그의 야심적 의도가 큰 성공을 거두지 못했다 함은, 그의 연구가 아주 실패했다는 뜻은 물론 아니다. 좀 더 보완함으로써 그의 본래 의도를 살릴 수 있는 가능성도 전혀 배제할 수 없을 것이며, 비록 그의 기본적 의도가 뜻대로 성공되지 않았다 하더라도, 그의 애쓴 연구가 윤리학의 근본 문제들에 대하여 많은 시사를 던져 주는 공헌을 할 수도 있다고 보아야 할 것이다.

　롤즈의 경우에 있어서도, 윤리 문제의 해결을 위한 마지막 발판이 되는 것은 이성(reason)이다. 이성에 맞는(reasonable) 정의의 원리가 올바른 도덕의 원리로서의 권위를 인정받는다. 롤즈는 이성에 맞는다고 생각되는 정의의 원리를 공식화하여 제시하고, 그 두 가지 원리가 이성에 맞는다는 것을 밝히기 위하여 계약론적 방법을 원용했던 것이다. 그는 모든 사람들이 같은 본질의 이성을 소유한다고 전제하고, 순수하게 이성적인 입장에서 이성적으로 논의한다면, 누구나 자기가 제시한 두 가지 정의의 원리에 찬동하리라는 것을 여러 가지 장치의 힘을 빌려서 입증해 보려고 했다. 앞에서 "롤즈의 의도가 크게 성공을 거두지 못했다."고 말한 것은, 롤즈가 제시한 정의의 두 원리에 모든 이성자(理性者)가 동의하리라는 주장을 만족스러운 논의로써 뒷받침하지 못했다는 뜻이다.

　정의 내지 윤리의 근본원리의 마지막 발판을 이성에서 구해야 한다는 견해는 윤리학의 역사가 시작될 때부터 주장되어 온 오랜 사상이며, 모든 사람들이 소유하는 이성의 본질이 같다는 신념도 오랜 전통을 가지고 있다. 만약 모든 사람들의 이성이 그 본질에 있어서 같다는 가정만 받아들인다면, 롤즈의 방법을 좀 더 발전시킴으로써, 만인의 동의가 기대되는 정의의 원리를 창출해 낼 수 있다는 희망은 살아남을 것이다. 비록 현재까지의 경험적 인간들이 소유한 이성에 개인차가 있음을 부인하지 못한다 하더라도, 고도로 발전한 단계에 이르렀을 때의 이성은 누구의 것이든 같은 판단을 하게 된다는 가설을 세움으로써, 보편적 이성에 근거를 두고 보편적 타당성을 갖는 윤리의 원리를 탐구하는 노력을 계속할 수 있을 것이다.

만약 이성도 경험의 영향을 받고 발달하는 것이며, 특히 실천적 이성의 경우에 있어서는 문화적 배경의 차이에 따라서 그 사고방식에도 차이가 생긴다면, 어떻게 될 것인가? 그럴 경우에는 같은 문화권을 배경으로 삼고 같은 사고방식의 실천이성을 공유하는 사람들의 세계 범위 안에서만 일반적 타당성을 갖는 윤리의 원리를 정립할 수 있는 길이 남을 것이다. 그리고 역사의 추세를 따라서 언젠가 먼 장래에 지구가 하나의 문화권으로 통합되는 날, 전 인류에게 통용될 수 있는 하나의 윤리 체계를 정립할 수 있는 가능성이 열리게 될 것이다.

스티븐슨(C. L. Stevenson)의 견지에서 본다면, 롤즈의 정의 개념(conception of justice)도 일종의 설득 정의(persuasive definition)라고 말할 수 있을 것이다. 그것을 일종의 설득 정의로 볼 때, 그 설득력은 적어도 자유주의 사회에 있어서는 상당히 강하리라고 평가된다. 롤즈의 정의 이론에 논리적인 결함이 있다고 비판한 대부분의 사람들도, 그의 정의론의 규범적 측면에 대해서는 대체로 찬동할 가능성이 많다. 다시 말해서, 롤즈의 정의관을 자유주의 사회의 보수적 정의 개념 또는 공리주의적 정의 개념에 대한 수정안으로 볼 때, 상당히 높게 평가될 수 있을 것이다. 다만, 그러한 관점에서 볼 경우에도 롤즈의 정의론은 경제 수준이 상당히 높은 경지에 이른 사회에서만 설득력을 가질 수 있을 뿐, 사회정의의 문제가 가장 심각한 많은 현대 국가들에 있어서 적용될 수 있는 학설은 못 된다는 점에 그 한계성이 있다고 평가해야 할 것이다.

롤즈의 정의 이론에 포함된 그의 방법론이 윤리학에 기여한 공헌도 과소평가해서는 안 될 것이다. 그의 방법론에 대한 공헌으로서 우선 인정해야 할 것은, 오랫동안 평행선을 긋고 대립해 왔던 목적론(teleology)과 법칙론(deontology)을 화해 내지 조화시킬 수 있는 길을 열었다는 사실이다. 롤즈는 계약론적 방법을 채택함으로써 표면상 법칙론의 진영에 가담한 듯한 첫인상을 주기도 하나, 그의 정의 이론에는 목적론의 장점을 살릴 수 있는 여지가 크게 남아 있다. 롤즈는 개인의 인생 설계(plan of life)가 정의의 원리를 지키는 범위 안에서 이루어져야 한다고 전제함으로써, 법칙론적 개념으로서의 정의의 원리에 우위를 인정하고 있지만, 원초적 입장에서 계약 당사자들이 정의의 원리를 정립하고자 하는 기본 동기는 개인 각자의 생활을 만족스러운 경지로 끌어올림에 있다는 것을 그의 학설 바탕에 깔고 있다. 다시 말하면, 정의로운 사회의 실현을 통하여 성취되어야 할 목적으로서, 개인의 자아실현 내지 행복을 은연중 전제하고 있는 것이다. 따라서 사회정의의 실현은, 그 자체가 목적인 동시에, 개인의 자아실현 내지 행복이라는 다른 목적을 위한 수단으로서의 측면을 가졌다는 뜻에서, 롤즈의 정의론에는 목적론적 윤리설을 포섭할 수 있는 여지가 남아 있다고 보는 것이다.

윤리학 방법론에 관련된 롤즈의 또 한 가지 공헌으로서 지적할 수 있는 것은, 개인 윤리와 사회윤리의 경계선과 관계를 명확하게 드러내는 데 그의 정의 이론이 큰 도움을 준다는 사실이다. 일상생활 또는 학문적 논의를 통하여, 우리는 흔히 '개인 윤리'니 '사회윤리'니 하는 말을 사용하지만, 반드시그 한계가 명확한 것은 아니며, 그 두 가지 개념의 관계를 만족스럽게 설명해주는 이론은 만나기 어렵다. '윤리'라는 것은 엄밀하게 따지자면 본래 사회적이라는 관점에서, "과연 '개인 윤리'라는 것이 존재하는가?"라는 물음이 제기되었을 때에도 명백한 해결을 얻지 못하는 경우가 많았다. 그런데 롤즈의 정의 이론은 이러한 문제에 대해서 매우 귀중한 시사를 던져 주는 것이다.

롤즈의 『정의론』의 제1부와 제2부가 전적으로 사회윤리의 영역에 속하는 문제들을 다루고 있으며, 윤리학에서 다루는 규범적 문제들의 대부분이 사회윤리에 속하는 문제라는 상식에 반대하는 사람은 별로 없을 것이다. 따라서 우리에게 남은 것은, "사회윤리가 아닌 개인 윤리의 문제로서 어떠한 것이 있는가?"라는 물음에 대답하는 일뿐이다. 그리고 롤즈의 정의 이론에 입각할 때, 이 물음에 대한 해답은 비교적 명백하게 도출될 수 있을 것으로 보인다. 즉, 개인이 자기의 가치관을 설정하고, 그 가치관을 바탕으로 개인적 인생 목표를 결정하는 문제, 그리고 그 개인적 목표 달성에 적합하도록 행위하는 문제 등은 개인 윤리의 문제라고 한계를 지을 수가 있을 것이다. 롤즈는, 사회정의의 원리가 허용하는 테두리 안에서, 마음대로 자기의 인생을 설계하고 그 설계를 따라서 마음대로 살 수 있는 개인적 자유를 인정하고 있는데, 바로 이 개인적 자유의 영역이 개인 윤리의 영역으로 남게 되는 것이다. 그리고 롤즈의 방법론적 입장에서 볼 때, 사회윤리의 문제가 주로 법칙론적으로 다루어져야 할 문제들임에 비하여, 개인 윤리의 문제는 주로 목적론적으로 다루어져야 할 문제라는 대조도 따르게 된다.

개인의 가치관을 설정하고 개인의 인생을 설계하는 문제가 완전히 개인의 자유에 맡겨질 문제라면, 거기에 무슨 윤리의 문제가 생기느냐는 의문을 갖는 사람이 있을지도 모른다. 그러나 각자의 개성과 여건을 따라서 가치관을 정하고 인생을 설계함에 있어서도 합리적인 결정과 불합리한 결정의 구별은 생길 것이다. 그리고 사회윤리의 문제를 다룸에 있어서 우리가 궁극적 발판을 이성(reason)에서 찾았다면, 우리는 같은 논리를 연장시켜 개인 윤리의 문제에까지도 이성의 원리를 적용해야 할 것으로 보인다.

(『철학』제16집, 한국철학회, 1982)

3장
한국의 미래상과 한국인의 가치관

3장 한국의 미래상과 한국인의 가치관

1. 우리들의 문제 상황

1) 사회의 구조와 개인의 심성

의식구조와 사회구조 사이에 불가분의 관계가 있으며, 그 관계는 일방적 결정의 관계가 아니라 상호작용의 관계라는 것은 이제 고전적 상식이라고 보아도 좋을 것이다. 기존의 사회구조가 그 사회를 구성하는 사람들의 의식구조에 결정적 영향력을 미친다는 것은 의심의 여지 없는 사실이며, 우리가 우리 사회구조를 평가적으로 반성하고 이상(理想)에 더 가까운 사회를 건설하고자 할 때, 우리들의 의식구조의 현실과 개조를 고려함이 없이 사회구조의 개조에 성공하기 어렵다는 것도 사실이다.

남의 나라에 대해서라면, 우리는 가치중립적 관점에서 그 나라의 현재를 관찰하고 미래를 예상할 수도 있을 것이다. 그 나라는 현재 어떠한 상황에 놓여 있으며, 앞으로 30년 뒤에는 어떻게 변화할 것이라는 것을 단순한 방관자의 견지에서 기술(記述)하고 예견할 수 있을 것이다. 그러나 우리 자신의 나

라에 대해서는 특별한 경우가 아니면 그렇게 하기 어렵다. 우리 자신의 현재
와 미래에 대해서 가치중립적 방관자의 견지를 고수하기는 어려운 일이며,
우리 현실의 어떤 점에 결함이 있으니 앞으로 어떻게 고쳐야 하겠다는 생각
을 어렴풋이나마 가져 보는 것이 삶에 대하여 애착을 가진 사람들의 자연스
러운 태도일 것이다.

옛날 동양의 사상가들이 인간의 사는 모습을 평가적 시각에서 성찰했을
때, 그들은 주로 사람들의 심성(心性)을 고찰하고 도야하는 일에 초점을 두
었다. 사람들의 심성만 바로잡으면 나라는 저절로 잘 다스려질 것이라고 믿
었던 것이다. 이런 뜻에서 동양의 고전적 윤리 사상은 개인의 심성에 대한 성
찰 내지 연구였다고 볼 수 있다.

고대 그리스의 철학자들은 일찍부터 인간의 집단적 측면 또는 정치적 측면
에 깊이 주목하면서, 동시에 개인의 심성에 대해서도 응분의 관심을 기울였
다. 플라톤의 윤리학이 국가론과 교육론을 주축으로 삼고 형성되었으며, 아
리스토텔레스가 윤리학을 정치학의 한 부분으로 보았다는 것은 널리 알려진
사실이다. 기독교 사상이 서양철학의 대세를 좌우했던 중세에는, 현세의 사
회구조나 정치의 문제에 대한 관심은 신의 섭리에 대한 믿음 앞에서 위축되
는 경향이 있었고, 사상가들의 윤리학적 관심은 주로 신에 대한 믿음과 사랑
속에서 구원을 받아야 할 개인들의 심성의 측면으로 쏠렸다.

그러나 르네상스를 거쳐서 근세에 이른 뒤에는 또다시 개인의 심성의 문제
와 사회구조의 문제 또는 정치 경제의 문제가 다 같이 서양의 철학자들의 깊
은 관심을 끌기 시작하였다. 칸트(I. Kant)나 흄(D. Hume)처럼 주로 개인의
심성과 행위의 문제에 중점을 둔 학자도 있고, 루소(J.-J. Rousseau)나 로
크(J. Locke)처럼 주로 제도와 정치의 문제에 중점을 둔 사람도 있었으며,
스미스(A. Smith)와 밀(J. S. Mill)이 그랬듯이 개인의 심성 내지 행위의 문
제와 정치 경제의 문제를 아울러 탐구한 사상가도 있었다. 다만, 플라톤의

모범을 따라서, 사회제도의 문제와 개인의 심성 내지 행위의 문제를 깊이 연관시켜서 바람직한 사회상(社會相)과 그 이상(理想)을 실현하기에 적합한 개인적 인간상의 문제를 종합적으로 다룬 철학자는 거의 없었던 것으로 보인다.

2) 한국의 근대화: 얻은 것과 잃은 것

제2차 세계대전이 끝나고 남한에 미군이 진주하면서 미국의 문물이 조수처럼 밀려왔을 때, 이를 부정과 저항의 시선으로 바라본 것은 일찍이 좌익 진영에 가담한 소수의 사람들뿐이었으며, 대부분의 남한 사람들은 이 변화의 신호를 크게 환영하였다. 한국의 미래에 대하여 어떤 뚜렷한 전망이 있었던 것은 아니나, 일제(日帝)로부터의 해방과 미국이 자랑하는 물질적 풍요의 목격만으로도 남한 사람들의 대부분이 희망과 선망을 아울러 느끼기에 충분하였다.

미군의 주둔과 동시에 미 군정이 이 나라에 실시되었고, 1948년에 수립된 이승만 정권도 미국의 후원을 업고서 탄생한 것이었다. 헌법을 위시해서 정치와 경제, 그리고 교육 등 사회제도의 대부분이 미국의 그것을 본받고 새로운 출발을 하였을 때, '국대안(國大案) 반대'와 같은 약간의 저항도 있기는 했으나, 모든 것은 대세에 밀렸고, 미국은 우리가 본받아야 할 선진국의 모범이라는 생각이 널리 퍼져 갔다.

미국을 모범으로 삼는 '민주주의', '경제 발전', '근대화'는 우리 한국이 지향해야 할 국가 목표를 상징하는 언어로서의 자리를 굳히게 되었고, 그것들은 진리의 척도와도 같은 권위를 가진 말로 통용되었다. 미국 문화의 껍데기와 잔가지만을 잘못 들여와서는 안 된다는 반성은 일찍부터 있었으나, 미국 문화의 본질에 대해서 의문을 갖는 사람은 적어도 1960년대까지는 별로 없었다. 필자 자신도 그 당시 미국을 '선생 나라'로서의 자격이 충분하다고 믿었던 사람의 하나다.

그러나 미국에 대한 무분별한 모방에는 처음부터 많은 문제점이 있었고, 그 문제점에 대한 반성도 차차 일어나게 되었다. 한국과 미국은 자연조건과 역사에도 많은 차이점이 있고 문화 전통에도 큰 차이점이 있는 까닭에, 한국이 미국의 모델을 그대로 따라가서 미국이 얻은 것을 한국도 얻는다는 것은 애당초 기대하기 어려운 일이었다. 또 설령 미국을 모방하는 일에 성공한다 하더라도, 그것이 과연 한국을 위해서 바람직한 길이냐 하는 것도 깊이 생각해야 할 문제로 제기되었다. 이러한 비판적 견해는 일찍부터 일부 민족주의자들 사이에 있었던 것으로 생각되나, 그것이 여론에 반영될 정도로 공감대를 형성하기 시작한 것은 1960년대 말 또는 1970년대 초였다고 기억한다.

국제간의 교류와 협력이 광범위하게 요청되고 있으며, 인류가 크게 뭉쳐서 하나뿐인 지구를 지켜야 할 현대의 상황에서, 폐쇄적인 민족주의를 고집하는 것은 옳다고 보기 어려울 것이다. 그러나 미국을 포함한 여러 강대국들이 여전히 각각 자기 나라의 이익을 우선적으로 추구하고 있으며 '우방(友邦)'이라는 관계도 서로의 이해관계가 일치할 경우에만 성립할 수 있다는 냉혹한 현실을 감안할 때, 아직은 약소국가의 범주를 벗어나지 못한 우리 한국이 자위(自衛)를 위해서 민족을 의식하고 민족의 단결을 꾀하는 것은 당연한 태도가 아닐 수 없다.

설령 여러 나라들이 하나의 지구를 지키기 위해서 대국적으로 협동하는 국제시대가 도래한다 하더라도, 우리는 한국의 지리적 특수성과 역사의 고유성을 무시하고 우리와 사정이 다른 남의 나라의 유형을 그대로 모방해서는 안 될 것이다. 세계가 하나의 정부 산하에 통합된다 하더라도 지역적 특색과 문화 전통의 특수성을 무시해서는 안 되겠거늘, 아직 국경선이 엄연한 현 시점에서 어느 '선진국'의 제도나 문화를 분별 없이 모방함으로써 국가 발전을 꾀한다는 것은 어리석은 짓일 것이다.

더욱 중요한 것은 미국이 대표한다고 볼 수 있는 서구의 '선진국'들이 이룩한 사회가 그 자체로 볼 때 과연 우리의 귀감이 되기에 손색이 없을 정도로 만족스러운 것인가 하는 문제다. '자유민주주의'의 이름으로 불리는 미국을 비롯한 서구 산업사회에 지나친 물질주의, 심한 사회 불균형, 인간의 비인간화, 이기주의적 인간관계, 생활환경의 오염 등 심각한 폐단이 적지 않게 나타나고 있다는 것은 널리 알려진 사실이다. 이미 많은 폐단과 결함이 수반하는 것으로 드러난 선진 산업사회의 제도와 생활양식을 그대로 모방한다는 것은 한국을 위해서 결코 바람직한 길이 될 수 없다.

미국 내지 서구의 산업국들을 선진(先進)의 거울로 삼은 한국의 근대화를 위한 노력이 모든 면에서 실패했다고는 생각되지 않는다. 전근대적 낙후성으로 인하여 심한 빈곤에 허덕이던 1950년대 이전에 비하면, 오늘의 한국은 경제적으로 상당한 발전을 이룩했고 국제사회에서의 위치도 크게 상승한 것이 사실이다. 그리고 정치와 경제에 있어서 진정한 의미의 민주주의가 실현되기까지에는 아직 요원한 길이 남아 있기는 하나, 그러나 많은 사람들이 자유와 방종을 혼동하고 막걸리 한 잔에 매수당하여 주권을 아무렇게나 행사하던 건국 초기에 비하면, 국민의 의식 수준도 괄목할 만한 진전을 이룩하였다고 보아야 할 것이다.

그렇기는 하지만 전체로 볼 때 우리나라 현실에 해결해야 할 많은 문제가 쌓여 있다는 것은 부인하기 어려운 사실이다. 40여 년 전에 있었던 문제가 아직 풀리지 않은 채 남아 있는 것도 있고, 옛날에는 없었던 문제가 새로 생기게 된 것도 적지 않다. 모든 시대의 모든 나라가 많은 문제를 안고 있는 것이 인간 사회의 보편적 현실인 가운데, 역사적 전환기에 처해 있는 우리나라의 경우는 일반적인 경우보다도 더욱 많은 문제에 부딪치고 있다 하여도 과장이 아닐 것이다.

우리나라가 부딪치고 있는 문제들 가운데서 중요한 것의 대부분은 사회적 갈등 내지 인간적 갈등의 문제에 속한다고 볼 수 있는 성질의 것들이다. 사람이 모여서 사는 곳에서는 어디에나 갈등이 생기기 마련이라고 볼 수 있을 것이나, 현대 우리 사회의 경우는 그 갈등의 양상이 자못 심각하고 복잡한 편이다. 우리나라를 밝고 살기 좋은 나라로 만들기 위하여 무엇보다도 중요한 조건은 사회적 갈등을 해결 내지 극소화하는 일이라고 필자는 생각한다.

갈등의 양상은 사회적 제도와도 불가분의 관계를 가졌고 사람들의 심성 내지 가치관과도 깊은 관계를 가졌다. 오늘날 한국 사회의 인간적 갈등이 보통 이상으로 심각하다는 사실은, 우리나라의 여러 가지 제도와 한국인의 심성 내지 가치관에 문제점이 많다는 것을 의미한다. 그리고 사회의 제도 내지 구조와 사람들의 심성 내지 가치관 사이에 밀접한 상관관계가 있음을 상기할 때, 사회의 제도 내지 구조를 개선하는 문제와 사람들의 심성 내지 가치관을 바로잡는 문제도 역시 밀접한 연관성을 가진 문제로서 다루어져야 할 것이다.

지금 우리 앞에 놓인 문제는 매우 거창한 문제다. 이 거창한 문제를 한 편의 작은 논문에서 한꺼번에 다루고자 한다면 무모한 시도가 될 것이다. 이 글에서 필자는 우선 한국인의 심성 내지 가치관의 큰 줄거리를 살펴보고, 그러한 줄거리 또는 경향에 어떠한 문제점이 있는가를 살펴보고자 한다. 그리고 그 다음에 우리들의 심성 내지 가치관이 안고 있는 문제를 우리가 바람직하다고 생각하는 한국의 미래상과 관련시켜서 예비적 고찰을 시도하고자 한다. 이 예비적 고찰은 장차 우리가 실현하고자 하는 내일의 한국을 위하여 사회적 제도의 문제와 개인들의 심성의 문제를 종합적으로 연구하는 데 다소간 기초의 구실을 할 수 있을 것으로 기대한다.

2. 한국인의 심성과 생활 태도에 대한 여러 가지 견해

1) 선인(先人)들이 본 한국인의 민족성

역사학자 최남선(崔南善)은 조선의 민족성의 좋은 점으로서 낙천성과 결벽성, 그리고 어려움을 견디어 내는 인내력과 적과 싸움에 있어서 용맹함을 들었다. 한편 나쁜 점으로는 형식에 대한 지나친 치중과 조직력 및 단합심이 부족함을 지적하고 있다. 그리고 우리 민족에게는 진취성이 부족하고 근본적 해결보다도 고식적(姑息的) 대책으로 안일한 태도를 취하는 결함도 있다고 말하였다.[1] 최남선의 주장 가운데 진취성이 부족하다는 비판은 오늘의 한국인에게는 잘 들어맞지 않는다고 생각된다. 그러나 그 밖의 주장은 대체로 오늘의 한국인의 경우에도 적중한다고 볼 수 있을 것이다.

이광수(李光洙)는 그의 「민족 개조론」에서 우리 민족의 기본적 성격을 다음과 같이 서술하였다. 첫째, 우리 민족은 마음이 어질고 착하여 타인에 대해서 너그럽다. 둘째, 우리 민족은 인정이 많고 예의를 존중한다. 셋째, 우리 민족은 청렴결백하고 자존심이 강하다. 넷째, 우리 민족은 성품이 쾌활하고 농담과 장난을 좋아한다. 다섯째, 우리 민족은 낙천적이다.[2]

한국인의 성격에 관한 이광수의 서술은 주로 그의 개인적 관찰과 직관에 근거를 둔 것으로 보인다. 그의 말이 모두 현대 한국인에게 일반적으로 적중한다고 볼 수 있을지는 의문이다. 다만, 우리 민족이 대체로 착하고 인정이

---

1 최남선, 『조선상식문답(朝鮮常識問答)』, 『육당 최남선 전집』, 현암사, 1973, 제3권, p.52.
2 이광수의 「민족 개조론」의 이 부분은 김재은이 그의 『한국인의 의식과 행동 양식』(이화여대 출판부, 1987)에 소개한 것을 필자가 다시 요약하였다.

많다는 것과 자존심이 강하며 낙천적이라는 것은 현대 한국인의 경우에도 일반적 경향으로 간주할 수 있을 것이다.

이광수는 또 조선인의 성격적 결함으로서 성취(致富之術)가 졸렬하고 상공업이 뒤떨어졌다고 지적하였다. 그리고 개인들의 자존심이 지나치게 강하여 지도자를 중심으로 조직적 단결을 어렵게 한다고도 비판하였다. 성취에 대한 야심이 부족하여 치부의 기술이 부족하고 상공업의 발달도 뒤떨어졌다는 말은 현대 한국인에게는 적합하지 않을 것이다. 그리고 조직적 단결력이 약하다는 결함은 현대의 한국인에게도 남아 있다고 생각되나, 그 원인이 주로 '자존심'에 있다고 보는 것보다는 자존심에 관련된 아집(我執)에 있다고 보는 편이 옳지 않을까 생각한다. 자존심이 높은 경지에 이르면 아집을 극복할 수 있고, 아집만 없으면 자존심이 강한 사람들도 조직적으로 단결할 수 있을 것이다.

이광수는 우리 민족의 또 하나의 단점으로서 숙명론적 인생관을 강조하였다.

> 실로 근세의 조선인의 인생관을 지배하여 온 것은 이 숙명론이외다. 그리하여 이 숙명론적 인생관은 태내(胎內)에서부터 전 생활을 통하여 묘문(墓門)에 이르기까지 조선인을 지배한다.[3]

이광수가 살았던 시대만 하더라도 강자의 힘에 눌려 살던 조선인들에게 숙명론적 인생관은 일반적으로 강했을 것이다. 오늘의 한국인들에게도 사주와

---

3 이광수, 「숙명론적(宿命論的) 인생관에서 자력론적(自力論的) 인생관」, p.47. 김재은의 『한국인의 의식과 행동 양식』, p.26에서 다시 인용.

관상 등 복술을 선호하는 사람들이 많은 현상 가운데 숙명론적 인생관의 잔재가 남아 있다고 볼 수 있는 측면이 있다. 그러나 오늘의 한국인이 전체적으로 숙명론적이라고 보기는 어려울 것이다. 오늘의 한국인 가운데는 자기의 힘과 노력으로 삶의 길을 개척하고자 하는 진취의 기상이 강하다.

최현배(崔鉉培)는 1930년에 출판한 『조선 민족 갱생(更生)의 도(道)』라는 책에서 우리 민족의 성격적 폐단을 다음과 같은 아홉 가지로 나열하였다.[4]

(1) 조선인은 의지가 박약하다. 무슨 일이든 처음 시작할 때는 태산이라도 옮길 듯이 열기가 대단하지만, 얼마 안 가서 곧 열이 식어 버려서 용두사미(龍頭蛇尾)가 되고 만다. 의지가 박약한 까닭에 행동에 일관성이 없고, 기분에 따라서 이랬다 저랬다 한다. 우리 민족 가운데는 시종일관하여 한 가지 일에 오랫동안 열중하는 사람을 찾아보기 어렵다.

(2) 우리 민족에게는 용기가 부족하다. 분투성(奮鬪性)도 없고 모험성도 없으며, 반항심도 없다. 생활력이 쇠잔한 것이다. 용기가 없는 까닭에 치욕을 치욕으로 여기지 않고, 부끄러움을 부끄러운 줄 모른다. 외적의 침입을 받았을 때는 용감하게 맞서 싸울 생각은 하지 않고 피난갈 궁리부터 한다. 우리 조선 사람은 적의 총검의 아래서 살 줄은 알았으되, 치욕의 앞에서 죽을 줄은 몰랐다.

(3) 우리 민족에게는 활동력이 부족하다. 활동력이 결핍한 까닭에 우리 조선 사람이 다른 것은 하나 남보다 나은 것이 없으되, 게으르기 하나는 세계에서도 둘째가라면 서러워할 지경이다. 우리나라 사람들은 노동일 하는 것을 수치로 여기는 경향이 있으니, 상공업이 발달하지 못했음은 당연한 결과다. 일용품 하나도 제 손으로 만들지 않고 외국에서 들여온 것을 비싼 값을 치르

---

4 최현배, 『조선 민족 갱생의 도』, 정음사, 1971, pp.21-38 참조.

고 사용하게 되니, 필경은 삼천리 강산의 양전옥답의 태반이나 저 근면한 시종군(外國人)의 손으로 다 들어가 버리고 말았다. 몸으로 하는 일만을 기피할 뿐만 아니라 정신적 노작(勞作)까지도 게을리하므로, 신라시대와 고려시대 그리고 조선 초기까지 그토록 찬란하던 우리의 문화는 이제 먼 옛날의 과거사로만 남아 있고, 이제는 그것을 연구할 생각조차 하지 않는다. 우리 조선 민족의 심전(心田)은 진실로 황폐하였다.

(4) 조선 동포에게는 의뢰심이 많다. 자신의 부지런한 노력으로 살 생각은 하지 않고, 좀 잘사는 친척이나 친지에게 의지하려는 버릇이 강하다는 것이다. 죽은 조상의 상제(喪祭)를 위하여 분수 밖의 낭비를 하고 가산을 탕진하여 명당자리 묘지를 구하기에 골몰한 것도, 타계한 조상의 덕을 보자는 의뢰심에서 나온 행위일 경우가 많다. 우리 민족의 의뢰심은 급기야 남의 나라의 힘에 의존하는 어리석음에까지 이르게 되어, 결국은 나라 전체를 잃는 치욕을 자초하게 되었다.

(5) 조선 사람들에게는 저축심이 부족하다. 부지런히 일하는 활동성이 부족한 까닭에 대개는 저축할 만한 여유가 없기도 하지만, 다소의 수입이 있는 사람들도 저축은 하지 않고 유흥과 사치로 세월을 보낸다. 조상으로부터 물려받은 땅을 야금야금 일본인에게 팔아 가며 사치와 낭비를 일삼는 사람조차 있다.

(6) 조선 사람들은 성질이 음울하여 밝은 희망으로 앞을 내다보지 못하고, 주로 지나간 과거사에 애착을 갖는다. 노인들은 과거에 대하여 자랑하기를 좋아하며, 자손의 교육보다도 조상의 제사를 더 소중히 여기는 가풍이 있다. 요컨대, 조선 사람들은 생활이 진취적이 못 되고 과거지향적이라는 것이다.

(7) 우리 민족에게는 자신감이 부족하다. 자신에 대한 신뢰감이 부족할 뿐 아니라 타인에 대한 믿음까지도 희박하다. 남을 믿지 않는 까닭에 서로 의심하고 시기하게 되며, 민족적으로 단결하는 힘이 약하다.

(8) 개항(開港)과 더불어 외세의 침입을 받고 급기야 국권까지 빼앗긴 뒤로, 우리 민족은 자존심도 잃게 되었다. 우리는 본래 자존심이 강한 민족이었으나, 국력이 쇠진하고 국민의 원기가 쇠약하게 되자 그것도 사라지고 말았다는 것이다.

(9) 공공(公共)에 대한 도덕심이 타락하였다. 허위의 도덕, 형식의 도덕만 무성하고 공동체를 위하는 진정한 도덕은 행하여지지 않고 있다는 것이다. 조상들이 남긴 민족의 유산을 팔아먹고 심지어는 기아에 우는 동포까지도 팔아먹는 자가 있다.

최현배에 따르면, 우리 한민족은 본래 지(知), 정(情), 의(意) 세 측면에 있어서 매우 탁월한 심성(心性)을 가진 겨레였으나 조선의 악정과 외세의 침입으로 인하여 정신적으로 깊이 병들어 있다는 것이다. 이 질병을 고쳐서 민족의 생기를 되찾아야 한다는 것이 최현배가 주장하고자 하는 요점이다. 민족의 정신적 질병을 진단하고자 하는 의도가 앞섰으므로 최현배는 주로 우리 민족성의 나쁜 점을 강조한 인상이 강하나, 조선 말기와 일제강점기에 관한 관찰로서는 어느 정도 근거가 있는 주장이라고 생각된다.

그러나 오늘의 한국인에 대해서는 최현배의 주장은 사실과 거의 부합하지 않는다. 상호간에 믿지 않는 풍조가 있고 민족 전체가 하나로 뭉치는 단결력이 약하며, 공덕심(公德心)이 부족하다는 지적은 현대 한국인에 대해서도 적중한다고 볼 수 있을 것이다. 그러나 의지가 박약하고 용기가 없다거나 활동력이 부족하여 게으르다는 주장은 오늘의 한국인과는 너무나 거리가 멀다. 그리고 타인에 대한 의뢰심이 강하고 저축심이 부족하다는 것도 이제는 옛날이야기에 가까우며, 내일에 대한 희망을 잃고 과거에 대한 회상을 일삼는다는 것도 오늘의 한국인상이 아니다.

1945년 이후에 한국의 사회상에 급격한 변화가 있었고, 한국인의 심성 내지 생활 태도에도 현격한 변화가 생겼다. 그 변화에는 좋은 측면도 있고 좋지 않은 측면도 있는데, 사회상과 인간상의 변화는 앞으로도 계속 일어난다고 보아야 할 것이다. 앞으로 일어날 변화를 자연의 추세에 맡길 것이 아니라 바람직한 방향으로 유도하도록 애써 노력함이 우리들 모두의 임무다.

2) 근래에 이루어진 한국인의 의식구조 연구

현존하는 학자들에 의한 한국인의 심성 내지 생활 태도에 관한 연구는 주로 1960년대부터 활기를 띠기 시작하여 지금까지 상당한 분량의 논문과 단행본이 발표되었다. 일찍부터 이 분야 연구에 손을 댄 홍승직, 윤태림을 비롯하여 이동식, 최재석, 차재호 등 여러 학자들의 업적에도 주목할 만한 것이 적지 않으나, 여기서는 이부영(李符永)의 「한국인 성격의 심리학적 고찰」(1983)과 김재은(金在恩)의 『한국인의 의식과 행동 양식』(1987)에 나타난 중요한 내용만을 간추려 보기로 한다. 이부영의 논문을 특별히 선택한 것은 그가 이 논문에서 그 이전에 발표된 다른 사람들의 연구를 다각적으로 검토하고, 다시 비판적 고찰과 자신의 견해를 추가함으로써 하나의 종합을 이룩했기 때문이며, 김재은의 저술을 선택한 것은, 그 이전에 통계학적 사회조사의 방법을 사용한 다른 사람들의 연구 결과를 종합적으로 참고하고, 김재은 자신이 실시한 방대한 사회조사의 결과를 분석한 보고가 이 책에 담겨 있기 때문이다.

이부영은 김두헌, 임동권, 윤태림, 정한택, 이규태, 라이트(E. R. Wright), 러트(Richard Rutt), 차재호 등의 견해를 차례로 검토한 다음에 그들에 있어서 발견되는 공통된 점을 다음과 같이 요약하였다.

요약하면, 한국인은 평화 애호 민족으로서 창조적이고 진취적이고 개방적이며, 가족적·순종적이고, 현실적이고 낙천적이며, 소박하며 인간적이고,

인내심 있고 유연하며 예의바르지만, 다른 한편 잔인하고 거짓말 잘하고 질투심이 많고 의존적이며, 공사(公私) 구분을 못하고 격정적이며, 자학적(自虐的)·가학적(加虐的)이며, 치밀하지 못하고 성급하고 게으르고 미적 감각이 결여되어 있고, 체면 차리고 편협하고 파벌을 형성, 배타적이며 윤리 의식이 약하다는 말이 된다. 어느 학자도 한국인이 정직하고 대인관계의 경우가 밝아, 공사를 잘 가린다는 점을 한국인의 장점으로 지적한 사람이 없는 것은 특징적이며, 개성이 강하다든지 개인의 자각이 잘 되어 있어 자립자조(自立自助)의 정신에 투철하다고 말한 사람도 없다는 것 또한 유의할 점이다.[5]

특히 외국인의 한국관 가운데 옛날이나 지금이나 변하지 않고 남아 있는 한국인의 특징으로서 열거된 것의 중요한 것으로 다음과 같은 것들이 있다.

(1) 어린이에 대한 지나친 보호
(2) 아버지는 엄하고 어머니만이 애정을 주는 경향
(3) 명분을 존중하고 체면에 집착함
(4) 공(公)과 사(私)의 구분이 미약함
(5) '우리' 의식이 강함
(6) 현세주의적 경향
(7) 융통성 없는 사고와 추리력 부족
(8) 솔직하고 직접적인 감정 표현 억제
(9) 인내력이 강함
(10) 감정이 풍부함
(11) 남의 의사를 무시함

---

5 이부영, 「한국인 성격의 심리학적 고찰」, 『한국인의 가치관』, 정신문화연구원, 1983, p.239.

⑿ 지위, 돈, 정(情)의 가치, 학문, 아들, 권력을 존중함[6]

여러 사람들에게 공통된 견해라고 해서 모두가 객관적으로 타당하다고 단정하기는 어려울 것이다. 그러나 소수의 견해보다는 다수의 견해가 타당성을 가질 확률이 높다는 것은 인정해도 좋을 것이다. 그리고 외국 사람들의 관찰에도 주관과 편견이 작용할 가능성은 얼마든지 있다. 다만, 일시적 여행객이 아니라 장기간 한국에 머물러 산 외국인들의 공통된 견해 가운데는 빗나가지 않은 것이 많을 공산이 비교적 크다고 볼 수 있을 것이다.

이부영은 다른 사람들의 주장을 개관한 뒤에 자기 자신의 견해를 피력하고 있다. 이제 그 자신의 견해 가운데서 주목되는 대목을 간추려 보기로 하자. 그의 견해 가운데서 첫째로 우리의 주목을 끄는 것은 해방 전 세대와 해방 후 세대를 비교한 대목이다.

이부영에 따르면, 한국의 해방 전 세대는 일본의 군국주의 교육과 유교적 보수주의 교육을 받은 사람들로서, 그 교육의 영향에서 해방 후에도 벗어나지 못했다. 해방 전 세대 가운데도 미국으로 유학을 하거나 미군 기관에 종사하여 새로운 외래문화의 영향을 받은 사람들이 많으나, 이미 어릴 때에 받은 동양 문화의 영향을 송두리째 벗어나지는 못했다. 한편 해방 후 세대는 일찍부터 서양의 자유 민주 체제 아래서 비교적 자유롭게 자랐으며, 특히 1960년대 후반부터는 물질문명의 혜택을 받아 온 결과로서 남녀의 평등사상을 배웠고 해방 전 세대처럼 체면과 겸양지덕에 집착하지 않으며, 남보다도 '나'를 내세우는 자기중심적 성향이 강하다. 해방 전 세대에 비하여 해방 후 세대는 미국의 문화를 수용함에 있어서 훨씬 저항을 느끼지 않았다. 그러나 젊은

---

6 같은 책, pp.242-243 참조.

세대가 받아들인 미국 문화는 근면, 검소, 정직 등 건전한 측면보다는 경박, 허영, 실리주의 등 불건전한 측면에 가까웠다.[7]

이부영이 강조한 것 중 둘째로 주목되는 견해는, 한국인의 심성 가운데서 한(恨)이 차지하는 비중이 크다는 그것이다. 한국인은 노여움을 잘 타고 남을 원망하며, 원망에 사무친 나머지 여러 가지 형태의 복수가 시도된다. 따라서 사람들은 남의 노여움의 피해를 두려워하고 비이성적 방법으로 이를 풀어 주고자 하는 노력을 하는 가운데 도리어 서로 한의 생산을 도와준다는 것이다. 이런 풍토에서는 자신의 불행을 다른 사람의 탓으로 돌리게 되고 자주자립적 인간의 형성에도 어려움이 있으므로, 한은 청산해야 할 심리임에도 불구하고 한국인은 이를 통속적 영화와 신문 사회면 등에서 "미화하고 반추하면서 자학적 쾌락의 수단"으로 삼는 경향이 있다고 하였다.[8]

이부영이 강조한 의견 가운데서 셋째로 주목되는 것은, 한국에 서구적 합리주의와 개인주의가 들어왔으나 아직 제대로 토착화되지 못했다는 주장이다. 한국인은 '나'와 '너'의 구별이 없는 '우리'의 세계 속에 살고 있으며, 따라서 공과 사의 구별을 잘 하지 못한다. 한국인은 너와 나의 한계가 불분명하므로 남의 감정이나 남의 권리를 침해하는 경우가 많으며, 공과 사의 구별을 잘 못하므로 '정실'에 약하다고 하였다.[9]

이부영의 진술 가운데서 주목을 끄는 넷째 부분은 그가 한국인의 심성의 양면성을 부각시킨 부분이다. 누구의 경우에 있어서나 사람에게는 장점 즉 긍정적 측면과 단점 즉 부정적 측면이 있기 마련인데, 한국인의 경우에는 이

---

7 같은 책, p.244 참조.
8 같은 책, pp.258–259 참조.
9 같은 책, p.259 참조.

두 측면이 밀접한 관계에 있음을 강조하고, 한국인의 심성의 결함을 고치기 위해서는 이 두 측면의 관계를 심도 있게 분석하고 다시 종합적으로 고찰할 필요가 있음을 이부영은 시사하고 있는 것이다.[10]

예컨대, 한국인에게는 가족주의적 '우리' 의식이 강하여 집단적 자아를 앞세우는 경향이 있는데, 아낌을 받는 '우리'의 범위가 좁은 까닭에 그것이 도리어 지방색 또는 파벌 등을 조장하여 배타적 이기주의를 초래한다. 또 한국인에게는 사물을 포괄적으로 파악하고자 하며 포부를 크게 갖는 좋은 면이 있으나, 이 경향이 도리어 감당할 수 없는 일에까지 욕심을 내거나 치밀한 분석적 단계를 밟지 않고 일거에 큰 결과로 비약하려는 허황된 태도를 낳는 경우가 많다. 한국인에게 인정이 많고 정분(情分)을 소중히 여기는 경향이 있는 것은 그 자체로서는 좋은 일이나, 지나친 인정주의는 도리어 이성적 판단을 흐리게 하고 공사(公私)를 혼동하는 폐단을 부르기도 한다.[11]

김재은의 노작(勞作) 『한국인의 의식과 행동 양식』의 제3부에 해당하는 「실증적 조사 연구」는 저자 자신의 사회조사를 정리한 것으로서 이 책의 중심부에 해당한다. 지면의 분량으로도 책 전체의 태반이 넘는 방대한 보고서이므로 그 내용을 여기 자세히 옮기기는 어렵다. 다만 김재은 자신의 분석과 해석을 따라서 내린 한국인의 심성과 행동 양식에 대한 종합적 결론 부분만을 여기에 간추려 보기로 한다.

김재은의 연구 결과에 따르면, 한국인은 질서 의식이 매우 강한 것으로 나타났다. 일반적으로 한국인에게는 질서 의식과 질서 행동이 매우 결여된 것으로 알려져 있었으나, "이 조사의 전형적인 대상인 30대 고졸 및 대학 중퇴

---

10 같은 책, pp.265-266 참조.
11 같은 책, pp.264-265 참조.

자의 수준에서는 질서의 의식과 행동이 확립되어 있음을" 보았다.[12]

김재은이 한국인에게서 발견한 둘째 특성은, 가까운 사람들의 사생활에 자기가 꼭 관여해야 한다고 생각하는 경향이 강하다는 것이다. 자기의 사생활에 대해서 남이 참견하는 것은 꺼리면서도, 자기의 관심 영역 안의 사람과 사건에 대해서는 자기가 참여하기를 원하는 경향이 강하다는 것이다. 이러한 경향은 자기중심적 태도로서 권위주의적 사고방식과 깊은 관계가 있을 것이라고 그는 분석하고 있다.[13]

한국인의 세 번째 두드러진 특성으로서 김재은이 발견한 것은 '동조성(同調性)'이다. 한국인에게는 자기가 속한 집단 또는 다수 구성원의 행동 기준에 동조하는 경향이 강하다는 것이다. 이 동조성의 경향에는 양보의 미덕과 권위주의 또는 타율적 생활 태도로 흐를 염려가 아울러 있다고 그는 지적하고 있다.[14]

김재은의 연구 결과에 따르면, 넷째로 이제까지 한국인의 특성으로 여겨져 왔던 것이 사실은 그렇지 않은 경우가 많다는 것으로 밝혀졌다. 예컨대, 한국은 샤머니즘 문화권에 속한 나라로서 미신을 숭상하는 경향이 강한 것으로 알려져 왔으나, 사실은 미신을 믿는 경향이 미약한 것으로 나타났다. 그리고 한국인은 이기적이고 공격적이라는 의견이 우세한 편이나, 김재은이 얻은 통계 숫자는 그 의견을 뒷받침해 주지 않는다. 또 한국인에게는 형식을 존중하는 경향과 강한 경쟁의식이 있다는 일반적 견해도 신빙성이 적은 것으로 나타났다.[15]

---

12 김재은, 『한국인의 의식과 행동 양식』, p.190.
13 같은 책, pp.190–191 참조.
14 같은 책, p.191 참조.

김재은이 얻은 결론 가운데서 다섯째로 우리의 주목을 끄는 것은, 위에서 말한 것 이외에도, 대체로 말해서 한국인의 심성과 행동 양식에는 우리가 보통 바람직하다고 생각하는 것이 많다는 사실이다. 이 점에 있어서 김재은의 연구 결과는 한국인의 심성에 있어서 주로 부정적 측면을 부각시킨 이부영의 논문과 매우 대조적이다. 질서 의식이 강하고 질서를 지키는 행동에 힘쓴다는 것을 한국인의 의식 내지 행동 양식의 가장 두드러진 특색이라고 거듭 강조한 다음에, 김재은이 열거한 한국인의 좋은 점들 가운데는 다음과 같은 것들이 포함된다.

한국인에게는 '신의(信義)'를 존중하는 마음이 강하다. 한국인은 강한 책임 의식을 가지고 있으며, "사리 판단에 있어서도 이치에 맞게 결정한다." 한국인은 성격이 낙천적이어서 미래를 밝게 내다보며, "매일매일의 생활에서도 즐겁게 사는 현실감각을 가지고 있다." 한국인은 돈독한 인정을 가졌을 뿐 아니라, 매사에 신중을 기하며, 인내심도 강하다.[16]

구체적 상황에서의 행동 양식에 관해서도 한국인에게는 나무랄 점이 별로 없다. 예컨대, 한국인은 유명인사나 권위자의 말을 믿고 물건을 사지 않으며, 손아랫사람을 하대하지 않는다. 자기의 이익을 위해서 남을 희생시키지 않는 경향이 있으며, 다른 사람과의 인간관계를 순조롭게 유지하도록 노력한다. 또 한국인은 남에게 돋보이기 위해서 무리하게 돈을 쓰거나 잔치를 성대하게 치르는 어리석음을 범하지 않는다. 한국인은 "수돗물 같은 공공시설에 관심을 가지고 있으며, 거리의 교통신호도 잘 지킨다. 화장실도 깨끗하게 해야 한다고 생각하며, 순서나 시간을 참고 기다린다."[17]

---

15 같은 책, p.191 참조.
16 같은 책, p.192 참조.

한국인은 부적 등을 지니고 다니는 것을 부당하게 생각하며 사고를 방지하기 위해서 항상 조심한다. 한국인은 "다른 사람의 수고를 꼭 돈으로만 따지지 않는다. 한국인은 자녀의 교육을 부모의 가장 큰 도리라고 생각한다. 한국인은 예의를 잘 지킬 뿐 아니라 약속도 잘 지킨다. 한국인은 외국인에게 우리나라를 비방하지 않는다."[18]

김재은이 얻은 결론에는 대견하고 고무적인 이야기가 많이 있다. 김재은의 연구뿐 아니라 '질문서' 또는 '면접'을 통하여 자료를 구하고 이를 통계학적으로 처리하는 방법을 사용한 학자들의 연구가 얻은 결론은 대체로 고무적이고 희망적이다. 역사나 문학작품 또는 체험적 관찰에 근거를 둔 연구에 부정적인 견해가 많은 것과 매우 대조적이다. 때로는 모순적이기조차 하다. 이러한 대조 내지 모순을 우리는 어떻게 해석할 것인가?

역사나 문학작품을 분석할 때 또는 개인의 체험이나 인상을 근거로 삼을 때는 연구자의 주관이 작용할 여지가 많은 반면에, 사회조사의 통계는 결과가 숫자로 나오는 까닭에, 후자의 방법에 의존한 연구가 더 객관적이고 따라서 믿음직하다는 의견이 있다. 그러나 이 의견은 일견 그럴듯하기도 하나 실은 극히 피상적인 논리의 산물이다. 우리는 통계 숫자의 마력(魔力)에 현혹되기에 앞서서, 그 통계자료가 된 조사 대상자들의 응답 속에 포함된 주관성에 대하여 깊이 생각해야 할 것이다. 짧게 말해서, 사회조사의 방법이 안고 있는 문제점에 대해서 충분히 고찰할 필요가 있다.

사람들의 심성 또는 생활 태도를 연구하기 위하여 우리나라에서 사용되고 있는 사회조사의 방법은 주로 질문서(質問書)와 면접에 의존하는 것이다. 그

---

17 같은 책, p.192 참조.
18 같은 책, p.192 참조.

런데 우리가 질문서 또는 면접을 통하여 어떤 사람에 대해서 알 수 있는 것은 그 사람의 심성 또는 행동 양식의 진상(眞相)이 아니라 그 사람의 가치 의식의 피상(皮相)일 경우가 많다. 그런데 많은 통계학적 연구가들은 그 피상을 진상으로 오인한다. 구체적인 예를 들어서 생각해 보기로 하자.

예컨대, "늙으신 부모가 아들인 당신과 함께 살기를 원하신다면 당신은 그 소원대로 하시겠습니까?"라는 물음을 주었을 때, 대부분의 아들들은 '예'라고 대답한다. 그러나 실제에 있어서는 이 대답대로 실천하지 않는 사람들이 많다. 또 공무원을 상대로 "당신은 뇌물을 제공하는 사람을 유리하게 하기 위하여 공사(公事)를 불공정하게 처리해도 좋다고 생각하십니까?"라는 질문을 했을 때, 대부분의 응답자는 '아니오'라고 대답할 것이다. 그러나 이 통계만을 가지고 우리나라의 공무원은 대부분 청렴결백하다고 단정하기는 어려울 것이다.

질문서나 면접을 통한 물음은 대부분이 조사를 받는 사람 자신에 대한 물음이다. 따라서 질문서나 면접의 방법이 적합성을 갖기 위해서는 조사받는 사람들이 자기 자신에 대해서 잘 알고 있다는 전제가 성립해야 한다. 그러나 우리가 우리 자신에 대해서 알고 있는 것은 자신의 일부에 불과하며, 자기도 모르는 자기가 많이 남아 있다. 그리고 자기가 잘 모르는 부분에 대해서는 좋은 편으로 대답하기가 쉽다. 모든 사회에는 그 사회가 일반적으로 옳다고 생각하는 행동 양식이 있기 마련이며, 질문서나 면접에 대답하는 사람들은 그 사회에서 일반적으로 칭찬받는 행동 양식에 일치하도록 대답하는 경향이 있다. 예컨대, 자기의 질서 의식이 어느 정도인지 잘 모르는 사람은 그것이 강한 쪽으로 대답하기 쉽다.

더욱 중요한 것은 질문서나 면접에서 사용되는 물음은 거의가 **단순한 물음**이며 욕구의 대립, 즉 **심리적 갈등**의 문제를 고려에 넣지 않고 있다는 사실이다. 예컨대, "사랑하는 아내는 따로 살기를 원하며 아이들도 담배를 피우는 할머니와 같은 방 쓰기를 싫어합니다. 이러한 상황에서 당신의 홀어머니가 당신과 같은 집에서 살기를 원한다면, 당신은 어떻게 하겠습니까?" 하는 식의 물음은 적으며, 그저 단순하게 "당신의 홀어머니가 당신과 함께 살기를 원할 때 당신은 어떻게 하겠습니까?" 하는 식의 물음이 많은 것이다. 그리고 이 단순한 물음에 '예'라는 대답이 많이 나왔다고 해서, 한국의 젊은이들은 효심이 지극하다고 결론을 지으며 좋아하는 것이다.

복잡한 갈등의 상황을 가정한 물음에 대해서 바람직한 대답을 한 사람들이 반드시 실제로 바람직하게 행동하는 것도 아니다. 아직은 경제력에 여유가 있는 부모의 도움을 받고 있는 젊은 아들에게 앞에서 말한 복잡한 상황을 전제하고 노후의 부모와 동거하겠느냐고 물었을 때 '예'라는 대답이 나올 확률은 상당히 높을 것이다. 그러나 세월이 많이 흐른 뒤에 실제로 아내는 따로 살기를 원하고 아이들도 할머니와 같은 방 쓰기를 싫어하는 상황에 부딪쳤을 때, 옛날 질문서에 대해서 '예'라고 대답한 대로 행동하리라고 장담하기는 어렵다.

또 우리는 다음과 같은 역사적 사례를 알고 있다. 야당이 주장하는 대통령 직선제에 대해서 정부와 여당이 강력하게 반대함으로 인하여 야당이 대권을 잡을 가능성은 거의 없다고 전망되었을 때, 야당의 두 거두는 만약 대통령 직선제만 실시한다면 대통령 후보의 자리는 상대편에게 양보하겠다고 서로 공언하였다. 그러나 사태가 바뀌어서 대통령 직선제를 실시하게 되었을 때, 그들은 각각 자기가 후보로 나서야 한다고 완강하게 고집하여 결국 야당이 둘로 분열되고 말았던 것이다. 이 사례에 있어서 야당 두 거두가 처음부터 마음에 없는 거짓말을 했다고 보기보다는, 직선제의 가망이 없었을 때는 양보하리라는 생각을 일단 했으나, 직선제를 실시하게 되어 대통령 자리가 눈앞의 현실로 떠올랐을 때 무의식 가운데 잠재해 있던 욕심이 발동하여 식언을 하게 되었다고 보는 편이 옳을 것이다. 평상시에는 정직하게 살아야 한다고 생각하더라도, 정직이 불이익을 초래할 어떤 상황에 부딪치면 남을 속이는 경우가 흔히 있듯이, 질문서에 응답하거나 면접에 응할 때는 질서를 존중하고 의리를 지키는 등 도덕률을 지키고 싶은 생각을 갖더라도, 막상 어떤 딜레마 상황에 부딪치게 되면 그 생각을 배반하는 행동을 하는 것은 흔히 있는 일이다.

우리는 같은 시각에도 여러 가지 소망을 아울러 가질 수 있으며, 때로는 서로 모순되는 소망을 품을 수도 있다. 같은 사람 안에서 여러 가지 소망이 충돌할 경우에는 가장 우세한 소망이 행동의 주도권을 잡기 마련이며, 여타의 소망들은 억제를 당하고 만다. 우리들의 현실을 결정하는 것은 한갓 관념 속에 떠올랐다가 잠자고 마는 생각들이 아니라 행동의 세계에까지 뚫고 나오는 우세한 생각들이다. 딜레마 상황에 처한 사람의 가장 우세한 소망을 알기 위해서는 그 사람의 가치 체계를 총체적으로 파악해야 하는데, 지금까지 흔히 사용되어 온 질문서 내지 면접을 통한 사회조사의 방법은 가치 체계를 총체적으로 파악하기에는 적합하지 않다.

3. 한국인의 생활 태도의 몇 가지 특색과 그 문제점

1) 한국인의 의식구조의 기본적 특색

필자는 1960년대 초부터 한국인의 가치관 내지 생활 태도에 대해서 관심을 갖기 시작하여, 사회조사의 방법에 의존하기도 하고 소설을 위시한 문헌 분석에 의존하기도 해가며 몇 편의 논문과 책을 내놓은 바 있다. 이제 필자 자신의 과거의 연구와 앞에서 언급한 다른 사람들의 연구를 토대로 삼고, 거기에 이 시대를 살아온 필자 자신의 관찰 내지 직관을 보태어 한국인의 가치관 내지 생활 태도에 관한 종합적 파악을 시도해 보고자 한다. '종합적 파악'

이라고는 하나, 시간과 지면의 제약 등 여러 가지 사정으로 인하여 모든 부분에 걸친 세밀한 고찰은 어려운 실정이다. 다만 현대 한국인의 의식구조 내지 생활 태도에 있어서 큰 줄거리에 해당하는 측면의 파악만을 목표로 삼을 생각이다.

(1) 감정의 우세

한 개인 또는 민족의 의식구조를 결정함에 있어서 매우 큰 몫을 차지하는 것은 그 개인 또는 민족의 감정적 측면과 이지적 측면이 어떠한 모습으로 발달하여 어떠한 균형 또는 불균형을 이루고 있느냐 하는 문제일 것이다. 사람은 누구나 감정(感情)과 이지(理智)의 두 측면을 가지고 있으며, 이 두 측면 가운데서 어느 편이 우세한가에 따라서 그의 사람됨과 생활 태도가 좌우된다 하여도 과언이 아니다.

여러 사람들의 견해와 우리들 자신의 경험 등을 종합해 볼 때, 한국인은 전통적으로 감정이 풍부한 기질을 가졌으며, 이러한 기질은 현재도 크게 변하지 않고 남아 있다. 이 점은 우리가 한국인을 이해하고자 할 때 우선 염두에 두어야 할 매우 중요한 사항의 하나다. 감정이 풍부하다는 사실이 반드시 이지의 발달을 저해하는 것은 아니며, 한국의 문화유산 가운데는 한국인이 이지의 측면에서도 우수한 민족임을 증명해 주는 것들이 적지 않다. 그러나 한국인이 보여준 감정의 측면과 이지의 측면을 총체적으로 비교해 볼 때, 대체로 한국인은 이지보다도 감정이 우세한 기질을 가진 민족이라고 말해도 크게 사실에서 벗어나지는 않을 것이다.

한국인에게 감정이 우세하다는 주장을 뒷받침하기 위해서 우리는 여러 가지 증거를 제시할 수가 있을 것이다. 첫째로 언어와 사고방식 사이에는 밀접한 상호 관계가 있어서 한 민족의 언어는 그 민족의 사고방식을 반영하는 경우가 많은데, 한국인의 언어 행위 가운데는 감정의 우세를 점치게 하는 것이 적지 않다. 예컨대 한국말은 문법적 논리의 정확성을 통하여 의사를 소통하기보다는 그 상황의 맥락을 통하여 의사가 소통되도록 하는 경우가 많다. 좌석제가 아닌 극장이나 기차 안에서 자리를 구하는 사람이 빈 좌석을 가리키며 "여기 자리 있습니까?" 하고 묻는 따위가 그것이다. 그리고 "나는 네가 좋다."라는 식의 발언도 "나는 너를 좋아한다."라는 식의 서양의 말투에 비하면 주어와 그 밖의 말자리의 관계가 논리적으로 선명하지 않다. 그러나 우리는 이런 한국말의 쓰임에 조금도 저항을 느끼지 않는다.

한자와 한글의 다른 점을 잘 아는 외국인 가운데는 한국 사람들의 시간을 가리키는 말투를 이상하다고 느끼는 사람들이 있다. 논리의 일관성을 따지기로 든다면 '일시 삼십오분'이라고 말하거나 '한시 서른다섯분'이라고 말해야 옳을 터인데, 한국인은 '한시 삼십오분'이라고 말하니 납득이 가지 않는다는 것이다. 돼지고기의 한 부위를 '세겹살'이라고 부르지 않고 '삼겹살'이라고 하는 것도 따지기로 말하면 논리의 일관성이 부족하다.

한국 사람들은 전통적으로 따지는 것을 좋게 여기지 않는다. '따진다'는 말은 칭찬의 뜻보다는 나무람의 뜻을 담고 쓰일 경우가 많다. '꼬치꼬치 따지는 사람'보다는 '모르는 척하고 넘어가는 사람'이 환영을 받는다. 따지는 것은 이지가 하는 일이며 감정의 소관사가 아니다. 그리고 이지의 소관사인 따지는 일을 좋아하지 않는 사회라는 것은 이지의 발달을 위해서 조건이 불리한 사회임을 의미한다고 보아야 할 것이다. 운동 잘하는 여자가 환영을 받지 못하는 사회에서 여성의 체력이 발달하기 어렵듯이, 따지는 소행이 환영을 받지 못하는 사회에서는 따지는 기능인 이지가 발달하기 어렵다.

한국인은 이해관계의 대립이 생겼을 때 '봐달라'는 말을 흔히 쓰며 '봐달라'는 말로 인정에 호소하는 편이 이지에 호소하여 따지는 것보다 상대편의 양보를 얻어 내기에 성공하는 경우가 많다. '봐달라'는 말이 흔히 쓰이고 이말이 잘 통한다는 사실도 한국 사회가 감정이 이지보다 우세한 사회라는 주장을 뒷받침하는 현상이라고 볼 수 있을 것이다.

한국을 방문한 외국인들도 한국인의 인정 또는 감정적 태도가 인상에 남는다는 말을 자주 한다. 필자가 미국에서 공부했을 무렵에 그곳 사람과 함께 영화를 본 적이 있었다. 눈시울을 뜨겁게 하는 감동적인 내용의 영화였다. 아주 좋은 영화라고 내가 찬사의 발언을 했을 때 동행한 미국인은 '너무 감정에 치우친 영화'라고 하며 실망의 뜻을 비쳤다. 가슴에 호소하는 정서적 영화나 문학작품을 선호하는 것은 한국인에게 일반적인 경향이며, 이러한 성향도 한국인의 성격과 무관하지 않으리라고 생각된다.

(2) 외면적 가치의 선호

한국인의 생활 태도에서 발견되는 두 번째 일반적 경향은 내면적 가치에 대한 추구보다도 외면적 가치에 대한 애착이 강하다는 사실이다. 질문서나 면접을 통한 사회조사의 통계에는 내면적 가치를 더 소중히 생각한다는 의견이 나타나는 경우가 많으나, 실제 행동의 세계에서는 외면적 가치를 추구하는 경향이 더 강하다고 보는 것이 필자의 관찰이다.

외면적 가치의 대표적인 예로는 금전 또는 재물, 권력과 지위, 그리고 관능적 쾌락을 들 수 있을 것이다. 이들 욕구의 대상을 '외면적 가치'라고 부르는 것은 그것들이 그것들을 원하는 사람 밖에 있는 사물이거나, 주로 밖에 있는 사물 또는 타인의 힘에 의존함으로써 얻을 수 있는 무엇이기 때문이다.

내면적 가치의 대표적인 예로는 인격, 건강과 수명, 학문과 예술, 종교와 사상, 우정과 사랑 등을 들 수 있을 것이다. 이것들을 '내면적 가치'라고 부르는 것은, 이것들에 관해서 어느 정도 높은 경지 또는 깊은 경지에 도달하고 못하는 것이 당사자들 자신의 마음가짐과 행위에 달려 있기 때문이다.

내면적 가치에 대한 지향보다 외면적 가치에 대한 애착이 강하다 함은, 내면적 가치에 속하는 것과 외면적 가치에 속하는 것 가운데서 하나를 선택해야 할 상황에 놓였을 때 결국 외면적 가치를 얻을 수 있는 길을 택하는 경향이 강하다는 뜻이다. 예컨대, 학자나 예술가가 될 수 있는 길보다도 금력 또는 권력에 접근할 수 있는 기회가 많은 길을 선호하는 경향은 외면적 가치에 대한 애착이 우세한 생활 태도라고 볼 수 있을 것이다.

오늘의 한국인에게 외면적 가치를 내면적 가치보다도 선호하는 경향이 강하다는 뚜렷한 증거의 하나로 제시할 수 있는 것은, 외면적 가치의 목표를 달성한 사람들이 '출세한 사람'으로 평가를 받는 동시에 많은 사람들의 선망의 대상이 된다는 사실일 것이다. 현재 우리나라에서는 재산 또는 수입이 많거나 권력의 자리에 앉은 사람들이 높은 대우를 받는 경향이 있으며, 학자나 언론인이 고위직 관리가 되면 '등용'이니 '발탁'이니 하는 말로써 그 변화를 축하한다.

재물과 권력 또는 지위, 그리고 관능적 쾌락 따위의 외면적 가치에 대하여 강한 욕구를 느끼는 경향을 현대 한국인에게만 고유한 특색이라고 말하기는 어려울 것이다. 그것은 동서와 고금 어디서나 흔히 찾아볼 수 있는 일반적 경향에 가까울 것이다. 다만 산업사회와 자본주의의 물질문명이 범람하게 된 현대에 이르러, 외면적 가치에 대한 한국인의 선호는 유교 또는 불교의 영향을 강하게 받았던 우리 조상들의 경우보다도 그 정도가 한층 더 심하게 되었다고 볼 수 있으며, 이 정도의 차이에 중대한 의미가 있다고 생각되는 것이다.

우리의 옛 조상들도 재물을 좋아했고 양반들은 벼슬자리를 탐내는 경향이 있었다고 보아야 할 것이다. 그러나 우리 조상들에게는 재물이나 벼슬자리보다도 더 소중히 여기는 것이 있었다. 많은 사람들이 가계(家系)의 계승을 재물보다 소중히 여겼고, 선비들 가운데는 깨끗한 인품 또는 부모에 대한 효도를 벼슬보다 소중히 여기는 기풍이 있었다. 이러한 점을 고려할 때 금력 또는 권력을 최고의 가치로 추구하는 사람들이 많은 오늘의 가치 풍토와, 인륜

(人倫) 또는 도덕과 같은 내면적 가치를 가치 체계의 정상에 올려놓았던 옛 조상들의 가치 풍토 사이에는 현저한 차이가 있다고 보아야 할 것이다.

관능의 쾌락을 선호하는 경향도 동서와 고금을 통한 일반적 현상이며, 우리 조상들의 생활 태도 역시 예외는 아니었다고 생각된다. 관능의 쾌락을 추구하는 것은 생물학적 본성을 따르는 자연스러운 태도라고도 볼 수 있으며, 그 정도가 지나치지만 않으면 굳이 나쁘게 생각할 이유가 없다. 그러나 현대 산업사회에 있어서의 쾌락의 추구는 그 정도가 적정선을 넘어섰다고 보아야 할 것이며, 바로 이 점에 문제가 있다.

현대인으로 하여금 지나친 쾌락 추구로 달리게 만든 가장 큰 원인은 상업주의와 금전 문화에 있을 것이다. 현대 자본주의 사회를 풍미한 상업주의와 금전 문화 속에서 관능적 쾌락은 값비싼 상품으로서 매우 적합한 대상이다. 이에 관능적 쾌락을 고급 상품으로 시장에 내놓는 유흥업이 도처에 성황을 이루게 되었고, 관능적 쾌락을 파는 유흥업의 발달은, 값비싼 쾌락에 대한 욕구를 자극하고 유발함으로써, 분수를 모르는 쾌락 추구의 풍조를 낳게 하였다.

(3) 부분에 대한 애착

관능적 쾌락에 대한 지나친 선호는 인격 전체의 소망보다도 어떤 감각기관을 중심으로 하는 부분적 욕망을 따르는 행위이며, 자신의 전 생애의 보람보다는 순간의 즐거움을 택하는 행위라고 볼 수 있다. 다시 말해서 그것은 전체보다도 부분에 애착하는 태도의 하나라고 볼 수 있다. 부분에 애착하는 한국인의 태도는 관능적 쾌락에만 국한된 것이 아니라, 생활의 다른 영역에 있어서도 일반적으로 나타나는 현상이다. 아마 이러한 현상은 감정이 우세한 한국인의 기질과도 관계가 있을 것이다. 감정이란 자기중심적으로 작동하기 쉬우며 전체를 두루 배려하기보다는 제한된 범위 안에 편파적으로 작용하기 쉽기 때문이다.

가족주의의 관념이 지배적이던 옛날 전통 사회에 있어서 우리 조상들에게
는, 가족 또는 가문을 자아로서 의식하는 경향이 강한 데 비하여, 국가 또는
민족 전체를 생각하는 의식은 일부의 뜻있는 사람들을 제외하고는 대체로
미약했던 것으로 보인다. 미국 문화의 영향을 크게 받게 된 20세기 후반 이
후에는 개인주의의 의식이 점차로 가족주의보다도 우세하게 되었고, 근대적
국가 의식이 어느 정도 강화되기는 하였으나, 개인에 대한 애착이 지나쳐서
이기주의로 흐르는 경향을 보였다.

개인주의가 가족주의를 능가하고 나아가서 이기주의의 방향으로 흐르는
추세를 가장 여실히 보여주는 현상으로서 전통적 '효(孝)' 사상의 붕괴를 들
수 있을 것이다. '효'는 한국 전통 윤리의 핵심을 이루어 왔으며 현재도 나이
든 세대에는 그 관념이 강하게 남아 있으나, 젊은 세대로 갈수록 현저히 쇠퇴
의 추세를 보이고 있으며, 명백한 '불효'의 사례도 도처에 허다하다. 개인주
의가 가족주의를 대신하면서 국가나 민족과 같은 더 큰 공동체에 대한 의식
이 투철하게 되었다면, 부분에 대한 애착의 경향이 줄었다고 말할 수 있을 것
이다. 그러나 우리 한국의 경우는 개인주의의 수용이 뚜렷이 근대적 국가 의
식 또는 시민 의식의 강화를 초래했다고 보기는 어렵다. 쉽게 말해서, 민주
적 개인주의보다는 이기적 개인주의의 방향으로 흐르고 있다는 인상이 강하
다.

우리들에게 시민 의식이 약하다는 것은 우리 주변의 일상적 현상에 대한
관찰만으로도 알 수 있다. 한국은 교통질서가 문란하고 교통사고가 매우 빈
번한 나라로 알려져 있는데, 이것은 나만 빨리 가면 된다는 이기심의 발로에
연유하는 불행이라 하겠다. 그런데 이기심을 운전자들만이 가진 특수한 심
리라고 보기는 어려우며, 한국 사람들이 일반적으로 가진 심성이라고 보아
야 옳을 것이다. 타인 또는 공동체의 피해를 개의치 않는 행위는 장소를 가리

지 않는 애연가나 뒤처리에 신경이 무딘 등산객에서도 흔히 발견되기 때문이다.

우리나라가 전통적으로 자랑해 온 '향토애(鄕土愛)'도 다른 지방 사람들에 대한 배타적 태도를 수반할 경우에는 부분에 대한 애착으로서의 성격을 띠게 된다. 자아에 대한 사랑이 타인에 대한 배타성을 수반하지 않을 경우에는 그것도 일종의 미덕으로 볼 수 있으나, 자아에 대한 사랑이 타인을 물리치거나 타인에 대한 피해를 개의치 않을 경우에는 이기심이라는 악덕으로서의 성격을 띠게 된다. 애향심이 미덕이 되는 것도 다른 지방 사람들에 대한 배타적 태도와 무관할 경우에만 국한되며, 타 지방에 대한 부정적 태도를 수반하게 되면 도리어 부덕에 가까운 심성에 지나지 않는다.

오랜 농경 사회의 역사를 가진 우리 한국인은, 조상들의 토지에 대한 끝없는 애착의 전통을 이어받아서, 지금도 고향에 대한 향념과 애착이 일반적으로 강하다. 그리고 이 애향심은 일종의 공동체 의식으로서의 성격을 가졌으며, 그 자체로 볼 때 긍정적으로 평가되어야 할 감정이다. 그러나 한국인의 애향심은 다른 지방 사람들에 대한 배타적 태도를 수반할 경우가 많아서, 현재는 전체보다도 부분에 애착하는 좋지 못한 심사로서의 성격이 강하다. 1987년 대통령 선거 때 나타난 지방색 내지 지역감정은 '애향심'이 부분에 대한 애착으로 전락한 전형적 사례다.

학벌을 형성하는 동창 의식, 화수회(花樹會) 등의 형태로 나타나는 가문 의식에 대해서도 비슷한 말을 할 수 있을 것이다. 한국인에게는 동창 의식과 가문 의식이 모두 강하며, 같은 학교 또는 같은 집안을 매개로 삼고 인연을 나눈 사람들이 돈독한 정을 나누는 데 그치지 않고, 끼리끼리만 뭉치고 외부에 대해서는 배타적 태도를 취하는 경우가 많다는 점에서, 역시 부분에 대한 애착의 한 유형으로 볼 수 있을 것이다.

2) 한국인의 생활 태도 무엇이 문제인가?

앞에서 우리는 한국인의 심성 내지 생활 태도의 기본적 특색으로서 세 가지 경향을 열거하였다. 우리는 이 세 가지 경향을 가치중립적 견지에서 그저 서술하는 데 그칠 수도 있을 것이나, 한국의 바람직한 미래상을 위하여 어떠한 심성 내지 생활 태도가 요구되는가를 문제 삼을 경우에는 세 가지 경향에 대한 평가가 불가피하게 된다. 이때에 그 평가 기준의 주축은 우리가 실현하고자 하는 목표로서의 내일의 한국에 대한 적합성 여부가 될 수밖에 없을 것이다.

(1) 감정의 우세의 좋은 점과 나쁜 점

한국인의 심성의 첫째 특색으로서 우리는 이지(理智)에 대한 감정의 우세를 들었다. 감정의 우세는 개인을 위해서나 사회를 위해서 좋은 결과를 가져오기도 하고 나쁜 결과를 가져오기도 하여, 그 좋고 나쁨을 일률적으로 말하기는 어렵다. 감정의 우세는 상황에 따라서 좋은 현상일 수도 있고 나쁜 현상일 수도 있는데, 대체로 말해서 옛날 농경 사회에서는 그것이 원만한 사회생활을 위해서 긍정적으로 작용하기가 쉬웠으나, 현대 산업사회에서는 도리어 부정적으로 작용할 경우가 많다.

옛날의 농경 사회를 기반으로 삼고 발달한 한국인의 감정은 주로 평화적이고 친화적(親和的)인 것이었다. 그것은 혈연 또는 지연을 가진 사람들 사이를 잇는 따뜻한 정서를 중심으로 발달했으며, 한국의 전통 사회를 인정 많은 사회로 만드는 데 크게 기여하였다. 한국의 전통 사회가 자랑하는 '미풍양속' 또는 '상부상조'의 기풍도 그 바탕을 이루는 것은 사람들의 따뜻한 인정임을 생각할 때, 감정이 우세한 한국인의 심성이 과거의 한국 사회를 위해서 기여한 바 컸다고 보아도 무리가 없음을 알 수 있을 것이다.

풍부한 감정은 예술의 발달을 위해서 유리한 역량이기도 하다. 한국은 장구한 문화의 역사를 가진 나라이며, 한국 문화에 있어서 예술이 차지하는 비중은 매우 크다. 음악과 미술, 건축과 조각 등 여러 분야에 있어서 한국은 전통 예술의 자랑스러운 유산을 많이 남겼을 뿐 아니라, 현대에 있어서도 한국은 물질문명의 악조건 속에서도 훌륭한 예술가를 다수 배출하고 있다. 이와 같이 과거와 현재에 있어서 한국이 예술의 분야에서 자랑스러운 전통을 세우고 지킬 수 있는 것은 한국인이 일반적으로 가진 풍부한 감정에 힘입은 바크다고 보아도 무리가 아닐 것이다.

한국인의 전통적 생활양식 속에서 흔히 찾아볼 수 있었던 풍류(風流) 또는 '멋'도 한국인의 풍부한 감정과 무관하지 않을 것이다. 우리의 조상들은 가난한 살림 가운데서도 노래와 춤을 즐기는 낙천성과 풍류와 멋을 탐구하는 마음의 여유를 보였는데, 물질적 빈곤 속에서 보여준 정신적 여백은 우리 조상들의 풍부한 감정과 그 바탕에 깔린 왕성한 생명력의 덕분이라고 생각된다.

그러나 농경 사회가 산업사회로 바뀌는 급격한 변화의 과정에서 한국은 전통 사회가 경험하지 않았던 새로운 문제들에 부딪치게 되었고, 이 새로운 문제들 앞에서 감정이 우세한 우리들의 기질이 도리어 부정적으로 작용하는 경우가 많이 생기게 되었다. 풍부한 감정 그 자체에 문제가 있다기보다는 이와 균형을 이룰 수 있을 정도의 높은 지성의 준비가 없음으로 인하여 우리는 새로운 문제들에 슬기롭게 대처하지 못하는 경우가 많다고 보는 것이 타당할 것이다.

현대사회에 있어서 인간이 부딪치는 문제들 가운데서 가장 큰 비중을 차지하는 것은 인간과 인간 사이에 일어나는 갈등의 문제라고 생각된다. 인간과 인간의 만남에서 오는 갈등의 문제는 어느 시대 어느 사회를 막론하고 일어나는 일반적 현상이나, 현대 산업사회에서는 옛날 전통 사회가 경험한 것보다도 훨씬 규모가 크고 내용이 복잡한 문제가 일어나고 있다. 예컨대, 오늘날 우리에게 심각한 문제로서 다가오고 있는 계층간의 갈등, 세대간의 갈등, 지역간의 갈등 따위는 옛날 전통 사회에는 별로 없었던 문제이며, 옛날 사람들이 경험했던 갈등보다도 규모가 크고 내용도 복잡한 문제로서의 성격을 띠고 있다.

　농경시대의 우리 조상들이 경험했던 갈등은 혈연 또는 지연으로 연결된 좁은 범위의 사람들 사이에서 주로 일어났다. 인구의 이동이 적고 자급자족의 생활에 의존했던 농경 사회에서는 먼 곳 사람들과 이해관계나 감정이 얽힐 사유가 별로 없었던 까닭에, 사회적 갈등도 일상적 접촉이 많은 좁은 범위 안에서 일어났던 것이다. 서로 면식이 있거나 교분이 있는 사람들 사이에서 생긴 갈등이었던 까닭에, 전통 사회에서는 감정의 우세가 문제 해결에 도움이 되었을 경우가 많았을 것으로 추측된다. 왜냐하면, 혈연 또는 지연의 유대를 통하여 평소에 가깝게 지내던 사람들 사이에는 두터운 정의(情誼)가 생기기 마련이고, 그들 사이에 생긴 갈등은 이미 형성되어 있는 정의에 호소함으로써 완화 내지 해결하기가 비교적 쉽기 때문이다. 집안 또는 같은 마을 사람들 사이에서 생긴 갈등은 집안 어른 또는 마을 어른의 설득과 중재로 해결되는 경우가 많은데, 집안 어른 또는 마을 어른의 설득과 중재가 권위를 발휘할 수 있는 것도 어른들에 대한 존경의 감정이 일반에게 있었기 때문이다.

　현대 산업사회에서 일어나는 사회적 갈등의 경우는 옛날의 그것과 사정이 크게 다르다. 사람들의 이해관계가 얽히는 범위가 옛날과는 비교조차 어려울 정도로 크게 늘어났기 때문에 면식이 전혀 없는 아주 먼 사람들 사이에도 갈등이 생기고, 개인주의가 일반화됨에 따라서 사람들 각자의 개인적 자아의식과 권리 의식이 강해졌기 때문에 옛날에는 별로 문제가 되지 않았던 일들이 새로운 갈등의 원인으로 작용하게 되었다. 그뿐만 아니라, 면식이 없는 먼 사람들 사이에는 평소에 축적된 정의(情誼)의 준비가 없으며, 가까운 사람들 사이에도 옛날 농경 사회에서와 같은 순박한 인정을 찾아보기 어렵게 되었다. 그리고 개인 또는 집단 사이의 갈등을 설득이나 중재로써 해결할 수 있는 존경받고 권위 있는 '어른'이나 원로의 존재도 귀하게 되었다.

이러한 상황에서는 감정의 우세가 갈등 해결을 위해서 크게 도움을 주기는 어렵다. 생활 경쟁이 치열한 현대사회의 각박한 분위기 속에서는 친화(親和)를 조장하는 따뜻한 정서보다도 분노나 혐오와 같은 적대적 감정이 발동하기 쉽기 때문에, 감정의 우세가 도리어 인간적 갈등을 가속화할 경우도 적지 않다. 그리고 오늘의 사회적 갈등은, 많은 경우에 '온정(溫情)' 또는 '관용'을 베푸는 따위의 감정적 처리를 슬기롭게 함으로써 해결이 가능한 그러한 성질의 것이 아니라, '공정(公正)' 또는 '합리성'의 원리를 전제로 한 지성적 대화를 통해서 해결을 도모함이 바람직한 그러한 유형의 것들이다. 예컨대, 근로자와 사용자 사이의 갈등은 사용자의 온정에 호소하거나 근로자의 애사심에 호소함으로써 해결될 문제가 아니라, 현실에 대한 냉철한 인식과 공정하고 합리적인 해결을 추구하는 지성적 대화에 의거해야 할 성질의 문제다. 그리고 이데올로기의 대립에서 오는 갈등의 문제도 감정이나 정서의 힘으로는 다룰 길이 없는 문제이며, 이론적 탐구를 통하여 해결을 모색할 수밖에 없는 문제다. 이와 같이 냉철한 지성을 동원하여 사리(事理)를 따라서 해결해야 할 문제들과 만나고 있는 상황에서 감정이 앞서게 되면 합리적 해결의 길에 방해가 되기 쉽다.

합리적 해결의 길보다도 더 높고 큰 길을 생각할 수 없다는 것은 아니다. 개인적 자아를 초월하여 나를 사랑하듯이 모든 사람들을 한결같이 사랑하는 대아(大我)의 경지에 도달할 수 있다면, 그것이 가장 바람직한 길임에 틀림이 없다. 그러나 현대의 가치 풍토 안에서 소아(小我)를 초탈한 인물들이 떼를 지어서 나타나기를 기대하기는 어려운 일이며, 어쩌다 예외적인 인물이 하나둘 나타난다 하더라도 그 소수의 힘만으로 현대사회의 갈등의 문제를 전체적으로 해결하기는 어려울 것이다. 가장 크고 높은 길이 '사랑'이라는 정(情)의 길임을 부인하자는 것이 아니라, 그 길이 우리네 보통 사람들에게는 너무나 아득한 길인 까닭에, 여기서는 차선(次善)의 길로서 합리성의 길을 옹호하고자 하는 것이다.

(2) 외면적 가치 선호의 문제점

한국인의 생활 태도의 둘째 특색으로서 우리는 '외면적 가치의 선호'를 거론하였다. 재물과 권력 또는 향락 따위의 외면적 가치가 삶에 있어서 소중한 것임에 의심의 여지가 없으며, 외면적 가치의 획득을 위해서 노력하는 태도는 그 자체로 볼 때 건전한 생활 태도라고 보아야 할 것이다. 그러나 내면적 가치와 외면적 가치가 경합했을 때 전자를 포기하고 후자를 선호하는 태도에는 근본적인 문제가 있다고 생각된다. 우리는 그 문제점을 두 가지로 나누어서 지적할 수 있을 것이다.

첫째로, 가치론적 견지에서 볼 때 내면적 가치가 외면적 가치보다도 높은 자리를 차지해야 마땅한 가치다. 그런데 높은 자리를 차지해야 할 가치를 낮은 위치로 끌어내리는 것은 가치 서열의 뒤바뀜을 의미하며, 가치 서열의 뒤바뀜은 가치 체계의 혼란을 의미할 뿐 아니라 사회 현실에도 혼란을 가져온다. 해방 이후에 우리나라는 정치와 경제 및 사회 일반에 있어서 많은 혼란을 겪었으며, 이들 혼란의 원인 가운데서 가치관의 혼란이 차지하는 비중은 매우 크다고 보아야 할 것이다. 그릇된 가치관은 그릇된 행위를 낳고 많은 사람들의 그릇된 행위는 사회의 혼란을 불가피하게 한다.

내면적 가치가 외면적 가치보다 높은 자리를 차지해야 한다는 것을 논리적으로 밝히기는 그리 쉬운 일이 아니다. 그러나 우리는 가치 비교를 위한 몇 가지 척도를 생각할 수 있으며, 그 척도로써 내면적 가치의 세계가 외면적 가치의 그것보다 우위를 차지해야 마땅하다는 것을 거시적으로 밝힐 수는 있을 것이다.

가치 비교의 척도로서 첫째로 생각할 수 있는 것은 가치의 '지속성', 즉 수명이다. 가치에는 수명이 오래 지속하는 것도 있고 짧은 것도 있다. 대체로 말해서 내면적 가치는 수명이 오래 가는 데 비하여 외면적 가치는 수명이 짧다. 그런데 다른 조건이 같을 경우에는 수명이 긴 가치가 짧은 가치보다 더 바람직하다고 보는 것이 사리에 맞을 것이다. 여기서 우리는 '지속성'이라는 척도로 비교할 때, 내면적 가치가 외면적 가치보다 높은 자리를 차지해야 마땅하다는 결론을 얻게 된다.

내면적 가치가 대체로 외면적 가치보다 수명이 길다는 것을 우리는 구체적인 예를 통하여 알 수 있을 것이다. 예술은 내면적 가치를 가진 것의 대표적인 예라고 볼 수 있으며, 예술의 수명이 길다는 것은 세상이 인정하는 상식이다. '한국미술 오천년전'이라는 전시회가 가능했던 것은 미술의 생명이 5천 년 이상 지속될 수 있다는 증거이며, 『일리아스』 또는 『오디세이아』가 기원전 9세기에 쓰인 서사시라는 것을 인정한다면 문학의 걸작이 3천 년 가까운 장수를 누린 사례가 있다는 것을 의미한다. 사상도 내면적 가치를 가진 것의 대표적 사례이며, 2천 5백여 년 전에 살았던 공자나 석가모니의 사상이 오늘도 엄연히 살아 있다는 사실을 의심하는 사람은 적을 것이다.

그러나 외면적 가치를 가진 것 가운데는 백 년의 수명을 누린 사례를 제시하기도 쉬운 일이 아니다. 외면적 가치 가운데서 비교적 수명이 긴 것으로서 금력(金力)을 생각할 수 있으나, "부자 삼대 가기 어렵다."는 속담이 말해 주듯이 그것도 백 년을 유지하기는 매우 어렵다. 권력이나 지위는 금력보다도 더욱 무상하고, 관능적 쾌락은 권력이나 지위보다도 더욱 일시적이다.

가치 비교의 척도로서 둘째로 생각할 수 있는 것은 비교의 대상이 된 값진 것이 사람들에게 미칠 수 있는 '혜택의 크기'다. 무릇 값진 것은 사람들에게 혜택을 줄 수 있는 힘을 가지고 있으며, 어떤 것은 많은 사람들에게 큰 혜택을 나누어 줄 수 있고, 다른 어떤 것은 오직 소수에게만 혜택을 베풀 수가 있다. 대체로 말해서 내면적 가치는 많은 사람들에게 큰 혜택을 줄 수가 있는데 비하여 외면적 가치는 오직 소수에게만 혜택을 줄 수 있다.

내면적 가치가 많은 사람들에게 큰 혜택을 줄 수 있다는 것은, 그것을 여럿이 나누어 가져도 각자의 몫이 소수가 그것을 독과점할 경우보다도 별로 줄지 않는다는 사실로써 명백하게 알 수가 있다. 종교를 믿는 사람들은 자기들이 믿는 종교 사상을 다른 사람들에게도 믿으라고 권유하는데, 종교 사상을 아낌없이 타인에게 나누어 주기를 애쓰는 것은 종교 사상이라는 내면적 가치가 여럿이 나누어 가져도 그 혜택이 독과점의 경우보다 줄지 않기 때문이다. 종교 사상뿐 아니라 모든 사상은 아무리 여럿이 나누어 가져도 각자의 몫이 줄지 않는다. 우리는 음악이 가진 내면적 가치에 대해서도 같은 주장을 할 수가 있을 것이다. 좋은 음악을 혼자 독점해서 듣는 경우와 여러 애호가들과 함께 듣는 경우를 비교할 때, 혼자 듣는 편이 월등하게 그 감흥이 더 크리라고는 생각되지 않는다. 내면적 가치 가운데는 타인에게 나누어 주기가 용이하지 않은 것도 없지 않으나, 나누어 줄 수 있는 경우에는 그 나눔에 참여하는 사람의 수가 는다 하더라도 각자의 몫이 별로 줄지 않는다.

그러나 외면적 가치의 경우는 사정이 크게 다르다. 재물이나 권력은 그 혜택을 입을 수 있는 범위가 국한되어 있으며, 여러 사람들이 나누어 가질수록 각자의 몫은 반비례적으로 줄어드는 경향이 있다. 관능적 쾌락의 경우도 어떤 물질을 수단으로 삼아야 얻을 수 있는 까닭에, 여러 사람들이 나누어 갖기에 어려움이 따른다.

대체로 말해서, 내면적 가치는 여러 사람들에게 큰 혜택을 나누어 줄 수가 있는 반면에, 외면적 가치는 오직 소수만이 그 혜택을 즐길 수 있다. 다른 사정이 같다면 되도록 많은 사람들에게 큰 혜택을 나누어 줄 수 있는 내면적 가치가 높은 자리를 차지하는 것이 마땅할 것이다.

가치 비교의 척도로서 셋째로 생각할 수 있는 것은 가치의 '목적성'과 '수단성'이다. 가치에는 그 자체가 목적으로서의 성격이 강한 것도 있고 다른 무엇을 위한 수단으로서의 성격이 강한 것도 있다. 예컨대 의술과 약품은 생명과 건강을 위해서 필요한 수단으로서 중요한 것이나, 생명과 건강은 그 자체가 소중한 목적으로서의 성격이 강하다. 또 교양이 담긴 책은 인격의 성장을 위해서 도움이 되는 수단으로서 중요하나, 인격은 그 자체가 소중한 삶의 목적이다. 그 자체가 목적인 가치를 '목적적 가치'라고 부르고 수단으로서 소중한 가치를 '수단적 가치'라고 부른다면, 전체로 볼 때 목적적 가치들이 갖는 가치의 총화는 수단적 가치들이 갖는 가치의 총화보다 크다고 보아야 할 것이다. 의약(醫藥)의 가치는 생명의 가치에 종속한다고 보아야 하며, 교양서의 가치는 교양 내지 인격의 가치에 종속된다고 보아야 하므로, 생명의 가치와 인격의 가치를 합한 것은 의약의 가치와 교양서의 가치를 합한 것보다 크다고 보아야 마땅하다. 여기서 한 가지 분명한 것은 목적과 수단의 관계를 가진 두 사물 각자의 가치는 전자가 후자보다 크다는 것과, 수단의 가치로서의 성격이 강한 것이 삶에서 최고의 목표는 될 수 없다는 사실이다.

앞에서 외면적 가치의 대표적인 것으로 예시한 금력과 권력 그리고 지위는 본래 수단으로서의 성격이 강하며, 관능적 쾌락은 그 자체가 목적이 될 수도 있으나 쾌락을 위한 쾌락의 추구보다는 다음의 활동을 위한 기분 전환 내지 활력 충전의 수단으로서 잠시 즐기는 태도가 바람직하다. 다시 말해서 외면적 가치 가운데는 그 자체를 목적으로 삼을 만한 것이 거의 없다.[19]

한편 내면적 가치를 가진 것의 대표적인 것들, 예컨대 훌륭한 인격, 심오한 학문 또는 사상, 탁월한 예술, 건강과 체력 등은 다른 무엇을 위한 수단으로서 활용될 수도 있으나, 단순한 수단에 그치는 것이 아니라 그 자체가 소중한 목적으로서의 성격이 강하다. 인격을 단순한 수단으로서 대접하지 말라는 것은 칸트가 강조한 가르침이며, 사람의 육체도 단순한 수단으로서 이용할 성질의 것이 아니라고 보는 것이 우리들의 상식이다. 학문과 사상 또는 예술도 그 자체가 목적으로서의 성격을 지니고 있다. 학문과 사상 또는 예술이 인간 사회의 어떤 목적을 위한 수단으로 활용될 수가 있고 또 그것은 당연한 일이기도 하나, 그것들은 단순한 수단으로서의 가치를 갖는 데 그치는 것이 아니라, 그 자체가 목적으로서의 일면을 아울러 가지고 있다. 심오한 사상이나 탁월한 예술은 그것들이 사회에 미치는 영향을 떠나서 그 자체만으로도 귀중한 것이다.

이상의 고찰로써 우리는 전체로서의 내면적 가치의 세계가 전체로서의 외면적 가치의 세계보다 높은 자리를 차지해야 한다는 결론을 내릴 수 있을 것이다. 그리고 삶의 최고의 목적으로서의 중요성을 갖는 것은 어떤 내면적 가치일 수밖에 없으며, 단순한 수단으로서의 성격이 강한 외면적 가치 가운데는 삶의 최고의 목적으로서 마땅한 것이 있을 수 없다는 것도 명백하다.

가치 비교의 척도로서 넷째로 생각할 수 있는 것은 가치 있는 것을 소유한 사람이 느끼는 만족의 강도(强度)다. 재물, 권력, 쾌락, 건강, 학식 등 가치 있는 것들은 그것들을 소유한 사람에게 만족을 느끼게 하며, 이때 느끼는 만족감은 소유된 대상에 따라서 차이가 있다. 다른 조건이 같을 경우에는, 사람에게 주는 만족감의 강도가 높은 것의 가치를 그 강도가 낮은 것의 가치보다 크다고 보는 것이 사리에 맞을 것이다.

만족의 강도가 매우 높은 것의 예로는 관능적 쾌락을 들 수 있을 것이다.

---

19 쾌락 그 자체를 목적으로 추구하는 것은 쾌락주의자의 태도다. 관능의 쾌락 그 자체의 극대화를 최고의 선(善)으로 여기고 그것을 삶의 목표로 삼을 경우에 도리어 쾌락에 반대되는 고통을 얻게 된다는 것을 일찍이 강조한 것은 그리스의 철학자 에피쿠로스였으며, 에피쿠로스가 발견한 이 모순을 심리학에서는 '쾌락주의의 역리(逆理)'라고 부른다. 쾌락을 위한 쾌락의 추구가 아니라 다음의 활동을 위한 기분 전환 내지 활력 충전의 수단으로 잠시 즐기는 태도의 대표적인 것이 바로 '레크리에이션'이다.

권력이나 재물도 그것을 획득한 사람에게 강한 만족감을 준다. 대체로 말해서 만족감의 강도에 관해서는 외면적 가치가 내면적 가치보다도 높은 자리를 차지한다고 보아야 할 것이다. 어떤 외면적 가치와 내면적 가치 가운데서 하나만을 선택해야 할 상황에서 전자를 선택하는 사람들이 많은 것은, 주로 외면적 가치가 줄 수 있는 만족의 강도가 높기 때문일 것이다. 따라서 '만족감의 강도'라는 척도로 잴 경우에는 외면적 가치가 내면적 가치보다도 높은 자리에 위치한다고 보아야 한다.

이상에서 우리는 가치 비교의 척도로서 네 가지를 생각해 보았는데, '만족감의 강도'의 척도를 제외한 다른 세 가지 척도는 한결같이 내면적 가치의 우위를 판정하는 것으로 나타났다. 다만 '만족감의 강도'만은 외면적 가치의 우위를 가리킨다는 사실이 우리의 문제를 좀 복잡하게 만들고 있으나, 이 네 번째 척도의 권위가 다른 세 가지 척도의 권위를 합친 것보다도 높다고 보기는 어려울 것이다.

페리(R. B. Perry)는 가치 비교의 척도로서 '관심의 포괄성(inclusiveness of interest)'과 '선호도(preference)' 및 '강도(intensity)'를 제시하고 있다. 그는 이 가운데서 '포괄성'을 가장 권위가 높은 척도로 인정하고 '강도'는 세 가지 가운데서 우선순위가 가장 낮다고 주장하였다. '포괄성'을 '강도'보다 우선순위가 높은 척도라고 주장하는 이유를 페리는 명백하게 밝히지 못하고 있으나, 강도가 높은 일시적 만족보다는 포괄성이 넓고 오래 지속하는 만족을 더욱 바람직하다고 보는 것이 우리들의 일반적 직관이다.[20]

외면적 가치를 내면적 가치보다 선호하는 가치관 내지 생활 태도의 또 하

---

20 R. B. Perry, *General Theory of Value*, Harvard University Press, 1954, pp.615–617, pp.657–658 참조.

나의 문제점은, 외면적 가치는 대체로 경쟁성이 매우 강하므로 외면적 가치를 강력하게 추구하는 가치 풍토 속에서는 사회적 협동이 어렵다는 사실에서 발견된다. 금력이나 권력 따위의 외면적 가치를 서로 얻고자 할 경우에는 사람들은 치열한 사회 경쟁의 소용돌이 속으로 휘말리게 되며, 치열한 경쟁의 상황 속에 던져진 사람들은 이해관계가 상반되는 까닭에 협동하기가 어려운 것이다.

(3) 이기주의의 자기모순

한국인의 생활 태도의 세 번째 특색으로 우리는 지나친 자기중심적 태도, 즉 '이기성'을 거론하였다. 자기 보호의 본능은 동물의 세계가 공통으로 가지고 있는 일반적 현상임을 감안할 때, 인간의 이기성도 하나의 자연현상으로서 받아들여야 한다는 주장도 생각할 수 있다. 그러나 이기적 태도에 대해서 우리가 즉각적으로 느끼는 도덕적 비난의 감정을 논외로 하더라도, 배타적 이기주의가 바람직한 삶의 길이 아님을 밝히기는 어렵지 않을 것이다. 이기주의를 보편적 원리로서 받아들일 때 우리는 '이기주의의 역리(逆理)'라는 자기모순에 빠지기 때문이다. (여기서 우리가 말하는 '이기주의'란 타인의 권익이나 공동체를 돌보지 않고 나의 이익만을 추구하는 좁은 의미의 이기적 생활 태도를 가리킨다.)

이기적 태도가 올바른 삶의 태도라면, 나의 이기적 태도뿐 아니라 모든 사람들의 이기적 태도를 옳다고 인정해야 할 것이다. 나에게만 이기적 태도를 허용하고 타인에게는 그것을 허용하지 않는 것은 논리의 일관성의 원리에 어긋난다. 그러나 세상 사람들의 전부 또는 대부분이 타인의 권익을 무시하고 자기의 이익만을 추구한다면, 서로가 서로를 방해하게 되어 긴 안목으로 볼 때 모든 사람들 또는 대부분의 사람들이 필경은 뜻을 이루지 못하고 마는 결과에 이를 가능성이 크다. 이것은 이기적 태도가 결과적으로 불이익을 초래함을 의미하는 것이니, 일종의 자기모순이 아닐 수 없다. 어떤 실천의 원리가 타당성을 갖기 위해서는 그 원리를 따랐을 때 그 원리의 실천적 목적에 도달할 수 있는 가능성이 커야 한다. 그런데 이기주의는 타인과 공동체에 피해를 줄 가능성이 클 뿐 아니라 자기 자신에게도 불이익을 초래할 개연성이 높으므로 타당성을 가진 삶의 길이 되기 어려운 것이다.

4. 미래 한국의 발전 방향과 그것이 요구하는 한국인의 가치관

1) 미래 한국의 발전 방향

역사의 흐름은 개인의 의사를 초월하여 그 자체의 법칙을 따라서 방향이 결정되는 일면을 가졌다. 사람들의 의사도 그들의 안과 밖의 여러 조건들에 의하여 결정된다는 필연론(必然論)이 옳다면, 인간의 역사 밖에 시점을 두고 바라볼 때 역사의 발전 방향은 필연적으로 결정될 따름일 것이다. 그러나 인간 안에 시점을 두고 볼 때 인간의 의지는 자유이며, 역사 안에 사는 주인공으로서의 인간의 시각에서 바라볼 때, 역사의 흐름은 인간 스스로 방향을 잡아야 할 노력의 대상이다. 미래 한국의 모든 분야를 우리가 원하는 대로 설계할 수는 없을 것이나, 여러 가지 객관적 여건을 고려하여 바람직한 방향으로 한국의 내일을 구상할 수는 있을 것이며, 또 마땅히 그렇게 해야 할 것이다.

우리 모두의 공통된 소망은 만족스럽고 보람된 삶을 갖는 일이다. 따라서 미래 한국의 바람직한 방향은 모든 한국인이 만족스럽고 보람된 삶을 갖기에 적합한 사회로 접근하는 것을 목표로 삼는 그것일 수밖에 없다.

만족스럽고 보람된 삶에 대한 소망은 모든 사람들에게 공통된 것이며, 이 소망의 달성을 추구함에 있어서 모든 개인은 동등한 권리를 가졌다고 보아야 한다. 바꾸어 말하면 만족스럽고 보람된 삶에 대한 소망이 우선적으로 달성되어야 할 특권을 가진 사람들이 따로 있다고 보기 어려우며, 모든 사람들은 동등한 권리를 가지고 저 소망의 달성을 추구할 자격을 가졌다고 보아야 한다. 따라서 정치, 경제, 교육 등 여러 가지 제도가 바람직한 것으로서 평가될 수 있기 위해서는, 그것들이 만족스럽고 보람된 삶을 추구할 수 있는 기회를 모든 사람들에게 균등하게 주는 제도라야 할 것이다.

'만족스럽고 보람된 삶'의 내용은 각자의 인생 설계를 따라서 차이가 있을 것이다. 그러므로 바람직한 제도가 해야 할 일은 모든 사람들에게 동일한 혜택을 공급하는 일이라기보다는 각자가 자신에게 맞는 삶을 설계하고 그 설계를 실천에 옮기기에 적합한 조건을 모든 사람들에게 고루 마련해 주는 일이라고 보아야 한다. 다시 말해서, 보람된 삶을 만드는 일은 각자의 책임이며, 정치와 경제 또는 교육 등 여러 제도가 해야 할 일은 보람된 삶의 구성요소를 국민에게 직접 공급하는 데 있는 것이 아니라 국민 각자가 자신의 삶을 보람된 것으로 꾸미기에 적합한 조건을 제공하는 데 있다. 그 적합한 조건을 모든 국민에게 충분히 제공하기는 사실상 어려운 일이므로, 현실적으로 가능한 일을 목표로 삼을 수밖에 없으며, 여기서 전체가 부족한 총량을 어떻게 나누는 것이 가장 공정하냐 하는 원칙의 문제와 만나게 된다.

그가 세운 인생 설계가 어떠한 종류의 것이든, 한 개인이 만족스럽고 보람된 삶을 누리기 위해서는 ① 인생 설계를 실천할 수 있는 활동의 자유와 ② 기본 생활과 건강을 유지하기에 필요한 경제력, 그리고 ③ 타고난 소질을 연마하여 발전시키기에 필요한 교육의 기회를 가져야 한다. 이 세 가지는 넉넉하게 가질수록 만족스러운 삶을 영위하기에 유리하므로 누구나 되도록 많이 갖기를 원하는 경향이 있다. 그러나 세 가지 가운데 어느 것도 사람들이 원하는 대로 제한 없이 허용할 수는 없는 것이 우리 사회의 현실이다. 따라서 저 세 가지를 국민 전체가 가짐에 있어서 어떤 제한이 불가피하게 되며, 이 제한에 불공평함이 없도록 하는 것이 바람직한 제도가 수행해야 할 중대한 과제가 된다.

첫째로, 자유의 문제부터 생각해 보기로 하자. '자유'라는 것은 물량적(物量的) 존재가 아닌 까닭에 엄밀한 의미에 있어서 분배의 대상은 아니다. 그러나 무제한의 자유, 즉 방종(放縱)이 사회의 성립을 어렵게 한다는 사실이 자유도 재산이나 기회와 마찬가지로 분배의 대상이 되는 기본적 가치의 하나로 만들었다. 이 '자유'라는 기본적 가치는 원칙적으로 국민 모두가 평등하게 나누어 가져야 옳다고 보는 것이 모든 민주주의자들의 공통된 신념이다. 자유의 차등을 정당화할 만한 특별한 이유가 없는 한, 모든 사람들이 동등한 자유를 누릴 천부의 권리를 가졌다고 보아야 한다.

특별한 이유가 있을 경우에만 자유의 차등을 허용하되 이 차등의 허용이 공정하기 위해서는 자유의 차등 허용의 조건을 법으로 정해야 하며, 그 법이 모든 국민에게 차별 없이 적용되어야 한다. 요컨대, 개인의 자유를 가능한 범위 안에서 최대한으로 허용하는 것을 원칙으로 삼되, 국민 모두를 위해서 필요한 경우에는 자유의 제한이 정당화될 수 있다. 다만 이 자유의 제한은 만인에게 고루 가해져야 하며, 법에 명시된 정당한 이유 없이 자유를 많이 누리는 사람과 적게 누리는 사람이 있어서는 안 된다.

둘째로 생각해야 할 것은 기본 생활과 건강을 보장하기에 필요한 경제력을 분배하는 문제다. 우리가 자유민주주의의 체제를 하나의 주어진 현실로서 받아들일 때 소유의 차등과 소득의 차등도 불가피한 것으로 인정하게 된다. 그러나 모든 사람에게 인간으로서 살 권리가 있다고 보는 우리들의 신념은, 적어도 기본 생활과 건강을 유지하기에 필요한 경제력만은 모든 사람에게 우선적으로 마련해 줄 것을 요구한다. 물론 한 나라의 총생산이 그 나라 국민 전체의 기본 생활을 보장하기에 어려움이 있을 정도로 가난한 나라의 경우에는 저 요구를 만족시키는 것이 사실상 불가능할 것이다. 그러나 오늘의 한국 경제의 실정은 기본 생활과 건강을 유지하기에 필요한 재화만은 모든 국민에게 마련해 주는 것을 목표로 삼을 수 있는 단계에 이르렀다고 생각된다.

여기서 '기본 생활'이란 모호한 개념이며, 어느 정도의 생활을 기본 생활이라고 보아야 하느냐 하는 것은 논란의 여지가 있는 물음이다. 다만 한 가지 분명한 것은 '기본 생활'의 기준이 모든 나라의 경우에 일정하다고 보기는 어려우며, 각 나라마다의 현실적 여건을 따라서 그 기준이 높을 수도 있고 낮을 수도 있다는 사실이다. 대체로 말해서, 정상적인 성격을 가진 보통 사람으로서 크게 자존심을 상하지 않고 사회생활을 할 수 있을 정도의 경제력을 기본 생활의 필요조건이라고 볼 수 있을 것이다.

상식적 수준의 기본 생활과 건강을 유지하기에 부족함이 없을 정도의 물질 생활을 한다 하더라도 다른 사람들이 지나치게 풍요롭고 사치스러운 생활을 할 경우에는 이른바 '상대적 빈곤감'으로 인하여 자존심이 상할 염려가 크다. 따라서 내일의 한국은 되도록 빈부의 격차가 작은 것이 바람직하며, 중산층이 인구의 대부분을 차지하는 균형된 사회로 발전하는 것을 목표로 삼아야 할 것이다.

우리가 셋째로 생각해야 할 문제는 자아실현을 위한 교육의 기회를 마련하는 문제다. 보람된 삶을 위해서 가장 중요한 것은 타고난 소질을 연마함으로써 떳떳한 자아로 성장하는 일이며, 자아의 성장을 위해서는 적합한 교육의 기회가 주어져야 한다. 모든 국민에게 각각 타고난 소질을 충분히 발휘할 수 있도록 교육의 기회를 마련해 주는 것이 이상적이나, 그것은 현실적으로는 불가능에 가까운 일이다. 그러므로 최상의 길은 우리가 마련할 수 있는 교육의 기회를 모든 사람들에게 공정하게 나누어 주는 것이다.

교육의 기회를 공정하게 나누어 준다 함은 적성을 따라서 교육을 받을 수 있도록 배려함을 의미하며, 구체적으로는 공정한 자유경쟁의 방법에 의하여 교육의 기회를 배정함을 가리킨다. 경제력이 승패를 크게 좌우하는 조건이 되는 경쟁은 공정한 자유경쟁이 아니며, 소질과 노력을 따라서 승패의 판가름이 나는 경쟁이 공정한 자유경쟁이다.

재능이 탁월하고 노력도 남보다 더 하여 배움에 적합한 심적 준비는 갖추었으나 돈이 없어서 교육을 받을 기회를 얻지 못한다면, 교육의 기회가 공정하게 분배되었다고 보기 어렵다. 탁월한 능력을 가진 사람에게 교육의 기회가 우선적으로 주어질 수 있도록 장학제도를 충실하게 마련하는 것도 교육기회의 균등을 위해서 매우 중요한 일이다.

2) 내일의 한국이 요구하는 생활 태도의 기본

내일의 한국이 바람직한 방향으로 발전하기 위해서는 우리들의 생활 태도가 그 방향에 적합해야 할 것이다. 우리의 생활 태도를 미래 한국의 바람직한 발전 방향에 적합하도록 하기 위해서는, 3절 2)에서 지적한 한국인의 생활 태도의 문제점을 바로잡는 일이 가장 중요할 것이다.

첫째로, 이지(理智)보다도 감정이 우세한 생활 태도가 갖는 단점을 보완해야 할 것이다. 이 단점을 보완하되 우리들의 뜨거운 감정을 순화하기에 충분할 정도로 지성적 태도를 강화하는 방향으로 고쳐야 할 것이다. 우리에게 풍부한 원초적 감정을 이지의 힘으로 다듬어서 한 차원 높은 정서로 승화시키는 방향으로 우리의 심성을 기르고, 그렇게 길러진 심성에 바탕한 지성적 태도로써 우리들의 문제에 대처해야 할 것이다.

지성적 태도의 첫째 핵심은 공정성(公正性)이다. 자기중심적 태도를 극복하고 남의 권익과 남의 인격을 나의 그것과 한가지로 존중하며 남의 몫은 남에게로 돌려주는 공정성은 지성적 태도의 기본이며, 정의로운 사회의 실현을 위해서 요구되는 마음가짐의 바탕이다.

지성적 태도의 둘째 핵심은 사실을 사실대로 파악하는 객관성이다. 엄연한 사실을 은폐하거나 유리한 사실을 사실 이상으로 과장하는 것은 지성적 태도가 아니다. 일부의 사실을 전부의 사실인 양 확대해석하는 것은 지성적 태도가 아니며, 확실하지 않은 것을 확실한 것처럼 단정하는 것도 지성적 태도가 아니다. 사실을 사실대로 정확하게 파악하는 객관적 인식은 우리가 문제에 슬기롭게 대처하기 위해서 요구되는 바람직한 출발점이다.

지성적 태도의 셋째 핵심은 거시적(巨視的) 안목, 즉 원대한 시야를 갖는 일이다. 시간적으로나 공간적으로나 가까운 곳만을 보는 것은 지성적 태도가 아니며 좁은 시야에 국한되어 눈앞의 이익에만 집착하는 것도 지성적 태도가 아니다. 먼 지역과 먼 장래까지도 고려하고 문제의 상황을 여러 각도에서 조명하는 거시적 안목은 공정하고 슬기로운 판단을 위한 전제 조건이다. 거시적 안목으로 세상을 바라볼 때 이기적 소아(小我)의 작은 껍질을 벗어나서 사회 공동체 안에 큰 자아를 발견하는 눈이 열린다.

지성적 태도의 넷째 핵심은 사고의 유연성이다. 자기의 생각만을 절대로 옳다고 고집하며 남의 의견을 받아들이지 않는 것은 지성적 태도가 아니다. 나와 반대의 견지를 취하는 남의 말에 귀를 기울이고 남의 주장의 옳은 점을 받아들여서 나의 생각의 그릇된 점을 시정하는 사고의 유연성은 나와 남이 함께하는 사회생활을 슬기롭게 영위하기에 필요한 마음가짐일 뿐 아니라 나 자신의 성장을 위해서도 크게 도움이 되는 심성이다.

지성적 태도의 다섯째 핵심은 옳게 살고자 하는 도덕적 의지다. 옳음(義)을 버리고 이로움(利)을 좇는 것은 지성적 태도가 아니다. '지식인'과 구별해서 '지성인'이라고 말할 때, 우리는 단순히 많은 것을 알 뿐만 아니라 앎을 따라서 올바르게 살고자 하는 도덕적 의지도 아울러 가진 사람을 가리킨다. 진정한 지성인이란 단순하게 합리성만 강한 사람이 아니라 높은 이지와 깊은 정서의 조화를 이룩한 원숙한 경지의 인물을 일컫는다.

둘째로, 내면적 가치보다도 외면적 가치를 선호하는 생활 태도를 바로잡아 내면적 가치의 우위를 회복하도록 노력해야 할 것이다. 외면적 가치를 부정적으로 보는 비현실적 태도를 권장하자는 것은 아니다. 외면적 가치에 속하는 것들도 모두 삶을 위해서 소중한 것임에 틀림이 없다. 외면적 가치의 힘을 빌리지 않고서는 어떠한 내면적 가치도 크게 달성하기 어렵다. 그러나 어떠한 외면적 가치도 그 자체가 삶의 궁극목적이 되기엔 충분하지 못하며, 누구에게나 삶의 궁극목적만은 어떤 내면적 가치의 실현에 두는 것이 바람직하다.

모든 사람들에게 위대한 과학자나 사상가 또는 예술가가 될 것을 삶의 목적으로 삼으라고 권고하는 것은 아니다. 훌륭한 아버지나 어머니가 되어 자녀를 슬기로운 인격으로 키우는 것도 내면적 가치를 실현하는 일이며, 이웃을 위해서 다정한 친구가 되어 우정의 꽃을 피우는 것도 내면적 가치를 실현하는 길이다. 맡은 바 직업에 충실하여 분수를 따라서 사회에 이바지하고 여가를 이용하여 독서나 음악을 즐기는 것도 내면적 가치를 실현하는 길이다. 사람은 누구나 크든 작든 어떤 가능성을 가지고 있기 마련이며, 그 가능성을 발휘하여 사회를 위해서 보태는 바 있는 인격으로 성장하게 되면 그것만으로도 내면적 가치를 실현하는 삶이 된다.

그러나 일반이 외면적 가치를 추구하기에 여념이 없는 가치 풍토 속에서 어떤 개인이 혼자의 결심만으로 내면적 가치에 우위를 둔 삶을 살기는 쉬운 일이 아니다. 사회 전체가 내면적 가치를 높이 대접하는 방향으로 가치 풍토가 새롭게 형성될 필요가 있으며, 새로운 가치 풍토의 형성을 위해서는 집단의 조직적 노력이 필수적이다. 정치, 교육, 언론 그리고 종교 등에 종사하는 사람들이 가치 풍토의 중요성을 인식하고 올바른 가치 태도의 정립을 위한 조직적 노력을 꾸준하게 해야 할 것이다.

사치와 낭비 그리고 퇴폐적 유흥의 풍조는 외면적 가치의 선호를 조장하는 결정적 요인이다. 과장된 광고의 수단까지 동원하여 소비생활을 선동함으로써 돈벌이에 열중하기 마련인 자유 시장 경제와 자본주의 체제의 가장 큰 문제점은 '경기의 활성화'를 이유로 사치와 낭비, 그리고 퇴폐적 유흥을 방치하기 마련이라는 사실에 있다. 근세 초기에 대두한 자유방임의 경제체제에 연연하는 한, 건전한 가치 풍토를 조성하기는 지극히 어려울 것이다.

셋째로, 배타적 이기주의의 생활 태도가 시정되어야 할 것이다. 현대 한국인의 대부분이 개인적 자아의식을 강하게 품고 있다는 사실에 비추어 볼 때, 내일의 한국을 집단적 인간관의 토대 위에 건설하기는 어려울 것으로 보인다. 자유민주주의를 표방해 온 우리 한국은 현재도 이미 개인적 인간관에 입각하고 있으며, 우리들의 의식구조에 획기적 변동이 없는 한 앞으로도 개인주의를 전적으로 부정하는 체제를 성공적으로 도입하기는 어려울 것이다.

개인주의적 자아의식이 강한 사람들로 구성된 사회가 원만하게 성립할 수 있기 위해서는 나와 남을 동등하게 대접하는 공정성이 따라야 한다. 다시 말해서, 개인주의적이기는 하되 좁은 의미로 이기주의적은 아닌 사람들만이 '민주주의'라는 이름의 탈 없는 개인주의 사회를 실현할 수가 있다. 개인주의가 작은 '나'의 권익에만 집착하는 이기주의로 흐를 때, 사회는 질서를 상실하고 붕괴하기 마련이다. 이제까지 한국의 민주주의가 제대로 뿌리를 내리지 못한 사유의 하나는 사람들의 이기주의적 생활 태도에 있었다고 생각되므로 내일의 한국이 바른 궤도에 오르기 위해서는 우리들의 마음으로부터 배타적 이기주의의 경향을 몰아내야 할 것이다.

우리가 강한 개인주의적 자아의식을 가지고 있는 한, 개인으로서의 '나'를 이롭게 하고자 하는 마음을 버리기는 어려울 것이다. 우리의 의식구조가 개인주의의 성향을 강하게 띠고 있는 한, 개인으로서의 '나'에 대한 애착을 극복하기는 어려운 일이다. 개인주의자에게 열려 있는 최선의 길은 나의 선(善)과 남의 선을 아울러 달성하는 공존의 길이다. 이 공존의 길을 애써 찾아서 걷고자 하는 사람들이 사회의 대세(大勢)를 이룰 때, 자유민주주의가 제대로 실현될 수 있다.

인간이 개인적 이기주의의 화를 면할 수 있는 길로서 두 가지를 생각할 수 있다. 하나는 개인으로서의 '나'에 애착하기보다도 집단으로서의 '우리'에 애착하는 대아(大我)의 인간상을 실현하는 길이요, 다른 하나는 개인을 자아로 의식하되 나와 남을 공정하게 대접하는 이성적 인간상을 실현하는 길이다. 첫째 길은 어떤 의미에서 이상적이기는 하나 오늘의 현실에 비추어서 실현하기가 매우 어려운 길이다. 왜냐하면, 산업사회에 사는 현대인의 강한 개인적 자아의식을 인위적으로 물리치기가 어려울 뿐 아니라, 사람과 사람이 만나는 범위가 지극히 넓은 현대사회가 요구하는 집단적 자아는 가족이나 부족보다도 훨씬 더 큰 '우리'이기 때문이다.

결국 둘째 길만이 우리가 추구할 수 있는 길로서 남게 되는데, 이 둘째 길이 성공하기 위해서는 국민 일반의 지성적 생활 태도가 전제되어야 한다. 여기서 우리는 한국인의 심성 가운데서 이지 내지 합리성의 측면을 보완해야 한다고 한 앞에서의 논의로 되돌아오게 된다. 개인적 자아의식이 강한 현대인이 이기적 생활 태도의 폐단을 극복하기 위해서는 합리적 사고와 지성에 있어서 높은 경지에 도달해야 한다.

우리는 여기서 '내면적 가치의 우위 회복'의 과제와도 다시 만나게 된다. 사람들이 일반적으로 외면적 가치를 내면적 가치보다 선호하는 동안, 이기적 태도를 극복하고 나와 남이 다 같이 뜻을 이루는 공존의 길을 실천하기는 사실상 매우 어렵다. 앞에서 이미 밝힌 바와 같이, 외면적 가치는 일반적으로 경쟁성이 매우 높은 까닭에, 외면적 가치를 삶의 최고 목표로 추구하는 사람들은 자신의 목적을 달성하기 위해서 남을 물리치지 않을 수 없는 상황을 자초하게 되어, 자연히 이기적 태도로 기울게 된다. 그러나 내면적 가치는 일반적으로 경쟁성이 약하며 그 종류도 다양한 까닭에, 내면적 가치의 성취를 삶의 최고 목표로 추구하는 사람들은 굳이 남을 밀어내야 할 이유가 없으므로, 이기적 태도를 벗어나기에 유리한 처지에 놓이게 된다.

이상의 고찰을 통하여 우리는 매우 중요한 사실 하나를 알게 되었다. 그것은 지성적 생활 태도와 내면적 가치를 외면적 가치보다도 더욱 소중히 여기는 가치관의 정립, 그리고 배타적 이기주의의 극복이라는 세 가지 과제는 내면적으로 밀접하게 서로 연결되어 있다는 사실이다.

(한국학술진흥재단에 제출한 연구 보고서, 1988)

4장
한국 문화의 문제 상황

4장 한국 문화의 문제 상황

1. 산업화의 양지와 음지

제2차 세계대전이 끝난 1945년 당시의 한민족은 국민의 약 80퍼센트가 농업에 종사하고 있었다. 36년 동안 일본의 지배 아래 있었던 한국 사람들의 대부분은 자유민주주의가 무엇인지 또는 공산주의가 무엇인지 아는 바가 거의 없었다. 이러한 상황에서 한반도는 두 강대국에 의하여 남과 북으로 양단되었고, 남한에는 미국군이 진주하고 북한에는 소련군이 진주하였다. 이 불행한 변화를 계기로 단일민족으로서의 오랜 역사 속에서 고유한 전통문화를 형성했던 우리나라는 서양의 외래문화와 직접 만나게 되었고, 이 만남은 우리에게 크나큰 충격을 주었다. 우선 남한의 경우를 살펴보기로 한다.

미군의 진주와 함께 들어온 미국 문화는 여러 가지 측면에서 한국의 전통문화와 대조적이었다. 한국의 전통문화는 농경문화였으나 미국에서 들어온 외래문화는 공업 문화였다. 한국의 전통문화에서는 유교적 도덕 가치가 가치 체계의 근간을 이루고 있었으나, 한국에 들어온 미국 문화에서는 금전과 쾌락이 가치 체계의 중심을 차지하고 있었다. 한국의 전통문화가 가족주의적인 데 비하여 미국의 문화는 개인주의적이었다.

강대한 나라 미국의 영향 아래서 남한 사회는 크게 변모하였다. 농업을 대신하여 공업이 생산의 중심을 차지하게 되었으며, 농촌이 도시로 변하였다. 대가족제도는 무너지고 핵가족이 날로 늘어났으며, 개인주의가 가족주의를 압도하였다. 유교적 인생관이 쇠퇴하는 가운데, 소유의 극대화와 향락의 극대화가 행복을 보장해 주리라고 믿는 사람들이 국민의 대다수를 차지하게 되었다.

이러한 변화는 대부분의 남한 사람들을 가난으로부터 벗어나게 하였고 기계문명의 혜택에 젖게 하였다. 그러나 그 변화가 좋은 결과만을 낳은 것은 결코 아니며, 매우 불행한 현상도 이에 수반하였다. 살인, 강도, 성폭행 따위의 포악한 범죄가 늘어났고, 마약의 복용 또는 문란한 성생활 따위의 퇴폐적 풍조가 고개를 들었다. 인심이 점차 각박해지고 사람들은 각각 이기심에 사로잡혀 기쁨 또는 슬픔을 함께 나누기보다는 서로가 서로를 물리치는 인간관계가 일반화하였다. 환경의 오염이 심각한 문제로 대두했으며, 미래에 대한 불안이 마음의 평화를 위협하였다. 짧게 말해서 물질생활은 풍요롭게 되었으나 정신생활은 도리어 빈곤하게 된 것이다. 우리의 전통문화와 외래의 서구 문화가 조화를 이루지 못하고 갈등을 일으키고 있는 혼란 상태라고 표현하는 사람도 있다. 어쨌든 오늘의 한국 문화는 많은 문제점을 안고 있으며, 이 문제점을 어떻게 극복하느냐 하는 것은 한국인이 대답해야 할 중요한 물음의 하나다.

문화라는 것이 설계도를 따라서 건축물을 짓듯이 사람의 의도대로 만들 수 있는 것은 아니다. 그러나 인간의 의도와는 관계없이 제멋대로 진로를 결정하는 태풍의 경우와는 달라서, 내일의 문화가 어떠한 모습으로 형성되는지는 그 문화를 만드는 사람들의 의지와 태도에 따라서 크게 좌우된다. 그러므로 철학자와 언론인 또는 정책 결정자 등 한 민족 또는 세계를 이끌어 갈 사람들이 민족의 문화 또는 인류 문화의 미래상에 대하여 설득력 있는 비전을 갖는 것은 매우 중요한 일이다.

건축을 설계하듯이 모든 세부 계획까지도 명시하여 미래의 문화를 설계할 수는 없을 것이다. 우리가 이 자리에서 할 수 있는 일은 내일의 문화가 바람직한 것이 되기 위해서 갖추어야 할 기본 조건이 무엇인가를 살펴보는 일이며, 만약 이 일에서 어느 정도 성공한다면 필자로서는 그것만으로 만족할 것이다.

2. 바람직한 문화의 조건

우리 모두에게 가장 절실한 소망은 만족스럽고 보람된 삶을 갖는 일이다. 정치와 경제는 물론이요, 도덕과 종교, 그리고 예술을 포함한 문화의 모든 분야는 만족스럽고 보람된 삶을 위한 수단으로서의 일면을 가졌다. 만족스럽고 보람된 삶을 위한 수단으로서의 기능이 문화가 갖는 의미의 전부는 물론 아니다. 그러나 그것이 문화의 매우 중요한 일면임에는 의심의 여지가 없다. 따라서 넓은 의미의 문화가 바람직한 것이 되기 위해서는, 첫째로 만족스럽고 보람된 삶을 실현하기에 적합한 것이라야 한다.

문화 가운데서 중추의 구실을 하는 가치관의 경우를 예로 들어서 생각해 보기로 하자. 다양한 가치관들 가운데 하나를 올바른 가치관이라고 부를 때, 그 올바른 가치관이 갖추어야 할 조건의 하나는 그것이 만족스럽고 보람된 삶의 실현을 위해서 적합한 행위를 선택하도록 작용하는 일이다. 적합한 행위를 선택하도록 작용하기에 성공하지 못하는 가치관은 올바른 가치관으로 인정되기 어렵다. 정치체제나 경제 제도를 예로 생각할 때, 우리의 주장은 더욱 알기 쉽게 설명될 수 있을 것이다. 이상론적 관점에서 볼 때 아무리 매력적인 정치체제 또는 경제 제도라 하더라도 현실적으로 만족스럽고 보람된 삶을 실현하기에 부적합하다면, 우리가 그것을 바람직한 정치체제 또는 바람직한 경제 제도라고 보기 어렵다는 것은 의심의 여지가 없다.

만족스럽고 보람된 삶에 대한 소망은 만인에게 공통된 것이며, 이 소망의 달성을 추구함에 있어서 모든 개인들은 동등한 권리를 가졌다고 보아야 한다. 다시 말하면, 만족스럽고 보람된 삶에 대한 소망이 우선적으로 달성되어야 할 특권을 가진 사람이 있다고 인정할 수 없으며, 모든 사람은 동등한 권리를 가지고 이 소망의 달성을 추구할 자격을 가졌다고 보아야 한다. 따라서, 정치와 경제, 도덕과 교육 등을 포함한 넓은 의미의 문화가 바람직한 것으로 평가되기 위해서는, 그것이 모든 사람들에 대하여 만족스럽고 보람된 삶을 위한 적합성을 가져야 한다는 결론에 이르게 된다.

모든 사람들에 대하여 만족스럽고 보람된 삶을 위한 적합성을 갖는다는 것이 구체적으로 무엇을 의미하는가는 각기 문화 영역에 따라서 별도로 대답되어야 할 문제다. 예컨대 정치의 영역에서는 모든 국민에 대해서 같은 자유를 같은 정도로 허용하는 일, 또는 기본적 가치를 획득할 수 있는 기회를 균등하게 부여하는 일 등이 그 적합성을 위한 원리들의 일부가 될 것이다.

바람직한 문화가 갖추어야 할 둘째 조건은 그 정체성(正體性)이다. 문화의 정체성이라 함은 "문화의 주체인 집단의 특수성과 전통을 얼마나 살리고 있는가?"라는 물음과 관련하여 설명될 수 있는 개념이다. 쉽게 말하자면, 문화 집단의 특수성이 충분하게 반영되고, 그 문화적 전통의 정수(精髓)가 유감없이 계승된 문화일수록 정체성이 뚜렷한 문화라고 볼 수 있을 것이다.

문화를 평가할 때 그 정체성을 중요시하는 이유는, 문화라는 것이 인간 집단의 축적(蓄積)과 잠재력(潛在力)의 발휘에 의하여 이루어진다는 사실에 근거를 두고 있다. 문화는 인간만이 갖는 인간적 산물이다. 개인이 갖고 있는 잠재력의 발휘가 개인적 자아의 실현이라면, 집단을 구성하는 여러 개인들의 자아실현의 총합은 그 집단이 갖는 문화의 근간(根幹)에 해당한다. 그리고 문화는 같은 시대 사람들의 힘만으로 되는 것이 아니라, 조상들의 업적을 토대로 삼고 그 위에 다시 한 켜를 쌓음으로써 이루어진다. 따라서 문화는 집단의 고유한 역량과 오랜 전통을 근거로 삼지 않고서는 높은 경지에 이를 수가 없다.

문화에 관해서 정체성의 중요성을 강조함은 외래문화의 배척이나 폐쇄적 복고주의에 동조함을 의미하지 않는다. 문화란 본래 국경을 넘어서 서로 영향을 주고받기 마련이며, 특히 국제 교류가 빈번한 오늘의 세계에서 외래문화의 수용을 전적으로 거부한다는 것은 있을 수도 없고 바람직하지도 않다. 내 나라의 문화가 건전하게 발전하기 위해서 남의 나라 문화의 충격을 영양으로서 섭취해야 하는 것이 현대의 실정이다. 다만 내 나라가 가지고 있는 문화적 역량에 비하여 외래문화의 물결이 지나치게 높은 경우에는 앞에서 말한 정체성이 위협을 받게 된다. 전통문화와 외래문화의 만남은 새로운 발전을 위한 도약의 계기가 될 수도 있고, 문화적 혼란과 정체성 상실의 위기가 될 수도 있다. 여기서 외래문화와의 만남을 발전의 계기로 삼는 길은 지혜로운 선택과 자주적 수용에 있다고 보는 것이 우리들의 상식이다.

외래문화의 강한 물결이 재래의 문화를 압도하거나, 이질적 문화 요소들이 서로 맞서서 갈등을 일으키는 상태가 오래 지속될 때, 그 나라의 문화는 위축의 위기를 맞는다. 이 위기를 막기 위해서는 외래의 문물 가운데서 우리에게 적합한 것을 선택적으로 받아들여서 그것을 우리 문화 속에 조화롭게 동화시켜야 한다.

이질적 문화 요소들의 갈등이 전통문화와 외래문화 사이에서만 일어나는 것은 아니다. 한 국가를 형성하는 하부 집단들의 하위 문화들 사이에서도 그것이 일어날 수 있고, 서로 다른 문화 영역 사이에서도 일어날 수 있다. 전자의 예로는 농촌 문화와 도시 문화의 알력을 들 수 있고, 후자의 예로는 정신문화와 물질문명의 부조화를 들 수 있을 것이다. 한 국가를 문화의 한 주체로 볼 때, 그 안에 획일적인 하나의 문화를 갖는 것보다는 다양한 하위 문화들을 갖는 편이 바람직하나, 그 다양성이 갈등과 부조화를 초래하는 것은 좋지 않다. 다양한 가운데도 전체가 하나의 조화를 이루는 것이 바람직하다.

이에 우리는 '다양성의 조화'를 바람직한 문화가 갖추어야 할 세 번째 조건으로 추가하게 된 셈이다. 문화가 다양성의 조화를 얻기 위해서 가장 중요한 것은 그 사회의 인간관계가 원만한 조화를 이루는 일이다. 바꾸어 말하면, 원만한 인간관계는 다양한 가운데도 조화를 잃지 않는 문화의 형성을 위한 기반이요 근본이다.

위에서 필자는 바람직한 문화가 갖추어야 할 조건으로서 '적합성'과 '정체성' 그리고 '다양성의 조화'라는 세 가지 기준을 말했다. 그러나 이 세 가지 기준들 사이에 우선순위(priority)의 문제는 생기지 않을 것으로 보인다. 설명의 편의를 위해서 필자는 바람직한 문화의 조건을 세 가지로 나누어 보았으나, 이 세 가지 사이에 모순이나 갈등은 생기지 않을 것이다. 실은 '정체성'과 '다양성의 조화'는 '적합성' 안에 포섭되는 하위 개념에 해당하며, '정체성'은 다양한 외국 문화의 조화로운 수용을 위한 필요조건이다.

3. 한국 문화의 문제점

위에서 제시한 세 가지 기준에 비추어 볼 때, 우리 한국 문화가 많은 문제점을 안고 있음이 명백하게 드러난다. 첫째로, 문화의 근본인 가치관에 있어서 한국인의 그것은 만인의 만족스러운 삶을 위한 적합성을 크게 결여하고 있다. 우리는 한국인의 가치관 내지 생활 태도의 가장 기본적인 특색을 소유의 극대화 또는 향락의 극대화를 삶의 가장 큰 가치로 여긴다는 사실에서 찾아볼 수 있을 것이다. 그리고 이러한 가치 태도(value attitude)는 만인의 만족스러운 삶을 실현하기에 매우 부적합하다. 왜냐하면 우리가 소유할 수 있는 재물 또는 즐길 수 있는 향락의 기회는 그 총량이 국한되어 있는 반면 그 것들을 탐내는 우리들의 욕구에는 한도가 없는 까닭에, 치열한 사회 경쟁이 불가피하게 되며, 그 결과로 오직 소수의 승리자만이 뜻을 이룰 수 있고 다수의 패배자는 좌절을 경험하게 되기 때문이다. 오늘날 한국에 퇴폐적 풍조가 만연하고 흉악한 범죄가 빈번한 것도 저 부적합한 가치관에서 유래하는 현상으로 이해할 수 있다.

둘째로, '정체성'의 기준에 비추어 보더라도 우리 한국 문화는 크게 불만스러운 상황에 있다. 일제(日帝)의 지배를 받던 수십 년 동안 우리 문화의 정체성은 극심한 상처를 입었고, 그 상처는 아직도 충분히 아물지는 못한 상태다. 그뿐만 아니라, 미군의 주둔과 미 군정의 실시를 계기로 서구의 문물이 홍수처럼 쏟아져 들어오는 과정에서 우리 스스로 민족문화의 정체성을 훼손하는 사례가 수없이 많았다. 외래의 문물을 지나치게 숭상하는 풍조는 우리나라의 것을 경멸하는 풍조로 이어졌고, 이러한 풍조는 아직도 완전히 사라졌다고 보기 어렵다.

셋째로, '다양성의 조화'라는 관점에서 보더라도 그동안 우리 문화가 걸어온 길에는 많은 문제점이 산재해 있다. 다양성의 조화가 이루어지기 위해서는 첫째, 다양한 것을 허용하는 너그러움이 있어야 하고, 둘째, 다양한 것을 조화롭게 화합할 용광로의 구실을 할 수 있는 문화 주체의 중심 역량이 있어야 한다. 그러나 한국의 경우는 자기가 선호하는 것만을 존중하는 편협이 심했고, 문화의 정체성이 오래 흔들렸던 까닭에 다양한 것들을 하나의 교향곡으로 화합할 수 있는 주체적 중심 역량도 미흡한 편이었다. 따라서 다양한 것의 조화를 통하여 질과 양이 모두 탁월한 문화를 형성하는 일도 앞으로의 과제로 남아 있다.

최근 수년 동안에 전 세계에 걸친 크나큰 변혁이 있었고, 우리 한반도에도 역사적 변화의 조짐이 보이고 있다. 세계를 크게 두 진영으로 갈라놓았던 냉전의 시대가 지나가고, 오랫동안 국교가 단절되었던 러시아 및 그 밖의 동구의 여러 나라들과도 문화적 교류를 갖게 되었다. 남한과 북한 사이의 대화도 실마리를 찾게 되었고, 아직 낙관할 수 있는 상황은 아니나, 조만간 민족의 통일이 이루어질 것을 기대할 수 있게 되었다. 이러한 변화는 긴 안목으로 볼 때 크게 다행스러운 변화임에 틀림이 없으나, 우리 한국 문화의 당면 과제를 더욱 어렵게 만드는 부담이 따른다는 사실도 명심해야 할 것이다. 러시아 및 그 밖의 동구 문화와의 접촉은 우리들이 소화해야 할 새로운 충격으로서의 의미를 갖게 될 것이며, 반세기 동안 벽을 쌓고 서로 다른 체제 속에서 살아온 남과 북의 이질화된 문화를 다시 하나의 민족문화로 가다듬는 과제도 결코 용이한 문제가 아니다.

우리들의 가장 큰 소망은 성실하게 노력만 하면 누구나 보람되고 행복한 삶을 누릴 수 있는 사회를 건설하는 일이다. 그러므로 내일의 우리 문화가 바람직한 것이 되기 위해서는 첫째로, 정치와 경제를 비롯한 여러 분야의 제도와 국민 대다수의 가치관이 성실하게 노력하는 모든 사람들에게 보람되고 행복한 삶을 위한 기회가 주어지기에 적합해야 할 것이다. 여기서 매우 중요한 것은 어떠한 삶을 보람되고 행복한 삶이라고 보느냐 하는 가치관의 문제다. 한 나라의 제도와 그 운영의 실상을 좌우하는 것은 그 나라 사람들의 가치관이기 때문이다.

내일의 바람직한 문화를 위해서 가장 절실한 과제는 소유의 극대화 또는 향락의 극대화 속에서 보람된 삶 또는 행복이 성립한다는 가치관을 극복하는 일이다. 물질의 소유와 그 소비의 극대화를 삶의 가장 높은 목표로 삼는 인생관을 대신하여 각자가 타고난 소질을 유감없이 발휘함을 삶의 최고 목표로 삼는 인생관을 수립하고 실천에 옮겨야 할 것이다. 우리들이 자아의 실현을 최고의 목표로 삼을 때는 지나치게 치열한 사회 경쟁을 초래하지 않을 뿐 아니라, 성실하게 노력하는 사람들의 대부분이 그 뜻을 이룰 수 있는 기회를 갖게 될 것이다.

각자가 타고난 소질을 유감없이 발휘하기 위해서는 의식주의 기본 생활이 안정을 얻어야 하고, 소질에 적합한 교육을 받아야 한다. 그렇게 되기 위해서는 국민의 총생산이 어느 수준에 도달해야 하며, 빈부의 격차가 지나침이 없도록 공정한 분배가 이루어져야 한다. 우리 한국의 경우는 국민의 총생산을 현재보다 좀 더 증대해야 할 형편이며, 그러나 환경의 오염은 크게 줄여야 한다는 부담을 안고 있다. 그리고 빈부의 격차를 줄이는 합리적 분배에 성공하지 못한다면, 설령 국민의 총생산이 크게 증대한다 하더라도, 성실하게 노력하는 모든 사람들이 자아의 실현으로 접근하기는 어려울 것이다.

국민의 총생산은 증대하되 환경의 오염은 크게 줄여야 한다는 것과 분배의 정의를 실현함으로써 빈부의 격차를 줄여야 한다는 것은, 오늘날 세계의 대부분의 국가들이 안고 있는 공동의 과제다. 이 공동의 과제가 해결되기 위해서는 전 세계의 국제적 협력이 절실하게 요구된다. 여러 나라들이 각각 국부(國富)의 극대화를 꾀하는 집단적 이기주의에 집착하는 한, 현대의 인류가 당면한 공동의 과제를 해결하기는 어려울 것이다. 특히 세계 열강의 지도자들은 이기적 패권주의의 낡은 철학을 버리고 인류와 지구를 전체로서 생각하는 새로운 철학으로 눈을 돌려야 한다. 우리 모두가 한편으로는 소유의 극대화와 소비의 극대화에서 행복을 구하는 잘못된 가치관을 버리고, 다른 한편으로는 오늘의 과학과 기술을 평화적 생산과 환경오염 방지에 효율적으로 선용한다면, 인류 전체가 안정된 기본 생활을 즐겨 가며 각자의 소질을 개발하여 자아의 실현으로 접근하는 길이 열릴 것이다.

한 나라의 모든 국민이 기본 생활의 안정을 누리고, 안정된 물질생활의 토대 위에서 각자의 소질을 개발하고, 각자의 취향을 살림으로써 보람찬 삶을 영위하게 된다면, 그들은 자연히 그 나라 문화의 정체성을 보전하는 동시에, 다양성의 조화도 함께 얻는 결과에 이르게 될 것이다. 예컨대, 한국에 태어나서 한국의 자연과 문화 속에서 성장한 우리에게는 한국인으로서의 소질과 취향이 잠재해 있다. 우리 모두의 몸과 마음 속에 잠재한 이 역량을 유감없이 발휘할 때, 오늘의 한국 문화가 꽃피게 된다. 그것은 한국적 전통의 힘을 잉태한 우리들 자신의 전개(展開)인 까닭에 특별히 힘주어 외치지 않아도 문화의 정체성이 스스로 따르게 될 것이다.

같은 시대와 같은 땅에 살고 있지만 우리들의 소질과 취향에는 하부 집단을 따르는 차이가 있고, 개인을 따르는 차이도 있다. 그뿐 아니라 국제 시대에 사는 우리는 성장 과정에서 각자의 경험과 취향을 따라 각양각색으로 외국의 문물을 받아들이게 된다. 따라서 국민 각자의 자기 개발은 다양한 모습을 띠게 될 것이다. 그러나 다양한 가운데서도 우리는 조화를 잃지 않을 것이다. 같은 땅과 같은 문화 전통 속에서 자라났다는 공통된 기반이 있기 때문이다.

(모스크바에서 열린 한·러 철학자 포럼에 발표한 영어 논문을 국역함, 1992)

5장

분배 정의: 그 이론과 실천의 맞물림

5장 분배 정의: 그 이론과 실천의 맞물림

1. 분배 정의가 실현되기 어려운 까닭

사회정의의 실현은 인류 역사의 오랜 과제였고, 특히 분배 정의의 문제는 오늘날 세계의 거의 모든 나라에서 중대한 관심사로 떠오르고 있다. 생각이 있는 사람들은 누구나 분배의 정의가 중대한 과제라고 주장하고 있으며, 분배 정의의 실현이 긴요한 과제라는 주장에 대해서 공공연하게 반대 의견을 말하는 사람은 거의 없다. 그러나 분배의 정의가 만족스럽게 실현되고 있는 나라는 매우 드물며, 분배에 대한 불평으로 인한 갈등이 항상 도처에서 일어나고 있다 하여도 과언이 아니다.

여론이 이구동성으로 분배 정의가 실현되어야 한다고 역설함에도 불구하고 사회 현실은 여전히 불공정한 상태를 벗어나지 못하고 있는 까닭은 무엇일까? 만인이 그 당위성을 주장하는 분배의 정의가 좀처럼 실현되지 않는 데는 반드시 어떤 사유가 있을 것이다. 분배 정의의 실현을 어렵게 하는 사유에 크게 두 가지가 있는 것으로 보인다. 첫째는 정의로운 분배의 기준을 밝혀 줄 수 있는 만족스러운 이론이 확립되지 못했다는 사실이요, 둘째는 자기중심적 태도를 벗어나지 못하는 인간의 이기심이다.

옛날부터 많은 철학자들이 사회정의의 기본 원칙을 밝히기 위한 이론을 제시하였고, 특히 근대에는 정의로운 분배의 기준을 밝히고자 하는 이론을 제시한 학자들이 적지 않았다. 그리고 그들의 이론 가운데는 위대한 업적으로 평가된 연구도 있었다. 그러나 필자가 보기에는 그들이 제시한 이론의 어느 것도 충분히 만족스럽지는 못하다.

분배 정의 내지 사회정의에 관한 이론이 만족스럽기 위해서는 그것이 실천에 옮길 수 있는 내용으로 가득 차 있어야 한다. 아무리 목표가 아름답고 논리가 정연하다 하더라도 실천에 옮길 수 있는 가능성이 희박한 분배 정의의 이론은 만족스러울 수 없다. 그러므로 '정의로운 분배'와 같이 실천이 요구되는 문제를 위한 이론을 제시하고자 하는 학자는 반드시 실천의 가능성을 염두에 두고 그의 문제를 탐구해야 한다. 그러나 이제까지 철학의 세계에서 높은 평가를 받은 여러 정의의 이론도 실천의 가능성 문제를 충분히 고려했다고는 생각되지 않는다.

소크라테스와 플라톤을 위시하여 철학자들의 전통적 소망은 보편적 당위성을 가진 이론을 제시하는 일이었다. 이 전통을 따라서 이제까지 정의의 이론을 탐구한 철학자들도 보편적 타당성을 가진 학설을 제시하고자 함에 노력을 집중하였다. 그리고 철학자가 보편적 타당성을 가진 이론의 제시를 원한 것은 그것이 이상적 이론의 조건이라고 생각했기 때문이요, 보편적 타당성을 가진 이론의 제시가 가능하다고 믿은 까닭은 이성(理性)에 대한 신뢰에 있었다.

절대적 진리의 존재를 역설한 소크라테스의 가르침은 플라톤의 이데아설을 통하여 계승 발전되었고, 소크라테스에서 플라톤으로 이어진 이 진리관은 그 이후 서양철학사에서 주류를 이루는 전통의 기초가 되었다. 서양철학사에서 주류를 이룬 전통적 학설에 따르면, 이 세상에는 보편적 타당성을 가진 절대 진리가 존재하며, 그 진리는 인간의 이성으로써 파악할 수 있다. 이와 같은 전통적 사고는 사회정의의 원리를 탐구한 철학자들에 의해서도 대체로 받아들여졌다고 볼 수 있다.

사회정의의 원리를 탐구한 철학자들의 대표적 인물이라고 볼 수 있는 밀(J. S. Mill)이나 마르크스(K. Marx) 또는 롤즈(J. Rawls)가 사회정의에 관한 객관적 실재(實在)를 전제로 하고 그것을 이성이 인식할 수 있다고 믿었다고 말하기는 어렵다. 다만 그들은 이성이 보편적 타당성을 가진 정의의 이론을 위한 근거가 된다고 믿었다. 다시 말하면, 그들은 이성의 보편성을 믿었고, 이성의 요구를 충족시킨 정의의 이론은 보편적 타당성을 가질 것이라고 믿었다. 그리고 이성의 요구를 충족시킨 정의의 이론은 이론적 타당성은 물론이요 실천 가능성까지 가질 것이라고 그들은 암암리에 가정한 것으로 보인다. 인간을 이성적 존재로 본 것이 서양철학에서 우세한 전통이었고, 이성적 존재인 인간이 자신의 본질인 이성의 요구를 충족시킨 이론을 실천에 옮기지 못할 이유가 없다고 본 것이 아닐까 한다.

그러나 인간을 이성적 존재로 규정한 바로 그 전제에 문제가 있다. 인간에게 이성적 사고의 능력이 있으며 그 사고의 능력이 실천에 영향을 줄 수 있다는 것을 부인하기는 어려울 것이다. 교육하기에 따라서는 매우 이성적인 인품을 길러 낼 수도 있다는 것을 믿어도 좋을 것이다. 그러나 인간이 사고에 있어서뿐 아니라 행동에 있어서까지도 본래 이성적 존재라고 보는 것은 지나치게 소박한 인간관이라고 필자는 생각한다.

'이성적'이라는 말의 뜻이 모호하다는 점을 문제 삼지 않는다면 철학의 역사 위에 큰 업적을 남긴 것으로 평가되는 대부분의 정의론은 대체로 말해서 '이성적'임을 크게 벗어나지 않았다고 말할 수 있을 것이다.[1] 그러나 철학의 역사 위에 큰 발자취를 남긴 것으로 평가되는 어떤 분배 정의의 이론도 만족스럽게 실천에 옮겨진 적은 없었다. 예컨대, 밀이나 마르크스 또는 롤즈의 정의론이 불공정한 현실을 개조함에 다소간의 영향을 미쳤다고 말할 수는 있을지 모르나, 그들의 어느 것도 제대로 실천에 옮겨졌다고 보기는 어렵다. 그들의 정의론이 이론대로 실천되지 못한 것은 그들의 이론이 충분히 '이성적'이지 못했기 때문이 아니며, 오늘날 실재하는 사람들이 실천하기에는 지나칠 정도로 '이성적'이기 때문이다.

우리는 두 가지 관점에서 정의론을 구상할 수 있을 것이다. 하나는 높은 수준의 이성적 인간상이 형성되었을 경우를 위한 이상적 정의론이요, 다른 하나는 오늘날 세상에 실재하는 인간들을 위한 현실적 정의론이다. 이제까지 저명한 철학자들이 심혈을 기울여서 탐구한 것은 주로 전자에 속하는 정의론이며 후자에 속하는 정의론은 관심 밖으로 부당하게 밀려났다는 인상이 강하다.[2] 이에 필자는 오늘날 지상에 실재하는 사람들을 — 특히 오늘날의

---

1 '이성(理性, reason, Vernunft, ratio, nous)'이라는 말은 일반적으로는 감각적 능력에 대하여 개념을 통한 사유의 능력을 지칭하는 말이나, 철학자에 따라서 '이성'의 개념에 대한 이해에 다소간의 차이가 있으므로, 그 뜻이 모호하다. '이성적'이라는 말은 도덕적 의무의 의식을 포함하는 경우도 있고, 단순히 '합리적'이라는 말과 같은 의미로 쓰이기도 한다. 그러나 여기서는 이 말을 상식적 의미로 이해해도 무방하며, 그 뜻을 엄밀하게 규정할 필요는 없다.

2 정의(正義)의 이론을 탐구할 때, 자신이 주장하는 정의론의 실천이 가능하기 위해서 전제되어야 할 조건의 문제를 고려한 철학자가 전혀 없는 것은 아니다. 롤즈는 자신이 『정의론(A Theory of Justice)』에서 제시한 '정의의 두 원리'가 실천적으로 받아들여지기 위해서는 국가의 경제 수준이 어느 정도 부유한 단계로 발전할 필요가 있음을 인정하였고, '정의의 원리'를 정립하기 위하여 계약에 임하는 대표자들을 시기심이 없고 합리적인 사람들로 가정함으로써, 정의의 이론의 실천과 인간상(人間像) 사이에 불가분의 관계가 있음을 암시하였다. 그러나 롤즈는 어떤 현존하는 경제적 현실과 현존하는 인간상에 적합한 정의의 이론을 제시하기보다는, 자신이 가장 이상적이라고 생각한 정의의 원리를 먼저 설정하고, 그 원리를 실천하기 위해서 요구되는 경제 수준과 인간상을 역으로 추론하였다. 『국가론(Politeia)』에서 이상적인 국가를 건설하기 위해서는 그 국가를 건설하기에 적합한 인재들을 길러 내야 한다는 점을 역설한 플라톤은, 국민의 의식 수준을 고려하지 않은 윤리설은 공론에 불과함을 정확하게 안 사람이다. 그러나 '공정(公正, dikaiosyne)'을 "각자가 자신의 것과 자신에게 당연히 속하는 것을 소유하고 또 실행함을 의미한다고 볼 수 있다."고만 말한 플라톤의 정의론은 지나치게 추상적이다. Platon, *Politeia*, Bk. IV, 433 참조.

한국인을 — 염두에 두고 실천의 가능성을 생각해 가며 분배 정의의 문제를
고찰하고자 한다.

2. 정당한 분배 원칙에 대한 학설들

근세 이래 분배 정의의 실현이 강조된 배후에는 인권(人權)의 관념이 있고,
인권의 관념 바탕에는 평등의 관념이 깔려 있다. 모든 사람들은 한 인간(人
間)이라는 점에서 다를 바가 없으며, 같은 인간인 까닭에 모든 사람들은 인간
으로서의 동등한 대우를 받아야 한다고 믿는 것이 분배의 정의를 주장하는
사람들의 공통된 생각이다. 그러나 어떠한 정의론자도 절대적 평등이 바람
직하다고는 믿지 않는다. 갓난아이와 거구의 장정에게 음식물을 똑같이 분
배해야 옳다고 주장하는 사람은 없으며, 건강한 사람과 병약한 사람에게 똑
같은 약품 또는 입원실을 제공해야 한다고 주장하는 사람도 없다. 개개인의
처지와 형편을 무시한 절대적 평등은 '부당한 평등(inequitable equality)'이
며, 개개인의 처지와 형편을 고려하여 실정에 맞도록 차등을 두고 분배하는
것이 도리어 정당한 경우가 많다고 보는 것이 많은 정의론자들이 받아들이
는 일반적 견해다.[3]

평등주의자들이 전통적으로 주장해 온 것은 절대적 평등이 아니며, "처지
와 형편이 같은 두 사람은 마땅히 같은 대우를 받아야 한다."는 것이 그들이
주장하는 바의 핵심이다. 이 주장의 배후에는 처지와 형편이 다른 두 사람은

---

3 '정당한 불평등(equitable inequality)'과 '부당한 평등(inequitable equality)'이라는 용
   어를 사용한 문헌의 예로는, Gregory Vlastos, "Justice and Equality", *Social Justice*,
   R. Brandt ed., p.32 참조.

같은 대우를 받지 않는 편이 옳을 경우도 있다는 뜻이 함축되어 있다. 그러나 모든 종류의 처지와 형편의 차이가 불평등한 분배의 정당한 사유가 된다고 믿는 정의론자는 없다. 예컨대, 피부의 빛깔이 다르다는 사실을 차별 대우의 정당한 사유라고 믿는 정의론자는 없으며, 믿는 종교에 따라서 분배를 달리 함이 마땅하다고 믿는 정의론자도 없다. 처지와 형편의 차이 가운데는 차별 대우의 사유가 되는 것도 있고 안 되는 것도 있다는 것이 일반적으로 받아들여지고 있는 의견이다. 여기서 제기되는 것이 "처지와 형편의 차이 가운데서 차별 대우의 정당한 사유가 되는 것은 무엇인가?" 하는 물음이다.

블라스토스(Gregory Vlastos)는 '정당한 분배 또는 정당한 차등 분배'의 원칙으로서 오늘날 흔히 주장되고 있는 것을 다음과 같이 다섯 가지로 분류하였다.[4]

(1) 각자의 **필요**(need)에 따라서 분배한다.

(2) 각자의 **가치**(worth)에 따라서 분배한다.

(3) 각자의 **능력과 업적**(merit)에 따라서 분배한다.

(4) 각자의 **일**(事業, work)에 따라서 분배한다.

(5) 각자가 체결한 **계약**(agreements)에 따라서 분배한다.

위에서 열거한 다섯 가지 원칙 가운데서 두 번째 항목의 중심 개념을 이루는 가치는 **인간으로서의 가치**를 의미하는 것으로 보인다. 그리고 '인간으로서의 가치'는 모든 사람들이 동등하게 가지고 있다는 것이 블라스토스의 의견이다. 그러므로 이 둘째 원칙은 차별 대우의 사유로서 실질적인 의의를 잃는 까닭에 여기서는 일단 고찰의 대상에서 제외하기로 한다. 그리고 네 번째 원칙의 중심 개념이 되고 있는 '일(事業)'은 개념상으로는 첫 번째의 '필요'와도

---

4 Ibid., p.35.

구별되고 세 번째의 '능력 및 업적'과도 혼동해서는 안 될 것이나, 차별적 분배의 사유를 고찰하는 마당에서는 굳이 따로 독립시켜서 다룰 필요가 없을 것으로 보인다. (왜냐하면, 만약 일이 차별적 분배의 사유가 될 수 있다면, 그것은 '일'을 위한 '필요' 때문이거나 일의 결과로 생기는 '업적' 때문일 것이라고 볼 수 있기 때문이다. 그러므로 이 네 번째 원칙, 즉 '일의 원칙'도 일단 고찰의 대상에서 제외하는 것이 좋을 듯하다.)

블라스토스가 열거한 원칙들 가운데서 '가치'의 항목과 '일'의 항목을 제외하면 결국 '필요'와 '능력 및 업적' 그리고 '계약'의 세 항목이 남는다. 그리고 이 세 항목은 '정당한 불평등'의 사유로서 오늘날 논의되는 쟁점의 대부분을 그 안에 포함한다고 생각되는 까닭에, 앞으로 이 세 항목을 중심으로 삼고 고찰을 계속해 보기로 한다.

첫째, "각자의 필요에 따라서 분배한다."는 원칙은 하나의 이상론(理想論)으로는 크게 매력적이며, 이론(異論)의 여지가 별로 없는 것으로 보인다. 질병으로 치료가 필요한 사람에게는 의약(醫藥)을 제공하고 건강한 사람에게는 그것을 제공하지 않는 것은 합리적이며 바람직한 불평등이다. 몸이 크고 중노동에 종사하는 사람에게는 많은 식량을 주고 몸이 작고 경노동에 종사하는 사람에게는 그것을 적게 주는 것도 정당한 불평등이다. 필요에 따라서 분배함이 정당하다는 사상이 자명한 원리로서 옛날부터 통용된 것은 물론 아니다. 플라톤 같은 위대한 철학자도 더 이상 일할 능력이 없는 사람은 살 권리가 없다고 주장한 바 있으며,[5] 옛날이야기로 전해지는 고려장(高麗葬)의 전설도 "필요에 따라서 분배한다."는 원칙과는 크게 다른 사상을 반영한 것이다. 그러나 인간은 그가 하는 일 때문이 아니라 그 자체만으로도 귀중한 존

---

5 Platon, *Politeia*, 406-407 참조.

재라고 보는 현대적인 가치관에 입각할 때, 필요에 따라서 분배함을 하나의 이상으로서 주장하는 견해에 반대하기는 어려울 것이다.

그러나 필요에 따라서 분배한다는 것은 현실적으로 실천하기가 매우 어려운 원칙이다. 모든 사람들의 모든 필요를 충족시키기 위해서는 무진장 많은 재화(財貨)와 봉사 인력(service)이 있어야 한다. 그러나 우리의 현실적인 문제는 무한히 많은 재화와 서비스를 어떻게 분배하는 것이 옳은가 하는 그것이 아니라, 한정된 재화와 서비스를 어떻게 분배하는 것이 옳은가 하는 그것이다. 그러므로 "각자의 필요에 따라서 분배한다."는 원칙은 하나의 이상론으로서는 나무랄 곳이 없으나 현실적 처방으로서는 많은 어려움을 내포하고 있다. 다만 '필요에 따라서 분배할 수 있는 사회'를 건설할 것을 당위와 노력의 목표로 제시하는 점에서, 저 원칙은 하나의 사회사상으로서 중대한 의의를 가지고 있다. 마르크스의 사상을 긍정적으로 평가하는 시각도 이러한 맥락에서 이해할 수 있을 것이다.

재화와 봉사 인력의 유한성 이외에도 "각자의 필요에 따라서 분배한다."는 원칙에는 다른 몇 가지 난점이 있다. 그 하나는 '각자의 필요'를 객관적으로 규정하기가 매우 어렵다는 사실이다. 사람들의 기본적 생존을 위해서 필요한 것이 무엇인지는 어느 정도 객관적으로 규정할 수 있을 것이다. 그러나 인간은 기본적 생존만으로는 만족할 수 없는 존재이며, '말 타면 경마 잡히고 싶은' 심리에 따라서 사람의 욕망에는 한정이 없다. 인간의 욕망과 필요 사이에는 불가분의 관계가 있으며, 욕망이 늘어날수록 필요도 늘어난다는 사실을 도외시할 수는 없을 것이다. 그러나 무한히 뻗어 나가는 욕망을 모두 필요로서 인정할 수도 없는 노릇이다. 그러므로 사람들이 욕망하는 것 가운데서 '필요'로 인정할 것과 그렇지 않은 것을 구별하는 기준을 밝히는 문제가 '필요에 따라서 분배한다.'고 주장하는 사람들에게 어려운 부담으로서 남게 된다.

"각자의 필요에 따라서 분배한다."는 원칙에는 자연 자원의 고갈의 문제와 환경오염의 문제에 관련된 또 하나의 난점이 생길 수 있다. 이 난점은 과학 기술의 발달에 힘입어 생산성의 수준이 크게 향상하고 분배할 수 있는 물품을 풍부하게 만들어 낼 수 있을 때 도리어 크게 나타난다. 물품이 풍부하게 될수록 사람들은 많은 것을 소유하고자 원할 것이고, 그 소유욕은 '필요'로 변신하여 지나친 공업화를 유발할 것이다. 그리고 지나친 공업화는 유한한 자연 자원의 낭비를 가져올 것이며 환경오염을 더욱 가속화할 것이다. 모든 욕망의 대상을 반드시 '필요한 것'으로 인정할 까닭은 없다 하더라도 사치스러운 물질생활에 대한 욕망이 커가면 커갈수록 사람들이 필요로 하는 것의 수준도 높아진다는 것을 부인하기는 어려울 것이다. 그러므로 우리가 만약 '필요'를 분배의 기본 원리로 삼는다면 현대의 산업화 과정에서 사람들의 '필요'가 점점 증대하는 추세를 보일 것이며, 이 증대의 추세는 자연 자원의 고갈과 환경오염을 가속화할 것임에 틀림없다.

몇 가지 난점을 가지고 있음에도 불구하고 "필요에 따라서 분배한다."는 원칙은 반드시 살려야 할 귀중한 생각을 간직하고 있다. 기본적 생존을 위해서 필요한 것은 모든 사람들에게 우선적으로 분배해야 한다는 생각이다. 우리가 인간의 생존권을 부인하지 못하는 이상, 그리고 오늘의 과학 기술과 생산성이 치명적 타격을 입지 않는 이상, 사회는 모든 사람들의 기본적 생존을 보장해 주어야 마땅할 것이다.

재화와 봉사 인력에 한도가 있으므로 모든 사람들이 '필요하다'고 느끼는 바를 모두 충족시킨다는 것은 사실상 불가능하다는 현실적 제약으로 말미암아, 특정한 사람들의 '필요(needs)'를 우선적으로 충족시키는 것이 바람직하다는 견해가 생기게 되었다. "각자의 능력과 업적에 따라서 분배한다."는 우리들의 두 번째 원칙이 그것이다. 이 두 번째 원칙은 이제까지 여러 자본주의 국가에서 실천적으로 받아들여지고 있는 것이며, 우리들의 상식과도 가까운 원칙이다.

능력이 많은 사람에게 기회를 우선적으로 베풀어 주고, 일을 많이 하여 업적이 큰 사람에게 그만큼 많은 보수를 주어야 한다는 이 두 번째 원칙은 언뜻 생각하면 당연하다는 느낌을 주기도 한다. 그러나 윌리엄스(Bernard Williams)도 지적하고 있는 바와 같이, "각자의 능력과 업적에 따라서 분배한다."는 원칙에도 "각자의 필요에 따라서 분배한다."는 원칙에 못지않게 많은 문제점이 있다.[6]

첫째로, 분배하고자 하는 일정한 분량의 재화 또는 기회와 정당하게 관련시킬 수 있는 능력이 어떤 종류의 것인지를 이론(異論)의 여지가 없도록 결정하기가 쉽지 않다. 예컨대, 제한된 대학 교육의 기회를 능력이 우수한 젊은이에게 우선적으로 준다고 할 때, 어떠한 능력을 대학 교육 수학(修學)의 자격 조건으로 인정할 것인지 결정하기가 쉽지 않다. 이를테면 천부의 재능은 탁월하나 경제 사정이 어려워서 충분한 학습을 하지 못한 까닭에 시험 점수가 낮은 젊은이와 타고난 재능은 평균 이하이나 부유한 부모의 뒷받침으로 과외 공부를 많이 한 덕택으로 점수가 높은 젊은이 가운데서, 누구에게 우선권을 주는 것이 공정할지를 결정하는 것은 결코 쉬운 문제가 아니다. 부모나 본인의 경제적 실력도 수학(修學)을 위한 능력 가운데 포함시킬 것인가, 아닌가? 이러한 문제가 제기되었을 때, 이론의 여지가 없는 객관적인 해답을 내리기는 매우 어려운 일이다.

둘째로, 재질(才質)과 지능이 탁월한 사람에게 대학 교육의 기회를 우선적으로 주어야 한다는 것도 결코 '자명한 진리'는 아니다. 역설처럼 들릴지도

---

6 B. Williams, "The Idea of Equality", *Philosophy, Politics and Society*, Lasiett and Runciman eds., Oxford, 1964, p.132 참조.

모르나, 재능이 탁월한 사람은 독학으로도 능히 어려운 학문을 소화할 수 있으므로, 오히려 중간 정도의 재능을 가진 젊은이에게 대학 교육의 기회를 제공함이 옳다는 의견도 있을 수 있는 일이다. 그리고 어떤 주관적 가정을 대전제로서 받아들이지 않는 한, 이 의견이 부당하다는 것을 논리적으로 밝힐 수는 없다.

셋째로, 업적에 따라서 분배한다고 할 때, 그 '업적'들을 비교하고 평가하는 기준을 어떻게 세우느냐 하는 문제가 있다. 같은 종류의 일에 종사하는 사람들의 경우라면 생산한 실적을 수량화함으로써 그 업적을 측정할 수가 있을 것이다. 예컨대, 전자제품을 조립하는 일이라면 직공 각자의 작업 실적에 따라서 그 업적을 비교할 수가 있을 것이며, 운동선수들의 경우라면 그들의 경기 기록에 따라서 선수 각자의 우열을 평가할 수 있을 것이다. 그러나 비교의 대상이 되는 두 사람이 종사하는 일이 서로 다를 경우에, 그 업적의 크고 작음을 어떻게 비교 평가할 것인가? 예컨대, 대학교수의 업적과 빌딩 청소부의 업적을 비교할 수 있는 공통의 척도가 무엇이며, 고급 관리의 업적과 유명한 배우의 업적을 어떻게 비교할 것인지, 객관적 기준을 제시하기는 쉬운 일이 아니다.

넷째로, 설령 업적의 비교와 평가를 위한 기준을 정할 수 있다 하더라도, 업적에 따라서 분배의 양을 정한다는 것 자체가 과연 타당한 일인지, 이 점에도 이론의 여지는 충분히 있다. 일반적으로 말해서, 많은 업적을 올리는 사람은 비교적 많은 재화를 필요로 하는 경향이 있는 것은 사실이다. 연구를 많이 하는 학자들은 그렇지 못한 학자들보다 많은 서적과 실험 시설을 필요로 한다. 대통령 같은 요직을 맡은 사람은 교통경찰의 경우보다 많은 물질과 화폐를 필요로 한다. 그리고 국가와 사회를 위해서 중요한 일을 많이 하는 사람이 많은 재화를 필요로 한다면, 그에게는 그만큼 많은 몫을 분배하는 것이 당연한 일이라 하겠다. 그러나 업적과 필요가 언제나 정비례하는 것은 아니다.

업적은 크나 필요는 적은 사람도 있으며, 업적은 작으면서 필요만은 많은 사람도 있다. 천재적 작곡가는 창작에 큰 업적을 남기지만 특히 많은 재화를 필요로 하지는 않을 경우가 있다. 내분비선의 이상(異狀)으로 거인이 된 사람 가운데는 별로 하는 일이 없더라도 식생활에 많은 비용이 필요하며, 만성질환을 앓는 사람은 아무런 업적도 올리지 못하면서 많은 의약품과 치료를 필요로 한다. 이와 같이 업적과 필요가 상반하는 경향을 보일 때, 업적에 따라서 분배할 것인가 또는 필요에 따라서 분배할 것인가 하는 어려운 문제가 생긴다. 문화의 창조를 인류의 최고 목적으로 숭상하는 사람들은 업적에 의거해야 한다고 주장할 것이며, 인간의 평등과 자연권을 강조하는 사람들은 필요에 의거해야 한다고 주장할 것이다. 어쨌든 '업적에 따라 분배함'이 당연하다는 것을 자명한 원리라고 보기는 어렵다.

그러나 분배의 대상이 되는 가치의 총량을 극대화함이 바람직하다는 공리주의(公利主義)의 사상을 전제로 한다면, 능력과 업적에 따라서 분배함이 바람직하다는 원칙은 상당한 설득력을 갖게 된다. 되도록 많은 가치를 창출하기 위해서는 탁월한 소질을 타고난 사람들의 잠재력을 우선적으로 개발하고, 우수한 능력의 소유자가 가치의 창출에 최선을 다하도록 동기(incentive)를 부여해야 한다는 것은 현재의 인간성에 혁명적 변화가 생기지 않는 한, 부인할 수 없는 상식이다. 그러므로 "능력과 업적에 따라서 분배한다."는 원칙은 현재의 인간성에 비추어 볼 때 사회 전체의 번영을 가져오기에 적합하며 또 실천의 어려움도 비교적 적다는 장점을 가지고 있다.

우리가 고찰해야 할 세 번째 원칙은 "각자가 체결한 계약에 따라서 분배한다."는 것이었다. 여기서 '각자가 체결한 계약'이라 함은 반드시 문서(文書)나 구두(口頭)로 명백하게 체결한 계약 또는 약속만을 가리키는 것이 아니라, 은연중에 성립한 묵계(默契)까지도 포함한다고 보아야 할 것이다. 명시적이든 묵시적이든, 스스로의 의지에 따라서 맺은 계약에 의거하여 분배하는 것은 합법적이므로 이 셋째 원칙에는 별다른 문제가 없을 것 같기도 하다. 그러나 이 원칙이 언제나 타당성을 갖는다고 보기는 어렵다.

첫째로 분배의 문제에 관련하여 자유롭게 체결된 계약이 없을 경우가 있다. 예컨대 어린이나 노약자들 가운데는 분배에 관한 자신들의 의사를 관철할 기회가 전혀 없는 사람들이 많다. 또 국고금(國庫金)의 지출이 합법적 절차를 거쳐서 이루어졌다 하더라도, 그 지출에 대하여 모든 국민이 자유의사로써 동의했다고 보기는 어렵다. 국민의 참여로 이루어진 입법기관이 만드는 입법의 절차를 밟았으므로 자유계약이 성립했다고 보는 것은 오직 추상적 논리를 통해서 얻을 수 있는 공허한 결론에 지나지 않는다.

둘째로, 명시적인 계약의 체결이 있을 경우에도, 그 계약에 따라서 분배하는 것이 정의롭지 못할 경우가 생길 수 있다는 것은 이미 여러 사람들에 의해서 거듭 지적된 바와 같다. 강자와 약자 사이에 계약이 맺어질 경우에 그 계약 자체가 불공정한 내용을 담는 사례는 흔히 있는 일이다. 또 정보에 어두운 탓으로 불공정한 계약을 맺는 경우도 흔히 있는 일이다. 내용이 불공정한 계약은 정의로운 분배를 위한 기준이 될 수 없다.

존 롤즈의 사회정의론은 전통적인 계약론의 기본 사상을 받아들이면서도 종전의 계약론이 가진 약점을 보완한 학설이라고 볼 수 있다. 그의 학설의 핵심은, 개인들이 현실적으로 체결한 계약이 아니라 철저하게 합리적인 사람들이 자기중심적 사고의 영향을 받지 않도록 꾸며진 원초적 입장(original position)에서 합의에 도달할 것으로 예상되는 가상적 계약을 분배의 기본 원칙으로 삼아야 한다는 주장에 있다.[7] 롤즈가 제시한 정의의 두 원칙은, 만

---

7 롤즈의 학설의 이 부분에 관해서는 그의 *A Theory of Justice*, 1971, 24절(p.136 이하)과 25절(p.142 이하) 참조.

약 그 두 원칙에 모든 당사자들이 동의하리라는 것을 믿을 수 있다면, 매우 합리적인 계약, 즉 정당한 계약의 산물이라고 볼 수 있을 것이다. 그리고 롤즈의 두 원칙은 "필요에 따라서 분배한다."는 원칙 가운데 살려야 할 장점과 "능력과 업적에 따라서 분배한다."는 원칙 가운데 살려야 할 장점을 아울러 포섭하고 있는 것으로 볼 수 있다는 의미에서 우리들의 주목을 끈다.

3. 롤즈의 정의론의 장점과 한계

만약 모든 사람들 또는 대부분의 사람들이 롤즈가 가정한 원초적 상황에서의 계약 당사자들과 같이 철저하게 합리적이고, 또 모든 나라가 빵보다도 자유를 선호할 정도로 풍요롭다면, 우리는 롤즈의 두 원칙을 사리(事理)에 맞을 뿐 아니라 실천하기에도 어려움이 없는 원칙으로 받아들여야 마땅할 것이다. 그러나 현재 지구 위에 살고 있는 사람들 가운데 철두철미 합리적인 사람은 극소수에 불과하며, 자유의 문제보다는 빵의 문제가 더욱 절실한 나라도 적지 않다. 이러한 상황에서 롤즈의 두 원칙이 만장일치로 채택되기를 기대하기는 어려운 일이며, 설령 '무지의 장막(vail of ignorance)' 속에서 두 원칙이 채택되었다 하더라도 장막이 벗겨진 뒤에 모든 사람들이 그 두 원칙을 실천으로 따라 주리라고 낙관하기도 어렵다.[8] 그러므로 이제 우리는 실천의 가능성의 문제에도 응분의 배려를 해가며, 분배 정의의 문제를 다시 고찰해 보는 것이 바람직할 것이다.

실천의 가능성을 염두에 두고 분배 정의의 문제를 고찰한다 함이, 오늘날

---

8 롤즈의 '정의의 두 원칙'에 대한 자세한 기술은 그의 *A Theory of Justice*, p.60 이하 및 p.150 이하 참조. 그리고 그의 '무지의 장막'에 대해서는 p.136 이하 참조.

의 불합리한 인간성의 의식 수준과 가난한 나라들의 불행한 현실을 그대로 내버려두고 오늘의 현실에 수동적으로 적용하는 길을 찾아보자는 뜻이 될 수는 없다. 모든 현실을 지금 있는 그대로 받아들인다면 불공정한 분배까지도 용인하는 결과가 될 것이며, 이 자리에서 분배 정의의 문제를 거론하는 것 자체가 무의미한 일이 될 것이다. 그러므로 우리는 오늘의 인간성과 오늘의 경제적 현실을 어느 정도 개선할 수 있는 노력의 대상으로 보고, 그 노력이 성공적일 경우에 맞추어서 분배 정의의 문제도 해결해 가는 길을 모색해야 할 것이다. 다만 인간성의 개조가 농촌을 도시로 바꾸듯이 쉽게 이루어질 수 있는 과제가 아님을 감안할 때, 우리가 시도할 수 있는 최선의 길은 인간 교육의 문제와 사회정의의 문제를 긴밀하게 연관된 문제로서 다루되, 실현이 가능한 점진적 개선의 전략을 강구하는 일이 될 것이다.

'점진적 개선'을 위한 전략도 전 세계가 같은 보조를 취하기는 어려울 것이다. 나라마다 국민의 의식 수준에 차이가 있고 경제 사정도 다르므로, 실천을 위한 전략에서는 그 차이점에 대한 고려도 있어야 할 것이다. 필자는 앞으로 한국인의 의식 수준과 한국의 경제 현실을 염두에 두고 이 글의 남은 부분을 전개할 생각이다.

의식주의 생물학적 욕구는 모든 사람들이 공통으로 가지고 있는 기본적 욕구이며, 이 기본적 욕구의 충족은 만인을 위한 일차적 필요(primary needs)다. 우리 한국이 극빈국의 단계에 머물러 있던 1960년대 초반까지는 모든 한국인이 이 일차적 필요를 충족시킬 수 있도록 분배한다는 것은 절대량의 부족 때문에 사실상 불가능에 가까운 일이었다. 그러나 이제는 전 국민의 생물학적 기본 욕구를 충족시키도록 분배하는 일은 충분히 가능하게 되었다.

의식주의 생물학적 욕구의 충족에 이어서 모든 사람들에게 요구되는 것은, 기본적 의료의 혜택을 받는 일과 중등학교 수준의 교육을 받는 일이다. 의식주의 생물학적 욕구를 충족시키고, 환자들이 기본적 의료의 혜택을 받으며, 자녀들에게 중등학교 수준의 교육을 베푸는 것을 편의상 '기본 생활'이라고 부른다면, 이 '기본 생활'의 안정을 보장하는 일은 국가가 수행해야 할 일차적 과제다. 그리고 오늘의 한국이 가지고 있는 경제력을 활용하여 공정하게 분배한다면, 이 일차적 과제의 달성은 가능하리라고 생각된다. 여기서 우리는 "기본적 생활의 필요를 우선적으로 충족하도록 분배한다."는 원칙을 오늘의 한국이 실천에 옮길 수 있는 분배의 원칙으로서 마땅히 받아들여야 한다는 결론을 얻게 된다.

그러나 여기에 아무런 문제도 없는 것은 아니다. '기본 생활의 필요'를 우선적으로 충족하도록 분배함이 마땅하다는 것을 관념적으로 인정한다 하더라도 그와 같은 분배의 원칙을 막상 실천에 옮기고자 하는 단계에서, 그와 같은 분배의 실천으로 불이익을 당하는 사람들이 반대를 시도할 가능성이 높다는 문제가 남아 있다. 모든 사람들이 기본 생활의 안정만으로 만족하는 것은 아니며, 현재 이미 지배적 고지에 오르고 있는 사람들은 기본 생활을 넘어서서 더욱더 높은 수준의 생활을 즐기고 싶어 하는 것이 일반적 심리다. 그리고 오늘의 한국 경제가 도달한 수준은 모든 국민에게 기본 생활의 안정을 보장하는 일과 지배 계층이 더욱더 높은 수준의 생활을 즐기는 일을 모두 가능하게 할 수 있을 정도로 높은 편은 아니다.

위정자와 고급 관리 그리고 기업주와 같은 지배 계층의 견지에서 볼 때, 모든 국민에게 기본 생활의 안정을 보장해 주는 것은 자신들의 더욱더 높은 수준의 생활에 대한 욕구를 상당한 정도로 억제하지 않을 수 없는 결과를 가져올 가능성이 크다. 그러므로 분배의 결정권을 장악한 사람들은 모든 국민에게 기본 생활의 안정을 보장해 주는 것이 옳다는 생각에 관념적으로는 동의하면서도, 그 생각을 실천에 옮기는 일에 대해서는 가담하기를 거부하기 쉽다. 왜냐하면, 모든 사람들에게 기본 생활을 보장해 주는 것이 옳다는 생각의 힘보다도 자기 자신이 더욱더 높은 수준의 생활을 즐기고 싶다는 욕구의 힘이 우세한 것이 오늘의 한국 사람들이 가지고 있는 의식 수준이기 때문이다.

고소득층에 끼이지 못하는 일반 서민 측에서는 기본 생활의 안정이 보장되도록 분배를 받는다 하더라도 그것만으로는 만족하지 않을 것이다. 우선은 기본 생활의 안정을 당면한 목표로 삼는 최저 소득층도 그 목표가 달성되면 다시 더 높은 수준의 생활을 기대하게 될 것이다. 쉽게 말해서, 분배의 문제에 대하여 칼자루를 잡은 계층은 모든 국민에게 기본 생활의 안정을 보장하는 일보다는 자신들의 풍요로운 생활을 유지하는 일에 우선순위를 두는 반면에, 저소득층을 포함한 일반 대중은 기본 생활의 수준을 넘어서는 풍요로운 생활을 기대하고 있는 것이 오늘의 우리나라 현실이다. 우리는 사회적 갈등의 소지가 많은 상황 속에 놓여 있다.

우리들의 문제의 핵심은 우리가 소유하거나 생산할 수 있는 재화와 봉사 인력의 총력에 비하여 그 재화와 봉사 인력을 소유하거나 즐기고자 하는 사람들의 욕구가 훨씬 크다는 사실에 있다. 그러므로 우리들의 문제가 해결되기 위해서는 두 가지 방향의 노력이 병행되어야 할 것이다. 즉 한편으로는 분배의 대상이 되는 재화 내지 서비스의 총량을 증대하도록 노력하고, 다른 한편으로는 우리들의 욕구를 축소시키는 노력을 병행해야 할 것이다. 여기서 우리가 우선 결정해야 할 문제는 다음 두 가지로 요약된다.

(1) 분배의 대상이 되는 재화 내지 서비스를 어느 정도 증대하는 것이 바람직하며, 그 증대를 위해서 어떤 노력에 역점을 두어야 할 것인가?

(2) 우리들의 욕구 체계를 어떻게 조정해야 하며, 바람직한 욕구 체계의 형성을 위해서 어떠한 방법을 사용할 것인가?

위의 두 문제는 불가분의 관계를 가지고 있으며, 두 번째 문제가 더욱 중요한 근본 문제라고 생각된다. 그러므로 우리는 두 번째 문제부터 고찰하는 것이 바람직할 것으로 보인다.

4. 바람직한 삶의 태도의 문제

사람들은 누구나 자신의 행복을 삶의 궁극목적으로 삼고 산다고 볼 수 있으며, 현대 한국인의 대다수는 소유의 극대화 또는 향락의 극대화가 행복에 이르는 첩경이라는 생각을 따라서 움직이는 경향을 보이고 있다. 소유의 극대화 또는 향락의 극대화가 우리를 행복으로 안내하리라는 이 인생관을 버리지 않는다면 공정한 분배를 실천함으로써 모두가 만족하는 삶을 갖고자 하는 우리들의 소망은 달성의 실마리를 찾기 어려울 것이다.

소유와 관능적 쾌락은 외면적 가치의 대표적인 것이며, 한 사회나 국가가 일정한 시기에 가질 수 있는 외면적 가치의 총량은 대체로 한정되어 있다. 그리고 소유와 관능적 쾌락의 극대화를 목표로 삼는 가치 풍토 안에서는 외면적 가치에 대한 사람들의 욕망은 자족(自足)할 줄을 모르고 끝없이 커간다. 여기서 생기는 것이 지나치게 치열한 경쟁이며, 배타적 이기주의에서 오는 사회적 갈등과 불안 그리고 다수의 욕구불만이다. 그러므로 소유의 극대화 또는 향락의 극대화를 삶의 최고 목표로 삼는 우리들의 생활 태도를 버리지 않는 한, 공정하고 행복한 사회를 건설하기는 매우 어렵다.

그러나 인간에게 의식주에 대한 생물학적 욕구의 충족만으로 만족하기를 기대하기는 어려운 일이다. 생물학적 생존을 넘어서서 문화생활을 갖고자 하는 것이 인간인 까닭에, 의식주의 기본 생활이 보장되는 것만으로 인간으로서 만족하는 사람은 없을 것이다. 그러므로 인간으로서 만족할 수 있는 삶을 갖기 위해서는 의식주의 기본 생활 이외에 어떤 목표를 가질 필요가 있으며, 그 목표는 소유의 극대화나 향락의 극대화가 아닌 다른 무엇이어야 할 것이다.

소유나 관능의 쾌락을 대신하여 삶의 최고 목표가 되기에 적합한 것은 무수히 많이 있다. 예컨대, 타고난 소질을 살려서 사회에 도움을 주는 일, 학문과 예술 또는 종교와 같은 정신생활에 몰두하는 일, 뜻이 맞는 친구들과 정담을 나누는 일, 하루하루를 감사하는 마음으로 건강하게 사는 일, 그 밖에도 정열을 기울일 가치가 있는 일은 얼마든지 있다. 이러한 일들은 모두 '내면적 가치'라는 이름으로 묶어서 부를 수 있는 것들이다. 내면적 가치를 지닌 여러 가지 일들 가운데서 각자 자신에게 맞는 것들을 선택하여 실현하고자 하는 목적의 체계를 구상하는 것이 바람직하다.

내면적 가치는 반드시 남을 물리치지 않고도 창출 내지 실현할 수가 있으며, 노력만 하면 그 총량을 얼마든지 증대시킬 수 있다. 슬기로운 삶의 설계와 적절한 노력만 있으면 대다수가 그 목표를 달성할 수 있는 것이 바로 내면적 가치의 세계다. 그뿐만 아니라, 이 내면적 가치의 세계는 사람들이 일반적으로 선호하는 외면적 가치의 세계보다도 더욱 생명이 길고 또 여러 사람들에게 큰 혜택을 나누어 줄 수 있는 끝없는 가치의 세계다.

삶의 궁극적 목적으로서 외면적 가치보다도 내면적 가치를 선호하는 가치 풍토를 조성하도록 유도하는 것은 가치관 교육의 과제다. 가치관 교육은 실천을 목적으로 삼는 까닭에, 삶의 궁극목적으로서는 외면적 가치보다도 내면적 가치가 더욱 바람직하다는 것을 이론상으로 가르치는 것만으로는 부족하다. 사람들이 실천 생활에서 내면적 가치를 선호하도록 유도해야 한다. 내면적 가치가 더욱 소중하다는 것을 이론적으로 설득력 있게 가르칠 수는 있을 것이다. 그러나 이론적 설득이 반드시 실천적 효과를 보장한다고 보기는 어려우므로, 내면적 가치를 선호하도록 유도하는 실천적 도덕교육의 병행이 요구된다.

실천적 도덕교육의 문제를 자세히 논의하는 것은 이 글의 범위를 벗어나는 일이다. 다만 이 자리에서 한 가지 강조해 두고 싶은 점이 있다. 도덕교육에서는 모방의 심리와 습득이 매우 중요하다는 사실을 말하고 싶은 것이다. 특히 바람직한 가치 풍토의 형성을 위해서는 모방의 대상이 되기 쉬운 상류층의 솔선수범이 필수적임을 명심해야 할 것이다. 더욱 구체적으로 말하면, 외면적 가치가 내면적 가치를 압도하고 있는 오늘의 가치 풍토를 벗어나기 위해서는 권력과 금력 등에서 높은 자리를 차지한 계층에서부터 새로운 가치 풍토의 형성을 위한 모범을 실천적으로 보여주어야 한다.

그러나 이것은 결코 쉬운 일이 아니다. 현재 권력과 금력에서 유리한 고지를 차지한 사람들은 권력 또는 금력과 같은 외면적 가치를 가장 열심히 추구함으로써 그 자리에 오른 사람들이 대부분이다. 그들은 외면적 가치의 우위가 몸에 밴 사람들이며, 갑자기 그 습성을 벗어나기가 어려울 것이다. 다만 현재 사회적으로 높은 위치에 올라 있는 계층 안에서도, 우리들의 가치 풍토에 심각한 문제점이 있음을 피부로 느끼고 개혁이 시급함을 강조하는 사람들이 날로 늘어 가고 있다. 우리의 현실에 대한 위기의식이 반성의 계기가 된 것으로 보인다.

생각의 변화가 곧바로 실천의 변화를 가져오지는 않지만, 생각은 말로 표현되고 지도층은 자신이 한 말에 대해서 책임을 져야 할 압력을 느끼게 된다. 실제로 오늘의 한국의 지도층 가운데는 말뿐 아니라 행동으로도 새로운 모습을 보여주려고 애쓰는 사람들의 수가 늘어 가고 있다. 예컨대, 과소비를 억제해야 한다고 역설하는 지도층 인사들 가운데는 스스로도 그렇게 노력하는 사람들이 적지 않다. 그리고 상류층의 이러한 변화는 대중에게도 영향을 미쳐서 과소비를 자제하자는 여론이 점차 힘을 더해 가고 있다. 이러한 실정을 아는지 모르는지, 여러 강대국들은 우리나라의 과소비 억제 운동을 외국 상품에 대한 배척이라고 몰아치면서 방해의 압력을 가하고 있다. 한 국가의 내부에 있어서 그 나라의 강자들이 이기심을 자제하지 않고서는 그 나라의 사회정의가 실현될 수 없듯이, 세계 전체로서도 강대한 나라들이 집단적 이기심을 자제하지 않으면 국제적 사회정의가 실현되지 않을 것이다.

설령 우리가 소유의 극대화 또는 향락의 극대화를 삶의 궁극목표로 삼는 태도를 바꾸고 어떤 내면적 가치의 실현에서 행복을 구한다 하더라도, 우리나라가 현재 보유하고 있는 재화와 생산력만으로는 대부분의 사람들이 그 뜻을 이루기가 어려울 것이다. 그러므로 재화와 생산력의 증대를 위한 경제발전의 노력이 불가피하다. 그러나 자연이 가지고 있는 자원의 유한성과 경제개발이 가져오는 환경의 오염 문제를 고려해야 하므로, 경제개발은 많이 할수록 바람직하다는 생각은 버려야 한다. 여기서 생기는 문제가 우리가 첫 번째 문제로서 제기한 "분배의 대상이 되는 재화 내지 서비스를 어느 정도 증대하는 것이 바람직하며, 그 증대를 위해서 어떤 노력에 역점을 두어야 할 것인가?"라는 물음이다.

이 물음에 대해서 구체적이고 이론(異論)의 여지가 전혀 없는 해답을 주기는 어려울 것이며, 우리가 말할 수 있는 것은 기본적 원칙에 관한 소신을 밝히는 일에 그칠 수밖에 없다. 우리가 확신을 가지고 우선 말할 수 있는 것은 국민 모두의 기본 생활을 보장하기에 필요할 정도의 재화와 봉사 인력은 확보해야 한다는 상식이다. '기본 생활'이라는 말의 뜻을 정확하게 밝히기는 어려운 일이나, 앞에서도 언급한 바와 같이 육체적으로 별다른 불편이 없을 정도의 의식주의 문제가 해결되고, 건강의 유지를 위한 의료의 혜택을 입을 수 있는 사회보장제도가 확립되며, 그리고 중등교육 정도는 원하는 젊은이들 모두가 받을 수 있다면 기본 생활의 안정을 얻었다고 보는 것이 오늘날 우리 한국의 상식이다.

학문과 예술 또는 스포츠 분야의 특수한 재능을 타고난 사람들에게 그 소질을 개발할 수 있는 교육의 기회를 주고, 국민 모두가 사치스럽지 않을 정도의 취미 생활을 즐길 수 있을 정도의 경제력도 갖추는 것이 바람직할 것이다. 그러나 사치스럽고 호화로운 생활에 필요할 정도의 경제개발은 억제해야 할 것이다. 자연 자원의 낭비와 환경오염의 부담을 가급적 줄이기 위해서다.

자연 자원의 낭비와 환경오염의 부담을 최소한으로 줄여 가면서 위에서 말한 정도의 재화를 생산한다는 것은 결코 쉬운 일이 아니다. 그렇게 하기 위해서는 우리 모두가 다음 몇 가지 사항에 적극적으로 협력해야 할 것이다. 첫째로, 우리는 일하는 가운데서 기쁨과 보람을 찾는 지혜를 체득하도록 노력해야 할 것이다. 현재 한국에는 노동을 기피하는 경향이 현저한데, 부지런히 일하지 않고서는 필요한 재화를 생산할 수가 없다. 일은 돈벌이를 위한 수단에 그치는 것이 아니라, 일을 통하여 국가와 사회에 이바지하고 일을 통하여 자아의 성장을 얻게 된다는 사실을 명심하여, 능동적이고 긍정적인 자세로 일에 임하는 기풍을 일으키도록 우리 모두 함께 힘써야 할 것이다.

둘째로, 자연 자원의 소모를 극소화하도록 소비생활에서 낭비를 없애는 동시에 폐품의 재활용을 극대화할 수 있도록 소비자와 생산자가 모두 협력해야 할 것이다.

셋째로, 환경의 오염을 극소화하는 일에도 생산자와 소비자가 모두 적극적으로 협력해야 할 것이다. 환경의 오염을 방지하는 문제는 한 나라의 국내적 노력만으로는 해결될 수 없으므로 이 문제에 대해서는 국제적 협력이 강조되어야 한다. 환경의 오염을 방지하는 문제는 인류 전체의 운명이 걸린 세계적 문제의 하나이며, 이 중요한 문제의 해결을 위해서 절실하게 요청되는 것은 개인과 집단이 모두 이기주의의 어리석음으로부터 자유로워지는 일이다.

우리는 하나밖에 없는 지구를 살려야 한다는 공동의 과제를 안고 있다. 이 공동의 과제를 달성하기 위하여 인류 전체가 크게 협동해야 할 초국가 시대에 살고 있는 것이다. 그러나 강대국들은 세계의 패권을 장악하기 위하여 여전히 경제개발에 박차를 가하고 있으며, 약소국들은 살아남기 위해서 역시 경제개발에 총력을 기울이고 있는 것이 오늘의 현실이다. 우리는 하루빨리 이 어리석은 상황을 벗어나야 한다. 인류의 각성을 위하여 세계의 양식 있는 사람들이 크게 경종을 울려야 할 시점이다.

(대한민국학술원 논문집, 1993)

6장

과학 기술의 발달과 우리들의 문제 상황

6 장 과학 기술의 발달과 우리들의 문제 상황

1. 과학 기술이 초래할 수 있는 치명적 결과

오늘의 방대한 인구와 세계 각지의 대도시를 엄연한 기정사실로 전제할 때, 첨단 과학 기술의 혜택을 떠나서 인류가 오래 살아남기는 매우 어려울 것이다. 세계 인구는 지금도 계속 늘어나는 추세를 보이고 있으며, 석유를 주축으로 하는 에너지 자원은 여분이 많지 않다. 만약 육종학(育種學)의 계속적인 발달이 없었다면 식량의 위기는 절망을 불렀을 것이며, 원자로의 안전한 건설과 무한에 가까운 태양 에너지의 활용에 대한 희망이 없었다면 고갈로 치닫는 에너지의 문제도 심각한 지경을 헤매게 되었을 것이다.

우리가 과학자들의 연구 성과에 대하여 감사를 드려야 할 이유는 식량 증산과 대체 에너지의 문제에만 국한해서 있는 것은 물론 아니다. 의학과 의료 기술의 계속적인 발달에 힘입어 무수한 사람들이 질병의 고통을 크게 덜 수 있게 되었고, 인간의 평균수명도 날로 늘어나는 결과를 보게 되었다. 그리고 정보와 통신에 관련된 과학 기술의 놀라운 발달 덕분에, 세계가 하나의 국가처럼 서로 협력하며 질서 있게 살 수 있는 날을 기대할 수도 있게 되었다. 이러한 시각에서 볼 때 과학과 기술은 인류의 희망이라는 말도 성립할 수 있음 직하다.

그러나 과학과 기술이 가진 힘에는 빛과 그늘의 두 측면이 있다. 과학과 기술의 발달을 따라서 그것이 인간을 위해서 기여할 수 있는 힘이 강화되었을 뿐 아니라, 인간의 불행을 촉진할 수 있는 힘도 함께 강화되었다. 과학 기술의 발달이 인간의 불행을 촉진하는 부정적 결과를 부를 수도 있다는 것을 극명하게 보여주기 시작한 것은 아마도 과학 기술이 신무기 개발을 위하여 사용된 때부터였을 것이다.

20세기에 이르러 두 차례의 세계대전이 일어나기 전에는 과학 기술이 끼친 나쁜 영향보다는 좋은 영향이 압도적으로 우세했다고 말할 수 있을 것이다. 그러나 제1차 세계대전에 참여한 열강은 과학 기술의 힘을 신무기 개발에 이용하는 데 열을 올렸고, 그 결과로 비행기와 폭탄 같은 가공할 무기를 선보였으며, 마침내 제2차 세계대전 말기에는 원자폭탄을 투하하기에까지 이르렀다. 전쟁이 끝난 뒤에도 여러 나라들은 파괴력이 더욱 강한 무기를 개발하는 일에 몰두하고 있다. 언제 또 핵전쟁이 일어날지 모른다는 불안이 도처에 있으며, 만약 전면적인 핵전쟁이 일어난다면 인류는 멸망에 가까운 피해를 입을 것이라고 식자들은 걱정한다.

과학과 기술의 부정적 영향에 대한 우려는 전쟁 무기와 관련해서만 나타나는 것은 아니며, 첨단 과학 기술의 발달이 있는 곳에는 어디서나 그 부정적 영향에 대한 우려의 문제가 제기되고 있다. 예컨대, 식량 증산과 질병 퇴치를 위하여 새로운 지평을 열 것이라는 기대로 크게 환영을 받은 유전공학 내지 생명공학도 유전자의 다양한 배합과 동물의 복제까지 가능하게 된 작금에는, 그 첨단 기술이 도리어 치명적 재앙을 부를 수도 있다는 우려를 낳고 있다. 유전자의 인위적 조작 기술이 계속 발달할 경우에, 초인(超人)의 능력을 가진 새로운 인간을 만들어 낼 수도 있을 것이다. 그리고 그렇게 만들어

낸 신종 인간을 복제의 공학 기술을 통하여 여럿 만들 수도 있을 것이다. 체력(體力)과 지력(知力)에 있어서 재래종 자연인(自然人)과는 비교가 되지 않을 정도의 초월한 능력을 가진 신종 초인의 무리가 다수에 이른다면, 재래종 자연인은 그 상황에 적응하기가 매우 어려울 것이다.

전자공학의 놀라운 발달에 따르는 정보통신기술의 마술 같은 성과도 현대인의 생활에 형언하기 어려울 정도의 혜택을 주고 있다. 컴퓨터를 적절하게 이용하면 집 안에 가만히 앉아서도 전 세계와 정보를 교환해 가며 임무를 수행할 수 있는 편리한 세상이 현실로 다가오고 있다. 산업화 시대의 막이 내리고 정보화 시대의 막이 올라간 것이다. 이 정보화 시대의 출현을 가능하게 한 전자공학의 놀라운 기술도 인간 사회에 부정적으로 작용할 가능성이 없지 않다.

전자공학 내지 정보통신의 놀라운 기술이 인간 사회에 미칠지도 모른다고 우려되는 부정적 영향은 주로 인간성과 인간관계에 관한 것이다. 고도로 발달한 정보화사회에서는 사람들의 상호 의존도가 종전보다 크게 줄어들 공산이 크다. 종전에는 타인의 힘을 빌리지 않으면 해결할 수 없던 문제들이 앞으로는 컴퓨터의 도움으로 처리할 수 있는 경우가 허다하게 될 것이다. 여러 사람의 인간 친구를 갖는 것보다는 한 대의 컴퓨터를 끼고 있는 편이 더욱 믿음직한 세상이 되었을 때, 사람들의 인간성과 인간관계가 어떻게 형성될 것인지에 대하여 일률적으로 단언하기는 어려울 것이다. 그러나 어떠한 슬기로운 노력도 없이 되는 대로 추세에 맡긴다면, 사람들의 자아의식이 개인주의의 방향으로 지나치게 흘러서, 인간 사회가 공동체 의식을 상실하고 무미건조한 집합이 되고 말 가능성이 크다는 우려를 금하기 어렵다.

개인 정보가 본인의 동의 없이 인터넷을 통하여 노출되는 경우가 빈번하게 일어나고 있다. 또 타인의 비리나 소문을 익명으로 인터넷에 띄우는 사례도 있으며, 이런 사례는 앞으로 더욱 늘어날 것이다. 사람에게는 누구나 덮어

두고 싶은 사생활의 측면이 있기 마련인데 인터넷을 매개로 삼고 모든 것이 노출되는 것은 사람들의 안정된 정신생활을 위하여 바람직하지 않다. 그뿐만 아니라, 사람들은 얼굴을 맞댔을 때 자연히 체면을 생각하고 예절을 존중하게 되지만, 익명으로 행동할 경우에는 파렴치하게 될 가능성이 높다. 이러한 사정도 전자공학 발달의 부정적 영향으로서 고려의 대상이 된다.

컴퓨터를 찬양하는 젊은이들 가운데는 컴퓨터가 제공하는 가상 세계 속에 필요한 것의 대부분이 있다고 말하는 사람도 있다. 컴퓨터를 좋아하는 어린이들은 그 앞에 앉으면 시간 가는 줄을 모른다. 정보화사회가 진행됨에 따라서 현실 세계와 구별되는 가상 세계 속에 몰입하는 사람들이 점점 늘어날 것이다. 여기서 염려되는 것은 현실 세계를 외면하고 가상 세계에 애착하는 태도가 지나쳤을 경우에, 그러한 생활 태도가 사람들의 육체와 정신 건강에 악영향을 미치지 않을까 하는 점이다. 이러한 우려는 한갓 기우에 그칠 수도 있을지 모르나, 가상 세계에 대한 지나친 애착이 건강에 미칠 수 있는 영향에 대해서도 관심을 기울여야 할 것이다.

2. 공인(公人)으로서의 과학자에게 요구되는 윤리 의식

과학자가 막강한 힘을 가진 신기술을 개발하는 데 성공했을 경우에, 그 과학자는 자기가 개발한 기술이 오로지 좋은 일을 위해서만 사용되고 나쁜 일에는 악용될 수 없도록 통제하는 힘을 갖지 못할 것이다. 새로운 기술을 개발한 과학자는 그것을 조만간 세상에 알릴 것이며, 일단 세상에 알려진 신기술은 그것을 개발한 연구자의 의사와는 관계없이 부정적 결과를 초래할 수도 있을 것이다. 그러므로 새로운 기술의 개발을 시도하는 과학자는 연구를 시작하기에 앞서, 자신의 연구 결과가 인류에 대하여 치명적 피해를 입히는 불행을 부르는 일이 없도록 미리부터 연구 계획을 조절할 필요가 있다.

과학 연구에 종사하는 대학교수 또는 큰 연구 기관의 연구원은 단순한 사인(私人)이 아니라 공인(公人)으로서의 지위에 올라 있다. 따라서 그들의 연구 활동에는 공인으로서의 책임이 따른다. 여기서 과학자가 져야 할 '공인으로서의 책임'이 무엇인지를 논란의 여지가 없도록 밝히기는 쉬운 일이 아니다. 다만 여기서 우리는 과학자가 취해서는 안 될 태도에 대하여 지성인이면 대부분 동의할 것으로 기대되는 몇 가지 의견을 제시할 수는 있을 것이다.

　첫째로, 공인으로서의 과학자는 돈의 노예가 되거나 권력의 앞잡이가 되지 말아야 한다. 특히 생명공학이 개발하는 첨단 기술은 막대한 돈벌이를 위한 도구로 쓰일 수 있는 소지가 많으며, 타인을 지배할 수 있는 권력의 도구로 악용될 가능성도 높다. 그러므로 만약 생명공학의 첨단기술이 상업주의와 손을 잡거나 권력자의 손에 들어간다면, 부(富)의 편중 또는 권력의 집중, 그리고 그 밖의 사회적 혼란을 초래할 가능성이 크다.

　둘째로, 공인으로서의 과학자는 모험을 무릅쓰는 공격적 자세보다는 안전을 위주로 하는 수비적 자세로 기술 개발에 임하는 편이 바람직할 것이다. 바꾸어 말하면, 인류 사회의 안녕과 질서의 증진을 위하여 필요한 기술을 개발하는 일에만 주력하고, 잘만 활용하면 인류를 위해 크게 이바지할 것임이 확실한 반면에 잘못 사용하면 치명적 결과를 가져올 소지도 큰 첨단기술은 개발을 자제하는 편이 바람직하다. 그렇게 말하는 까닭은, 생물의 세계는 이제까지 자연의 섭리를 따라서 균형과 조화를 유지해 왔으며, 이 균형과 조화를 깬 것은 주로 생물계에 대한 인간의 간섭이었기 때문이다. 단적으로 말해서, 말의 주력(走力)과 솔개의 시력(視力), 그리고 코끼리의 근력(筋力)과 존 스튜어트 밀의 지능을 가진 초인(超人)을 만들어 내지 않아도 그로 인하여 인류 사회가 별다른 곤란에 처하지는 않는다. 그러나 그러한 초인이 생산되고 다수 복제되었을 경우에는 막대한 참사가 일어날 염려가 있다. 현 상태로도 큰 불편이 없는 상황에서 굳이 모험적 연구를 감행할 까닭이 없다.

우리들의 문제 상황을 어렵게 만들고 있는 것의 핵심은 과학 기술이 놀라운 속도로 발달하고 있는 데 반하여 사람들의 도덕적 의식 수준은 구태의연하다는 사실에 있다. 발달한 과학 기술이 심각한 부작용 없이 인간 사회에 순조롭게 기여하기 위해서는 과학 기술을 활용하는 사람들의 도덕적 의식 수준도 함께 향상해야 한다. 그러나 우리들의 의식 수준은 별로 향상하는 조짐을 보이지 않는다. 정치인도 그렇고 기업인도 그러하며, 일반 소비자도 마찬가지다. 바로 이 점을 과학자들이 깊이 고려하고 연구와 개발을 계획해야 한다.

우선 과학자들의 의식이 새로워져야 한다. 야심 많은 정치가 또는 욕심 많은 기업인의 수족(手足)이 되는 대가로서 특권을 누리는 것을 부끄러워할 줄 모른 선배 과학자들의 태도를 우선 청산해야 한다. 과학 기술이 발달할수록 과학자의 책임이 가중되므로, 그 책임을 감당하기에 부족함이 없는 높은 수준의 도덕적 양식을 갖출 것을 현대는 과학자들에게 요구한다.

과학 기술의 발달과 보조를 같이하여 도덕적 의식 수준의 향상이 요구되는 것은 과학자와 정치가 또는 기업인과 같은 이른바 사회 지도층에만 국한되지 않는다. 사회의 여러 계층의 사람들은 서로 긴밀한 영향을 주고받으므로, 어떤 특정한 계층만이 높은 의식 수준에 도달하기는 어려우며, 또 일부 계층만의 높은 의식 수준으로는 우리들의 공동 문제가 순조롭게 풀리지 않을 것이다. 정치가는 유권자의 심리 상태를 계산하여 그들의 태도를 결정하고, 기업인은 소비자의 취향을 따라서 생산 또는 판매의 전략을 세우며, 과학자는 정치가 또는 기업인의 영향 아래서 그들의 연구를 계획하고 수행한다. 그러므로 사회 전체가 올바른 방향으로 발전하기 위해서는 서로 영향을 주고받는 모든 계층이 올바른 가치관과 높은 도덕 의식을 몸에 익혀야 한다.

생명공학의 새로운 연구의 결과로 생길 수 있는 부정적 결과와 같이 정치가 또는 기업인 등 특수한 계층의 도덕 의식과 직결되는 문제들도 있지만, 우리 시대에는 일반 대중의 높은 도덕 의식을 요구하는 문제들도 있다. 도시화와 산업 발달의 추세 속에서 자연환경을 깨끗하게 보전하는 문제와 전자공학의 발달로 컴퓨터가 인간사의 중심을 차지하는 상황에서 건전한 인간관과 인간관계를 유지하는 문제 등은 일부 특정 분야의 인사들뿐 아니라 모든 분야와 모든 계층 사람들의 올바른 가치관과 높은 도덕 의식을 요청한다.

앞으로 다가올 첨단 과학 시대 또는 정보화 시대에 일반 시민에게 요청되는 올바른 가치관과 높은 도덕 의식이 무엇인지를 탐구하는 것은 별도로 다루어야 할 방대한 문제다. 여기서는 다만 앞으로 다가올 시대가 요청하는 인간상(人間像)의 기본 특색에 대하여 간단히 언급하는 것으로 맺는 말을 대신하고자 한다.

근세 이래의 산업사회가 배출한 인간상이 보여주는 특색의 하나는 사람들의 자아가 매우 협소하다는 사실이요, 그 둘은 물질적 내지 외면적 가치에 몹시 애착한다는 사실이다. 바꾸어 말하면, 근세 이후의 산업사회는 소유와 향락에 지나치게 집착하는 소아적(小我的) 인간상을 대량으로 배출하였다. 이 소아적 인간상은 공동체 의식이 약하고 배타적 이기심이 강하므로, 원만한 사회의 형성을 위해서는 적합하지 않다.

자아의 범위가 협소한 사람들의 가장 기본적인 특색은 마음이 닫혀 있어서 안목 내지 시야가 좁다는 사실이다. 바꾸어 말하면, 당장 눈앞에 보이는 것에 현혹되어 생각이 짧고 좁은 사람들은 대체로 자아의 범위도 협소하다. 특히 우리 한국인의 경우는 이지(理智)보다도 감정(感情)이 우세한 기질로 인하여 멀리 내다보지 못하는 근시안적 사고에 머무는 사례가 많다. 미래 사회가 요구하는 새로운 인간상을 추구함에 있어서 우리는 이 점을 깊이 고려해야 할 것이다.

(대한민국학술원 개최 '과학 기술과 인간의 위기'에 관한

국제학술회의 기조 논문, 2000)

[보론]
현대 한국의 윤리적 상황

현대 한국의 윤리적 상황

1. 힘의 질서

황석영의 『어둠의 자식들』은 우리나라의 뒷골목 상태와 밑바닥 인생의 모습을 그린 소설이다. 소설이라고는 하나, 이동철이라는 실재 인물의 체험담을 정리하고 윤색한 것에 불과하므로, 실화에 가까운 내용을 담았다. 이 작품을 통하여 우리가 발견하는 사실의 하나는 우리나라 뒷골목의 밑바닥 사회를 지배하는 것은 '힘의 질서'라는 그것이다.

뒷골목 사회의 생태에 '질서'라는 말이 합당하냐 하는 의문을 제기할 수도 있을 것이다. 그러나 뒷골목에도 뒷골목 나름의 관습이 있어서 언제나 수라장의 연속만은 아니니, 거기에도 넓은 의미의 질서가 존재한다고 보아서 무방할 것이다. 그리고 그 '질서'의 유지의 핵심을 이루고 있는 것이 바로 폭력이라는 사실을 발견하고, 필자는 윤리 문제에 있어서 힘이 차지하는 위치에 대하여 깊은 고찰이 필요하다는 것을 새삼스럽게 느꼈다. 우선 철저한 약육강식의 원리가 지배하는 뒷골목 상태의 몇 가지 유형을 소개함으로써, 우리나라 윤리적 상황의 단면을 살피는 실마리로 삼고자 한다.

『어둠의 자식들』의 주인공, 즉 기지촌의 가난한 홀어머니 밑에서 자라난 이동철의 생활환경은 그 출발점부터 아주 냉혹한 것이었다. 그는 어려서부터 약간 다리를 절었고, 국민학교의 같은 반 아이들은 그의 걸음걸이를 흉내 내며 놀려댔거니와, 그 짓궂은 희롱을 막는 길은 오직 칼을 휘둘러 독종으로서의 근성을 발휘하여 무섭게 보이는 방법뿐이었다. 그러나 그의 그러한 행동은 담임 선생의 미움을 사게 되었고, 담임 선생 역시 폭력으로써 이동철의 거친 행동을 다스렸다. 국민학교를 중도에 그만두고 뒷골목으로 떠돌아다니던 동철은 남대문 시장에서 물건을 훔치다 붙잡혀 아동 보호소로 넘겨진다. 아동 보호소의 직원들이 아이들의 행동을 규제하는 방법도 역시 주로 무서운 매질이었다.[1]

아동 보호소를 도망쳐 나온 동철은 한동안 넝마주이로 입에 풀칠을 했지만 오래지 않아 다시 소년원의 신세를 지게 된다. 소년원이라는 곳도 역시 폭력이 지배하는 사회였다. 소년원의 직원들은 소년수들 가운데서 힘이 강한 놈들에게 특권을 주어 폭력으로 원생들을 휘어잡도록 한다. 그 힘센 놈들은 자연히 소년수들 가운데서 온갖 세도를 부리게 되거니와, 이른바 이 '왈왈구찌'도 직원들의 폭력 앞에서는 꼼짝도 못한다.[2] 소년원을 나온 이동철은 한동안 '짬짬이' 또는 '꼬지' 생활을 하다가 다시 거지 수용소로 끌려갔다. 거지 수용소에 있어서도 수용자들로 하여금 말을 듣게 하는 방법은 역시 폭력이다. '선생님'이라고 불리는 수용소 직원들도 잡혀 온 걸인들을 개 패듯 때리지만, 거지들 가운데서 뽑혀 직원들의 보조역을 맡은 이른바 '통장'들도 저희들이 같은 처지의 신분임을 망각하고 다른 거지들을 무섭게 두들

---

1 황석영, 『어둠의 자식들』, 현암사, 1980, pp.21~22 참조.
2 같은 책, pp.29~34 참조.

겨 팬다. 이를테면 공포심을 줌으로써 수용소의 기율을 잡는 것이다. 성미가 독종인 동철은 이유 없이 공매를 맞는 것이 억울하여 반격을 했다. 숟가락을 빼돌려서 시멘트 벽에 갈아 칼처럼 뾰족한 무기를 만들었고, 그것으로 통장을 급습하여 내리찍은 것이다. 그리고 다음 순간에 제 배도 열댓 번을 그어 버렸다. 그제서야 당황한 직원들은 "야 동철아, 뭐가 못마땅해서 그러냐. 말을 해 봐, 들어줄게."[3] 하며 타협을 구했다.

거지 수용소를 빠져나온 이동철은 뒷골목과 형무소 사이를 전전하다가 양동 사창굴로 들어갔다. 이 사창가의 생태는 더욱 철저하게 약육강식의 그것이다. 이동철이 양동의 사창굴에 발을 들여놓던 첫날밤에 이미 폭력이 난무하였고, 그는 가릴 수 없는 독종이라는 사실을 알림으로써, 그 동네의 식구가 될 수 있었다. 사창가가 무법천지라는 것은 이미 알려진 사실이다. 취직이라도 할까 하고 무작정 상경한 시골 아가씨를 속여서 우선 그들의 소굴로 유인한다. 일단 저희들 집 안으로 끌어들인 다음에는 감금과 위협 그리고 감언이설 등 온갖 방법을 동원하여 매춘을 강요한다. 그리고 그 매춘의 대가를 그곳의 강자인 포주와 기둥서방 등이 나누어 먹는 것이다. 여기서 특히 주목을 끄는 것은 이 사창가의 경우도 강자 위에 강자가 있고 또 약자 밑에 약자가 있다는 사실이다. 사창가에서 포주나 기둥서방보다도 더 강한 자란 관할 구역의 경관 또는 담당 형사를 두고 한 말이다. 색시 장사뿐 아니라, 장물아비, 깡패 등 뒷골목의 "범죄꾼들은 형사와 악수하지 않고는 아무것도 해먹을 방도가 없었다." 형사들에게 약점을 잡히고 있는 그들은 형사들에게 아쉬운 일이 생길 때 협조해 주어야 한다. 형사들이 협조를 요구하는 일 가운데 가장 거북스러운 것은 후리가리, 즉 일제 단속 때 형사가 책임 지워진 머

---

3 같은 책, pp.39-42 참조.

릿수를 채울 수 있도록 밀고를 하는 일이다. 경찰 고위층에서 일제 단속의 명령이 떨어지면, 형사들에게 각각 일정한 숫자 이상의 범인을 검거할 책임이 지워진다. 이 책임을 완수하는 데 가장 효과적인 방법이 우범 지대의 악당들로 하여금 정보를 제공받는 일이다. 따라서 형사는 범죄자를 밀고하도록 강요하게 되고, 평소 약점을 잡히고 있는 우범자들은 그 요구를 들어주기 위하여 갖은 방법을 동원한다. 그들은 제가 살기 위해서 남을 일러바쳐야 하고, 심지어는 잘 아는 친구의 비밀을 고발하는 수도 있다.[4]

사창가의 창녀보다도 더 약한 자란 시골에서 멋도 모르고 상경하여 어물어물하다가 걸려든 소녀들을 두고 한 말이다. 어떤 경로를 밟아서였든 창녀라는 불행한 신세로 전락한 여자들은, 자기네와 같은 불쌍한 사람이 다시는 생기지 않기를 바라는 마음도 아마 한편으로 있을 것이다. 그러나 실제에 있어서 그들 가운데는, 약간의 부수입을 올리기 위하여 사창가의 악당들과 공모하여 시골 처녀들을 꾀어서 팔아먹는 나쁜 짓에 가담하는 사람들도 있다. 쉽게 말해서 강한 자가 더 강한 자의 밥이 되듯이, 약한 자는 그보다 더 약한 자를 잡아먹는 것이다.[5]

사창가 기둥서방 생활에 싫증을 느낀 이동철은 절도범 전과자들과 공모하여 금은방을 털었고, 수사망을 벗어나기 위하여 강원도 어느 공사장으로 몸을 숨겼다. 터널도 파고 철교도 놓는 철도 공사판이었다. 그 공사판도 역시 힘 없이는 살 수 없는 비정의 세계라는 점에서 크게 다를 바가 없었다. 공사장에 모여든 노동자들은 대개 독신자들이었다. 노임이 워낙 싸서 가족을 거느릴 형편이 못 되었고, 대부분이 함바집 신세를 지는 형편이었다. 현장 감

---

4 같은 책, pp.216-237 참조.
5 같은 책, pp.83-93 참조.

독은 공구장, 도십장, 십장으로 계층을 이루고 있었으며, 인부들을 능률적으로 부려 먹기 위하여 도급 제도와 책임지고 떼어 맡기 제도를 만들었다. 토건 회사로부터 하청을 맡은 공구장은 다시 도십장에게 도급을 준다. 도십장은 마음에 드는 사람들을 십장으로 삼고, 십장으로 하여금 인부들을 부리도록 한다. 십장은 인부 열 사람이 하루 걸리는 작업량을 일곱 사람에 책임을 지워 떼어 맡기는 것이다.[6]

일이 끝나면 일당을 주되 현찰을 지급하지 않고 전표로 대신한다. 그러나 밥은 현금을 주고 사 먹어야 하는 까닭에 전표를 1할 정도 싸게 현금으로 바꾸기 마련이다. 매일같이 힘을 다하여 일은 하지만 결국 저축을 할 여유가 없으니, 노후의 보장은 고사하고, 몸을 다치거나 병이 생겼을 경우에는 아주 비참하다. 이동철과 가까운 친구의 한 사람인 상필이라는 인부는 십장의 요청에 따라 교각 위에서 마무리 작업을 하다가 떨어져 큰 부상을 당했다. 십장은 본체만체했으며 아무도 치료에 대해서 책임을 지려고 하지 않았다. 그뿐만 아니라, 상필이의 그날 일당까지도 주지 않았다. 이 비정한 처사에 격분한 동철은 깡패의 근성을 발휘하여 완력을 휘두르고 파업을 선동하는 등 소동을 벌였다.

탄광이나 철도 공사장에는 대개 대여섯 명의 깡패들이 있었다. 공사장의 '질서'를 잡는 것이 그들의 소임이다. 인부들의 반항에 대비하여 회사 측의 방패 노릇도 하고, 때로는 인부들을 선동하여 파업을 일으키기도 한다. 방패 노릇을 한 대가로서 돈을 받기도 하고, 자기네가 일으킨 파업을 무마해 주는 조건으로 돈을 뜯어내기도 한다. 사리를 따라서 일을 처리하는 것이 아니라, 돈과 폭력의 힘이 그 고장을 지배하는 셈이다.[7] 공사장의 비리는 그것

---

6 같은 책, p.258.

만이 아니었다. 공사의 종류에 따라서 일정한 분량의 철근과 양회 등을 사용하도록 규정이 되어 있지만, 규정대로 재료를 쓰지 않고 부당한 이윤을 추구하는 사례가 많다. 콘크리트 작업을 할 때는 교통부나 현장 사무실에서 기사들이 나와 감시를 하기 마련이지만, 별로 소용이 없다. 철근이나 양회를 넣을 시간이 되면 공구장의 직원들이 감시원을 술집으로 안내하여, 그들이 보지 않는 상황에서 작업이 진행되기 때문이다.[8]

2. 윤리적 사회의 조건

황석영의 소설을 자료로 삼고 우리 사회의 치부에 해당하는 뒷골목의 어두운 이야기를 굳이 들추어 낸 데는 두 가지 이유가 있다. 첫째로, 이미 앞에서도 말한 바와 같이, 윤리 문제에 있어서 '힘'이 차지하는 위치에 대하여 깊은 고찰이 필요하다는 것을 깨닫게 한 것이 바로 폭력이 지배하는 뒷골목 이야기였으며, 이 이야기를 독자와 나누는 것이 다음 문제를 함께 생각하기에 도움이 되리라고 보았기 때문이다. 그리고 둘째로, 이동철이 체험했거나 관찰한 것과 유사한 생활을 하는 사람들이 아직도 우리나라 이 구석 저 구석에 남아 있다고 보아야 할 것이며, 그러한 사람들이 그렇게 사는 뒷골목이 있다는 바로 이 현실이 결코 소홀히 생각할 수 없는 중대한 윤리 문제를 안고 있다는 사실 때문이다. 우선 윤리 문제에 있어서 '힘'이 차지하는 좌표부터 살펴보기로 하자.

무릇 사회가 질서를 유지하고 존속하기 위해서는 그 성원들의 행위에 어

---

7 같은 책, pp.260-271 참조.
8 같은 책, pp.259-260.

떤 규제가 가해져야 한다. 모든 사람들이 저마다의 충동에 따라서 멋대로 행동을 한다면, 잠시도 충돌과 혼란이 그칠 때가 없을 것이니, 사회가 사회로서 존립하기 어려울 것이다. 그런데 사회생활에 있어서 사람들의 행동을 규제하는 작용을 하는 것에 세 가지 종류가 있다. 첫째는 강제성을 띠고 밖으로부터 행위자에게 가해지는 강자의 힘이다. 둘째는 행위자에게 심리적 압박으로 받아들여지기 쉬운 사회적 이목이다. 셋째는 행위자가 내심의 요청을 따라서 스스로 자기에게 가하는 자제력이다. 이 세 가지는 발생학적으로 깊이 서로 연결되고 있어서 구분되기 어려운 경우도 없지 않다. 그러나 원칙적인 구별은 가능할 것이다.

첫째, 강제성을 띤 강자의 힘의 대표적인 것은 폭력과 그 위협이다. 약자로 하여금 말을 듣게 하는 강자의 실력은 일반적으로 폭력 또는 그 위협으로서의 성격을 띠고 있다. 남의 눈치를 볼 줄 알기 이전의 아주 어린 아이들의 행동은 주로 이 강자의 실력에 의하여 규제된다(먹을 것이나 장난감을 주고 달래는 방법과 궁둥이를 때려서 버릇을 가르치는 방법은 근본이 서로 다른 것은 아니다). 국민학교의 어린이들 사회에 있어서도 완력이 지배하는 경향이 있으며, 이동철이 경험한 우범지대의 생태는 폭력이 지배하는 최악의 경우라 하겠다. 법에 의한 질서도 그 본래의 성격으로 말하면 '힘의 질서'의 한 유형이라고 보아야 할 것이다. 법은 그것을 어긴 사람에게 강제적 제재를 가한다는 전제 아래 제정되는 것이며, 이 전제는 국가권력이라는 막강한 힘에 의하여 뒷받침되고 있다. 다만, 현대 민주국가의 법은 그것의 규제를 받을 국민들 자신의 참여를 거쳐서 제정된다는 점에서 자유계약에 의한 규범으로서의 성격을 띠는 것이므로, 단순히 밖으로부터 가해지는 남의 힘으로서의 폭력과 다르다. 둘째로, 민주국가의 법은 국민 스스로 납득하고 자진하여 받아들일 수 있는 규제라는 점에서, 힘에 눌려 마지못해 굴종하는 폭력과 다르다. 물론 이것은 민주주의 정신을 따라서 제정된 법의 경우이며, 국민의 의사를 무시하고 만들어진 법의 경우는 폭력과 구별될 수 있는 근거를 갖지 않은 것으로 보아야 할 것이다. 법은 행위자가 이를 기꺼이 받아들여 자진해서 준수할 때, 외적 강제력의 범주를 벗어나 내적 자제력의 범주로 승화한다.

둘째로, 남의 이목도 우리들의 행동을 제약하는 힘으로서 작용한다. 사회적 존재로서의 인간은 남의 칭찬과 비난을 의식하기 마련이며, 이 의식이 우리들의 행동에 상당한 영향력을 가졌다. 칭찬 또는 비난의 주체로서의 남의 이목은 그것이 나의 밖에 있다는 점에서 외적 규제력이다. 그러나 남의 비난을 무시할 수 있을 정도로 배짱이 두둑한 사람들에 대해서는 무력하다는 점에서, 즉 그것을 무시해도 강제적 제재가 따르지 않는다는 점에서, 폭력과 법이 대표하는 첫째 범주의 규제력과 다르다. 첫째 범주의 규제력이 본질에 있어서 물리적이라면, 이 둘째 범주의 것은 본질에 있어서 심리적이다. 남의 이목은 그것이 내 밖에 있다는 점에서는 첫째 범주인 '남의 힘'에 가깝고, 그것이 심리적이라는 점에서는 셋째 범주인 내적 자제력에 가깝다. 남의 이목의 주된 내용을 이루는 것은 그 사회의 도덕적 통념에 입각한 비난 또는 칭찬이다. 남을 평가하는 사람 자신의 이해관계를 반영한 주관적 관점에서 비난 또는 칭찬을 보내는 경우도 많으나, 그러한 비난은 별로 두려워하지 않는 것이 일반적 경향이다. 우리가 진실로 두려워하는 것은 그 사회의 도덕적 통념에 입각한 비난, 다시 말해서 개인적 이해관계를 초월해서 내려진 것으로 인정을 받을 수 있는 이른바 도덕적 비난이다. 도덕적 비난이기는 하나, 그것이 밖으로부터 오는 것이라는 점에서 남의 이목을 걱정한 행위의 규제는 아직 타율의 단계를 벗어나지 못한 것으로 보아야 할 것이다. '남의 이목'은 강제적 집행력을 갖추지 않았다는 점에서 강자의 힘과 다르다. 그리고 남의 이목을 존중하느냐 안 하느냐 하는 것은 어느 정도 내 의사로 결정할 수 있다는 점에서, 우리들의 셋째 범주인 내적 자제력에 한 걸음 다가선 것이라고 볼 수 있다.

우리들의 셋째 범주, 즉 행위자의 내적 요구에 따르는 자제력은 흔히 '양심의 소리'라고 불리어 온 것을 그 대표로 볼 수 있을 것이다. 그러나 모든 사람들의 내적 자제력을 '양심의 소리'라고 일률적으로 말하기는 어렵다. 그 내면의 요구가 더 정서적이거나 더 직각적인 사람들의 경우는 '양심의 소리'라는 이름이 적합할 때가 많을 것이다. 그러나 논리의 일관성의 요구를 존중하고 거시적 관점에서 심사숙고한 끝에 태도를 결정하는 사람들의 경우는 오히려 '이성의 소리' 또는 '지성의 소리'라는 표현이 더 적합할 것이다. '양심의 소리'든 '이성의 소리'든 그것은 자율의 능력이라는 점에서 타율의 요인으로서의 강자의 힘 또는 남의 이목과 크게 다르다. 강자의 제재 또는 남의 이목이 두려워서 자기의 욕망 내지 충동을 억제하는 사람들은 이 밖으로부터의 위협이 없을 경우에는 제멋대로 행동할 가능성이 많다. 그러므로 비록 강자의 의사 또는 남의 이목이 정당한 것만을 요구한다 하더라도, 밖으로부터의 감시에는 한계가 있는 것이므로, 저 타율적 제약만으로는 이기적 인간의 방종에서 오는 사회적 불안을 막기 어렵다. 이에 비하여 자신의 내부에 있는 양심 또는 이성의 감시를 벗어날 수는 없는 까닭에, 이 내적 자제력은 만약 그것이 충분히 강력하기만 하다면, 질서유지의 기능으로서 가장 믿음직한 것이 될 것이다. 여기에 과연 그토록 강력한 자제력을 사람들이 일반적으로 갖는다는 것이 현실적으로 가능하냐 하는 어려운 문제가 남아 있음은 물론이다. 그러나 인간에게 가능한 한에 있어서 이 자율의 기능을 최대한으로 함양하는 것이 우리들의 윤리적 이상임에는 의심의 여지가 없다.

이상에서 우리가 행동 규제의 기능을 가진 세 가지의 것을 부각시킨 것은, 한 국가나 사회의 윤리적 상황을 분석 내지 평가함에 있어서, '강자의 힘' '남의 이목' 그리고 '본인의 내적 자제력'이라는 이들 세 개념이 매우 중요한 길잡이가 된다고 보았기 때문이다. 이 글의 본래의 목적은 오늘날 우리 한국의 윤리적 상황을 자성(自省)의 각도에서 분석하고자 함에 있었다.

어떠한 사회를 막론하고, 강자의 힘, 남의 이목 또는 본인의 자제력 가운데 어느 한 가지만이 사람들의 행동을 규제하는 장치로서 작용하는 경우는 없으며 반드시 세 가지 장치가 모두 행동 규제의 기능으로 작용한다. 그러나 세 가지 장치 가운데 어느 것이 어느 정도의 비중을 차지하느냐 하는 정도의 차이는 각각 다르다. 이를테면, 강자의 힘이 행동 규제를 위한 주된 장치로서 기능을 발하는 사회도 있고, 남의 이목이 비교적 큰 비중을 차지하는 사회도 있으며, 내면적 자제력이 가장 큰 힘으로서 작용하는 사회도 있다.[9] 강자의 힘과 남의 이목 그리고 본인의 자제력의 질적 내용에도 많은 차이가 있다. 다시 말해서, 올바른 판단 또는 선량한 의지와 결합되어 있는 규제력도 있고, 그릇된 판단 또는 사악한 의지와 결합되어 있는 규제력도 있다. 강자의 힘에도 선량한 동기에서 옳게 작용하는 것과 그 반대의 것이 있으며, 남의 이목이 반영하는 여론에도 (즉 사람들의 눈초리 속에 포함된 평가적 판단에도) 옳은 것과 그른 것이 있고, 자제력으로서의 양심의 내용도 객관적 타당성을 잃을 경우가 있다.

진실로 윤리적인 행위의 기본적 특색은 자율에 있다. 겉으로 보기에 같은 행위라 할지라도, 그 행위를 일으킨 동기가 무엇이냐에 따라서 도덕적 가치는 달라진다. 예컨대, 강자의 힘에 눌려서 약속을 이행했을 경우와 자발적으로 그렇게 했을 경우는 그 도덕적 가치에 현격한 차이가 있다. 남의 이목을 의식하고 약속을 이행한 경우는 강압에 못 이겨 그렇게 했을 경우보다는 높이 평가되나, 자신의 신념을 따라서 그렇게 했을 경우보다는 낮게 평가되

---

9 예컨대, 독재국가는 첫째 부류에 가까울 것이고, 종친회나 동창회 가운데는 둘째 부류에 속하는 것들이 있으며, 단란한 가정의 경우는 셋째 부류에 가까울 것이다.

어야 마땅할 것이다. 대체로 말해서, 남의 이목을 의식하고 방종을 억제하는 경우는 타율에서 자율로 이행하는 중간 단계의 과정이라고 보아도 무방할 것이다.

비록 강자의 힘에 눌려서 한 행위라 할지라도 결과적으로 객관적 타당성을 가질 경우가 있고, 비록 신념을 따라서 자율적으로 한 행위라 할지라도 객관적 타당성이 없을 경우가 있다. 강자의 힘에 눌려서 타율적으로 행위한다는 것은 바람직한 일은 아니나, 어쨌든 사회적 요청에 맞추어 객관적으로 타당하게 행위한다는 것은 매우 중요한 일이다. 한편, 자신의 신념을 따라서 자율적으로 행위한다는 것은, 그것이 자율적이라는 점에서 바람직한 일이기는 하나, 만약 그 행위가 객관적 타당성을 잃는다면, 전체로서는 옳은 행위가 될 수 없다.

윤리적 견지에서 볼 때 가장 이상적인 행위는, 행위자의 신념을 따른 자율적 행위일 뿐 아니라, 사회적 요청에 비추어 보더라도 객관적 타당성을 갖는 행위다. 그리고 윤리적 견지에서 볼 때 가장 좋지 못한 행위는, 강자의 힘에 눌린 타율적인 행위일 뿐 아니라, 사회적 요청을 배반함으로써 객관적 타당성마저 잃은 행위다. 여기서 윤리적으로 가장 성숙한 사회 또는 윤리적 이상 사회가 어떤 것이냐 하는 물음에 대한 해답이 자연히 추리된다. 즉, 객관적 타당성을 가진 행위를 자율적으로 행위하는 사람들이 그 사회의 주축을 이루었을 때, 다시 말해서 자율적으로 질서가 유지되고 발전이 지속되는 사회가 윤리적으로 가장 성숙한 사회다. 반대로, 타율적이면서도 객관적 타당성을 잃은 행위가 많은 사회일수록 윤리적 이상에서 먼 사회라 하겠다.

3. 수직적 인간관계와 복종의 덕

황석영이 『어둠의 자식들』에서 소개한 뒷골목 사회가 주로 폭력이 지배하는 사회라는 사실은 결코 대수롭지 않은 사실이 아니다. 우리 한국 안에 그러한 어두운 곳이 있다는 사실도 심각한 문제이지만, '힘의 지배'라는 현상이 뒷골목에 국한된 현상이 아닐지도 모른다는 것을 암시하는 상징적 의미를 갖는다는 점에서 그것은 더욱 깊은 관심을 촉구한다.

힘밖에는 무서운 것이 없고 자신의 폭력밖에는 믿을 것이 없는 뒷골목의 사람들을 길러 낸 것은 우리 한국 사회다. 한국의 뒷골목은 완전히 고립해서 존재하는 것이 아니라, 양지바른 앞골목과 이웃하여 우리 한국 전체 속에 유기적으로 연결되어 있다. 뒷골목이 한국 전체와 단절되어 있지 않다는 사실은, 그 뒷골목의 윤리 풍토와 한국 전체의 윤리 풍토 사이에 연관성이 있다는 것을 의미한다. 여기서 우리는 다음과 같은 가설을 세워 보게 된다. "만약 한국 전체의 윤리 풍토에 '힘의 지배'라는 특성 내지 경향이 없었다면, 뒷골목의 윤리 풍토도 폭력의 지배 아래 들어가지는 않았을 것이다."라는 가설이다.

사회를 구성하는 성원들의 방종에 제약을 가하는 사회적 역학의 일반적 상황을 편의상 '윤리 풍토'라는 말로 표현한다면, 모든 사회의 윤리 풍토에는 '힘의 지배'의 측면이 있다고 보아야 할 것이다. 지구 위에 현존하는 크고 작은 모든 사회는 아직 윤리적 이상으로부터 먼 거리에 있다고 보아야 하거니와, 이는 곧 모든 사회가 '힘의 지배'의 측면을 불식하지 못했다는 사실을 의미한다. 현대에 있어서도 국제사회는 여전히 힘의 지배 아래 있다. 가장 규모가 작고 혈연과 애정으로 뭉친다는 가족 사회에 있어서도 힘의 지배가 자취를 감추었다고는 보기 어렵다. 그러므로 전체로서의 한국 사회에 힘의 지배 현상이 보인다 하더라도 특별히 놀랄 이유는 없을 것이다.

여기서도 우리에게 중요한 것은 정도의 문제다. 한국 사회의 모든 구석으로부터 힘의 지배 현상을 몰아낸다는 것은 불가능한 일이다. 그러나 여러 문화적 선진국과 비교하여 만약 우리 한국에 있어서의 '힘의 지배'가 지나칠 정도의 것이라면, 그것은 깊이 고려해야 할 문제인 동시에 시정을 위한 노력이 있어야 할 문제가 아닐 수 없다. 그리고 실제에 있어서, 우리 한국 사회는 '힘의 지배'의 요소가 비교적 강하다고 보는 것이 필자의 소견인 것이다.

덕치(德治)는 유교의 이상이었다. 가정은 말할 것도 없거니와, 국가도 법과 힘에 의해서가 아니라 도덕으로써 다스려야 한다고 공자와 맹자는 가르쳤다. 우리 한국은 조선시대 이래 유교의 영향을 크게 받았으니, 만약 공맹(孔孟)의 이상이 이 땅에 실현되었다면, 우리 윤리 풍토에 있어서 '힘의 지배'의 요소는 비교적 약하다는 결과를 가져왔을 것이다. 그러나 유교의 본고장인 중국의 경우와 마찬가지로 우리 조선시대의 정치 현실도 공맹의 가르침 그대로일 수는 없었다. 그뿐만 아니라, 유교의 도덕 사상 그 자체에도 인간관계를 수직의 그것으로 보는 경향이 강하다는 점에 문제가 있었다.

한 왕조를 창건하고 그것을 지키기에 가장 긴요한 것이 힘이라는 사실은 조선의 경우도 예외가 아니었다. 이태조(李太祖)의 창업은 막강한 그의 무력으로써 비로소 가능했고, 힘이 약한 단종(端宗)은 수양(首陽)에게 자리를 내주어야 했다. 특히 정조(正祖) 이래의 세도정치는 인의(仁義)를 무시한 패도(覇道)가 현실을 지배하는 본보기로서 부족함이 없었다. 일본 제국주의에게 유린당한 반세기는 더욱 말할 것도 없다. 결국 재야(在野)는 관권에게 눌리고, 상민(常民)은 양반에게 눌리며, 여자는 남자에게 눌리고, 아이는 어른에게 눌리다가, 급기야 민족 전체가 일본인에게 눌리는 불행을 겪은 것이다. 이토록 수직적 인간관계의 전통이 강한 뿌리를 내렸으니, 평등을 전제로 한 자율의 윤리가 발전하기에는 매우 불리한 역사를 가진 셈이다.

1945년의 해방을 계기로 사정은 크게 달라졌다. 자유, 평등, 민주주의 등의 개념이, 비록 관념적이고 피상적이기는 하나, 일상적 용어로 쓰이게 되었다. 한국 사람도 본인만 실력이 있으면 대통령이나 그 밖의 높은 자리에 오를 수 있다는 것을 믿게 되었고, 여자도 조건만 좋으면 장관이 될 수 있다는 것을 보게 되었다. 물론 만인 평등의 사상이 8 · 15 이후에 처음 들어온 것은 아니며, 인권의 관념은 19세기 말엽부터 서서히 눈을 뜨기 시작했다. 그러나 일제의 교육정책은 그러한 사상 내지 관념을 억제하는 방향으로 작용했으므로 사람들의 의식이 제대로 발달하기 어려웠던 것이 사실이며, 해방을 계기로 평등의 관념이 비로소 대중의 것이 되었다고 볼 수 있을 것이다.

그러나 머릿속에서 평등을 생각하고 말로 민주주의를 외치는 것과 평등 또는 민주주의가 사회 현실 가운데 실현되는 것은 같은 일이 아니다. 8 · 15 이후의 많은 한국 사람들은 머릿속에서 평등을 생각하고 말로 민주주의를 주장했지만, 우리들의 실천과 현실은 아직도 평등의 이념이나 민주주의의 이상에서 멀리 떨어져 있다. 생각과 말은 많이 변했지만 우리들의 체질과 실천은 아직도 옛 상태를 크게 벗어나지 못하고 있는 것이다.

평등의 이념이나 민주주의의 이상이 실현되기 위해서는 내 권익과 마찬가지로 남의 권익도 존중히 대접해야 하며, 나의 권리와 상응하는 나의 의무를 자율적으로 수행할 줄 알아야 한다. 강자의 힘에 의한 타율만으로는 모든 사람들의 권익이 고루 보장될 수 없으며 지위 높은 사람들의 가중된 의무가 제대로 실현되기를 기대할 수가 없다. 약자들의 경우는 감히 남의 권익을 침범하거나 자기들의 의무를 게을리하지 못하겠지만, 강자들의 월권과 불법은 그들 자신밖에는 이를 막을 사람이 없기 때문이다. 논리의 일관성의 요구 즉 보편성의 원리를 따라서, 내가 남에게 요구하는 바는 나에게도 똑같이 요구하고 이를 자진하여 실천하는 자율의 윤리만이 평등한 민주주의 사회를 실현할 수가 있다. 만약에 모든 사람들의 힘이 균등했더라면, 타율적 상호 견제만으로도 공정한 사회의 실현이 가능했을 것이다. 그러나 강약의 차이가 인간존재의 엄연한 현실로 남아 있는 동안 그것은 불가능하다. 최강자의 횡포를 막아 줄 수 있는 외래의 힘이 없기 때문이다.

한국의 인간 교육은 자율의 힘을 길러 주지 못했다는 점에서 근본적 실패를 자인해야 한다. 복종의 미덕과 결합된 자율, 즉 약자의 입장에서 실천되는 자율은 공정한 사회의 실현을 위해서 크게 이바지하지 않는다. 공정한 사회의 실현을 위해서 가장 긴요한 것은 공정을 파괴할 힘을 가진 강자의 자율이다. 그런데 우리나라의 윤리 교육은 복종의 미덕을 우선적으로 주입시키는 동시에, 여타의 모든 덕목은 복종의 덕과 범벅을 만들어서 가르쳤다. 본래 복종의 덕이란 약자를 위한 행동 규범인 까닭에, 모든 덕을 복종의 종속 개념으로서 가르치는 우리나라의 윤리 교육은 우리가 강자의 위치에 올라섰을 때 어떻게 해야 하는지를 모르게 만든다. 요컨대 그것은 공정한 사회의 실현을 위해서 가장 긴요한 것을 빼놓은 알맹이 없는 윤리 교육인 것이다.

한국의 국민학생들은 무서운 선생님 앞에서나 아버지 앞에서는 말 잘 듣는 착한 어린이 노릇을 한다. 그러나 만만한 하급생이나 여자 아이들을 대할 때는 태도를 바꾸어 짓궂은 악동이 된다. 중학교에 다닐 때까지는 착하고 효성스럽던 아이가 고등학교 상급반이나 대학생이 된 뒤에는 반항아로서의 색채를 드러내는 사례도 많다. 시어머니 앞에서 고분고분하고 착하던 며느리가 안방 차지를 한 뒤에는 다음 세대의 며느리에게 호된 시집살이를 시키던 전통의 잔재가 도처에 깔려 있는 것이 아닌가 싶다. 강자 앞에서는 저자세를 취하고 약자 앞에서는 고자세를 취하는 차등의 태도는 참된 자율의 정신에 어긋나는 것이며, 민주적 사회를 위한 기본자세가 아니다.

약자의 윤리로서의 복종의 도덕이 발달한 사회에서는 눈치가 발달하게 되고 따라서 남의 이목에 대하여 민감한 경향이 생기게 된다. 눈치란 본래 강자를 의식하는 약자의 심리에 바탕을 두고 발달하는 것이며, 우리가 두려워하는 남의 이목이란 그것이 두려움의 대상인 한 역시 강자의 속성에 가깝다. 우리 한국인에게 '눈치'라는 것이 매우 중요한 의미를 가졌다는 것은 옛날부터의 전통이며, '눈치'라는 말의 외국어 번역을 찾아내기 힘들다는 사실만으로도 그것이 자못 한국적인 심리임을 짐작할 수가 있다.

한국인은 남의 이목에 대해서도 민감한 편이다. 식견이 탁월하고 존경의 대상이 될 만한 사람들의 이목 또는 국민 대다수의 이목에 해당하는 여론을 두려워할 경우에는 이목에 대한 민감성이 밝은 사회의 건설을 위해서 도움이 될 수 있다. 그러나 강자의 이목 또는 의견을 달리하는 여러 사람들의 이목을 지나치게 의식할 때는, 본인의 주견이 죽게 되고 진정한 자율을 잃게 되는 폐단이 생긴다. 또, 여자의 경우에 흔히 볼 수 있듯이, 이목에 대한 민감성이 허영심과 결합할 경우에도, 사치 풍조 또는 유행의 노예 등 좋지 못한 결과를 부르기 쉽다. 우리 한국인의 경우에 있어서도, 남의 이목에 대한 감수성은 바람직한 결과로 연결되기도 하고 나쁜 결과로 연결되기도 할 것이므로 그 장단을 일률적으로 말하기는 어렵다. 다만 남의 이목에 대한 의식에 기준을 둔 행위의 결정은, 아직 타율의 경지를 벗어나지 못한 것이므로, 자신의 신념에 기초를 둔 자율의 경지를 이상으로 삼는 우리의 견지에서 볼 때, 역시 극복되어야 할 단계임에 틀림이 없다.

4. 규제력의 질적 수준

오로지 강자의 의지 또는 명령에 따르는 타율의 질서라 하더라도 명령하는 강자가 완전하게 선량할 경우에는 결과적으로 우선은 큰 지장이 없다. 플라톤의 철인왕(哲人王)의 경우와 같이, 전혀 사리사욕에 흔들리지 않을 뿐아니라 전지(全知)에 가까운 지혜를 가진 지도자가 국사(國事)의 결정권을 갖는다면, 그것이 비록 전제에 해당한다 하더라도, 국민들이 그의 지시에 순종하는 한, 결과에 있어서 나랏일은 잘 풀려 나갈 것이다. 한편, 모든 사람들의 모든 행동이 자율적으로 이루어진다 하더라도, 자율적 행위의 바탕을 이루는 각자의 신념이 그릇된 내용의 것이라면, 사회는 혼란과 파멸을 면치 못할 것이다. 신념이 서로 다른 사람들이 각기 제멋대로 행동한다면, 도대체 사회가 성립하지 않을 것이다. 신념과 행동이 일치할 경우에도, 그들의 공통된 신념이 그릇된 것이라면, 그들의 집단은 현실에 대한 적응력을 잃고 조만간 파탄에 봉착할 것이다. 그러므로 행동을 규제하는 것이 행위자 자신이냐 타인이냐 하는 문제뿐 아니라, 그 규제의 내용 또는 질이 어떠하냐 하는 것도 매우 중요한 문제다. 우리나라의 경우는 행위를 규제하는 세 가지 인자, 즉 강자의 의지와 남의 이목 그리고 행위자의 도덕적 신념의 질적 수준도 비교적 낮은 편에 속한다. 우선 강자의 의지의 경우부터 고찰해 보기로 하자.

우리는 강자라는 말을 매우 넓은 뜻으로 사용하였다. 정치권력을 쥔 사람들뿐 아니라, 모든 분야에 있어서 나 자신보다 우월한 힘을 가진 사람은 나에 대해서 강자다. 직장의 상사, 학교의 교사, 가정의 부모, 압력단체로서의 성격을 띤 집단 등은 모두 그 영향 아래 있는 사람들에게는 강자로서의 일면을 가졌다. 그러나 이 가운데서 부모나 교사의 경우는 일단 제외하여도 무방할 것이다. 강자의 지시가 심각한 도덕적 문제를 일으키는 것은 강자 자신의 이기적 동기에서 지시를 내릴 경우인데, 부모와 교사는 자녀와 학생들을 위한 교육적 동기에서 지시를 내리는 것이 보통이기 때문이다.[10] 다음에 우리나라에서는 압력단체도 큰 문제는 아닐 것이다. 어떤 이기적 목적을 위해서 크게 세력을 떨치는 압력단체가 우리나라의 경우 별로 없기 때문이다. 결국 정치와 경제의 세계에 있어서의 강자의 경우만을 고찰하면 될 것으로 보인다.

---

10 부모나 교사가 아이들을 위해서 내리는 지시에도 잘못된 내용의 것이 있을 수 있다. 이것은 부모나 교사의 도덕적 식견에 관한 문제이며, 우리나라의 윤리 사상의 수준의 문제이기도 하다. 이 문제도 결코 소홀히 생각할 문제는 아니다. 그러나 이것은 특별히 강자와 약자에 관한 문제는 아니므로, 여기서는 일단 고려의 대상에서 제외해도 무방할 것이다.

우선 정치권력의 경우부터 살펴보기로 하자. 이 경우에 있어서 가장 이상적인 것은, 정권을 장악한 사람들이 ① 일체의 이기적 동기를 떠나서 국가와 국민 전체를 위하는 자세로 공무에 임하되, ② 그들이 내리는 결정이 국가 전체의 이익에 객관적으로 부합하는 것이다. 이 두 가지 기준에 비추어서 한국 정치 세력의 체질을 평가한다는 것은 쉬운 일이 아니다. 문제가 지극히 복잡하게 얽혀 있을 뿐 아니라, 역사의 와중에서 진행 중의 현실에 대하여 편견 없는 평가를 내린다는 것은 일반적으로 어려운 일이기 때문이다. 따라서 이 문제에 대한 본격적인 고찰은 후일의 역사적 연구 과제일 수밖에 없으며, 여기서 우리는 기본적인 사실 몇 가지만 지적하는 것으로서 만족해야 한다.

필자는 8·15 이후의 한국 정치 지도자들의 애국심을 일단 인정하는 편에 서고 싶다. 한 나라의 대권을 잡게 되면 자연히 책임을 느끼게 되고, 정치를 잘하여 부강한 국가를 만들고 싶은 것이 인지상정이다. 옛날의 국왕이 대개 백성을 사랑했듯이, 오늘의 한국 지도자들도 대다수는 나라를 사랑한다. 우리나라의 경우도 예외는 아닐 것이다. 그러나 일반적으로 정치가에게는 애국심보다도 더욱 강한 것이 있다. 정권에 대한 집념이다. 정치인의 일차적인 목표는 정권의 장악이 아닐 수 없다. 선정을 베풀어 나라를 부강하게 만드는 일은 정권을 잡은 연후에 비로소 가능한 목표다. 문제는 바로 여기에서 생긴다. 정권을 잡기 위해서는 애국심과는 정반대되는 행위를 해야 할 경우가 많기 때문이다. 애국의 선량한 의지가 정권의 장악 또는 유지에 대한 집념에 의하여 압도를 당하는 사례는 동서고금에 흔히 있는 일이다. 애국과 집권욕의 갈등의 문제에 있어서, 우리 한국은 특히 불리한 여건을 가지고 있다. 그 하나는 평화적 정권 이양의 전통을 세우지 못했다는 사실이요, 또 하나는 우리 한반도가 해방 이후 줄곧 전시에 가까운 위태로운 상태에 놓여 있다는 사실이다. 첫째로, 헌법까지 고쳐 가면서 정권을 연장한 대한민국 초대 대통령의 행적은 매우 좋지 못한 선례를 남겼고, 이 선례의 답습은 국민과 집권자 사이에 큰 간격을 초래하였다. 국민은 위정자의 사심(私心)을 의심하게 되었고, 이 의심은 집권자의 경계심을 자극하였다. 집권자는 정해진 임기 동안 국정에 전념해야 하거니와, 임기가 끝난 뒤에까지 정권을 연장할 것을 생각하고, 또 재임 기간 중에도 정권에 대한 도전이나 없을까 하고 경계하게 되면, 국정을 위하여 최선을 다하기가 어렵다. 이러한 논리로 말미암아, 정권의 평화적 교체의 전통을 세우지 못한 우리 한국의 사정은, 이 나라 집권층의 의지의 질을 저하시키는 결과를 가져왔다.

우리 한반도가 전시에 가까운 불안을 계속 안고 있다는 사실은, 강력한 중앙집권을 요구하는 상황이다. 그리고 강력한 중앙집권은 집권층으로 하여금 국민에 대한 봉사자로서의 본분을 잊고 국민 위에 군림하는 자세를 취하게 만들기 쉽다. 국민 위에 군림하는 자세를 갖게 되면, 자연히 오만하게 되며, 이 오만한 자세는 집권층의 의지의 도덕성을 파괴하는 결과를 초래한다. 그뿐만 아니라, 한반도의 위기 상황은 이 지역에 있어서 평화적 정권 이양의 전통 수립을 방해한 가장 큰 요인이기도 하다. 전시에 가까운 상황에서는 같은 지도자의 장기 집권이 유리한 면에 있는 것이 사실이며, 이러한 사실은 집권층의 장기 집권 획책을 정당화하는 이론적 근거로서 이용되곤 하였다.

다음에 경제계의 강자의 경우도 우리들의 상황은 수준 높은 도덕적 의지의 발휘를 위하여 유리한 편은 아니다. 첫째로, 현대의 산업사회는 금전 제일의 가치 풍토를 조성하였고, 이러한 가치 풍토 속에서 기업가를 포함한 대부분의 직업인들은 직업의 본질이 분업을 통한 사회참여에 있다는 사실을 망각하고 돈벌이를 위한 수단으로 생각하는 경향이 강하다. 이러한 경향은 기업가의 의지 결정에 있어서 도덕적 동기의 힘을 약화시키는 결과를 낳는다. 둘째로, 우리나라 기업들의 성장 과정에 있어서 정도를 벗어난 변칙적 방법이 성공을 거둔 사례가 많았다는 역사적 사실도 경제계 강자들의 도덕적 수준을 낮추는 요인으로서 작용하였다. 정부의 과잉보호, 부동산 투기, 고용인들의 저임금 등 도덕적으로 찬양받기 어려운 방법들이 우리나라에 있어서 기업을 급속도로 성장케 하는 비결 또는 요체의 구실을 하였으며, 이러한 변칙적 현상은 우리 한국의 기업계에 있어서 악화가 양화를 쫓아내는 추세를 조장하였다. 성실하고 정당하게 운영해서는 기업이 번영할 수 없는 풍토 속에서 기업가들의 높은 도덕성을 기대하기는 어려운 노릇이다.

최근에 이르러 정계와 재계 일각에 윤리적 반성의 기풍이 일어나고 있음은 다행한 일이다. 어느 나라 어느 사회를 막론하고 그 발전 초기에 있어서 많은 시행착오를 겪는 것은 일반적 현상이다. 이제부터라도 우리가 진정으로 반성하고 진심으로 바른 길을 원한다면, 과거의 실패가 도리어 좋은 교훈이 될 수도 있을 것이다. 우리가 우리 현실의 어두운 측면을 굳이 들추어내는 것도 부정을 통하여 전화위복의 효과를 얻고자 함에 진의가 있다.

다음에 이목의 수준은 어떠할까? 우리들의 행위에 대하여 견제의 구실을 하는 남의 이목에는 여러 가지 경우가 있으며, 상황 또는 계층에 따라서 칭찬과 비난의 기준도 다양하다. 젊은 세대들의 환영을 받는 행위가 늙은 세대의 눈살을 찌푸리게 하는가 하면, 늙은 세대에 있어서 권장되는 행위가 젊은이들 사이에서는 비난의 대상이 되기도 한다. 정부와 여당 주변에서 칭송이 자자한 언행이 비판적인 사람들 사이에서는 혹독한 비난을 당하기도 하고, 또 그 정반대의 현상이 생기기도 한다. 이와 같이 다양하고 엇갈리는 여러 이목을 두고 그 도덕적 수준을 일률적으로 논하기는 매우 어렵다. 쉽게 말해서, 여러 가지 수준의 이목이 존재한다고 보아야 할 것이다. 어느 사회에 있어서나 행위의 시비에 대한 사람들의 의견은 다소 엇갈리는 것이 보통이다. 그러나 그 의견의 불일치 내지 대립의 정도가 지나칠 경우에는, 그것은 바람직하지 못한 조짐일 가능성이 크다. 우리 한국의 경우도 행위의 시비에 관한 엇갈림이 지나친 것으로 생각되거니와, 우리는 이 사실이 두 가지의 부족을 의미하는 것으로 분석할 수 있을 것이다. 첫째로 그것은 우리나라에 확고한 정론으로서의 권위를 가진 여론을 형성할 만한 사상적 중심 세력이 아직 존재하지 않는다는 사실을 의미한다. 급변하는 역사적 현실 속에서 사회가 안정을 얻지 못한 위에, 동과 서의 서로 다른 가치관이 뒤섞인 가운데, 권위 있는 평가 기준이 서지 못했고, 정계가 학계를 압도하는 현실 속에서 여론을 이끌 만한 사상적 지도층이 형성되지 못한 까닭에, 같은 언행에 대해서도 평가가 크게 엇갈리는 것이다. 둘째로, 행위의 시비에 대한 평가가 중구난방으로 엇갈리는 것은, 우리 한국인의 사고가 감정의 영향을 유독 많이 받는다는 것을 의미할 것이다. 이성으로써 냉정하게 판단한다면 일치된 결론에 도달할 수 있는 문제도 감정적으로 생각할 경우에는, 감정이 편견을 낳는 까닭에, 끝내 견해가 엇갈리기 쉽다. 사고에 있어서 감정의 영향을 완전히 배제한다는 것은, 적어도 현실적인 문제에 관한 한 거의 불가능할지도 모른다. 그러나 감정에는 이성에 의하여 시인될 수 있는 것과 그렇지 못한 것의 구별이 있다. 우리 한국인의 경우는 이성과의 조화를 얻기 어려운 감정이 사고를 좌우하는 경향이 일반적으로 강하지 않을까 한다.

끝으로, 행위자 자신의 자제력의 근거가 되는 양식 또는 신념의 질적 수준은 그 사람의 윤리 의식의 수준에 해당한다. 우리들의 윤리 의식의 수준에도 개인차가 많으므로, 한국인의 도덕적 신념의 질적 수준을 일률적으로 평가할 수는 없을 것이다. 그리고 도덕적 신념을 평가하는 객관성 있는 기준이 무엇이냐는 어려운 문제도 여기에 제기될 수 있다. 그러나 현실주의의 견지에 선다는 전제 아래서 한국인의 윤리 의식에 관한 극히 개괄적인 견해를 말할 수는 있을 것이다.[11]

한국인 가운데서 윤리의 본질을 현실 문제의 해결이라는 관점에서 이해하는 사람은 많은 편이 아니다. 우리가 당면하는 현실적인 문제의 해결을 위한 처분의 체계로서 윤리를 이해하기보다는 선천적 원리 또는 옛 성현의 가르침에 근거를 둔 신비스럽거나 모호한 규범으로서 이해하는 경향이 있다. 선천적 원리 또는 성현의 가르침에 근거를 둔 규범으로 이해한다 하더라도, 그것이 독실한 종교적 신앙으로서 마음의 지주가 되고 있다면, 그 종교적 윤리의 교훈을 따름이 결과적으로 현실 문제 해결의 첩경이 될 수도 있을 것이다. 그러나 현대인의 윤리 의식은 확고부동한 신앙의 경지와는 거리가 멀다. 흐리멍덩한 도덕과 희미한 종교가 서로 떨어져서 한 마음속에 자리잡고 있는 것이다. '이래서는 안 되겠다'는 생각이 어렴풋이 뇌리를 스치지만, 그것이 절대적 신앙의 경지는 아닌 까닭에 행위는 결국 충동을 따르곤 한다. 예컨대, 우리들의 마음속에는 "약속은 지켜야 한다." 또는 "남의 권익을 침해해서는 안 된다." 등등의 윤리 의식이 어렴풋이 형성되어 있다. 그러나 약속을 지키고 남의 권익을 존중하는 것이 우리 현실 문제 해결을 위해 가장 지혜로운 행위라는 신념도 없고, 또는 그렇게 하는 것이 '신의 뜻을 따르는 절대적 의무'라는 믿음도 없다. 그러므로 우리의 도덕적 의지는 나약할 수밖에 없고 강력한 자제력으로 작용하지 못한다.

보편적 사고에 약하다는 사실도 한국인의 윤리 의식 수준에 부정적으로 작용한다. 가족주의의 전통이 강한 우리 한국인은 나에게 가까운 사람을 더 위하고 먼 사람은 덜 위해도 좋다고 생각하는 경향이 있다. 이 논리를 극단으로 몰고 가면 나만 위하고 남은 소홀히 대접해도 무방하다는 사고방식에 도달한다. 논리의 일관성을 해치는 일이 없도록, 자타(自他)의 인격과 권익

---

11 여기서 '현실주의의 견지에 선다' 함은, 우리가 당면한 현실의 문제를 해결함에 우리의 윤리 의식이 적합하냐 안 하냐 하는 견지에서 윤리 의식의 질을 평가하는 입장에 선다는 것이다. 바꾸어 말하면 '삶의 지혜로서의 윤리'의 견지에 서는 것이다.

을 동일하게 존중하는 보편적 사고는, 칸트가 역설한 바와 같이, 윤리의 기본 원칙이다. 그러나 우리 한국인은 바로 이 보편적 사고에 있어서 약한 편이다. 우리 한국인이 사고에 있어서 감정의 영향을 크게 받는 경향이 있다는 사실도 보편적 사고를 잘 못하는 원인의 하나일 것이다. 보편적 사고는 가장 이성적인 사고의 기본이기 때문이다.

무릇 높은 수준의 윤리 의식의 소유자가 되기 위해서는 적어도 두 가지의 심성을 갖추어야 한다고 생각된다. 윤리적으로 탁월한 인격이 되기 위해서 갖추어야 할 첫째 심성은 넓은 의미의 '사랑'의 감정 또는 인정이다. 그리고 또 하나는 이성을 따르는 보편적 사고의 습성이다. 우리 한국인은 전통적으로 인정이 풍부한 민족으로 알려져 왔을 정도이므로, 첫째 조건에 있어서는 별로 손색이 없다고 보아도 좋을 것이다. 그러나 보편적 사고 내지 합리적 사고에 있어서는 매우 약한 편이어서, 이것이 한국인의 윤리 의식의 수준 향상을 저해하는 큰 문제점이라고 생각된다.

이제까지 우리는 한국의 윤리적 상황을 두 가지 관점에서 살펴보았다. 하나는 사람들의 방종에 대한 규제가 자율적으로 이루어지느냐 또는 타율적으로 이루어지느냐 하는 관점이고, 또 하나는 사람들의 행위를 규제하는 강자의 의지와 남의 이목, 그리고 본인의 윤리 의식의 질적 수준을 평가하는 관점이다. 이 두 가지 관점을 통하여 우리가 관찰한 바는, 우리들의 현 단계가 윤리적 이상으로부터 멀리 떨어져 있다는 사실이었다. 우리는 타율적 기능으로서의 강자의 의지와 남의 이목의 비중이 지나치게 크다는 것을 보았고 또 강자의 의지와 남의 이목 그리고 국민 각자의 윤리 의식의 질적 수준도 높은 편이 못 된다는 사실을 보았다. 한 나라의 윤리적 수준은 그 나라의 흥망과 깊은 상관관계를 가졌다. 강자의 압력이나 남의 이목의 비중을 줄이고 본인의 자제력의 비중을 늘리는 동시에, 국민 모두의 윤리 의식의 수준을 끌어올리는 일은, 우리 한국이 당면한 중대한 과제의 하나다. 그리고 이 과제를 달성함에 있어서 가장 큰 관건이 되는 것은 사유와 행동에 있어서 우리가 얼마나 이성적일 수 있느냐 하는 문제다.

(『현대사회와 철학: 김태길 교수 화갑을 기념하여』(1981)에 수록된 논문)

존 듀이의 사회철학

개정판에 부쳐서

"우리나라의 교육을 망친 것은 존 듀이"라고 어떤 대학교수가 말하는 것을 최근에 들은 적이 있다. 이 한마디가 상징적으로 의미하는 바는, 우리나라의 지식층 가운데 존 듀이의 이름을 모르는 사람은 적으나, 듀이의 철학 사상이나 교육 사상을 제대로 아는 사람은 의외로 적다는 사실이다. 철학자의 사상이란 대개 그렇게 되기 쉬운 것이지만, 듀이라는 철학자는 우리나라에서 매우 피상적으로 알려진 철학자 중의 한 사람이다.

『존 듀이의 사회철학』은 나의 저술 가운데서는 비교적 시간과 정성이 많이 들어간 책이다. 2년 수개월의 시일이 걸렸을 뿐 아니라, 나로서는 상당히 노력을 기울여서 쓴 책이다. 그런 이 책이 겪어 온 길은 별로 순탄하지가 못했다. 시운이 좋지 못해서 독자들의 관심 밖으로 밀려난 때가 많았다.

이 책의 원고는 일찍이 1967년 말에 탈고되어 곧 『듀이』라는 이름으로 지문각(知文閣)에서 간행된 적이 있었다. 이 책이 나온 직후에 그 출판사가 문을 닫게 되어, 초판 1천 부만이 흐지부지 없어지고 말았다.

그 뒤 10여 년 동안 절판 상태로 잊혀 있다가 태양문화사(太陽文化社)의 호의로 다시 햇빛을 보게 되었다. 그때 판형을 키우고 조판을 다시 하게 되어, 전권을 통독하고 부분적 수정을 가했으나, 지엽적인 가필(加筆)에 그치고 말았다. 특히 '한국의 현실'에 관련된 마지막 장은 10여 년의 세월이 흐른 뒤라 그동안에 우리 현실도 많이 달라졌으므로, 어느 정도 다시 써야 할 곳도 있었다. 그러나 우리 사회의 전체적 구조에는 큰 변화가 없었고, 또 하나의 기록을 고스란히 남긴다는 뜻도 있어서, 옛 모습 그대로 내놓기로 하였다.

초판에서 책 이름을 『듀이』라고 한 것은 철학자 총서에 넣기 위해서 어떤 통일을 기하기를 원한 출판사 측의 의사를 따른 조치였다. 그러나 이 저술의 내용으로 볼 때 『존 듀이의 사회철학』이라는 이름이 더 적합하리라는 것이 나의 의견이었으므로, 출판사가 바뀌는 기회에 제목을 그렇게 고쳤다.

태양문화사로 넘어간 뒤에 수년 동안은 꾸준한 생명을 지속했으나 사장의 건강에 문제가 생기고 출판계에 불황도 겹쳐서 또 절판 상태로 들어갔다. 이제 다시 명문당(明文堂)에 발견되어 또 한 번 모습을 바꾸게 되었으니, 불행 중 다행이라 하겠다. 이 기회에 판형을 가로쓰기로 다시 짜는 번거로움을 마다하지 않은 명문당 여러분께 감사를 드린다.

1989년 9월

김 태 길

서문

    우리가 존 듀이(John Dewey)라는 철학자에 대하여 관심을 갖는 것은 우리 한국의 철학과 한국의 현실에 대하여 깊은 관심을 금치 못하기 때문이다. 광복을 맞이한 뒤 이미 30여 년이 지난 오늘날, 한국의 철학도는 이제 단순히 남의 나라 학자들의 전문적 술어 또는 추상적 개념의 해석을 일삼는 매너리즘을 벗어나서 스스로 철학을 하는 단계로 나아가기를 시도해야 할 시기가 아닌가 생각한다. 그럼에도 불구하고 여기 우리가 듀이라는 외국의 사상가를 문제 삼는 것은, 그의 철학이 스스로 철학하기를 꾀하는 사람들에게 깊은 시사를 주는 바 있다고 믿기 때문이다.

    한국의 철학도들은 지금 두 가지의 요청을 받고 있는 것같이 보인다. 그 하나는 한국의 철학을 모색하라는 요청이요, 또 하나는 한국의 현실을 위하여 지도원리의 구실을 할 수 있는 산 철학을 시도하라는 요청이다. 그리고 이 두 가지 요청은 안으로 밀접하게 연결되고 있다.

    철학이 자기 나라의 국적을 갖기를 희망하고, 자기 나라의 현실에 직결되기를 요청하는 것은 새로 발전하기 시작한 장래성 있는 국가에서는 어디서나 발견되는 일반적인 현상이다. 18세기 말 미국이라는 신생국도 같은 희망과 요청을 그 나라 철학도들에게 짐 지웠다. 그리고 이 미국적인 사상의 건설이라는 과제를 위하여 길을 닦은 선구자들 가운데 B. 프랭클린과 R. W. 에머슨이 있고, 미국적인 철학의 방향을 제시하고 그 기틀을 마련한 사람들 가운데 W. 제임스의 이름이 높거니와, 듀이는 바로 미국의 철학을 대성한 사상가다.

자기 나라의 철학을 세우는 일에 성공한 사상가들의 기록은 어느 것이나 우리를 위하여 도움이 될 것이다. 그 가운데서도 특히 듀이의 철학은 두 가지 점에 있어서 우리에게 시사하는 바가 크다.

첫째로, 듀이는 미국적인 철학의 근거를 미국의 과거에서 찾으려 하지 않았을 뿐만 아니라, 의식적으로 미국적인 철학을 세워 보겠다고 애쓰지도 않았다. 다만 그는 당시의 미국의 현실을 깊은 관심과 뜨거운 정열을 가지고 지켜보았으며, 그의 철학 가운데 미국의 현실을 반영시켰다. 구태여 고유한 철학을 캐내려는 의식적인 목표를 세우고 미국 또는 (미국의 근원이라고 볼 수 있는) 앵글로 색슨의 전통 내지 전설을 알뜰히 뒤져 보지는 않았으나, 미국의 현실을 깊이 관찰하고 스스로의 문제를 사유하는 가운데 저절로 미국적인 철학이 결과했던 것이다. 이 점은 걸핏하면 '한국적인 철학'을 외치면서 한국의 고대사 속에서 고유한 철학의 근원을 찾아보려고 애쓰지만 별로 신통한 성과를 거두지 못하는 사람들이 많은 우리나라 철학계에 깊은 시사를 던져 준다.

둘째로, 듀이는 역사적인 현실 문제의 해결이라는 실천적 목표로 그의 철학적 관심을 집중시켰다. 단순히 철학을 위한 철학이 아니라 인생을 위한 철학에 심혈을 기울였다. 이 사실도 철학과 일반 사회가 물과 기름처럼 유리되고 있는 우리나라에 대하여 암시하는 바 크다. 일반 대중은 철학자에게 지도 이념을 갈망하고 있으나, 철학자들 자신은 현실이 어떻게 돌아가고 있는지조차도 모르고 있는 것이 한국의 실정이다. 간혹 현실에 관심이 많다고 자부하는 철학자가 있는가 하면, 그의 학문은 학문이라기보다는 저널리즘에 가깝다고 하는 것 따위다. 이러한 실정에 놓인 우리들에게, 역사적 현실에 밀접하면서도 깊이 있는 철학적 경지에 도달한 듀이의 업적은 어떤 가능성을 시사하는 모범으로서의 뜻이 크다. 철학이 반드시 실천에 이바지해야 하느냐 하는 문제에 대해서는 논의의 여지가 있을 것이다. 그러나 지금 한국이 절실하게 요청하는 철학이 철학만을 위한 철학이 아님은 의심의 여지가 없다.

저자는 이 책을 엮는 동안, 듀이가 그의 나라 미국을 바라본 눈이 우리가 우리나라 한국을 바라보는 눈에 대하여 무엇을 암시하는가를 자문하였다. 그 대신 그의 학설이 다른 학자들의 견해와 어떤 점이 같고 어떤 점이 다르냐는 물음에 대하여는 별로 관심을 기울이지 않았다. 그 점, 학구적인 흥미의 관점에서 볼 때 미비한 곳이 많을 것이다. 이 저술에 있어서 저자는 지면의 제한을 받아 듀이의 사상을 전반에 걸쳐 균등한 비중으로 다루지 못하고, 그의 사회철학에 중심을 두고 다른 분야는 이에 관련시켜서 부차적으로 다루었다. 이 책에서 소개하지 못한 듀이의 사상을 독자 스스로 연구하는 데 도움이 될까 하여 권말에 듀이의 주요 저술의 목록을 첨가하였다.

이 책은 누구나 이해할 수 있도록 쉬운 말로 쓰여 있다. 따라서 보통 철학적 서적이 주는 부담 없이 읽어 내려갈 수 있을 것이다. 다만 '가치의 본질'을 논한 4장만은 약간 어려운 이론을 담고 있다. 만약 독자들 가운데 그곳을 골치 아프게 느끼는 분이 있다면, 뒤로 돌렸다가 끝으로 다시 읽도록 권고한다.

1945년에 제2차 세계대전이 끝난 뒤로부터 오늘에 이르기까지, 우리 한국은 미국의 결정적인 영향을 받아 왔다. 정치, 경제, 군사에 있어서 영향을 받아 왔음은 말할 것도 없거니와, 사상에 있어서도 미국의 것이 음으로 양으로 밀려들어 왔다. 그러나 미국의 것을 받아들이는 우리의 자세는 새 나라를 건설한 지 30여 년이 지난 오늘날에 있어서도 아직 틀이 잡히지 않았다.

우선 우리는 '미국적인 것' 가운데서 본받을 만한 좋은 점과 물리쳐야 할 나쁜 점을 구별하는 비판의 식견을 갖추지 못하였다. 어떤 사람들은 미국의 것이라면 무조건 긍정하는가 하면, 다른 어떤 사람들은 덮어놓고 부정한다. 둘째로, 우리는 미국의 것을 받아들임에 있어서 우리나라와 미국이 서로 다른 전통과 실정을 가진 두 나라라는 점을 충분히 고려하지 않고 있다. 남의 것을 내 것 안에 동화시키는 것이 아니라, 남의 것을 그대로 모방하는 경향을 버리지 못하고 있는 것이다.

미국적인 것을 대하는 우리의 자세를 근본적으로 다시 검토할 것이 요청되는 이 시점에 있어서, 첫째로 필요한 것은 미국의 사상 가운데서 근본적인 것을 정확하게 이해하는 일일 것이요, 둘째로 필요한 것은 그 근본적인 것이 가지고 있는 장점과 단점을 공정하게 평가하는 비판 의식일 것이다. 우리는 우리를 둘러싸고 있는 미국적인 것의 핵심에 대하여 올바른 판단을 가질 필요가 있다.

오늘날 한국 속에 밀려들어 오고 있는 '미국적인 것'의 바탕과 듀이의 철학 사상에 있어서 근본적인 것이 반드시 일치한다고 볼 수 있을지는 자못 의문이다. 그러나 듀이의 철학이 반세기에 걸쳐 미국 사상의 중심부를 차지했음은 의심의 여지가 없는 사실이며, 따라서 우리가 알아야 할 '미국적인 것' 가운데서 듀이의 철학을 빼놓을 수 없다는 것도 명백한 사실이다. 이 조그마한 저술이 우리가 듀이와 미국을 이해함에 있어서 약간이나마 도움이 된다면 저자로서는 크게 다행한 일이다.

듀이의 사상을 한갓 듀이의 사상으로서 이해하는 것은 우리의 본래의 목표가 아니다. 우리의 관심은 필경 우리들의 현실 문제로 되돌아온다. 이 변변치 않은 저술도 우리의 현실로 연결되는 바 있기를 바라는 마음 간절하다. 그러나 이 책은 어디까지나 하나의 출발점에 지나지 않는다. 앞으로 좀 더 충실한 연구로써 한층 깊은 단계에 도달할 것을 절실하게 요청하고 있다. 동학(同學) 여러분의 아낌없는 편달이 있기를 바라 마지않는다.

1978년 6월

김 태 길

차례

1장
생애와 활동

1장 생애와 활동

1. 소년 시대

　존 듀이는 1859년 10월 20일, 미국 버몬트 주의 벌링턴(Burlington)에서 출생하였다. 벌링턴은 농업과 상업을 중심으로 삼는 조용한 촌락 사회로서, 그 당시 개척시대의 분위기를 가득히 지니고 있었다. 그곳은 예나 지금이나 뉴잉글랜드 지방의 특색을 가진 매우 아름다운 도시다.

　존 듀이의 조상은 본래 영국으로부터 온 이주민이었다. 존 듀이의 5대조 할아버지 때 미국의 매사추세츠 주로 건너온 뒤에, 이곳저곳으로 옮겨 살다가 증조 때에 이르러 버몬트 주에 정착한 것으로 알려져 있다. 존의 아버지인 아치볼드(Archibald)는 처음엔 버몬트 주 북부에서 농사를 짓다가 벌링턴으로 이사오면서 식료품 상점을 경영하였다. 그는 본래 학교교육은 많이 받지 않았으나, 독서를 통하여 상당한 교양을 쌓은 사람이었다. 그는 그 지방에서 비교적 부유한 편이었으며 교육 정도도 약간 높은 집안에서 자라난 루시나 리치(Lucina Rich)라는 여자와 결혼하였다. 그러나 존의 어머니도 그 조상은 역시 개척민 출신이었다. 존 듀이는 바로 이러한 중류계급 가정의

4형제 중 셋째 아들로 태어났다.

가정이 몹시 가난하지는 않았으나 그다지 넉넉하지도 못했던 까닭에, 소년 시절의 존은 그가 좋아하는 책을 사기 위하여 간단한 노동을 즐겨 하였다. 때로는 신문을 돌리고, 때로는 운반해 온 목재의 수표를 계산했으며, 또한 친척 집 농장에서 일을 돕기도 하였다.

어릴 때부터 몸에 익힌 존 듀이의 근로 정신은 그가 80세가 넘는 노경에 이르기까지 사라지지 않은 것 같다. 그는 대학교수의 자리를 은퇴한 뒤에 스스로 닭을 기른 일이 있거니와, 한때는 상류계급의 피서지인 노바 스코티아(Nova Scotia)에서 자기가 생산한 계란을 여러 별장에 배달하기도 하였다. 여름이 끝났을 때 그는 각 별장에 계란 값을 청구하는 계산서를 '존 듀이'의 서명으로 배부하였다. 한 해 여름 동안, 이 유명한 철학자를 어떻게 해서든지 한 번 만나 보기를 원했던 별장의 귀부인들은 그 작업복 차림의 계란 장사가 바로 그 사람이었음을 비로소 알고 얼굴을 붉혔다는 일화가 전해지고 있다.

존 듀이는 초등학교와 중등학교에서의 형식적인 교육을 지루하게 느꼈다. 학교보다는 오히려 집이나 상점에서 심부름을 하고 또는 밖으로 나가서 일하는 시간을 더욱 재미있다고 생각하였다. 특히, 그는 친구들과 더불어 산이나 호수로 다니며 자연 속에서 지내는 것을 매우 즐겁게 생각하였다.

소년 시절의 이와 같은 체험은 듀이의 교육 학설에 많은 영향을 끼친 것으로 보인다. 존 듀이뿐만 아니라, 그 당시의 대부분의 그의 학우들은 가정에서 부지런히 일했으며, 간단한 공업과 농사일에 어느 정도 익숙하였다. 그리고 그들은 집안일에 있어서 모두 책임의 일단을 짊어지고 있었다. 이렇게 실생활을 통하여 성장하는 친구들을 보았고, 자기 스스로도 또한 그와 같은 실천 속에서 성장한 듀이는 대학에 가기 이전의 그의 교육에 있어서 가장 중요한 부분은 주로 학교의 교실 밖에서 얻었다는 것을 실감하였으며, 이러한 실감은 그의 교육 학설에 커다란 영향을 끼치지 않을 수 없었다. 그가 생명 있는 학습과 개인적 지성의 훈련을 위하여 가장 중요한 것으로서 작업적 활동의 의의를 매우 강조했음은 널리 알려진 사실이다.

존 듀이는 열다섯 살 때 고등학교를 마치고 버몬트 대학에 입학하였다. 그 당시에 있어서 그것은 아주 조그마한 대학이었다. 그가 졸업한 1879년에는 오직 18명의 졸업생이 나왔을 뿐이다. 듀이는 처음 2년 동안에 그리스어, 라틴어, 고대사, 해석, 기하, 그리고 미분 등을 배우고, 3학년에 이르러 주로 지질학, 생물학 등을 배웠다. 그 당시 미국의 학계에서는 진화론의 영향이 컸으며, 헉슬리(T. H. Huxley)의 책이 교과서로 사용되었다. 이 다윈주의자의 사상은 다음날 듀이의 철학적 사상 발전에 많은 영향을 끼치고 있다. 4학년에 이르러 듀이는 심리학, 경제학, 국제법, 그리고 철학의 강의를 들었다. 그때 그는 특히 콩트(A. Comte)의 실증주의에 마음이 끌렸다. 현재의 사회가 무너진 다음에 새로운 사회를 건설함에 있어서, 과학이 해야 할 소임에 대하여 그가 진지하게 생각하기 시작하게 된 데에는 콩트의 영향이 적지 않다.

대학을 마치자 듀이는 처음으로 고향인 버몬트를 떠나서 펜실베이니아 주로 갔다. 그곳 사우스 오일 시티(South Oil City)의 고등학교에서 교편을 잡기 위해서였다.

2. 청년 시대

듀이의 고등학교 선생 노릇은 2년 동안밖에 계속되지 않았다. 그의 사촌 누나뻘이 되는 교장이 결혼을 위하여 사직하게 되자, 듀이도 직장을 떠나 고향으로 돌아왔던 것이다. 고향에 돌아온 다음 시골 어느 초등학교에서 잠시 교편을 잡은 일도 있었으나, 이때 듀이의 생각은 평생을 두고 철학을 연구하고자 하는 방향으로 차차 기울어지고 있었다.

　듀이로 하여금 철학으로의 결심을 갖게 함에 있어서 크게 도움이 된 두 사람의 철학자가 있었다. 하나는 그의 대학교 은사인 토리(H. A. P. Torrey) 교수요, 또 하나는 그 당시 세인트루이스의 교육장(敎育長)이며 『사변적 철학(Speculative Philosophy)』이라는 학술 잡지의 발행인이던 해리스(W. T. Harris) 박사다. 토리 교수는 듀이가 철학사의 고전을 읽는 것을 지도하는 한편, 듀이와 더불어 숲 속을 거닐면서 여러 가지 이야기를 해주었다. 해리스 박사는 듀이가 보내온 논문 「유물론의 형이상학적 가정(The Metaphysical Assumption of Materialism)」(1882)을 높이 평가하고 이를 그의 잡지에 실어 주었다. 해리스 박사의 이와 같은 격려는 듀이로 하여금 철학의 연구를 계속할 결심을 더욱 굳히게 하였다.

　철학 연구에 대한 의욕을 실천에 옮기기 위하여 듀이는 1882년 겨울에 큰어머니로부터 5백 달러의 돈을 빌려 가지고 볼티모어로 향하였다. 그 당시 미국의 유일한 대학원 교육기관이던 존스홉킨스 대학에 입학하기 위해서였다.

　존스홉킨스의 길만(Gilman) 총장은 학생들에게 항상 새로운 연구의 가능성과 중요성을 강조하였다. 그의 이러한 식견은 학생들에게 매우 감명 깊은 자극을 주었으며, 학원의 분위기는 활기에 차 있었다. 이러한 분위기는 젊은 듀이에게 필요한 정신적 영양을 채우는 데 많은 도움이 되었다.

　대학원 학생들과 개인적 접촉을 자주 하고 우정에 가득 찬 격려와 충고를 보내 주던 길만 총장은, 듀이에게 다른 분야로 전과하는 것이 어떻겠느냐고 암시한 일이 있었으나 듀이는 받아들이지 않았다. 비록 그 충고는 받아들여지지 않았으나 듀이에 대한 길만 총장의 관심에는 변함이 없었다. 듀이가 박사학위를 받았을 때, 그를 총장실로 불러서 '틀어박혀서 책만 읽는 습관'에 대하여 경고도 했으며, 유럽으로 건너가 연구를 계속하도록 장학금을 주겠다고 호의를 보이기도 하였다.

존스홉킨스 대학의 철학 교수 가운데 듀이에게 가장 깊은 인상을 준 사람은 모리스(G. S. Morris)였다. 모리스 교수는 그 당시 미국에 있어서 목사가 아닌 소수의 철학 교수의 한 사람으로서, 한편으로는 영국 경험론의 흐름을 받아들이면서도 또 한편으로는 헤겔의 관념론에 대하여 상당한 관심을 기울인 학자였다. 모리스 교수를 통하여 공부한 헤겔의 관념론은 젊은 듀이에게 깊은 감명을 주었다. 듀이는 후일에 경험론의 계열을 밟고 대성(大成)한 사상가이기는 하나, 그가 젊어서 헤겔과 친숙했다는 사실은 그의 사상 가운데 영속적인 영향을 남겼다.

듀이는 그의 은사 모리스 교수로부터 깊은 신임을 받았던 것으로 보인다. 듀이가 아직 대학원 학생으로 있었을 때, 모리스 교수는 존스홉킨스 대학의 학부 학생들을 위한 철학사의 강의를 듀이에게 맡긴 일이 있으며, 듀이가 대학원을 마친 뒤에는 그를 미시간 대학의 강사로 취직하도록 알선하여 주었다. 이때 모리스 교수는 이미 미시간 대학에 와 있었으며, 그의 영향 아래서 듀이의 독일 관념론으로의 접근은 계속되었다. 그러나 오래지 않아 듀이는 차차 관념론으로부터 이탈해 가는 방향으로 사상의 내면적인 변화를 일으키기 시작하였다. 이와 같은 변화는 논리학과 심리학, 그리고 윤리학에 대한 그의 체계적인 연구를 통하여 점차로 뚜렷한 모습을 나타냈다.

논리학에 대한 듀이의 관심은 모리스 교수의 영향 아래 깊어졌던 것이거니와, 듀이는 모리스 교수와 더불어 미시간 대학에 있는 동안에 새로운 논리학의 가능성을 생각하기 시작하였다. 즉 단순히 사유의 법칙을 밝히는 형식 논리학도 아니요, 또 부재하는 세계의 객관적 성질 내지 사물의 구조 그 자체를 직접의 대상으로 삼는 대상(對象) 논리학도 아닌 제3의 논리학이 존재한다는 생각을 발전시켰던 것이다. 그 제3의 논리학이란 그것에 의하여 지식에 도달하는 방법의 논리학, 즉 듀이 스스로 도구적 논리학(instrumental logic)이라고 부른 그것이다. 그리고 이와 같은 논리학에 대한 생각은 관념론적 사고와는 조화되기 어려운 전제 위에 입각했던 것이다.

심리학에 대한 듀이의 관심은 이미 존스홉킨스 대학의 홀(G. Stanley Hall) 교수의 강의에 의하여 싹트기 시작했다. 홀 교수는 철학에 관련된 심리학의 문제를 광범위하게 다루었거니와, 그의 강의는 듀이의 마음속에 심리학과 철학은 밀접한 관계를 가지고 있으며, 그 관계는 실험 심리학의 기초 위에서 밝혀져야 한다는 신념을 불어넣었다. 그러나 심리학적 방면에 있어서 듀이에게 가장 결정적인 영향을 끼친 것은 윌리엄 제임스(William James)였다. 듀이는 제임스의 심리학 가운데서 인간 정신의 생물학적 기초를 강조한 면을 특히 받아들였거니와, 이와 같은 경험론적 심리학과 철학을 연결시켜 보고자 꾀했을 때, 듀이의 사상은 벌써 관념론적 사고를 멀리 벗어나 있었던 것이다.

듀이는 1891년에 『비판적 윤리학설의 소묘(*Outlines of Critical Theory of Ethics*)』라는 책을 내고, 합리주의적 관념론에 입각한 종래의 윤리설에 대한 비판적 견해를 표명한 바 있다. 그러나 그의 윤리설의 경험론적 정초(定礎)가 확고한 지경에 이른 것은 제임스의 심리학의 영향이 더욱 뚜렷한 『윤리학 연구(*The Study of Ethics*)』(1894)가 나온 뒤부터였다. 듀이에게 가장 많은 영향을 끼친 제임스의 저술은 『심리학의 원리(*Principles of Psychology*)』였거니와, 듀이는 이 저술이 자기에게 끼친 사상적 영향을 자인하고 제임스의 심리학은 자기의 사상의 '정신적 조상'이라고까지 말하고 있다.[1]

제임스도 자기보다 열일곱 살이나 나이가 적은 젊은 듀이를 매우 찬양하

---

1 R. B. Perry, *Thought and Character of William James*, Vol. Ⅱ, p.525.

고, 그를 사상적인 영웅이라고까지 말한 적이 있다고 한다. 이와 같이 제임스와 듀이는 정신적으로 가까운 두 철학자였으나, 그들 사이에도 물론 견해의 차이는 있었다. 특히 프래그머티즘(Pragmatism)의 기본 개념, 또는 커뮤니케이션의 이론에 있어서, 두 사람 사이에는 서로 다른 견해가 있었다.

듀이는 1888년에 미네소타 대학으로 옮겨 갔으나, 다음 해에 다시 미시간 대학으로 돌아왔다. 모리스 교수가 세상을 떠나고 그 후임으로 철학과의 과장을 맡게 된 것이다. 그 당시 미시간 대학은 미시간 주의 교육제도와 밀접하게 연결되어 있었다. 대학의 교수들은 주(州)의 고등학교를 방문하고 또 보고서를 작성하는 등, 고등학교 교육과 대학 교육 사이의 유대가 긴밀하였다. 이러한 분위기와 자극 속에서 교육 일반에 대한 듀이의 관심은 점차로 커졌으며, 그의 심리학과 윤리학의 연구를 결합하여 실제에 응용하는 실천의 학(學)으로서의 교육학에 대한 의욕도 날로 성장하였다.

3. 시카고 시대

1894년에 듀이는 시카고 대학으로 직장을 옮겼다. 시카고 대학의 철학과 심리학, 그리고 교육학을 합친 학부(學部)의 부장으로 취임한 것이다. 그가 시카고 대학의 초빙을 수락한 주요 동기는 그 학부에 교육학이 포함되었다는 사실에 있었다. 즉, 교육에 대한 깊은 관심이 그로 하여금 교육학을 아울러 할 수 있는 곳으로 끌리게 한 것이다.

시카고 대학을 근거로 삼고 듀이는 '실험학교(The Laboratory School)'라는 특수학교를 설립하였다. 이것은 듀이 자신이 주장하는 교육 이론을 실행해 보기 위한 기관으로서, 어린이의 교육에 관하여 새로운 이해를 가진 학부모들의 협력을 얻어 운영되었다. 17명의 학생과 2명의 교사로 시작된 이 실험학교는 여러 가지 어려움과 싸워 가며 조금씩 발전했으나 7년 반 동안

존속한 후 문을 닫게 되었다. 그것은 시카고 대학의 총장이 듀이의 새로운 교육에 찬성하지 않았기 때문이며, 이를 계기로 듀이 자신도 1904년에 시카고를 떠나게 되었다. 듀이의 저서 가운데서 가장 널리 읽히고 많은 영향을 주었던『학교와 사회(*The School and Society*)』는 그 실험학교의 자금을 모으기 위하여 쓰인 것이었다.

듀이는, 그가 관념론을 떠나서 자연주의적 실험주의로 기울어진 다음에는, 대체로 말해서 읽은 책보다 개인적 접촉에 의한 대화를 통하여 더 많이 배웠다고 주장하고 있거니와, 그의 실험학교를 매개로 한 친교는 가장 중요한 것이었다. 그 관계로 특히 듀이와 친밀했던 사람은 영(E. F. Young) 여사였다. 영 여사는 시카고 시립학교의 교육장으로서 학교의 문제에 관하여 탁월한 견해를 가지고 있었으며, 특히 학생의 도덕적 및 지적 인격에 대한 존경을 강조한 사람이다. 영 여사와의 접촉은, 실제로 교육행정에 대한 경험이 적었던 듀이의 교육 사상에 크게 영향을 미쳤으며, 특히 학교 안에 있어서의 민주주의의 개념을 깊게 하는 데 도움이 되었다.

시카고 시대에 있어서 또 하나의 중요한 인간적 접촉은 헐 하우스(Hull House)를 매개로 한 그것이었다. 헐 하우스는 여러 계층의 사람들이 자리를 함께하는 사회 시설이었는데, 여기서는 특히 애덤스(J. Adams) 여사와의 우정이 두터웠다. 애덤스 여사는 민주주의를 정치적인 제도로서보다도 도덕적이요 참으로 인간다운 생활의 방법으로서 이해한 사람으로 알려져 있거니와, 애덤스 여사와의 친밀한 접촉은 교육의 지도 이념으로서의 민주주의에 대한 듀이의 신념을 더욱 깊이 있게 하였다.

한편, 시카고 대학 자체 안에서의 생활도 듀이에게 주는 바가 컸다. 여기서는 주로 대학원의 강좌를 맡았거니와, 인습적인 강의를 지양하고, 소수의 우수한 학생들과 의견을 교환하는 기회는 듀이 자신의 사상을 정리하는 데 많은 도움이 되었다. 그뿐만 아니라 당시 시카고 대학에는 터프츠(J. H.

Tufts), 미드(G. H. Mead)와 같은 쟁쟁한 동료 교수들이 있어서, 학문 연구를 위한 좋은 분위기를 형성하고 있었다.

시카고 대학에서의 듀이의 강의의 제목에는 윤리학에 관한 것이 많았다. '심리학적 윤리학', '사회윤리학' 및 '윤리학의 논리'라는 세 가지 강좌를 같은 학기에 맡은 일도 있다. 이러한 강의의 제목으로 알 수 있는 것은, 듀이가 윤리학에 치중하는 동시에 그 윤리학을 그의 심리학과 논리학의 기초 위에서 전개시키려고 꾀했다는 사실이다. 그의 '심리학적 윤리학'의 강의는 후일에 발간된 『인간성과 행위(*Human Nature and Conduct*)』(1922)의 토대가 된 것이며, 그의 '윤리학의 논리'의 줄거리가 된 논리학은, 헤겔적인 관념론을 벗어나, 도구주의(instrumentalism)의 색채를 뚜렷이 한 것이었다.

4. 컬럼비아 시대

시카고 대학에 사표를 냈을 때, 듀이는 다음에 갈 곳이 미리 정해져 있었던 것은 아니었다. 사직한 다음에 그 사연을 옛 친구인 캐틀(J. M. Cattle)에게 전하였고, 캐틀은 듀이를 위하여 그때 자기가 있던 컬럼비아 대학에 철학 교수의 자리 하나를 마련해 주었다. 이리하여 듀이의 컬럼비아 시대가 시작된 것이다.

컬럼비아 대학에서도 듀이는 여러 훌륭한 철학자들과 접촉할 기회를 가졌다. 그 당시 컬럼비아 대학 철학과에서 가장 대표적인 학자는 우드브리지(F. J. E. Woodbridge)였으며, 그 밖에도 러브조이(A. O. Lovejoy), 브라운(H. C. Brown) 등 쟁쟁한 철학자들이 있었다. 미국에서 사회철학 방면의 대가요, 한국에도 온 일이 있었던 시드니 후크(Sidney Hook)는 처음에는 그곳의 학생이었다가 나중에 교수가 된 사람이다.

1930년에 71세의 노령으로 퇴직할 때까지, 듀이는 컬럼비아 대학의 자리를 지켰다. 이 26년 동안은 사상가로서의 듀이의 전성기에 해당하며, 이 시절에 그는 교육가로서, 저자로서, 사회 비평가로서, 그리고 세계적인 철학자로서 눈부신 활동을 하였다.

듀이는 특히 저술이 많은 학자인데, 그의 저술 가운데 대표적인 것들의 대부분이 컬럼비아 시대에 쓰인 것이다. 우선 1910년에 발표된 『사고의 방법(*How We Think*)』도 그 중의 하나다. 이 책은 사고 작용에 관한 논리학적이요 심리학적인 연구인 동시에, 또 교육의 방법에 관한 저술이기도 하다. 다음에 1916년에 출판된 『민주주의와 교육(*Democracy and Education*)』은 앞에서 말한 『학교와 사회』, 『사고의 방법』 등에 있어서 표명되었던 교육학적 견해를 체계화하고 더욱 발전시킨 중요한 저술이다. 이 책은 20세기 전반기에 있어서 세계 최대의 교육학적 업적이라고 보는 사람이 많을 정도로 높이 평가되고 있거니와, 미국뿐만 아니라 세계 여러 나라 교육의 실천에 있어서 많은 영향을 끼쳤다.

논리학에 관한 중요한 연구도 대부분 이 시기에 이루어졌으니, 1916년에 출간된 『실험 논리학 논집(*Essays in Experimental Logic*)』은 그러한 연구의 집대성이다. '실험 논리학'이란 앞에서 말한 '도구적 논리학'과 통하는 것으로서 자연과학이 사용하고 있는 연구의 방법을 바탕으로 구상된 논리학이다.

듀이의 윤리학적 저술 가운데서 널리 알려진 『인간성과 행위』가 나온 것도 역시 이 컬럼비아 시대였다. 『인간성과 행위』에서 듀이는 도덕적 가치의 근거를 인간성에서 구하는 자연주의의 견지를 분명히 하고 있거니와, 종래의 형이상학적 내지 관념론적 윤리설과는 근본적으로 다른 방향으로 윤리학의 기초를 닦았다. 마치 인간성의 자연을 억제함으로써 도덕이 성립한다고 보는 낡은 관념은 포기되었으며, 선(善)의 개념도 새로운 전제 위에서 이해되었다.

그러나 컬럼비아 시대에 이루어진 가장 중요한 저작은, 1925년에 발간된 『경험과 자연(*Experience and Nature*)』 및 1929년에 초판을 낸 『확실성의 탐구(*Quest for Certainty*)』라고 할 수 있을 것이다. 『경험과 자연』은 듀이의 형이상학적 신념을 전개한 책이다. 그 이전의 저술에는 형이상학적 사유를 표명한 것이 적어서 듀이의 철학 가운데 과연 형이상학이 한자리를 차지하게 될 것인가를 의심케 하는 점도 없지 않았다. 그러나 『경험과 자연』은 충분히 형이상학적이며, 이 저술에 의하여 철학자로서의 듀이의 폭은 한결 넓어진 것이다.

『확실성의 탐구』도 매우 높이 평가되는 책이다. 이것은 1929년에 영국에 든버러 대학에서 '기포드 강의(Gifford Lectures)'의 하나로 듀이가 베푼 강의의 내용을 수록한 것이다. '기포드 강의'를 맡는다는 것은 학계의 명예였으며, 미국 사람으로서 듀이 이전에 이 강의를 맡은 것은 제임스와 로이스(J. Royce) 두 사람뿐이었다. 『확실성의 탐구』는 듀이의 철학 사상의 전반적 측면을 알아보기에 좋은 저술이며, 듀이의 문장이 대체로 난삽하다는 결점이 있는데, 이 책만은 알기 쉬운 표현으로 되어 있다는 호평도 받고 있다.

5. 만년

1930년 6월에 컬럼비아 대학에서 은퇴하고 그 대학의 명예교수가 된 듀이는, 그 뒤에도 많은 저서를 내고 강연을 하는 등 활약이 많았다. 그가 만년에 저술한 책 가운데서 특기할 것은, 1934년에 나온 『경험으로서의 예술(*Art as Experience*)』과 『공통의 신앙(*A Common Faith*)』, 그리고 1939년에 출판된 『평가의 논리(*Theory of Valuaiton*)』다. 그 이전에 있어서 듀이는 예술과 신앙에 대해서 정리된 이론을 전개한 것이 별로 없었다. 그런데 만년에 가서 그의 예술철학과 종교론을 조직적으로 다루어 놓은 것이 『경험으로서의 예술』 및 『공통의 신앙』이었던 것이다. 그리고 『평가의 논리』는 부피는 크지 않은 책이나 가치의 본질에 관한 종합적이요 체계적인 저술이라는 점에서 중요한 문헌이다. 듀이의 철학 사상 가운데서 그 중심을 차지하는 것은 윤리학이라고 볼 수 있으나, 듀이는 그의 윤리설을 여러 저서 가운데 분산시켜서 서술하였을 뿐, 하나의 단행본으로서 그 전모를 밝힌 것이 거의 없다. 다만 『평가의 논리』는 그의 가치철학을 종합적으로 체계화한 예외적인 저술이라고 볼 수 있는 귀중한 저작인 것이다.

듀이는 명예나 명성에 대하여 별로 관심이 없는 사람이었다. 그러나 그는 여러 번 표창을 받았으며, 명예 학위도 여러 개 받았다. 동양에까지 널리 알려진 그는 베이징 대학에서도 명예 학위를 받았으며, 동시에 '제2의 공자'라는 찬사까지 들었다. 그러나 1919년에 도쿄를 방문했을 때 일본 정부가 보낸 훈장은 비민주주의적이라는 이유로 사양하였다. 80회 생일을 맞이했을 때와 90회의 생일을 맞이했을 때는 세계 여러 나라의 저명한 사람들이 많이 모여서 축하연을 베풀었다. 그러나 듀이 자신은 그러한 회합에는 대개 출석하지 않았다.

90세가 넘어서도 듀이는 매우 정정하였다. 92세 때에도 눈에 광채를 잃지 않았고 정신도 맑았다. 그는 때때로 산보를 즐겼으며, 손수 타이프를 치기도 하였다.

듀이의 첫째 부인 앨리스(Alice)는 1927년에 세상을 떠났다. 듀이는 19년 동안 홀아비로 살았으나, 1946년, 그가 87세 때에 펜실베이니아의 한 미망인과 재혼하였다. 첫째 부인 앨리스에 의해서 듀이는 여러모로 사상적인 자극을 받았다고 전해지고 있거니와, 둘째 부인 로버타(Roberta)도 듀이의 위대한 업적을 많이 도와주었다. 듀이는 1952년 6월 1일, 로버타가 지켜보는 가운데 세상을 떠났다.

6. 사회참여

존 듀이는 유명한 철학자들 가운데서 사회 현실에 가장 많이 참여한 사람의 하나다. 시카고 대학 시대에 '실험학교'를 경영한 이야기는 이미 언급했거니와, 컬럼비아 대학 시대 이후에는 더욱 광범위한 사회 활동에 참여하였다. 교육자의 권익을 옹호할 목적으로 '교원 조합(The Teachers' Guild)'을 조직하고 지도했으며, '미국 대학교수협회(The American Association of University Professors)'의 조직을 도운 것도 그러한 사회 활동의 하나다. 그리고 1940년 듀이가 81세 때에 '세계문화자유회의 미국 본부'를 조직하고 지도했다는 사실은 그의 관심의 폭이 넓다는 것을 말해 주는 좋은 예라고 볼 수 있을 것이다.

널리 사회문제 일반에 대하여 관심이 깊었던 듀이는 자연히 정치문제에도 관여하게 되었다. 그는 정치에 있어서 '절대'라는 것을 믿지 않았다. 그래서 그는 때로는 민주당을 지지하기도 하고, 어느 때는 사회당을 밀기도 했으며, 또 어떤 경우에는 진보당에 한 표를 던지기도 하였다. 그리고 1936년에 루스벨트(F. D. Roosevelt)의 지반이었던 노동당이 분열하여 새로 자유당을 창립했을 때는, 듀이가 스스로 그 자유당에 참가하기까지 하였다. 이와 같이 그가 스스로 지지하는 정당을 바꾼 것은, 그때그때에 있어서 더 진보적인 정책을 실천할 뜻을 밝힌 정당을 밀었기 때문이며, 그런대로 하나의 일관성이 그 가운데도 있었다. 실로 듀이의 일관된 신념은, 미국의 두 개의 큰 정당인 민주당과 공화당 이외에, 참으로 진보적인 제3당이 나타나야 한다는 것이었다.

스스로 진보주의를 부르짖었으며, 소련을 방문한 뒤에 그곳을 돌아본 인상기(印象記)를 발표한 듀이는, 미국의 사상가들 가운데서 공산주의에 대하여 어느 정도의 이해를 가진 사람 중의 하나로 꼽히고 있다.[2] 그러나 공산국가의 혁명적 계급투쟁의 이론에는 듀이도 결국은 반대의 입장을 취하였다. 듀이는 현대의 자본주의 사회에 시정해야 할 많은 결함과 모순이 있다는 것을 인정하였다. 그는 사회의 정의가 실현되어야 한다고 믿었으며, 그러기 위해서는 제도와 기구를 뜯어고쳐야 한다고 생각하였다. 그러나 그 사회개조의 목적을 달성하기 위하여, 폭력과 무력을 호소해야 한다는 혁명 이론에는 찬성할 수 없었던 것이다. 듀이는 인간의 지성을 조직화함으로써, 즉 지성적인 대화와 냉철한 논의를 통하여, 점진적으로 사회를 개조할 수 있다고 믿었다. 그는 자기의 정치적 견해를 사회적 민주주의(social democracy)의 이름으로 불렀다. 그러나 자기의 정치 노선을 실천에 옮길 계급적 지반에 대하여는 깊이 고려하지 않았다.

---

2 존 듀이가 소련을 방문한 것은 1928년이며, 그 다음 해에 『소련 및 혁명국의 인상기 (*Impressions of Soviet Russia and the Revolutionary Worlds, Mexico-China-Turkey*)』를 냈다.

2장

철학의 본질

2장 철학의 본질

1. 철학의 역사성

어떤 철학자의 사상 체계를 이해하기 위하여 가장 요긴한 것은, 그가 철학자로서 풀고자 꾀한 근본 문제가 어떠한 것들이며, 또 그 문제들을 풀기 위하여 그가 사용한 방법이 무엇인가를 분명하게 파악하는 일일 것이다. 그리고 한 철학자가 생애를 걸고 탐구하는 문제와 그 문제를 공략하는 데 사용하는 방법은 그가 철학의 본질과 사명을 무엇이라고 보느냐에 따라서 크게 좌우된다. "철학이란 무엇인가?" — 이것은 철학자가 거기서부터 출발하고 또 결국은 그리로 되돌아가야 하는 근본적인 물음이거니와, 이 물음에 무엇이라고 대답하느냐에 따라서 그 철학자의 사상적인 방향의 윤곽이 잡힌다 하여도 과언이 아닐 것이다. 이제 존 듀이라는 철학자의 사상의 내용에 접근할 단계에 이른 우리는, 그가 철학의 본질을 어떻게 이해했는가부터 우선 살펴보는 것이 좋을 것으로 생각된다.

게일 케네디(Gail Kennedy)도 지적하고 있듯이, 듀이는 철학을 "문화 안에서 일어나는 갈등의 지적인 표현"이라고 믿었다.[1] 다시 말하면 철학은 인간 사회에 있어서 필연적으로 일어나는 가치관의 대립을 반영하고 세워지는 지적 체계라는 것이다. 모든 철학은, 그것이 아무리 추상적이요 현실 문제와는 전혀 관계가 없는 순수한 논리의 전개인 것처럼 보일지라도, 그 철학자의 이상 또는 인생관을 표명 내지 옹호하는 이론의 체계라고 듀이는 보았다.

듀이에 있어서 철학은, 정치와 문학 그리고 조형미술이 그렇듯이, 인간적 문화의 한 현상이요 인류 역사의 한 부분이다.[2] 철학자들 가운데는, 과거의 철학은 모두 그 시대의 사정과 어려움을 반영한 것이었으나 이제 자기의 철학만은 시대나 사회의 특수성을 벗어나서 객관적이요 영원한 진리를 밝히는 것이라고 자부하는 사람들이 많다. 베이컨, 데카르트, 칸트, 그 밖의 무수한 철학자들이, 자기만은 순전히 지성만에 의한 체계를 세우겠다고 굉장한 포부를 가졌다. 그러나 듀이에 의하면 그것은 모두 한때의 꿈에 지나지 않으며, '철학자도 역사의 한 부분'임에는 예외가 있을 수 없다. 모든 철학자는 한편으로 미래를 창조하는 자인 동시에, 또 한편으로는 "반드시 역사적 과거의 산물"이다.[3]

철학이 시대와 문화의 굴레를 벗어날 수 없다고 단정하는 까닭에, 듀이는 '영원히 변치 않는 실재의 세계를 대상으로 삼는 철학'의 이른바 '영원한 진리'를 믿지 않는다. 따라서 그는 플라톤의 '이데아(idea)'라든지, 데카르트나 스피노자가 말하는 '실체(substantia)'라든지, 칸트가 말하는 '사물 자체(Ding an sich)'라든지, 또는 헤겔이 말하는 세계이성으로서의 '이데(Idee)'

1 M. H. Fisch ed., *Classic American Philosophers*, p.327.
2 J. Dewey, *Philosophy and Civilization*, p.3.
3 Ibid., p.4.

등에 대하여, 다시 말하면 '경험을 초월해 있으며, 경험의 세계에 원인이 되는 정말 참된 존재'라는 것에 대하여, 그리 깊은 흥미를 느끼지 않는다. 그러나 경험을 초월하는 세계를 다루어 '영원한 진리'를 표방하는 형이상학의 체계들을 무의미하다고 배척한 것은 결코 아니다. 듀이는 그들 형이상학이 어떤 절대적 사실에 대한 진리를 전달한다고는 믿지 않는다. 그러나 그는 황당무계한 가공의 세계를 그린, 믿을 수 없는 체계까지도 포함한 모든 철학이 인간의 포부와 어려움과 갈등을 드러내는 것이라고 믿으며, 그토록 인간의 모습을 드러내는 것인 까닭에 매우 중요한 의미를 가졌다고 인정한다.

"철학이 관계하는 것은 진리(truth)이기보다도 의미(meaning)다."라고 듀이는 말한다. 그 '의미'는 진리보다도 범위가 넓을 뿐 아니라 더욱 값진 것이라고 주장하는 것이다.[4] 따라서 우리는 어떤 철학을 대할 때, 그것이 진리냐 아니냐를 묻기에 앞서서 그 철학의 의미가 무엇이냐는 것을 물어야 한다. 의미가 풍부한 철학, 그것이 듀이에 있어서 훌륭한 철학이 아닐 수 없다.

그러면 어떠한 철학이 풍부한 의미의 철학이라고 불릴 수 있는 것일까? 그 시대의 역사적 사명을 완수함에 있어서 이바지하는 바가 큰 철학일수록 의미가 풍부한 철학이다. 듀이는 철학의 본질과 그 사명을 따로따로 떼어서 생각할 수가 없다고 믿었다. "그 특색과 그것이 문화 안에서 갖는 기능을 소상히 밝혀 내라. 그러면 당신은 철학 그 자체의 정의(定義)를 얻은 셈이 될 것이다."[5] 이렇게 말한 듀이는 철학의 본질은 그 기능에 관련시켜서 파악되어야 한다고 믿는 동시에, 그 기능을 유감없이 발휘한 철학, 즉 그 역사적 사명을 훌륭하게 완수한 철학을 '의미가 풍부한 철학'이라고 생각했던 것이

---

4 Ibid., p.4.
5 Ibid., p.6.

다. 그러면 철학의 역사적 사명이란 어떤 것인가? 우리는 또다시 철학의 본질의 문제로 돌아가 철학이 문화 안에서 발휘하는 기능을 살펴보아야 한다.

앞에서 이미 말한 바와 같이, 철학은 인간적 욕구의 지성적 표현이며, 인간의 욕구가 필연적으로 갈등을 일으킴에 따라서, 그 갈등을 반영하면서 전개된다. 역사 안에 일어나는 인간적인 갈등 가운데서 가장 기본적인 것은, 오랜 옛날부터 내려오는 전통의 힘과 시대의 변천에 따르는 새로운 사회적 요구와의 대립에서 생기는 그것이다. 모든 시대의 철학은 이 사회적 갈등의 근원을 밝히고, 나아가서는 그 대립 내지 갈등을 전반적으로 해결하는 것을 은연중의 사명으로 삼는다. 묵은 것과 새로운 것의 대립에서 오는 사회적 갈등은 우리의 생활환경을 '문제의 상황(problematic situation)'으로 만든다. 문제의 상황 속에 던져진 동물이 그 문제를 해결하고자 함은 근본적인 본능이거니와, 철학은 시대와 사회 속에 깃든 인생의 문제들을 해결해 보고자 꾀하는 지성의 가장 포괄적인 시도라고 보는 것이 듀이의 생각인 것이다. 따라서 철학의 역사적 사명은 인간적인 갈등에 기인하는 시대의 근본적 문제를 해결할 수 있는 원리를 마련하는 일이라는 결론이 나온다.

대립과 갈등에서 오는 문제의 해결을 꾀하는 자가 그 대립과 갈등의 소용돌이 밖에 서 있는 제삼자였다면, 그 문제의 해결은 어떤 절충 내지 화해의 형태로서 시도되는 것이 원칙일 것이다. 그러나 철학자도 문제의 상황을 구성하는 요인의 일부요, 스스로 그 문제 속에 허덕이는 당사자의 한 사람인 까닭에, 순수한 제삼자의 처지에서 거중조정을 꾀할 형편에 놓여 있지 않다. 따라서 그는 묵은 것을 지키고자 하는 보수의 진영과 전통에 도전하여 새로운 것을 세우고자 하는 혁신의 진영 가운데서 그 한쪽을 자기의 발판으로 삼는 것이 원칙이다. 예컨대 플라톤과 아리스토텔레스, 그리고 토마스 아퀴나스 같은 철학자들은 보수의 진영을 지킨 사람들이며, 데카르트와 스피노자, 그리고 마르크스 같은 철학자들은 혁신의 진영에 가담한 사람들이다.

듀이는 혁신 내지 진보의 진영에 속하는 사상가였다. 급속하게 변천해 가는 미국에서 태어난 듀이는, 18세기적 개인주의에 입각한 미국의 사회 현실과 자연과학 및 기계문명의 발달을 계기로 전개되는 새로운 사태와의 부조화에 대하여 매우 민감하였다. 그리고 그러한 사태는 새로운 질서를 요구한다고 믿었으며, 서민 대중의 권익이 옹호되는 참된 민주주의를 실현함이 새로운 시대의 요청이라고 믿었다. 듀이는 자기가 사는 시대를 건전한 사회라고 보지 않았으며, 전통적인 제도에도 고쳐야 할 점이 많다고 믿었다. 그는 여러 분야에 걸쳐서 수많은 글을 썼거니와, 그것들은 모두 미국 사회를 어떻게 혁신할 것이냐 하는 문제와 직접 또는 간접으로 관련이 되고 있다.

　철학자가 혁신의 진영으로 발을 벗고 나서는 예는 비교적 많지 않다. 혁신이란 전통적 세력에 대한 도전을 의미하는 것인 까닭에, 그 시도에는 항상 심각한 위험이 따르기 마련이며, 철학과 같은 어려운 학문으로 일가(一家)를 이룰 수 있을 정도로 안정된 자리에 있는 사람으로서는 그것을 부르짖기에 각별한 동기와 용기가 필요하기 때문이다. 그러한 어려움을 무릅쓰고 듀이가 진보의 노선을 선택할 수 있었던 것은, 첫째로 그가 젊었을 당시의 미국이 활발하게 발전해 가는 사회였으며, 듀이 자신은 개척민의 후예로서 발랄한 개척자의 기질을 타고난 사람이었기 때문이 아닌가 생각된다. 그리고 둘째로는, 다윈의 진화론에 의하여 깊은 영향을 받았던 듀이가 역사에 있어서 '발전'이라는 것을 굳게 믿었기 때문일 것이다. 그리고 셋째로는, 듀이가 '철학의 소임에 있어서의 창조적 요소'를 대단히 중요시했기 때문일 것이다. 듀이가 보기에는 "철학이란 … 단순히 문명을 수동적으로 반영만하는 것이 아니라 … 그 자체가 변화이며, 새로운 것과 옛것의 교차점에 있어서 이루어지는 철학의 이설(理說)들은 기록(records)이기보다는 예언(prophecies)이다."[6] 그리고 여기서 듀이가 말하는 '예언'이란, 미래에 대한 단순한 추측이 아니라, "내일의 발전을 앞질러 계획하는 방안이요 노력"인

것이다.[7]

듀이가 택한 것이 비록 혁신의 진영이라고는 하나, 그의 진보주의에는 스스로 한계가 있다. 철학이라는 것이 시대의 역사적인 현황을 반영하는 지적 표현이라는 듀이 자신의 철학관으로 보더라도 철학자가 전통의 제약을 완전히 벗어난다는 것은 생각하기 힘든 일이거니와, 듀이가 활약한 시대에 미국이 누린 일반적인 번영이나 그 미국 안에서 듀이가 차지한 학자로서의 위치로 볼 때, 듀이가 급진적 행동주의자가 될 근거는 희박했던 것이다. 듀이 자신이 거듭 강조했듯이 철학이란 한편으로는 과거로부터 내려오는 전통의 유산으로부터 영양을 섭취하고 성장하는 것이며, 또 한편으로는 새로운 시대가 이룩한 발견과 발명에 주목하고 새로운 시대가 호소하는 새로운 요청의 소리에 귀를 기울임으로써 전진하는 것인 까닭에, 듀이의 철학도 자연 묵은 것과 새로운 것의 조화의 시도라는 근본적인 자세를 떠나지 않았다. 다만 듀이는 역사의 전진을 믿었던 까닭에, 그가 시도한 조화의 방향도 스스로 새로운 것에 치중하는 경향을 보였을 뿐이다.

조화 내지 절충을 시도하려는 중도적인 경향은 보수의 진영에 가담한 철학자들에서도 발견할 수 있다. 플라톤과 아리스토텔레스, 그리고 칸트 같은 철학자들은 전체적으로 말해서 보수적 사상가였다고 보는 것이 타당한 관찰이라고 하겠으나, 그들도 그 시대의 전통의 견지에서 볼 때에는 확실히 진보적인 일면을 가지고 있었음을 부인하지 못한다. 철학자였던 까닭에 그들은 낡은 질서 속에 파묻힌 부조리와 모순에 대하여 전혀 둔감할 수 없었으며, 양심적 지성이었던 까닭에 그들은 부당한 현실을 그대로 긍정만 할 수도

---

6 Ibid., pp.7-8.

7 Ibid., p.8.

없었다. 따라서 그들의 사상 가운데도 현실에 대한 부정(否定)의 계기가 있었으며, 새로운 시대가 지향하는 새로운 질서의 방향에 대한 날카로운 통찰의 반짝임도 있었다. 다만 그들은 움직임보다는 고요함을 즐기는 사색가요, 모험을 통하여 얻는 것보다도 잃는 것이 많은 계급의 말석을 차지하고 있었던 까닭에, 그들의 정의감(正義感)은 대개 불발탄의 일종으로서 끝을 맺었다.

절대로 변함없는 영원한 진리에 대한 줄기찬 갈망도 철학자로 하여금 보수의 진영에 가담케 하는 데 크게 이바지하였다. '변함없는 진리'를 위해서는 변함없는 대상이 주어져야 한다. 따라서 '변함없는 진리'의 추구자들은 사물의 변하지 않는 면에 대하여 더 깊은 흥미를 느낀다. 눈앞의 현실이 직각적으로 움직이고 있음을 바라보는 동안에도, 그 가운데서 움직이지 않는 '본질'을 발견하려고 애쓴다. 이에, 변화하고 움직이는 것은 한갓 가상(假像)이요, 변하지 않고 움직이지 않는 것이 참된 실재(實在)라는 생각이 크게 환영을 받았다. 그러나 경험에 나타나는 세계는 모두 변하고 움직인다는 사실을 부인하지는 못했던 까닭에, 그들 절대론의 철학자들은 경험을 초월하는 또 하나의 세계의 존재를 가정하지 않을 수 없었다. 그리고 이 '경험을 초월하는 세계'의 가정(假定)은 여러모로 매우 편리하였다. 그것은 변치 않는 진리의 성립을 위하여 필요한 대상을 제공해 줄 뿐 아니라, 어지럽고 부조리한 현실의 문제로부터 도피할 수 있는 훌륭한 구실을 준비해 주었다. "이 어지럽고 불공정하며 괴로움으로 가득 찬 현실의 세계는 참된 세계가 아니다. 참된 세계는 따로 있으며, 그것은 영원하고 완전하다. 그러므로 우리는 이 거짓 세계의 하찮은 현실 문제로 크게 노심할 필요는 없다." 이러한 추리가 가능했던 것이며, 현실로부터의 도피를 철학의 정도(正道)로서 정당화할 수도 있었던 것이다.

형이상학적 세계로의 도피는 그 자체가 전통적 질서 또는 현존하는 세력을 옹호하고자 하는 의식적인 노력은 아니었다고 보는 것이 공정할 것이다. 그러나 결과에 있어서는 현재의 질서를 방임한 것이나 다름이 없다 할 것이니, 만약 사회생활에 있어서 비판자의 구실을 하는 것이 지성인의 사명이라고 보는 오늘날의 일반적인 견해를 긍정한다면, 현실도피의 철학은 간접적으로 보수의 진영에 가담한 셈이 될 것이다.

듀이는 자신이 혁신의 계열을 택하기는 했으나, 모든 철학자가 반드시 진보적이어야 한다고 생각하지는 않았다. 각자는 자기의 처지에 충실하게 철학을 할 수밖에 없다고 그는 생각한다. 지배적인 계급과 피지배적인 계급이 똑같은 철학을 갖는다면 우리는 도리어 그러한 철학의 지적 성실성을 의심하지 않을 수 없을 것이라고까지 그는 말하고 있다. 따라서 서로 견지를 달리하는 철학의 체계들이 대립의 관계를 좀처럼 지양하지 못하는 것은 결코 비난의 대상이 되어야 할 사태가 아니라, 오히려 철학적인 성실성의 증거로 삼아야 할 것이다.

서로 대립하는 두 가지 이상의 철학의 병존을 허용하는 듀이의 태도는, 철학을 진리의 체계로서보다도 의미의 체계로서 이해한 그의 견해와 잘 조화된다. 대립된 두 개의 명제가 다 같이 진리일 수는 없으나, 그것이 모두 제나름의 의미를 가질 수 있다고 말할 수 있을 것이기 때문이다. 그러나 듀이는 비록 철학에 있어서의 의미의 중요성을 강조하기는 하나, 그 의미가 현실 또는 사실과 전혀 관계가 없는 것이라고는 보지 않는다. "의미는 실재(existence)에 의해서 생기는 것이며, 또 어느 정도는 실재에 의해서 밑받침되고 있다. 따라서 그것은 실재의 세계와 전혀 무관할 수가 없다."고 말하면서, 듀이도 철학이 실재의 세계에 관하여 무엇인가를 전한다는 사실을 인정한다. 다만 철학이 가진 의미는 "넘쳐 흐르도록 풍부한 것이어서 이에 비하면 정확한 사실의 전달은 오직 부차적인 일"에 지나지 않는다는 것이다. 그리고 이 점에 있어서, 정확한 사실의 전달을 주요 임무로 삼는 과학과 대조

되는 철학의 특수성이 있다는 것이다.[8]

철학은 시대와 국가의 문화적 특수성을 반영하고 성장하는 정신적 산물이었다. 따라서 특수성을 달리하는 시대나 국가는 그 시대 또는 국가의 고유한 철학을 갖는 것이 당연한 일이 아닐 수 없다. 그 향토에 토착한 독자적 철학을 가지고 있느냐 없느냐는 "그 국민의 무의식적 전통과 정착한 제도의 깊이를 자질하고, 그 국민 문화의 생산력을 저울질하는 엄중한 기준"이라고 스스로 전제하면서, 듀이는 자기의 나라, 미국의 경우를 반성한다. 그리고 20세기 초의 미국의 사상이 아직 유럽 문화의 식민지적 상태를 벗어나지 못했음을 은연중 지적한다. 공업과 자연과학의 분야에 있어서 미국은 세계의 수준을 능가하고 혁혁한 발전을 이룩하였다. 그러나 지도 이념을 생각해 내는 상상력에 있어서 미국은 빈곤하다는 것이다. 정신적인 사상의 세계를 두려워하는 까닭에, 미국은 물질적인 사실(事實)의 세계에 주력한 것이며, 그러한 결과로 물질문명에 있어서 크게 발전을 본 것이라고 반성하면서, 미국인들은, '사실(facts)'은 오직 단편적인 자료에 불과하며 지적 상상력에 의하여 의미의 세계로 완성되지 않는 한 소용없는 것임을 망각하고 있다고 신랄하게 꾸짖는다. 그러나 '미국 철학'을 세우겠다고 의식적으로 노력하는 것은 그 자체가 미국 사상의 빈곤함을 밝혀 주는 또 하나의 증거에 불과하다는 말을 덧붙이기를 잊지 않았다.[9] '한국 철학'에 대한 요구가 드높게 강조되고 있는 오늘날, 우리에게도 암시하는 바 적지 않은 말들이다.

---

8 Ibid., pp.9–10.
9 여기에 소개된 토착 철학에 관한 듀이의 견해 및 인용은 모두 듀이의 *Philosophy and Civilization*, pp.10–11에 의한 것이다.

2. 철학과 평가와 교육

듀이에 의하면, 철학은 인간 사회 안에 일어나는 갈등의 지적인 표현이요, 더 나은 내일의 인생을 위한 방안의 반성적인 모색이었다. 이와 같이 철학을 인생의 현실 문제와 깊게 관련시킨 듀이의 철학관은, 필연적으로 철학이 가진 비판적 소임(critical function)을 강조하게 된다. 왜냐하면, 지적 판단의 체계로서의 철학이 쏟는 관심의 궁극적인 목표가 인생 문제에 있다 함은, 철학이 결국은 가치의 문제로 귀착한다는 뜻이요, 판단의 대상이 가치의 문제에 관련될 때 그 판단이란 다름 아닌 비판의 뜻을 갖게 되는 것이기 때문이다. 듀이는 "철학이란 비판이다."라고 단정하고 있다.[10]

그러나 모든 비판이 곧 철학이 되는 것은 물론 아니다. 우리의 모든 가치 판단은, 비록 그것이 일상적인 차원의 것일지라도, 비판의 뜻을 포함하고 있거니와, 철학으로서의 비판은 그 고유한 특색과 위치를 지니고 있다. 그 고유한 특색과 위치를 듀이 스스로의 말을 빌린다면 철학은 '비판의 비판'이다.

우리는 일상생활에 있어서 항상 두 가지 혹은 세 가지 또는 그 이상의 여러 가지 가운데서 한 가지를 선택해야 할 상황에 부딪친다. 선택이란 비교와 평가를 전제로 하는 것이니, 그 안에 이미 비판의 뜻이 있다. 그러나 일상적 상황 안에서의 평가 내지 비판은 흔히 즉흥적이고 근시안적인 까닭에, 그 순간에 있어서만은 타당성이 있을지 몰라도, 원대한 안목으로 볼 때에는 타당성이 희박한 경우가 많으며, 또 어제의 판단과 오늘의 판단 사이에 논리의

---

10 J. Dewey, *Art as Experience*, 1935, J. Ratner ed., *Intelligence in the Modern World*, p.260.

모순이 생기는 경우도 적지 않다. 이에, 부분적이기보다도 전체적인 관점을 중요시하며 논리의 일관성을 생명으로 생각하는 지성의 체계로서의 철학은, 그러한 일상적인 평가 내지 비판을 새로운 비판의 대상으로 삼지 않을 수 없다. 여기 철학을 '비판의 비판'이라고 말한 듀이의 뜻도 명백하거니와, 일상적 비판과 철학적 비판의 차이도 스스로 분명하다. 일상적인 비판이 흔히 무의식적임에 비하여, 철학으로서의 비판은 고의적 내지 계획적이다. 일상적인 비판이 단편적임에 비하여, 철학적 비판은 종합적이요 체계적이다. 그리고 철학적 비판에 있어서는 지성적 요소가 일상적 비판의 경우보다도 훨씬 우세하다. 그리고 그와 같이 특색지어지는 철학적 비판의 직분은 "앞으로 있을 새로운 선악의 평가를 통제함", 다시 말하면 직접적인 선택과 평가의 행동에 대하여 앞으로 "더 많은 자유와 안전성을 제공하는 일"이다.[11]

비판적 정신을 철학하는 마음의 핵심이라고 본 것은 예로부터의 전통이요, 듀이에 의해 비롯된 것은 물론 아니다. 상식적 견해 또는 이미 진리로서 통용되고 있는 의견에 대하여 의문과 비판의 화살을 던지는 것을 철학의 좋은 출발점이라고 생각한 것은 그리스 시대 이래의 철학적 상식이다. 특히 르네상스 이후 근세철학이 일어나면서 저 비판의 정신은 더욱 크게 강조되고 또 더욱 투철하게 발휘되었다. 그러나 철학적 비판에 있어서 강조된 측면은 전통적 견해와 듀이의 그것 사이에 약간의 차이가 있는 것으로 보인다.

철학의 전통에 있어서 가장 중요시되고 또 가장 활발하게 행해진 비판은 주로 실재 내지 사실의 인식에 관한 것이며, 그 형식에 있어서는 주로 논리적인 것이었다. 따라서 그러한 비판의 주체는 순수한 이론적 인식의 기능으로서의 오성(悟性)이며, 비판 가운데 감성적 요소가 스며드는 것은 바람직

---

11 Ibid., p.268.

한 일이 아니라고 생각되었다. 그러나 한편 듀이에 있어서 중요시된 철학적 비판은 주로 가치문제에 관한 것이며, 따라서 순전히 논리적인 성질의 것이기보다는 정의(情意)도 관여한다는 뜻에서 종합적이다. 표현을 바꾼다면, 듀이가 중요시한 철학적 비판에는 과학적 비판의 요소와 예술적 비판의 요소가 아울러 있다고 말할 수 있을 것이다. 과학적 비판이 순전히 논리적이기를 지향하는 데 비하여, 예술적 비판에 있어서는 정의적(情意的) 직관이 크게 작용하며, 또 그것을 당연하다고 생각하는 것이 보통이다. 이러한 해석을 뒷받침하기 위하여 우리는 다음과 같은 듀이 자신의 말을 인용할 수 있을 것이다.

> 철학적 논고는 과학적 논고와 문학적 논고의 성질을 아울러 갖는다. 문학적 논고와 마찬가지로, 철학적 논고는 경험 안에 주어진 의미를 더 힘차고 더 올바르게 감지함(appreciation)을 위하여 자연과 인생에 대하여 내리는 논평이다. 철학적 논고에도 사실에 관한 인식을 전달하는 기능이 있다고 말할 수 있으나, 그것은 오직 연극과 시(詩)에도 그러한 기능이 있다고 주장할 수 있는 것과 같은 뜻에서 그렇게 말할 수 있을 뿐이다.[12]

그러나 한편 철학적 논고에는 문학적 논고와는 스스로 다른 일면이 있다. 문학적인 논고에 있어서는, 상상력을 자유롭게 구사하여 가치의 세계를 확대하고 영원화(永遠化)할 수 있으며, 주장하는 바와 현실이 반드시 일치해야 할 필요는 없다. "그러나 철학적 비판은 좀 더 엄격한 작업에 종시해야 하며, 그 철학적 비판의 산물 밖에 있는 현실에 대하여 더 큰 책임을 져야 한

---

12 Ibid., p.269.

다."[13] 듀이에 있어서 철학의 본래의 사명은, 풍부하고 고귀한 가치의 세계를 현실적으로 건설함에 근본적인 원리로서 이바지하는 일이다. 따라서 철학은 자연과 인생의 현실에 대한 정확한 인식에 의존할 필요가 있으며, 자연과 인생의 현실에 대한 과학적 탐구가 도달한 성과에 필연적으로 기대지 않을 수 없다. 그러므로 철학적 비판은 문학적인 그것과는 달리 과학적 사실에 관한 인식과의 조화를 꾀해야 하며, 논리의 엄밀성에 더욱 충실해야 하는 것이다. 과학은 그 자체가 직접 인생과 가치의 문제에 대답하는 탐구가 아니나, 그것이 철학과 합세함으로써 인생을 위한 중요한 도구의 구실을 하는 것이다.

이상의 고찰로써 우리는 듀이가 철학에 있어서 중요하다고 말하는 '비판(criticism)'이 매우 넓은 의미의 것이며, 그것은 오히려 우리가 말하는 '평가(valuation)'에 가까움을 알 수 있다. 듀이가 철학의 궁극적인 목적을 '실재'의 인식에 두지 않고, 인생 문제의 합리적인 해결에 둔 이상, 평가의 문제가 그의 철학에 있어서 중심적인 위치를 차지하는 것은 당연한 일이며, '평가'의 뜻으로서의 '비판'을 그가 크게 중요시한 것도 충분히 이해할 수 있는 일이다. 그러면 듀이에 있어서 평가의 본질은 어떠한 것이며, 또 그 기준은 무엇일까? 그리고 평가와 가치의 관계는 어떠한 것일까? 이에 우리는 자연히 듀이의 가치론으로 이끌려 가게 됨을 본다. 그러나 가치론에 대한 고찰은 그것만으로도 큰 논제가 되는 까닭에, 다음에 장(章)을 달리하여 따로 다루기로 하고, 여기서는 평가의 문제와 관련시켜, 철학과 교육의 관계를 논한 듀이의 견해를 간단히 언급해 두고자 한다.

우리가 항상 평가 내지 비판을 내리는 본래의 목적은 평가 또는 비판 그

---

13 Ibid., p.270.

자체에 있는 것이 아니다. 좀 더 나은 행동을 일으키고 더 훌륭한 인생을 실현함에 필요한 지표를 제시하자는 뜻에서 우리는 평가 내지 비판을 일삼는다. 다시 말하면 평가 또는 비판의 궁극적 목적은 실천에 있다. 이것은 듀이가 철학의 본질이라고 생각한 '비판의 비판'의 경우도 마찬가지다. 철학이 비판을 또 비판하고 평가를 또 평가하는 것은, 더 일관성 있고 더 광범위하게 타당한 행동의 지표를 제시하기 위해서이다. 즉, '비판의 비판'으로서의 철학도 궁극에 가서는 실천적 행위를 통하여 열매를 맺어야 하는 것이다. 이것은 "철학의 문제들은 사회생활 가운데서 널리 일어나며 널리 느껴지고 있는 난문(難問)들로 말미암아 제기되는 것"이라고 말하여, 철학과 인생을 밀접하게 연결시킨 듀이로서는 당연한 해석이다.[14]

듀이는 철학을 인생의 지혜, 즉 사회생활을 위한 근본적 처방의 모색이라고 생각하였다. 그러나 인생의 지혜 또는 생활을 위한 처방은, 그 자체 안에 실천의 힘을 가지고 있는 것은 아니다. 다시 말하면, 어느 길이 옳다는 것이 마음속에 알려지는 것만으로 그 길이 곧 실천에 옮겨지는 것은 아니다. "지식은 곧 덕(德)"이라고 말하여 알면 반드시 실행할 수 있다는 뜻을 표명한 소크라테스의 견해에는 깊은 시사가 깃들어 있기는 하나, 우리는 소크라테스의 이 말을 단순하고 소박한 차원에서 받아들이기는 힘들 것이다. 마음속에서는 그 길이 옳다고 생각함에도 불구하고 몸이 그대로 움직여 주지 않는 것이 범인(凡人)의 일반적인 실정이다. 옳은 길을 실천할 수 있는 능력을 우리는 덕이라고 부르거니와, 덕이란 선천적으로 주어지는 것이 아니라, 아리스토텔레스도 주장한 바와 같이, 습관을 통하여 길러지는 행동의 경향이다. 그리고 바람직한 행동의 경향을 길러 냄에 있어서 가장 효과적인 길은 훌륭

---

14 J. Dewey, *Democracy and Education*, p.283.

하게 계획된 교육의 과정이다. 여기에 있어서 철학과 교육의 관계는 명백하다. 우리가 실천해야 할 행위의 일반적인 원칙을 제시하는 것은 철학의 일이며, 철학에 의하여 제시된 원칙을 실천에 옮길 수 있는 성품과 능력을 길러내는 것은 교육의 사명이다. 다시 말하면, 철학은 교육의 근본원리를 탐구하는 지성의 체계적 활동 내지 그 산물이다. 이에 듀이는 "우리가 만약 교육이란 자연과 타인에 대하여 사람들이 갖는 기본적 성향을 … 형성하는 과정이라고 생각하는 것에 반대하지 않는다면, 우리는 철학을 **교육의 일반 이론**이라고 정의하여도 좋을 것이다."라고 언명하고 있다.[15]

만약 철학의 이설(理說)이 우리의 행동에 반영되지 않고, 사회의 현실에 대하여 어떠한 영향도 끼치지 못한다면, 그러한 철학은 한갓 언어의 유희가 아니면 소수를 위한 감상적 위안에 지나지 않는 것, 또는 공연한 독단설(獨斷說)임에 그치고 말 것이라고 듀이는 믿는다. 그리고 철학의 이설이 사람들의 행동에 영향을 미치는 것은 교육의 효과를 매개로 삼음으로써만 가능하다는 것이다. 요컨대, 교육과 결합되지 않는 한, 철학은 무의미한 시간의 낭비에 불과하다는 의견이다. 한편 교육의 가장 대표적인 형태로서의 학교교육은, 해마다 하던 일을 그저 기계적으로 되풀이하는 경향이 있으며, 철학적인 반성과 통찰에 의하여 새로운 시대가 요청하는 그 사명을 깨닫고 그 깨달은 바에 충실하지 않는 한, 제대로 그 구실을 할 수가 없다. 다시 말하면 철학의 입김에 의하여 항상 새로운 활력이 주어지지 않는다면, 교육은 공연한 형식의 되풀이로 화하고 만다. 이와 같이 철학은 교육을 요청하고 교육은 철학을 요청하는 것이니, 그 어느 하나도 단독으로는 제 사명을 다할 수 없다는 결론이다.

---

15 Ibid.

이토록 철학과 교육의 관계를 밀접한 것으로 본 듀이이기에, 그가 위대한 철학자인 동시에 위대한 교육학자가 된 사유도 짐작이 가거니와, 교육에 관한 그의 기본적 개념은 다음에 다시 살펴보기로 하고, 지금은 잠시 우리의 화제를 듀이의 철학 방법론으로 돌려 보기로 하자.

3장

프래그머티즘의 지식 방법론

3장 프래그머티즘의 지식 방법론

1. 자연주의적 경험론

듀이의 철학은 우리가 일상생활에서 경험하는 상식적 세계를 출발점으로 삼는다. 그러나 철학의 출발점을 상식적인 세계에 두는 데 그쳤다면, 우리는 특히 듀이를 독창성 있는 사상가로서 평가할 이유를 갖지 않을 것이다. 이른바 '경험론자'로 불릴 수 있는 철학자들이 세상에 나타난 것은 철학의 역사와 더불어 오랜 옛날의 일이거니와, 비록 경험론에 반대한 철학자일지라도 그 출발점에 있어서만은 어느 정도 경험의 세계를 문제 삼지 않을 수 없었다. 누구에게 있어서나 우선 주어진 것은 경험의 세계이며, 이것을 부정하기 위해서라도 일단은 그것을 문젯거리로 삼아야 했던 것이다. 듀이에 있어서 새로운 점은 그가 처음에 일상적 세계로부터 출발했을 뿐만 아니라, 그의 철학의 종점도 또한 일상적인 경험의 세계라는 사실에 있다. 로크(J. Locke)나 버클리(G. Berkeley)의 철학을 살펴본 사람은 누구나 알고 있듯이, 대표적인 경험론자로 알려진 철학자들도 그들이 결국에 가서 맞붙들고 씨름을 하게 된 대상은 분석과 추상의 사유를 통하여 만들어진 관념 또는 언어의 세계였으며, 우리들이 그 속에서 싸우며 살아가는 현실의 세계는 아니었다. 그러나 듀이는 철학의 출발점을 지식을 위한 지식의 탐구에서 발견한 것이 아니라, 기복이 끊임없는 이 인생의 문제에서 발견한 것이며, 그의 철학의 궁극적인 목표도 역시 저 인생의 문제를 해결함에 있었다. 그리고 인생의 문제의 해결을 위한 원리를 탐구하는 방법도 경험적인 방법 — 자연의 법칙을 발견하고자 하는 과학자들이 실험실 안에서 하는 조작에 비길 수 있는 경험적 방법 — 이어야 한다고 믿었던 것이다. 물론 듀이의 철학에도 추상적인 논의가 있고 분석적인 고찰이 있다. 그러나 그의 논의와 그의 분석은 일상적인 경험에 비추어서 통제되었다. 그리고 듀이는 철학적 논의의 근거와 그 타당성의 기준을 일상적인 세계에 대한 경험에서 구하는 자기의 방법을 '자연주의적 경험론(naturalistic empiricism)', '과학적 방법(scientific method)', '실천적 방법(experimental method)', '인스트루멘털리즘 (instrumentalism)' 등의 이름으로 불렀다.

인생 또는 행위의 세계를 탐구의 궁극적인 관심사로 삼는 철학은 반드시 경험론적 방법에 의거해야 하는 논리적인 필연성이 있는 것은 아니다. 선(善) 또는 가치 일반을 초경험적 실재의 속성으로 보고, 그 초경험적 실재의 속성을 실현 또는 모방하는 것이 참된 삶의 길이라고 믿는 형이상학적 윤리학자는 우선 저 초경험적 실재의 성질을 파악해야 하며, 그것을 파악하는 방법은 결코 경험에 의존하는 따위의 것이 될 수 없다. 이러한 형이상학적 사상가의 대표로서 우리는 헤겔의 이름을 알고 있거니와, 듀이도 처음에는 이헤겔의 변증법적 사변의 방법에 끌렸던 것이다.

듀이가 청년기를 맞이했을 때의 미국에는, 기독교의 신앙을 흔들림 없이 지키고자 하는 보수의 사조와 경험과학 만능주의적인 사조의 대립이 상당히 심각하였다. 이러한 사정 아래서 헤겔의 변증법적 생성의 철학이 환영을 받은 것은, 이 철학이 종교의 정신을 해치지 않으면서 과학에는 과학대로의 적당한 지위를 허용할 수 있는 여유를 가졌다고 생각됐기 때문이다. 헤겔의 사상을 그렇게 이해한 가장 큰 이유는 그 당시의 자연과학 가운데서 가장 활기를 띠었던 생물학적 진화론과 일맥상통하는 면을 헤겔의 철학 가운데 발견할 수 있다고 본 사실인 것 같다. 듀이가 존스홉킨스 대학에서 사사한 모리스 교수도 이러한 사상적 분위기 속에서 헤겔을 자기 나름으로 해석하고 그를 따른 사람이거니와, 듀이 또한 그의 지도 밑에서 열렬한 헤겔의 추종자가 되었던 것이다.

그러나 듀이가 헤겔의 관념론을 받아들인 것은 종교와 과학을 화해시키고자 함을 주된 동기로 삼은 것이 아니었다. 듀이의 관심은 처음부터 경제와 정치에 중심을 둔 사회문제에 있었다. 따라서 그가 특히 흥미를 느낀 것은 문화와 과학 등을 논한 헤겔의 사회철학이었다. 듀이는, 과학의 성과를 사회 발전에 이용할 수 있는 길의 실마리를 헤겔의 사상 가운데서 발견했다고 생각했던 것 같다.

이 시기에 있어서의 듀이의 목표는 이를테면 헤겔의 관념론과 과학의 성과를 종합하는 일이었다. 그것은 실험주의(experimentalism)의 선구자였던 존스홉킨스 대학의 또 한 사람의 은사인 홀과 모리스의 사상을 종합해 보려는 시도이기도 했다. 이 시도를 수행하기 위하여 듀이는 15년의 긴 세월을 보냈거니와, 이때 그가 사용한 방법은 그가 말하는 '심리학에 있어서의 객관적 방법(the objective method in psychology)'이었다.[1]

그러나 듀이는 그의 '심리학에 있어서의 객관적 방법'을 윤리학에 적용하는 마당에 있어서, 헤겔의 경우와 같이 "최고의 선은 실재의 영원한 속성으로서 이미 선천적으로 정해져 있다."고 보는 철학과, 인생의 이상을 실현하

---

[1] J. Dewey, *Psychology.*

기 위하여 과학의 성과를 효과적으로 이용할 수 있다고 보는 신념이 모순 없이 양립할 수 없다는 것을 마침내 느끼게 되었다. 이리하여 자기의 기본 방침에 대한 수정을 꾀하지 않을 수 없는 단계에 이르렀을 때, 윌리엄 제임스의 탁월한 업적인 『심리학의 원리』에 접할 기회를 가졌던 것이다. 제임스의 심리학은 듀이의 방향에 근본적인 전환을 가지고 왔으니, 그것은 지능(intelligence)에 대한 제임스의 생물학적 해석과 가치의 본질에 대한 그의 심리학적 이론에 크게 감명을 받았기 때문이다.

인간의 정신을 생물학적으로 파악하고자 한 시도는 아리스토텔레스 이래의 오랜 일이거니와 제임스는 진화론의 학설을 빌림으로써 저 오래된 시도에 새로운 국면을 개척하였다. 진화론에 의하면, 생물의 모든 기관과 기능은 생명체와 환경과의 상호관계를 통하여 점진적으로 발달한 것이다. 인간의 정신도 예외일 수는 없으며, 우리가 지능이니 오성(悟性)이니 하는 이름으로 부르는 높은 기능도 역시 같은 견지에서 이해되어야 할 것이다. 지능이란 어떤 독립적인 주체이기보다는 생명체가 환경에 반응하는 행동의 양식에 붙인 이름이다. 그것은 환경에 적응함에 있어서 가장 효과적인 행동의 양식이며, 생명체가 현재의 행동 가운데서 미래의 결과를 예견하고 고려해서 취하는 발달된 행동의 양식이다.[2] 인식의 능력으로서의 지능에 대한 이와 같은 이해가 이성 또는 오성을 선천적인 불변의 기능으로 보는 절대론자들의 견해와 근본적으로 다름은 스스로 명백하다.

인간이 지성을 발휘하여 그의 행동이 장차 초래할 결과를 미리 조절한다 함은 그가 어떤 목적을 계획적으로 추구한다는 뜻이다. 그리고 인간이 목적을 추구하는 것은 그것의 가치를 인정하기 때문이다. 다시 말하면 인간이 어

---

2 W. James, *Principles of Psychology*, Vol. I, p.2.

떤 결과를 선택적으로 추구하는 것은 그가 사물의 가치를 의식하기 때문이다. 그런데 가치란 도대체 무엇일까? 그것은 실재의 구조 안에 본래부터 있는 것이거나, 그렇지 않으면 인간이 환경과 교섭하는 가운데 스스로 느끼는 욕구와 감정으로 말미암아 경험 가운데 일어나는 것이거나, 둘 중의 하나다. 헤겔을 비롯한 절대론자들은 가치를 실재의 구조 속에 본래부터 주어져 있는 것으로 보았거니와, 지능을 경험론적 견지에서 이해한 제임스는 그것이 인간의 심리를 통하여 경험 가운데 생기는 것이라고 보았다. 제임스에 의하면, "생명이 전혀 존재하지 않는 세계에는 선과 악이 존재할 자리가 없다."[3] 그것은 오직 욕구와 감정을 가진 인간의 마음이 대상의 세계와 관계하는 곳에서만 일어난다.

듀이는 지능 그리고 가치의 본질에 관한 제임스의 견해를 모두 받아들였다. 그리고 이 두 가지 기본적인 견해의 용인은 헤겔의 절대 관념론으로부터 본질적인 이탈을 의미하는 동시에, 경험론으로의 완전한 전향을 뜻하는 것이었다.

2. 일차적 경험과 이차적 경험

듀이에 있어서 철학의 본질은 인생이 부딪치는 여러 가지 문제를 원만하게 해결할 수 있는 방안을 높은 차원에서 발견하고자 하는 지적 노력의 과정이었다. 그리고 인생이 부딪치는 여러 가지 문제를 원만히 해결한다 함은, 곧 인생의 이상 또는 인간적인 선을 실현한다는 것과 비슷한 뜻이다. 그런데

---

3 W. James, "The Moral Philosopher and Moral Life", *International Journal of Ethics*,
   I , 1891.

이제 듀이는 제임스의 영향을 받아, '지능'이란 경험을 따라 발달한 행동의 양식을 가리키는 이름이요, '가치'란 인간의 심리와 대상의 세계와의 교섭을 통하여 경험의 세계 안에 생기는 관계라는 견해를 받아들였다. 여기서 필연적으로 생기는 결과는, 듀이로서 취할 수 있는 철학의 방법은 오직 경험론의 테두리 안으로 국한될 수밖에 없다는 사실이다. 철학이라는 것이 결국 지능에 의한 가치의 탐구 과정이며, 그리고 지능 및 가치는 모두 경험적 산물임에 틀림이 없다면, 경험적인 기능으로써 경험적인 대상을 탐구하는 올바른 방법도 또한 경험적일 수밖에 없을 것이기 때문이다. 우선 가치의 세계가 경험적으로 성립하는 것이라면, 그것을 파악하는 길도 경험적일 수밖에 없을 것이다. 그리고 지능 또한 선천적인 기능이 아니라면, 그 기능을 발휘하는 길도 역시 선천적인 원리를 따라 미리 정해져 있을 수가 없을 것이다. 듀이로서 경험론적 방법을 옹호한 것은 오직 논리의 필연적 요구에 응했을 뿐이다.

경험에 호소하는 방법이 진리에 도달하는 가장 효과적인 길이라는 것이 자연과학의 세계에 있어서 공인된 지는 이미 오래다. 자연과학에 있어서 승리를 거둔 방법을 철학에 있어서만은 적용 못할 이유가 없다고 듀이는 생각하였다. 철학자도 과학자와 마찬가지로 한갓 진화한 생물로서 같은 구조의 두뇌를 가지고 있다. 철학자만이 초월적인 '존재'의 세계를 파악할 수 있는 특수한 능력을 타고났다고 생각할 이유가 없으며, 철학자밖에 들어갈 수 없는 특별한 실재의 세계가 있다고 믿을 근거도 없다. 따라서 과학자에게는 허용되지 않으나 철학자에게만은 독점이 허락되는 어떤 특수한 방법이 별도로 있다고 생각할 근거가 없다고 듀이는 생각하였다.

과학에 있어서나 철학에 있어서나 진리 탐구의 올바른 길이라고 믿는 경험적 방법과 그와는 반대로 그릇된 길이라고 믿는 비경험의 방법의 차이를 밝히기 위하여, 듀이는 일차적 경험(primary experience)과 이차적 경험

(secondary experience)을 구별한다. 일차적 경험이란 우리가 감관(感官)을 통하여 직접 지각하는 것, 예컨대 태양, 소나무, 산과 들 따위와 같이 누구나 일상생활에서 보고 들을 수 있는 소박한 경험을 말한다. 이차적 경험이란 일차적 경험을 소재로 삼고 마음이 숙고한 끝에 생각해 낸 관념, 개념 또는 판단 따위의 내적 경험을 말한다. 이차적 경험은 숙고와 반성에 의하여 생기는 것인 까닭에, 듀이는 이를 반성적 경험(reflective experience)이라고도 부르거니와, 과학자가 발견한 법칙이나 가설, 그리고 철학자가 사용하는 개념 따위는 모두 이 부류에 속한다. 듀이 자신의 표현을 빌리면, 일차적 경험은 "최소의 우발적 고찰의 결과로 경험하게 되는 것"이요, 이차적 경험은 "원칙을 따라 수행된 계속적인 숙고와 탐구의 결과로 경험하는 것"이다.[4]

경험적 방법을 사용하는 자연과학은 그 소재를 일차적 경험에서 끌어올 뿐만 아니라, 탐구한 결론의 타당성을 검증하기 위하여 끝으로 또 한 번 일차적 경험으로 되돌아와 호소한다. 물론 자연과학도 그 탐구의 기나긴 과정의 대부분은 이차적 경험을 다루는 일로 메워진다. 그러나 과학자가 이차적 경험을 다루는 것은 어디까지나 일차적 경험을 더욱 깊은 각도에서 이해하고 더욱 정확하게 설명할 수 있기 위해서이다. 그리고 이차적 경험으로서의 개념이나 판단의 타당성을 밝히기 위해서는 반드시 일차적인 경험으로 되돌아와야 한다는 것을 잊지 않는다. 그러므로 자연과학자의 방법은 결국 일상적인 소박한 경험으로부터 시작하여 일상적인 소박한 경험에서 끝을 맺는 것이 된다. 예컨대, 물리학자가 다루는 만유인력의 법칙이나 생물학자가 문제 삼는 유전의 법칙은 모두 소박한 경험에 대한 관찰을 출발점으로 삼고

---

4 J. Dewey, *Experience and Nature*, p.4.

연구한 끝에 얻은 이차적 경험의 대상이며, 그러한 법칙의 타당성은 그 법칙이 내포하는 예언이 장차 일어나는 일차적 경험 가운데서 예외 없이 적중함으로써 증명된다.

한편 비경험론의 방법을 주장하는 관념론적 철학자들은 '이데아', '실체', '물자체(物自體)', '신(神)' 또는 '이성' 따위의 이차적 경험의 대상을 다루되, 그러한 이차적인 대상들의 근원이 된 일차적 경험으로 거슬러 올라가려 하지 않으며, 또 그러한 관념적인 대상의 참됨을 밝히기 위하여 다시 일차적 경험으로 되돌아와 묻는 일이 없다. 다시 말하면, 그들은 사유의 결과로 얻게 된 철학적 사유의 대상을 "그 자체로서 실재하는 것 — 그리고 가장 참된 의미에 있어서 실재하는 것"이라고 믿고,[5] 처음부터 끝까지 그 관념의 세계 속에 틀어박힌다. 그들 가운데도 물론 이 현실의 세계에 대한 관심을 표명하고, 자기의 철학이 실은 더 깊은 근원에 있어서 이 현실의 세계를 설명하는 것이라고 장담하는 사람들이 있다. 그러나 듀이가 보기에는 그들의 이러한 주장은, 그것이 경험적으로 입증되지 않는 한, 한갓 독단에 지나지 않는 것이다.

이차적 경험의 산물을 일차적 경험의 깊은 이해를 위한 통로로 삼지 않고 그 자체를 목적지로 오인한 비경험론적 방법은, 그 결과로 적어도 세 가지의 결함을 빚어냈다고 듀이는 주장한다. 그 결함의 첫째는, 거의 논증이라는 것이 없고 또, 진위를 검증해 보려는 노력조차 찾아볼 수 없다는 사실이다. 그 둘째는, "과학적인 원리와 추리를 매개로 삼고 탐구했을 때와는 달리, 일상적으로 경험되는 사물들의 의미가 확충되고 또 풍부히 되는 일을 거기에 찾아볼 수 없다는 사실"이다. 그리고 셋째의 결함은, 위에 말한 두 가지 결

---

5 Ibid., p.8.

함에서 필연적으로 생기는 것으로서, 철학의 대상이 나쁜 의미로 '추상적인 것' 즉, 현실적인 경험의 세계와는 아무런 관계도 없는 허망한 세계가 되고 만다는 사실이다.[6] 그런데 듀이가 옹호하는 경험론적 방법을 채택하면, 위에 말한 세 가지 결함은 극복된다. 그리고 거기서 얻은 결론을 일상적인 인생의 경험 및 인생의 문제에 적용하면, 인간의 경험은 더욱 풍부한 의미를 나타내는 동시에 더 이해하기 쉬운 것이 되고, 인생의 문제를 다루는 우리의 노력은 더 좋은 성과를 거두게 된다는 것이다. 듀이의 설명을 계속 들어 보기로 하자.

'경험'이라는 것은 본래 두 가지 측면을 가지고 있다. 그 하나는 사람이 보고, 듣고, 믿고, 원하고, 싫어하는 그 행위의 측면, 즉 주체적인 측면이요, 또 하나는 사람에 의하여 보이고, 들리고, 믿어지고, 소원되고, 미움을 받는 그 대상의 측면, 즉 객체적인 측면이다. 경험이라는 것은 "초목이 심어진 들과, 뿌려진 씨앗과 거두어진 수확, 낮과 밤의 교체, 그리고 … 추위와 더위를 가리키며, 또 한편 그것은 씨뿌리고 거두며,… 희망하고 겁내고,… 혹은 실망하고 혹은 의기양양한 주체로서의 인간을 가리킨다." 가장 원초적인 경험에는 "행동과 대상이 나누어져 있지 않으며, 주체와 객체의 구별이 없으며, 오직 그 두 가지를 통일된 전체 속에 포함하고 있다."[7] 그리고 정신과 물질 또는 주체와 객체의 구별은 사유의 작용을 통하여 생긴 이차적 경험의 산물이다.[8]

---

6 Ibid., p.6.
7 Ibid., p.8.
8 듀이는 '경험'에 대한 이상과 같은 해석이 자기의 독창적인 것이 아니라 윌리엄 제임스의 *Essays in Radical Empiricism*(p.10) 안에 나타난 생각을 발전시킨 것이라고 밝히고 있다. J. Dewey, *Experience and Nature*, p.8.

경험의 본질을 이상과 같이 이해할 때, 경험적 방법이 비경험적 방법(non-empirical method)에 비하여 모든 면에서 우월하고 올바른 인식의 방법임이 명백하다. 경험적 방법만이, 분열되기 이전의 통일된 전체로서의 본래의 경험을 철학적 사고의 출발점으로 삼는다. 그런데 다른 방법들은 사고 작용(reflection)에 의하여 분열된 경험의 조각으로부터 시작한다. 따라서 그들의 문제는 조각을 붙여서 다시 온전한 전체를 재생하는 일이 되며, 그것은 깨진 계란을 다시 온전하게 만드는 일처럼 불가능에 가깝다. 그러나 경험적 방법을 채택하면 그런 어려움은 없어진다. 경험론적 철학의 문제는 "전체가 어떻게, 그리고 왜 주체와 객체로 나누어지며, 자연과 정신 작용으로 나누어지는가를 살피는 일이 된다."[9] 그리고 그 일이 끝나면, 저 주객의 분리가 어떠한 의미를 가지고 있는 것이며, 그 나누어진 조각들이 장차의 경험을 통제함에 어떠한 구실을 하는가를 밝혀 낼 수 있는 자리에 놓이게 된다.

그러나 비경험론자들은 주체와 객체 또는 정신과 물질을 각각 독립된 존재로 보는 까닭에, 우선 어려운 인식론의 문제에 부딪치게 된다. 도대체 어떻게 해서 주체가 객체를 인식할 수 있는 것일까? 어떻게 해서 각각 독립된 정신과 물질이 서로 교섭을 갖게 되고, 하나가 다른 하나를 파악할 수 있는 것일까? 비경험론의 전제를 가지고는 이러한 물음에 대답할 길이 없다. 그래서 "어떤 철학자는 형이상학적 유물론을 주장하여 정신의 실재성(實在性)을 부인하고, 다른 어떤 철학자는 심리학적 관념론을 옹호하여 물질과 힘은 오직 정신적인 것의 변형에 지나지 않는다고 주장한다."[10] 그러나 이러한 주장들은 듀이가 볼 때 문제의 해결이 아니라 오히려 그 포기에 가까운 것이다.

---

9 Ibid., p.9.
10 Ibid., p.10.

참된 경험론의 견지에서 볼 때, 주체와 객체의 관계의 문제점은 물질과 정신의 구별이 우리의 일차적 경험 안에, 그리고 일차적 경험을 위하여 어떠한 결과를 가져오느냐 하는 데 있다. 이 물음에 대한 대답은 듀이가 볼 때 명백하다. 즉, 정신으로부터 물질을 잠시 떼어 놓음으로써 기구 내지 기계를 만들고, 나아가서는 물질세계를 대상으로 삼는 과학을 세울 수 있는 길이 열리게 된다는 것이다. 그리고 도구와 과학의 발달이 우리의 일차적 경험에 대한 통제를 더욱 수월히 하고, 따라서 우리의 인생을 더욱 풍부한 것으로 만드는 계기가 된다는 것도 의심의 여지가 없다.

우리는 물질적 객체의 세계만을 관찰과 사유의 대상으로 삼는 것이 아니라, 정신적 주체의 측면도 또한 관찰과 사유의 대상으로 삼는다. 우리가 최초에 관찰하는 것은 우리 밖에 보이는 물질적 현상이다. 그러나 우리는 그것들을 관찰하는 그 관찰의 행동 자체도 다시 관찰하고 음미할 대상으로 삼을 수가 있다. 다시 말하면 보고, 듣고, 사랑하고, 미워하는 등등의 우리 스스로의 심리 작용을 객체화하여 관찰의 대상으로 삼을 수가 있으며, 또 실제로 그렇게 하고 있다. 경험되는 전체 가운데서 어떤 일부를 떼어서, 그것을 '자아'라고 인정하는 것 자체가 이미 일종의 추상 작용이거니와, 어떤 행동과 그 결과를 자아에 속하는 것이라고 보는 이 추상 작용도 역시 우리가 일차적 경험을 통제하는 데 큰 힘이 된다고 듀이는 주장한다. 주체를 경험의 중심으로 인정하는 것은, "관찰과 실험의 특수한 재간을 가졌으며, 자연을 원하는 방향으로 변경시킴에 도움이 되는 감정과 욕구를 가진, 능력의 출현을 의미하기 때문이다."[11] 인간이 자연으로부터 자기를 떼어서 생각하지 못하는 동안, 인간은 자연현상 가운데 파묻혀 수동적인 반응을 거듭할 뿐이다. 그러

---

11 Ibid., p.13.

나 인간이 일단 스스로를 자연과는 구별되는 특수한 존재로서 인정하면, 그의 주체성은 발휘되기 시작하는 것이며, 역사에 있어서 능동적인 구실을 하게 되는 것이다.

3. 사유 그리고 논리학

'철학한다' 함은 '생각한다'의 종개념(種槪念)이다. 다시 말하면 철학은 일종의 사유 또는 사유의 체계다. 그러므로 "올바른 철학의 방법은 무엇인가?"라는 물음은, 좀 더 자세히 말하면, "철학적 사유의 올바른 방법은 무엇인가?"라는 물음에 해당한다. 그렇다면 학문에 있어서의 방법의 문제란 결국 "우리는 어떻게 생각할 것인가?"라는 물음으로 귀착한다. 그리고 이 물음에 제대로 대답할 수 있기 전에 우리는 예비적인 두 개의 물음에 대답해야 할 것이다. 즉, "우리는 어떻게 생각하는가?" 그리고 "우리는 왜 생각하는가?"라는 두 개의 물음이 먼저 대답되어야 한다. 실로 듀이의 철학적 사색의 대부분은 사유에 관한 이상 세 개의 물음을 둘러싸고 전개된 것이라 하여도 과언이 아니다.

'생각함(thinking)'이라는 말은 매우 넓은 의미로 쓰인다. 공상도 생각이요, 상상도 생각이며, 기억도 생각이니, 머릿속에 떠오르는 것은 거의 모두 그 속에 포함된다. 그러나 철학에 있어서 문제가 되는 생각, 즉 흔히 '사유'라고 불리는 생각은 반성적(reflective)인 생각 또는 비판적(critical)인 생각에 국한된다. 그러면 반성 내지 비판의 성질을 가진 사유의 본질은 무엇인가? 그리고 사유의 법칙으로서의 논리(logic)의 본질은 무엇일까?

종래의 논리학자들은 사유의 본질에 관한 견해에 있어서 크게 두 진영으로 나누어졌다. 그 하나는 사유란 오직 마음(mind)의 세계 안에 일어나는 일이며 바깥 자연의 세계와는 전혀 관계가 없다는 생각이다. 또 하나는 사유의 법칙, 곧 논리는 마음 밖에 독립해서 실재하는 세계의 구조를 묘사하는 것이라는 생각이다. 대립된 이 두 가지 견해에 있어서 공통된 점은, 그 어느 것이나 사유의 작용이 자연 세계에 대해서 어떤 변화를 일으킬 수 없다고 보는 점에 있다. 따라서 이들 어느 견해를 따르더라도 사유의 타당성을 증명하는 문제와 사유 작용이 경험의 세계 안에 일으키는 변화 내지 결과와는 아무런 관계가 없다. 이와 같이 보는 점에 있어서는 전통적 경험론도 합리론과 다를 바가 없다. 듀이가 반대하는 것은 바로 이 점이다. 듀이에 의하면 사유라는 것은 자연의 세계에 작용하여 이를 어떤 방향으로 변화시키는 힘을 가진 일종의 행동이다. 그리고 사유의 타당성의 문제는 그 사유가 세계 안에서 빚어내는 결과와 밀접한 관계를 가졌다. 그러나 듀이가 이렇게 주장하는 근거는 무엇일까? 우선 사유에 대한 그의 발생학적 설명부터 들어 보는 것이 좋을 것 같다.

우리는 왜 탐구적이요, 비판적인 사유를 하는 것일까? 단순히 인습적이거나 공상적인 생각과는 달리, 탐구나 비판의 성질을 가진 사유는 힘이 들며 때로는 고역이다. 힘이 들며 괴로움까지 따르는 골치 아픈 사유에 우리가 종사하게 되는 것은 무엇 때문일까? 듀이에 의하면 '문제(problems)'가 우리로 하여금 생각하기를 강요하기 때문이다. 듀이가 말하는 문제란 우리에게 의문 또는 망설임을 일으키는 모든 자극을 의미한다. '왜 그럴까?', '어떻게 할 것인가?' 이러한 의문을 일으키는 모든 상황은 우리에 대하여 문제로서의 성질을 품고 있다. 그 문제들 가운데는 실천 생활과 직접 관계되는 것도 많으나, 단순한 호기심에 의하여 일으켜진 것도 있다.

문제에 부딪치더라도 생각하거나 망설이지 않고 그저 스쳐 가거나 기분에 따라서 태도를 결정하는 수가 있다. 예컨대, 산길을 가다가 사람을 만났다. 저쪽에서 인사를 하기에 답례를 하였으나 누구인지 생각이 나지 않는다. '누구였을까?' 곰곰 생각하는 사람도 있으나, 곧 관심을 포기해 버리고 마는 사람도 있다. 얼마쯤 더 걷다 보니 길이 두 갈래로 나누어진 지점에 도달했다. '어느 쪽으로 갈 것인가?' 이 경우에도 별로 깊이 생각하지 않고 발길 가는 대로 따라갈 수 있을지 모른다. 그러나 결코 그렇게 간단하게 처리할 수 없는 문제에 부딪칠 때가 있다. 만약 그 갈림길에서의 선택이 일생을 좌우할 심각한 결과를 가져온다면 아마 우리는 깊이 생각하지 않을 수 없을 것이다. 우리는 지능을 동원하여 과거를 회상하고 미래를 예상함으로써 더 나은 길이 어느 것일까를 신중히 생각하지 않을 수 없을 것이다. 이와 같이 회피할 수도 없고 아무렇게나 처리할 수도 없는 문제를 듀이는 '진정한 문제(genuine problem)'라고 불렀다.

문제의 발생이 사유의 기원이라면, 문제의 해소는 사유의 목적이다. 사유라는 것은 결국 어떤 불만족을 내포한 실천적인 상황, 즉 '문제를 가진 상황(problematic situation)'에 작용하여 그 상황 속에 변화를 일으킴으로써 문제를 해소하고자 하는 인간적인 노력의 한 부분이다. 따라서 그것은 단순히 마음의 세계 안에서만 일어나는 의식의 자기 전개가 아니라 마음과 환경과의 활발한 교섭이며, 거울이 물건을 반영할 때와 같이 단순히 수동적인 반응에 그치는 것도 아니다. 사유란 불안정한 세계 안에 사는 유기적 생명체로서의 인간이 하는 자연적 활동의 한 부분이다. 사유를 이같이 활동적이요 공작적(工作的)인 것으로 해석한 까닭에, 가이거(G. R. Geiger)가 지적한 바와 같이, 듀이는 초기의 저술 『사유의 방법(How We Think)』(1910) 가운데서 즐겨 쓰던 '반성적 사유(reflective thinking)'라는 표현에 미흡함을 느끼고, 후기의 작품 『논리학(Logic)』(1938) 가운데서 '탐구(inquiry)'라는 말로 대치하였다.[12] 사유는 곧 탐구다. 그리고 듀이에 있어서의 탐구는 한가로운

---

12 G. R. Geiger, *John Dewey in Perspective*, pp.89-90.

지성의 단순히 이론적인 활동에 그치는 것이 아니라 문제를 가진 상황을 그것이 없는 상황으로 바꾸어 놓고자 하는 행동이요, 계획적인 노력의 과정이다.

예컨대, 환자가 생기면 우리는 문제의 상황 속에 놓이게 되는 것이며 대책을 세우기 위하여 여러모로 생각을 한다. 환자와 그 가족은 병원과 한의원과 약국을 염두에 두고 생각하며, 치료를 맡은 의사는 그들대로 또 처방을 위해서 생각한다. 그리고 이러한 생각들은 우리의 실천을 방향지어 주는 것이며, 여하간에 결과를 가져온다.

순전히 이론적인 문제를 두고 생각할 경우에도 사정은 마찬가지라고 듀이는 생각한다. 가령 옛날 절터였던 자리에서 불상이 발견되었다면, 그 소식을 들은 역사학자는 문제의 상황 속에 놓이게 될 것이다. 그는 여러 각도에서 탐구한 끝에 어떤 판단을 내린다. 그 탐구와 판단이 어떤 행동을 추구하거나 눈에 뜨일 정도의 변화를 자연 또는 인간 사회에 가져오지 않을지도 모른다. 그러나 어떤 판단에 도달했다는 바로 그 사실이 저 문제의 상황에 변화를 가져오는 것이니, 사유와 현실과의 관련성은 이 경우에 있어서도 밀접하다.

요컨대, 듀이에 있어서 사유란 생활하는 가운데 문제에 부딪친 인간이 현재의 조건들을 살핌으로써 미래의 가능성을 예견하고, 장차 그의 "경험을 의도적으로 재구성하기 위한 방편"이다.[13] 사유에 대한 해석이 이와 같이 새로움을 따라서 논리학에 대한 듀이의 견해도 역시 새로운 방향으로 전개되지 않을 수 없다. 논리학이란 곧 사유에 관한 이론이기 때문이다.

논리학의 대상인 사유가 경험적인 것이라면, 그것은 결국 경험을 소재로

---

13 J. Dewey, *Reconstruction in Philosophy*, p.134.

삼는 학문이 아닐 수 없다. 인류는 아득한 옛날부터 여러 가지 문제를 두고 여러 가지로 생각해 왔으며, 근래에는 조직적인 사유의 기록으로서의 여러 과학이 발전하였다. 이 여러 가지 사유에 있어서 공통된 특색이 무엇이며, 또 사유에는 어떠한 유형의 것들이 있는 것일까? 그리고 어떠한 사유의 길은 성공했으며, 어떠한 사유의 길은 실패했는가? 이러한 물음을 염두에 두고 사유에 있어서 가장 일반적이요 원칙적인 문제를 다루는 것이 듀이가 보는 논리학이 아닐 수 없다.

일반적으로 경험을 소재로 삼는 학문에는 규범적 성질은 없는 것으로 알려져 있다. 그러나 듀이의 경우에 있어서 논리학이 경험적인 학문이라 함은 논리학이 규범적 성질을 갖지 않았다는 뜻을 포함하는 것은 아니다. 인간은 어떻게 생각해 왔으며, 또 어떻게 생각하고 있는가를 아무리 정확하게 기록한다 하더라도 그것으로부터 "어떻게 생각해야 옳은가?"라는 규범적 문제에 대한 대답을 찾아낼 수 없다는 것이 형식논리의 원칙이기는 하다. 그러나 듀이가 논리학의 대상으로서 생각한 사유는 단순히 사유 그 자체를 목적으로 삼는 것이 아니라, '경험의 재구성'을 목적으로 삼는 생물학적 노력의 일부였다. 그러므로 어떠한 방식의 사유는 성공하고 어떠한 방식의 사유는 실패했다는 기록이 수없이 쌓여서, 장차도 어떠한 방식의 사유는 성공하고 어떠한 방식의 사유는 실패하리라는 것이 의심 없는 법칙으로서 확립된다면, 그 법칙은 스스로 "우리는 어떻게 생각해야 옳은가?"에 대답하는 규범적인 성질을 갖게 된다. 논리학자도 인간이며, 인간인 까닭에 문제의 상황에 있어서의 경험의 재구성을 의도하지 않을 수 없다. 이러한 생물학적 필연성으로 말미암아, 듀이의 논리학은 경험적이면서도 저 규범의 학으로서의 성질을 잃지 않는 것이다. 듀이에 있어서 논리학이 규범적 성질을 갖는 것은, 형식논리적 필연성에 근거하는 것이 아니라, 생물학적 내지 심리학적 필연성에 근거하는 것임은 두말할 필요도 없다.

규범의 학으로서의 논리학의 직분은 효과적인 탐구를 위하여 필요한 조건을 밝히는 일, 다시 말하면 조직적이요 합리적인 탐구를 하기 위해서는 반드시 지켜야 할 규칙을 제시하는 일이다. 그러나 이 '필요한 조건' 또는 '지켜야 할 규칙'은 밖으로부터 이미 선천적으로 주어져 있는 것이 아니라, 탐구의 결론이 '경험의 재구성'이라는 목적을 위하여 이바지한 결과에 대한 우리들의 경험적인 관찰을 통하여 실험적으로 발견되는 것이다.

4. 인식 그리고 진리

앞에서 우리는 철학의 출발점으로서의 사유, 그리고 사유에 관한 이론으로서의 논리학에 대한 듀이의 견해를 살펴보았다. 그러면 사유 및 논리학에 관하여 듀이와 같은 견해를 취할 때에 사유와 인식의 관계는 어떻게 설명될 것인가? 그리고 진리와 허위를 구별하는 기준은 어떻게 세워질 것인가? 다음은 이러한 물음을 중심으로 듀이의 사상을 정리해 보기로 하자.

전통적인 견해에 의하면 인식이란 인식을 하는 주체로서의 마음과 인식을 당하는 객체로서의 대상의 세계가 관계함으로써 생기는 것이다. 우선 실재하는 세계가 있고, 또 그 세계를 바라보는 눈이 있다. 그런데 세계를 바라보는 눈은 마치 여러 가지의 렌즈를 가지고 있는 것처럼, 어떤 때는 대상의 모습을 있는 그대로 포착하기도 하고, 또 어떤 때는 그 모습을 일그러뜨리거나 과장해서 포착하기도 한다. 세계의 모습을 그 진상대로 포착하는 것이 참된 인식이요, 참된 인식이 있는 곳에 진리가 생긴다. 물론 과거의 모든 철학자들이 이상과 같은 단순한 생각을 가졌던 것은 아니다. 우리가 잘 아는 흄(D. Hume)이나 칸트(I. Kant)의 인식론도 그런 것은 아니었다. 그러나 대부분의 전통적 철학자들이 지지한 인식론의 출발점은 위에 말한 바와 대동소이했으며 또 모든 상식의 생각도 대체로 그러한 틀의 것이었다.

듀이는 위에 말한 바와 같은 전통적이요 상식적인 견해에는 그 출발점에 이미 잘못이 있다고 생각하였다. 듀이에 의하면 첫째로, 인식을 하는 마음과 인식을 당하는 대상은 처음부터 그렇게 떨어져 있다가 인식 작용을 통하여 비로소 관계를 맺게 되는 것이 아니다. 인식하는 마음과 인식 대상은 본래 한데 엉킨 전체로서 경험 가운데 주어진다. 마음은 경험을 떠나서 홀로 있는 것이 아니라 '경험하는 마음'으로서 있으며, 대상도 경험을 떠나서 미리부터 대기하고 있는 것이 아니라 '경험된 대상'으로서 비로소 주어진다. 둘째로, 경험은 인식보다 그 범위가 넓은 것이며, 모든 경험 가운데 일종의 인식하는 작용이 포함되어 있는 것이 아니다. 다만 경험은 인식의 터전이며 그 소재다. 셋째로, 마음은 단순히 시선을 대상에게로 조용히 보냄으로써 세계를 인식하는 것이 아니라, 대상의 세계 속에 행동적으로 파고드는 탐구(inquiry)의 과정을 통한다 함은 구체적으로 어떠한 사실을 가리키는 것일까? 좀 더 알기 쉽게 풀어서 설명해 보기로 하자.

우리의 감각기관과 환경 사이에 항상 지각적(知覺的)인 접촉이 일어나고 있음은 듀이도 부인하지 않는다. 그러나 이 단순한 지각 또는 감지는 그 자체를 초보적 단계의 인식이라고 볼 성질의 것이 아니라, 인식이 성립하기 위하여 필요한 조건의 하나다. 단순한 지각 또는 감지만으로는 인식이 생기지 않는다. 인식이 생기기 위해서는 지각된 상황이 어떤 문제를 내포한 상황으로서 느껴져야 한다. 예컨대, 하늘에 먹장같이 검은 구름이 보이고 천둥소리가 요란하게 들린다 하여도 그것만으로는 아무런 인식도 성립되지 않으나, 그 구름과 천둥소리가 단순한 한 폭의 검정 색깔과 요란한 소리임에 그치는 것이 아니라 그 이상의 무엇을 의미한다고 느껴지는 동시에, 여기서 어떤 행동적인 조처가 취해져야 한다고 느낄 때, 즉 "저 구름과 천둥소리가 의미하는 바가 무엇일까?" 그리고 "구름과 천둥 다음에 올 것을 위하여 어떠한 행동을 취해야 할 것인가?" 하는 의문이 일어났을 때, 그러한 의문에 대한 대답으로서 생기는 것이 참된 의미의 인식이라는 것이다.

　그러나 아직도 설명이 불충분하다고 느끼는 독자들이 있을 것으로 여겨지는 까닭에, 인식에 관한 듀이의 견해가 전통적인 그것과 어떻게 다른가를 밝히기 위하여, '아이디어(idea)'라는 개념에 대한 듀이의 이해와 전통적인 이해를 비교해 보는 것이 좋으리라고 생각된다. 전통적 견해에 있어서나 듀이의 경우에 있어서나, '아이디어'를 참된 인식(knowing) 또는 지식(knowledge)을 위한 소재라고 보는 점에는 다름이 없다. 그러나 아이디어 자체의 내용에 대한 파악에는 그들 사이에 약간의 차이가 있으며, 이 차이는 곧 인식론에 있어서 생길 차이의 근원이 되고 있는 것으로 보인다.

　전통적 철학에 있어서 '아이디어'라는 개념은 보통 '관념' 또는 '표상'이라는 말로 번역되어 왔거니와, 그 뜻하는 바는 학자에 따라서 약간 차이가 있었다. 로크나 버클리의 경우에 있어서는 사람이 생각할 때 그 사유의 대상이 되는 것이 곧 아이디어 또는 관념이라고 보았다. 그러나 인식론에 있어서 보통 그보다 더 좁은 의미로 이 개념을 사용하는 수가 많다. 즉, 밖으로부터의 자극에 의해서 생긴 심상(心像)이란 뜻으로 사용하는 것이며, 이때 관념이란 말은 '감각(sensation)'이니 '지각(perception)'이니 하는 말과 비슷한 뜻을 갖게 된다. 또는 밖의 사물과는 관계없이 단순히 내부적인 심적 작용으로서 그 개념이 이해되기도 하였다. 그러나 여하튼 전통적 철학자들 사이에 있어서 거의 공통된 점은, 관념(idea)을 마음속에 저절로 또는 수동적으로 생긴 심상으로 보고, 거기에 어떤 의지의 적극적인 참여를 생각하지 않았다는 사실에 있다고 말할 수 있다.

　그러나 듀이가 사용하는 '아이디어'라는 말의 뜻은 전통적인 경우와는 상당히 다르다. 듀이가 쓰는 '아이디어'의 개념은 문제를 가진 상황과 떼어서 생각할 수 없는 것이며, 실천적인 함의(含意)를 가지고 일상생활에서 사용되는 '아이디어'라는 말과 비슷한 뜻이다. 그가 말하는 '아이디어'의 전형적인 예로서는, 산중에서 길을 잃은 사람이, "어떻게 해야 옳을 것인가?" 하고 궁리한 끝에, "이렇게 하는 것이 좋겠다."라고 마음먹은 그 '생각'을 들 수가 있을 것이다.

길을 잃은 사람에게 필요한 것은, 그가 서 있는 부근의 나무나 풀이나 바위의 모습과 그 진상에 관한 정확한 묘사가 아니라, 그 산중으로부터 빠져나 갈 수 있는 **방안**이다. 그에게 필요한 것은 눈앞에 보이는 것들의 진상 파악이 아니라, 현재 눈앞에 보이지 않는 먼 곳과 지금 서 있는 곳을 실천적으로 연결시켜 줄 수 있는 좋은 '생각'이다. 즉, 그에게는 지금 시야에 들어오지 않는 먼 곳까지도 포함한 포괄적인 환경을 **생각할** 필요가 있으며, "**현재 서 있는 지점을 지금 보이지 않는 지점에 연결시켜 이해하는 판단**"을 가질 필요가 있다.[14] 그리고 이와 같이 먼 곳까지를 포함한 포괄적인 환경에 관한 '생각' 또는 '판단'이, 바로 듀이가 말하는 지식의 소재로서의 '아이디어'인 것이다. 이와 같이 볼 때, 듀이가 말하는 '아이디어'는 미래에 대한 어떤 예견의 뜻을 가지고 있으며, 따라서 넓은 의미의 실천과 연결되고 있음이 분명하다. '아이디어'란 결국 "관찰된 조건 아래서 그 조건을 향하여 어떤 행동을 취했을 때, 어떠한 결과가 일어나리라는 조직적 예견(organic anticipa-tion)"이다.

앞에서 우리는 듀이의 '아이디어'가 행동이 장차 초래할 결과에 대한 예견을 포함하고 있으며, 따라서 넓은 의미의 실천과 연결성을 갖는다고 말하였다. 그러나 여기에 오해가 있어서는 안 될 것은, 듀이는 인식 및 진리의 문제를 항상 '실리(實利)' 또는 '실용성(實用性)'과 관계시켰다고 보지 말아야 한다는 점이다. 다시 말하면, '아이디어' 내지 인식이 실천에 관계되고 있다고

---

14 J. Dewey, *Essays in Experimental Logic*, p.238.

말할 때 그 '실천'이라는 말은 어디까지나 넓은 의미로 해석되어야 한다는 점을 잊지 말아야 한다. 즉, 인생에 있어서 사람들이 경험하는 모든 문제의 해결은 실천으로서의 의미를 가지고 있는 것이며, 인생에 있어서 우리가 경험하는 '문제'란 보통 말하는 '실리'나 '실용성'의 문제만을 가리키는 것이 아니다. 가이거도 지적한 바와 같이, "문제란 가지각색 여러 가지가 있을 수 있으며, 또 모든 차원에 있어서 일어날 수가 있는 것"이다.[15] 어린이들의 쓸데없는 호기심도 문제요, 옛날 그리스 철학의 출발점이 되었다고 말하는 '철학적 의문'도 역시 일종의 문제로서의 성질을 가졌다. 단순한 취미에서 스포츠를 즐기는 사람들 또는 모험을 즐기기 위하여 목숨을 걸고 험한 산길에 도전하는 등산가들도 어떤 욕구에 끌려서 그리하는 것이며, 심지어 속세의 온갖 번뇌로부터의 해탈을 염원하는 금욕주의자까지도 실은 자기의 절실한 문제의 해결을 꾀하고 있는 것이다. 호기심에서 질문을 퍼붓는 어린이, 지식 그 자체를 위하여 지식을 탐구하는 이론철학가, 단순한 취미를 위하여 스포츠에 몰두하는 운동가, 그리고 부귀와 영화를 버리고 수도의 길로 찾아드는 금욕주의자 따위를 가리켜, 우리는 그들이 '실리' 또는 '실용성'을 추구하고 있다고는 말하지 않는다. 그러나 그들도 역시 '인생의 문제'에 부딪쳐 그것을 풀고자 애쓰고 있음에는 틀림이 없으며, 또 그러한 뜻에서 그들의 탐구를 우리는 '실천적(practical)'이라는 말로 형용할 수 있을 것이다. 듀이가 '아이디어' 또는 '지식의 탐구'는 언제나 실천과 연결을 갖는다고 주장했을 때, 그 '실천'도 역시 그러한 넓은 뜻의 것이며, 그것은 우리가 보통 말하는 '인생'이라는 관념에 가까운 것으로 이해해야 할 것이다.

듀이에 대한 위에서 말한 바와 같은 오해는 '프래그머티즘(Pragmatism)'

---

15 G. R. Geiger, *John Dewey in Perspective*, p.63.

이라는 이름, 그리고 특히 '실용주의'라는 번역에 의하여 더욱 조장되었다. '프래그머티즘'이라는 말의 어원은 행동과 비슷한 뜻을 가진 그리스어 '프라그마($\pi\rho\bar{\alpha}\gamma\mu\alpha$, pragma)'라고 하거니와, 이 말을 최초로 사용한 퍼스(C. S. Peirce)는 본래 인식론적 견지에서 이 신어(新語)를 만들었던 것이며, "명제의 진위는 행동을 통하여 경험적으로 밝혀진다."고 믿는 자기의 철학적 입장을 그러한 이름으로 불렀던 것이다. 제임스가 이 '프래그머티즘'이라는 말을 이어받아서 사용했을 때, 실리의 측면을 약간 강조한 것은 사실이나, 듀이는 이 말을 좀 더 퍼스의 본의에 가깝게 받아들여서 사용했던 것이다. 듀이의 철학을 '프래그머티즘'의 이름으로 부를 때, 그것은 결국 '행동' 내지 '생활'과 관련시킴이 없이 사유와 인식과 그리고 지식을 본질적으로 이해할 수 없다는 철학적 신념을 지칭하는 것임에 지나지 않는다. 듀이의 '프래그머티즘'을 '실용주의'로 번역하고, 속된 실리의 추구만을 역설하는 철학인 것처럼 이해함이 부당하다는 것은, 듀이 자신의 다음과 같은 말로도 명백히 알 수 있다.

> 인스트루멘털리즘(instrumentalism)의 논리학이 받는 오해 가운데서 가장 집요한 것은, 프래그머티즘의 지식을, 실용적인 목적을 위한 — 실용적인 목적의 충족을 위한 — 도구에 지나지 않는 것으로 보고 있다고 생각하는 신념이다. 그리고 그 실용적이라는 말을 물질적인 뜻으로, 즉 빵과 버터를 위한 어떤 실리를 의미하는 것으로 보는 생각이다. '프래그머틱(pragmatic)'이라는 말이 습관적으로 불러일으키는 연상의 힘이, 이제까지 어떠한 프래그머티스트가 베푼 가장 명백하고 힘찬 설명보다도 아직 더 강한 것이다. 그러나 거듭 강조하거니와, '프래그머틱'이라는 말은 오직 모든 사고 작용, 즉 모든 반성적 고찰의 궁극적인 의미와 그 증명을 위해서 사고 작용을 그것이 빚어내는 여러 결과들에 연결시킨다는 법칙을 가리키는 것임에 지나지 않는다.

그 결과들이라는 것은 어떤 특수한 성질의 것들만을 지적하는 것이 아니며, 그것들은 성질에 있어서 미적(美的)일 수도 있고, 도덕적이거나 정치적일 수도 있으며, 또 그 밖의 우리가 원하는 어떠한 것일 수도 있다.[16]

듀이는 그의 프래그머티즘의 방법론적 방면을 '인스트루멘털리즘'이라고 불렀으며, 이 말은 또 '도구주의'라는 우리말로 옮겨지곤 했으나, 이 점에 대해서도 우리는 '프래그머티즘'의 경우와 마찬가지의 주석을 붙일 수가 있을 것이다. 즉 듀이가 '아이디어', '사유', '지식' 등을 '도구(instrument)'라고 말했을 때, 그것은 결코 좁은 의미의 실리나 실용을 위한 도구라는 뜻으로 국한해서 한 말이 아니라, 문제를 품어 불만스러운 상황을 문제가 풀려서 만족스러운 상황으로 바꾸어 놓기에 도움이 되는 도구라는 뜻을 의미한 것이다. 그것은 옛날에 아리스토텔레스가, 그리고 근세에 들어와서 베이컨(F. Bacon)이 그들의 논리학을 '오르가논(organon)' 또는 '오르가눔'이라 부르고, 논리학은 진리의 탐구를 위한 '기관(機關)'이라고 말했을 때, 그 '오르가논' 내지 '기관'의 뜻과 일맥상통하는 것이다. "사유는 도구적인 것이라고 말한 가운데는 새로운 것도 없으며 또 이단적인 것도 없다. 이 도구적(instrumental)이라는 말에는 ― 낡았든 새롭든 간에 ― 오르가논의 향기가 가득 차 있다."고 듀이 자신도 말하고 있다.[17]

우리는 이제까지 사유 및 사유의 법칙으로서의 논리학, 인식 작용 및 '아이디어', 그리고 지식에 관한 듀이의 기본적인 생각을 살펴보았다. 그러면 듀이에 있어서는 어떠한 법칙을 따라 생각하는 것이 올바른 사유의 길일까?

---

16 J. Dewey, *Essays in Experimental Logic*, p.330.
17 Ibid., p.332.

어떠한 '아이디어' 또는 어떠한 지식이 참된 지식일까? 여기서 우리는 "듀이의 견지에서 볼 때 진리와 허위를 구별하는 기준은 무엇인가?"라는 물음에 부딪치게 된다.

전통적인 철학에 있어서 진리라는 말과 가장 가까운 관계를 가진 개념은 '실재(reality)'라는 그것이었다. 실재와 일치하는 관념은 진리요, 실재로부터의 거리가 먼 관념일수록 진리로부터의 거리도 멀다는 것이 철학의 전통에 있어서 가장 유력한 견해였다. 그리고 이러한 견해의 바닥에는 사유의 가장 근본적인 직분은 실재를 모사(模寫)하는 일이라는 생각이 깔려 있었다. 그러나 듀이의 사유 작용에 대한 이해는 그런 것이 아니었다는 것은 이미 밝힌 바와 같다. 도대체 '실재'라는 것에 대하여 듀이는 그리 큰 흥미를 느끼지 않았다. 그러므로 진리라는 것에 대한 듀이의 생각도 자연히 전통적인 견해와는 크게 다르지 않을 수 없었다.

사실, 듀이의 철학은 진리가 무엇이냐는 물음에서부터 출발한 것이 아니었다. 인식론적인 문제를 탐구함에 있어서도 첫째로 문제가 된 것은 진리가 아니라 '의미'였다. 그리고 진리보다도 앞서서 발언의 의미를 문제 삼은 것은 이미 선구자 퍼스에 있어서 시작된 프래그머티즘의 전통이었던 것이다. 퍼스의 프래그머티즘의 원리를 처음 소개한 것으로서 널리 알려진 그의 논문 「관념의 뜻을 분명히 하기 위한 방법(How to Make Our Ideas Clear)」 가운데 "우리의 사고의 대상이, 실제적인 의의를 지닌 어떠한 결과를 빚어낼 듯한가를 생각해 보라. 그러면 그 결과에 대한 우리의 예견이 그 대상에 관한 우리의 관념의 전부가 될 것이다."라는 말이 있거니와, 퍼스는 이 말을 명제나 관념의 **진위를 밝히는 기준**으로서가 아니라 그 **의미를 밝히는 기준**으로서 제시했던 것이다. 이와 같이 퍼스는 본래 실제적 결과를 의미의 발견을 위한 방법으로 사용했던 것이며, 그 뒤에 제임스와 듀이는 실제적 결과의 **만족스러움(satisfactoriness)**을 **진리의 발견**을 위한 방법으로 전용(轉用)했던 것이나, 듀이에 있어서도 인식론적 탐구의 선결문제로서 다루어진 것은 역시 의미의 문제였다.

아이디어 내지 판단의 의미에 관해서, 듀이는 퍼스의 원리를 받아들였다. 즉, 아이디어 내지 판단 가운데 은연중 포함되어 있는 '결과에 대한 예견'을 떠나서 그 의미를 분명히 이해할 수 없다는 견해에 찬동한 것이다. 예컨대, "이것은 연필이다."라는 판단 가운데는 "이것으로 글씨를 쓸 수 있다." "이것으로 쓴 글씨는 지우개로 지울 수 있다." "이것은 심이 부러질 수도 있으며, 그때에는 칼로 다시 깎아서 쓰면 된다."는 따위의 예견이 포함되어 있거니와, 행동적 결과에 대한 이러한 예견의 전체가 바로 그 판단의 의미에 해당하는 것이라고 듀이는 퍼스를 따라서 생각했던 것이다.

어떤 판단이 진(眞)인지 위(僞)인지를 묻는 것은, 그 판단이 의미하는 바가 참인지 거짓인지를 묻는 것이 아닐 수 없다. 따라서 판단의 의미를 그 판단이 암시하는 예견 속에서 발견하는 듀이의 견지로서는, 진리와 허위를 구별하는 기준도 역시 그 예견의 적중 여부를 떠나서 생각할 수 없을 것이다. 즉, 어떤 아이디어 내지 판단이 옳으냐 그르냐는 문제는, 그 아이디어 내지 판단의 의미 속에 포함되어 있는 가상(假想)의 행동을 실천에 옮길 때, 그 아이디어 내지 판단이 예견한 바와 일치하는 결과가 생기느냐 안 생기느냐에 따라서 판가름할 수밖에 없을 것이다. 예컨대, "이것은 복어알이다."라는 판단 가운데는 "만약 이것을 먹으면 중독에 걸릴 것이다."라는 예견이 포함되어 있으며, 그것을 '먹는다'는 행동이 가상적으로 언급되고 있다. 여기에 가상적으로 언급된 행동을 실제로 했을 때에, 예상된 바와 같은 '중독'이라는 결과가 생긴다면, 그리고 또 그 판단이 암시하는 다른 예견들도 적중한다면, 우리는 그 판단을 옳은 판단이라고 볼 수 있을 것이며, 그 반대의 경우는 그릇된 판단이라고 보아야 할 것이다.

앞에서 저자는 제임스와 듀이가 '실제적 결과의 만족스러움'을 진리의 발견을 위한 방법으로 삼았다는 말을 하였다. 그리고 이 말은 "만약에 생각, … 학설, 체계 따위의 것들이 주어진 환경을 능동적으로 재조직함에 있어서, 또는 어떠한 특수한 곤란이나 의혹을 제거함에 있어서 도구의 구실을 한다면, 그러한 도구로서의 구실은 그것들(생각, 학설 따위의 것들)의 타당성과 가치를 판단하는 기준이다."라고 한 듀이 자신의 언명(言明)에 의해서 뒷받침될 수 있다.[18] 그런데 지금 저자는 다시 '복어알'의 예를 들고, 그 복어알이라고 판단된 것을 먹고 중독자가 실제로 생긴다면 그 판단은 옳은 것으로 인정될 수 있다는 말을 하였다. 독자들 가운데는 혹시 여기에 어떤 모순이 있다고 생각하는 사람이 있지나 않을까 염려된다. 중독자가 발생하는 것은 건전한 상식으로 볼 때 '만족스러운 결과'라고 인정하기 힘들기 때문이다. 그러나 사실은 여기에 아무런 모순도 없다. '복어알'인지 아닌지의 궁금증이 풀렸다는 것은, 그것만을 따로 떼어서 생각해 볼 때, 역시 일종의 '만족스러운 결과'로서의 의미를 가졌다. 우리는 여기서 듀이의 프래그머티즘이 '실용주의' 내지 '실리주의'의 번역을 통하여 일부에서 이해하고 있는 것과는 좀 다른 내용을 가진 철학이라는 사실을 다시 한 번 상기하지 않을 수 없다. 사유 내지 판단에는 인생 안에 일어나는 문제의 해결을 위한 도구로서의 사명이 있으며, 따라서 문제의 해결을 결과하지 않는 진리라는 것은 생각할 수 없다는 것이 듀이의 프래그머티즘의 주장이다. 그러나 듀이가 말하는 문제(problem)라는 것은 매우 넓은 의미의 것이며, 어떠한 종류의 것이든 욕구가 발생한 상황은 곧 문제가 발생한 상황이다. 그리고 우리가 품는 모든 생각, 우리가 내리는 모든 판단은, 주어진 상황으로부터 문제를 제거하자면 어떠한 행동이 필요한가를 암시하는 예언적인 의미를 가지고 있으며, 그 예

---

18 J. Dewey, *Reconstruction in Philosophy*, p.156.

언의 적중 여부를 떠나서 우리의 생각이나 판단의 진위를 판가름할 수 없다는 것이 듀이가 주장하는 바의 요점이다.

진리가 궁극에 가서 인간의 욕구와 관계되고 있다고 주장하는 점에 있어서, 듀이의 진리관은 일종의 상대론(relativism)이라고 부를 수 있을 것이다. 그러나 그의 진리관을 주관주의(subjectivism)라고 부르는 것은 적당하지 않다. 듀이가 '결과의 만족스러움'이 진리를 위한 시금석이라고 말했을 때, 그 '만족스러움'이란 개인적 감정의 단순한 심리 현상을 가리키는 말이 아니라 주어진 상황 속에 일어나고 있는 **문제를 해결해 준다는 뜻의** '만족스러움'을 일컬은 것이다.

4장
가치의 본질

4 장 가치의 본질

1. 가치 발생의 조건

"듀이는 비록 철학의 모든 분야에 걸쳐서 글을 쓰기는 했으나, 그는 본래 윤리학자요, 교육자이며 또 정치철학자다."[1] 이것은 하버드 대학의 철학 교수 화이트(Morton White)가 듀이를 소개한 말 가운데 나오는 한 구절이다. 화이트 교수의 이러한 소개의 말이 없었더라도, 우리는 듀이의 철학적 관심의 중심이 실천 문제로 쏠릴 수밖에 없었다는 것을, 철학의 본질에 관한 듀이의 견해로 미루어, 충분히 짐작할 수 있을 것이다. 우리는 이 책 2장에서 듀이의 철학의 사명을 '현실의 개조' 안에서 발견하였음을 이미 보아 왔던 것이다.

앞에서 거듭 말한 바와 같이, 듀이는 상식적인 의미의 실용주의자 내지 실리주의자는 아니었다. 그러나 그의 철학이 실천적 관심을 모태로 삼고 출발

---

1 Morton White, *The Age of Analysis*, p.173.

했음은 의심할 여지 없는 사실이며 듀이를 포함한 "모든 프래그머티스트들은 넓은 의미에 있어서 공리주의자(utilitarian)다."라고 말한 몬태규(W. T. Montague)의 주장에도 일리가 있음을 본다.[2] 여하튼 윤리학 내지 가치론은 프래그머티즘의 철학 가운데 있어서 중심적인 위치를 차지한다고 볼 수 있을 것이며, 또 프래그머티즘의 진리관이 가장 많은 타당성을 갖는 것도 바로 윤리학 내지 가치론에 있어서이다. 듀이의 프래그머티즘 내지 도구주의의 지식 방법론이 여러 사람의 비판을 받았으며, 또 그것이 사실상 많은 결점을 숨기고 있음도 부인하기 어려울 것으로 생각되나, 우리는 듀이의 학설이 가치론에 관한 주장으로서는 매우 훌륭한 점이 많은 탁견(卓見)임을 인정하지 않을 수 없다. 이토록 높은 업적을 기록한 듀이의 가치론은 어떠한 것일까? 가치의 본질에 관한 그의 견해부터 살펴보기로 하자.

"가치라는 것이 무엇인가?"라는 문제에 관한 학자들의 견해는 크게 두 진영으로 나누어 볼 수가 있다. 즉, 가치 실재론이라고 부를 수 있는 진영과 가치 상대론이라고 부를 수 있는 진영으로 나누어 볼 수 있을 것이다. 실재론자들에 의하면, 가치는 대상 속에 본래부터 깃들어 있는 성질로서 인간의 어떠한 심리 작용과도 관계없이 그 자체가 객관적으로 존재하는 것이다. 따라서 동일한 조건을 구비한 두 가지의 대상은 똑같은 가치를 지니고 있으며, 같은 대상이 때와 자리를 따라서, 또는 그것을 대하는 사람을 따라서 다른 가치를 가질 수는 없다.

한편 상대론자들에 의하면, 가치는 **마음과 대상 사이의 관계를 통하여 생기는 것**으로서, 사람 또는 그 밖의 어떤 유정자(有情者)의 심리가 발동하지 않는 곳에는 존재하지 않는다. 인간 또는 그 밖의 어떤 유정자의 심리가 대상

---

2 W. T. Montague, *The Way of Knowing*, p.161.

에 작용함으로써 비로소 가치의 지평이 열리는 것이며, 어떤 주체의 심리에 의하여 제약을 받는다는 뜻에서 가치는 상대적이다.

듀이의 가치설은 상대론의 진영에 속한다. 이 점에 있어서도 그는 제임스와 같은 견지를 취한 것이다. 그러나 세부에 이르러서는 제임스와 약간 견해를 달리하였다. 제임스는 사람이 좋다고 느낌으로써 거기 바로 '좋음'의 가치가 생긴다고 생각했으나, 듀이는 문제의 발생을 계기로 삼고 비로소 가치가 나타나기 시작한다고 보았던 것이다. 이 점에 관하여 좀 더 상세한 설명을 해보기로 하자.

듀이에 의하면 가치는 선천적으로 미리 주어져 있는 실재가 아니라, 마음의 관여를 통하여 경험 안에 생기는 일종의 관계다. 그러나 경험이 있는 모든 곳에 곧 가치가 발생하는 것은 아니다. 가치는 어떤 조건이 구비된 상황 속에서만 일어날 수가 있다. 그리고 가치가 경험되는 상황이란 다름 아닌 '문제를 가진 상황(problematic situation)'이다.

모든 일이 뜻대로 원만하게 풀려 나가는 동안에는, 거기에 아무리 만족스럽고 즐거운 감정이 수반된다 하더라도, 가치라는 것은 발생하지 않는다고 듀이는 주장한다. 그러나 모든 것이 완전히 뜻대로 풀려 나가는 경우란 실제에 있어서 별로 일어나지 않으며, 설령 일어난다 하더라도 그러한 상태가 오래 지속되지는 않는다. 우리 자신의 생리적 조건과 우리를 둘러싼 환경의 여러 가지 사정이 항상 변동하는 까닭에, 어쩌다 만족스러운 순간이 생긴다 하더라도 그러한 순간은 곧 사라지고 다시 새로운 욕망이 일어나기 마련이다. 욕망이 생긴다는 것은 현재의 상황 가운데 부족한 점이 있다는 것을 — 즉, 현재의 상황이 변경을 요구하는 불완전한 상황이라는 것을 — 의미한다. 불완전한 상황 속에 놓인 사람들은 그 불완전한 요소가 제거되기를 원하기 마련이며, 그 불완전하고 따라서 불만감을 주는 요소가 저절로 없어지는 경우는 드문 까닭에, 자기 스스로의 행동을 통하여 능동적으로 이를 제거하기를 꾀한다. 예컨대, 배가 고프거나 사랑의 그리움을 느낄 때, 우리는 배를 채우고 사랑을 얻기를 원하기 마련이며, 가만히 있는데 저절로 배가 불러지거나 사랑이 찾아오지는 않는 것이 보통인 까닭에, 사람들은 스스로의 노력을 통하여 그 원하는 바를 얻고자 한다. 그런데 생각이 떠오르는 대로 아무렇게나 행동을 해서는 그 원하는 바를 얻지 못하는 경우가 많다. 가령 배가 고프다고 아무 상점에나 들어가서 마구 주워 먹어서 될 일이 아니며, 사랑이 그립다 하여 마음에 드는 이성(異性)에게 무작정 덤벼든다고 문제가 해결되지 않는다. 그렇게 생각 없이 행동을 했다가는 도리어 더욱 불만스러운 사태가 벌어지는 것이 십중팔구다. 그러므로 우리는 원하는 결과를 초래하기 위하여 올바른 행동을 선택해서 실천할 필요가 있다. 다시 말하면, 우리는 실제의 행동을 일으키기 전에, "어떻게 대응하는 것이 옳은 것일까?"를 생각해야 한다. 여기에 우리는 풀어야 할 문제를 갖게 되는 것이며, 우리가 놓인 상황은 '문제를 가진 상황'으로서의 성질을 띠게 되는 것이다.

'문제를 가진 상황'에 봉착한 사람은, 덮어놓고 아무렇게나 해보는 대신, 우선 자기가 놓인 상황을 냉정히 살펴본다. 그리고 그 상황이 가진 여러 가지 조건을 고려한 다음, 어떠한 행동을 하면 어떠한 결과가 생길까를 미리 내다보아야 한다. 그 다음에는 그렇게 예상되는 결과들을 비교하고 저울질한다. 가능한 몇 가지 행동 가운데서 어느 길을 택하는 것이 좋을까를 결정하기 위해서이다. 그리고 예상되는 결과를 이와 같이 비교하여 저울질하는 것은 곧 그 결과를 평가하는 것이요, 나아가서는 그러한 결과를 가져올 행위를 평가하는 것이다. 이 평가하는 행동이야말로 다름 아닌 가치의 시발점이 되는 것이라고 듀이는 주장한다. 가치란 본래 '평가한다'는 행동을 근거로 삼고 일어난 산물이라는 것이다.[3] 그리고 평가하는 행동이 일어나는 것은, 주어진 상황에 문제가 포함되었을 경우에 있어서뿐이다. 요컨대, '가치'란 문제를 가진 상황에 있어서 평가하는 행위의 결과로써 생기는 경험적 산물이다. 그리고 문제에 당면했을 때 평가하는 것은 인간의 본성에서 유래하는 것이다.

문제의 발생과 평가를 거쳐서 비로소 가치가 탄생한다고 보는 점에 있어서, 듀이의 가치설은 가치 상대론 내지 심리학적 가치설 가운데서 특유한 내용을 가지게 되었다. 오늘날 가치를 상대적인 것으로 보는 학자들, 즉 심리작용의 참여를 기다려서 비로소 가치라는 것이 존재하게 된다고 주장하는 학자들은 대단히 많다. 그러나 그들의 대부분은 단순한 감정이나 욕구의 발동만으로 가치가 형성된다고 믿는다. 다시 말하면 지성적 사고의 참여 없이, 오직 감성적 심리의 작용만으로 그 감정적 심리를 일으킨 사물은 가치의 담지자가 된다고 생각한다. 예컨대, 페리(R. B. Perry)는 "가치는 모든 관심(interest)의 모든 대상이다."라고 주장하여 욕구의 발생이 가치의 발생을 위하여 필요하고 충분한 조건임을 인정하였다. 그리고 프롤(D. W. Prall)은 가치가 동물적 충동에 의하여 형성되는 것이라는 견해를 취하고, "감정을 가진 동물의 감정은 가치가 존재하는 상황을 있게 하기 위하여 필요한 것의 전부다."라고 단언하였다.[4] 그러나 듀이는 관심 내지 욕구의 존재만으로 가치가 생긴다는 견해나, 즐겁고 만족스러운 것은 모두 가치가 있는 것으로 보는 모든 견해에 반대했던 것이다. 듀이에 의하면, 가치가 생기기 위해서는 반드시 평가하는 행동이 작용해야 한다. 그런데 평가는 단순한 감정이나 욕구만으로 있을 수 없는바 지성의 사유하는 과정을 포함하는 것이다. 숙고와 판단도 욕구와 감정과 아울러 가치의 성립을 위하여 필요하다. 듀이의 표현을 빌려서 말하면, 가치란 "지성의 작용을 통해서 얻어진 즐거움이다."[5]

---

3 J. Dewey, *Theory of Valuation*, p.45.
4 D. W. Prall, "Value and Thought Process", *Journal of Philosophy*, Vol. XXI, p.122.

그러면 듀이가 단순한 욕구나 직접적인 즐거움으로는 가치의 성립을 위하여 불충분하다고 주장하고, 거기에는 반드시 지성의 작용이 참여해야 한다고 주장하는 근거는 무엇일까? 이 물음에 대답하는 듀이의 이설(理說)의 요점을 우리는 다음과 같이 요약할 수 있을 것이다.

(1) 단순히 욕구되거나 또는 즐거움을 주기만 하면 곧 가치가 있다고 보는 견해는 언어의 정상적인 사용과 일치하지 않는다. 이 견해는 서술적 발언과 평가적 발언의 중요한 차이를 간과하고 있다. 'X는 즐거움을 준다(X is enjoyed)'는 말과 'X는 즐길 만하다(X is enjoyable)'는 말은 결코 같은 뜻이 아니며, '욕심이 난다(desired)'와 '바람직하다(desirable)' 사이에는 본질적인 의미의 차이가 있다. 어떤 사물을 가리켜 '욕심이 난다'고 말하는 것은 이미 존재하는 심리적 사실을 전달하는 발언이며, 어떤 사태를 가리켜 '바람직하다'고 말하는 것은 아직 실현되지 않은 사태에 관한 소망을 표명하는 규범적 발언이다. 평가적 발언은 본래 미래에 관계되는 것이며, 그것은 '취해야 할 태도를 지시하는 동시에' 예언적 의미를 포함하고 있다.[6]

서술어로서의 '만족감을 준다(satisfying)'와 평가어로서의 '만족스럽다' 사이에서도 우리는 같은 종류의 차이점을 발견한다. 어떤 대상이 '만족감을 준다'고 말할 때, 그것은 단순히 심리적 사실을 전달하는 발언이다. 그러나 어떤 사태를 가리켜 '만족스럽다'고 말할 때, 그것은 그 사태가 만족감을 준다는 사실을 전달하는 동시에, 그 만족감은 존중하고 보존할 만한 값어치가 있다는 것을 주장하는 발언이다. 그리고 그 만족감이 존중할 만한 값어치가 있느냐 없느냐를 판정함에 있어서 근거의 구실을 하는 것은 그 만족감에 관

---

5 J. Dewey, *The Quest for Certainty*, p.246.
6 *Ibid.*, pp.247-248.

련된 여러 가지 사정에 대한 고찰 내지 검토가 아닐 수 없다. 사람들이 아끼고 좋아하는 어떤 대상을 '값지다'고 판단하는 것은 오직 '그것을 좋아하고 아낄 만한 이유'를 발견했을 경우에 있어서뿐이다.[7] 그리고 검토와 고찰을 통하여 어떤 이유를 발견하는 것은 결코 감정의 소관이 아니라 지성의 임무임은 의심할 여지가 없다.

(2) 사람들이 어떤 사물을 좋아하고 어떤 사물에 대하여 만족감을 느낄 때, 거기에는 이미 지성의 사고 작용이 개입하고 있는 것이 보통이다. 다시 말하면, 좋아하는 감정이나 만족스러워하는 느낌은 단순한 동물적 욕구나 감정의 작용만으로 일어나는 것이 아니라, 그 배후에는 이미 지성의 비판적 고찰의 그림자가 어렴풋이나마 지나가고 있다는 것이다. 가치의 발생에 있어서 지성은 아무런 관계도 없다고 주장하는 사람들은 인간의 심리 가운데 있어서의 감정적인 작용과 지성적인 작용을 지나치게 분리시켜서 생각하는 것 같다. 사실은 우리의 구체적인 경험 가운데 있어서 감정적인 것과 지성적인 것은 불가분의 관계를 가지고 엉클어져 있다. "도덕적인 문제에 관하여 욕망과 사유를 분리시킬 수는 없다. 왜냐하면 욕망과 사유의 결합이야말로 행위를 자의적(自意的)인 것으로 만드는 근본이기 때문이다."[8]

(3) 단순히 욕구나 쾌감의 발동만으로 가치가 발생한다고 생각하는 견해는, 실천 생활을 위한 지도 원리의 발견을 불가능한 것으로 만든다. 욕구와 욕구가 대립하고 감정과 감정이 맞서는 것은 누구나 매일같이 경험하는 사실이다. 그런데 만약 모든 욕구의 대상, 또는 모든 만족감을 주는 사물이 일률적으로 값진 것이라면, 우리는 어떻게 욕구의 대립 내지 감정의 충돌을 해

---

7 J. Dewey, "The Logic of Judgment of Practice", *Journal of Philosophy*, Vol. XⅡ, p.520.

8 J. Dewey, *Theory of Valuation*, p.5.

결할 평가의 기준을 발견할 수 있을 것인가? 세상에는 욕구해도 좋을 것이 있고, 욕구해서는 안 될 것이 있다. 만족감 내지 쾌감 가운데도 취할 것이 있고 버려야 할 것이 있다. 그리고 어느 욕구 어느 감정을 버릴 것인가를 판가름하는 것은 지성의 작용이며, 지성이 그러한 판가름을 할 수 있기 위해서는, 가치 그 자체의 본질 속에 지성적인 요소가 있어야 할 것이라고 듀이는 믿는 것으로 보인다.[9]

요컨대, 듀이는 가치의 성립을 위하여 지적 사고 작용의 참여가 절대로 필요하다는 것을 누누이 강조한 것이다. 가치의 성립을 위하여 반드시 지성의 참여가 필요하다고 보는 견해 자체에 대해서는 비판의 여지도 있을 것으로 보이나,[10] 듀이로서는 그러한 견해를 고집할 동기가 있었다. 즉, 듀이는 가치판단의 진위를 구별할 객관적 기준의 가능성을 확실히 밝히고자 원했던 것이며, 그것을 밝힐 수 있기 위해서는 가치의 성립을 위한 조건 가운데 지성의 참여가 헤아려져야 한다고 믿었던 것이다.

2. 평가

현대 윤리학이 첫째로 당면한 문제는 윤리학적 회의론을 어떻게 처리하느냐는 그것이었다. 현대가 경험한 여러 가지 상황은 윤리 내지 도덕에 대한 회의를 조장하기에 매우 적합하였다. 경제 제도와 정치체제 등 사회의 모습이 급속도로 변천함에 따라서 도덕관념에도 변질이 생겼으며, 만고에 불변

---

9 J. Dewey, *The Quest for Certainty*, p.251.
10 이 점에 대해서 저자는 졸고 "Naturalism and Emotivism: Some Aspects of Moral Judgments"(『학술원 논문집』, 인문사회과학편, 제3집, 1962) 가운데서 약간의 비판적인 견해를 표명한 바 있다.

하는 절대적 도덕의 존재가 의심을 받게 되었는가 하면 심리학, 사회학, 민속학, 그리고 생물학 등의 새로운 발견은 모두 윤리나 도덕의 경험성을 암시하는 방향으로 기울어졌다. 도덕이라는 것은 어떤 실천적 원리에 의하여 주어진 것이 아니라, 인간의 욕구와 감정의 방향을 따라서 관습적으로 만들어진 것이라는 견해가 점차로 우세하게 되었으며, 인간의 경험 이상의 근거를 갖지 않은 도덕의 권위가 문제되기에 이르렀다. 도덕이란 결국 주관의 산물이요, 보수 세력을 위한 도구에 불과한 것이 아닐까? 만약 도덕이 인간의 욕구와 감정을 근원으로 삼고 형성된 것이라면, 선악의 기준은 사람에 따라서 다른 것이며, 도덕 판단의 옳고 그름을 판가름할 객관적 표준이란 있을 수 없는 것이 아닐까? 이러한 의문이 전문적 학자들뿐 아니라 일반 상식인들 사이에도 일어났던 것이다. 그리고 이러한 의심에 대하여 어떤 만족스러운 해답을 내리기 전에는, 윤리학이 그 학적 탐구의 과정을 밟아 나가기 힘든 사정에 있었다. 왜냐하면, 그 의심에 대한 해답 여하에 따라서 도덕의 본질에 관한 이해가 좌우될 뿐만 아니라, 도대체 윤리학이라는 학문이 성립할 수 있느냐 없느냐는 문제까지도 결정되기 때문이다.

실은 듀이 자신도 도덕은 인간의 경험을 토대로 삼고 형성된 것이라는 견해를 택한 사람이었다. 그러나 그는 도덕 그 자체의 권위나 타당성을 의심하고 싶지는 않았다. 다시 말하면, 듀이는 도덕의 경험성을 인정하면서도, 도덕 판단의 객관적 타당성의 기준을 밝히는 동시에, 윤리학이 학으로서 성립할 수 있는 근거를 확립하고자 원했다. 그리고 자기의 그러한 희망을 달성하기 위하여 가치의 형성에 있어서 지성의 사고 작용이 필수의 요건임을 강조할 필요가 있다고 판단했던 것이다. 그러면 듀이는 도덕의 경험성을 주장하면서 어떻게 도덕 판단을 위한 객관적 기준을 발견할 수 있다고 생각하는 것일까? 그리고 가치의 형성에 있어서 지성의 참여를 필수의 요건으로 강조함이 이 문제에 대하여 어떠한 관계가 있는 것일까?

앞에서 밝힌 바와 같이 듀이에 의하면, 가치라는 것은 문제를 가진 상황 속에서 평가라는 심리 작용을 통하여 생겨나는 일종의 산물이다. 여기서 만약 듀이가, ① 평가도 일종의 판단임을 밝히고, 나아가서 ② 평가라는 종류의 판단도 과학자들이 다루는 사실판단과 그 논리적 성격에 있어서 다를 바가 없다는 것을 밝힐 수만 있다면, 경험론적 기초 위에서 윤리학을 학으로서 확립하고자 한 듀이의 의도는 성공했다고 볼 수 있을 것이다. 왜냐하면, 자연과학이 다루는 사실판단의 진위는 경험적으로 검증할 수 있음이 이미 인정되고 있는 바이며, 만약 평가도 과학적 사실판단과 같은 논리적 성격을 가진 것이라는 점만 밝혀진다면, 평가의 진위를 검증할 수 있는 길도 스스로 열릴 것이기 때문이다. 그리고 참된 평가에 의하여 가치가 인정된 대상은 사실상 가치를 가지고 있음이 틀림없을 것이며, 그릇된 평가에 의하여 가치가 인정된 대상은 실제로는 그러한 가치를 갖지 못한 것으로 판정될 것이다.

첫째로, 평가도 일종의 판단임을 밝히는 가장 확실한 길은, 평가적 발언이 진정한 판단임을 철두철미하게 부인하는 이모티비즘(emotivism)의 주장을 논파하는 길일 것이다. 이모티비즘이란 논리실증주의자들(logical positivists)의 윤리설을 가리키는 이름이거니와, 그 주장하는 바에 의하면, 'X는 좋다', 'Y는 나쁘다' 따위의 평가적 발언은 일반적 사실판단과 다름없는 문법적 형식을 갖추고 있기는 하나, 그 의미를 음미해 본다면 결코 판단의 범주 가운데 들어갈 자격이 없는 성질의 것이다. '판단'이란 본래 어떤 사실에 관한 통지(information)를 목적으로 삼는 것이거니와, 이른바 가치판단 즉 평가는 아무런 사실도 알려 주는 바가 없다. 그것은 오직 발언자의 감정을 표시하거나, 또는 듣는 사람의 감정을 일으키는 구실을 할 뿐이다. 그것은 일종의 부르짖음 또는 명령과 같은 성질의 것으로서 엄밀한 의미의 '판단'은 아니다.[11]

듀이는 가치판단이 일종의 부르짖음 또는 명령과 같은 성질의 것이라는 이모티비즘의 주장을 부인하려고 들지 않는다. 그는 다만 부르짖음이나 몸짓 따위도, 그것이 고의의 것일 경우에는 "무엇인가 통지하며 따라서 명제의 성질을 갖추고 있다."는 것을 밝힘으로써, 평가적 발언은 판단이 아니라는 이모티비즘의 주장에 대항한다.[12] 예컨대 개를 만나 어린이가 일부러 소리쳐 울 때, 이 부르짖음은 타인에게 그 사태를 알리기 위한 일종의 신호이며, 그것은 이미 사회적 성격을 띠고 있다. 사회적 신호인 까닭에, 그 울음은 일종의 언어 — 명제와 비슷한 성격을 가진 일종의 언어 — 라는 것이다.[13] 왜 그것이 명제와 비슷한 성격을 가졌는가 하면, 그 외마디 울음소리로 "무서운 개가 다가온다."는 사실을 알리는 동시에, "빨리 누가 와서 도와주지 않으면 위험하다."는 따위의 예언을 내포하고 있기 때문이다. 이모티비즘이 주장하듯이, 평가적 발언은 외마디 부르짖음과 비슷한 성질을 가졌다. 그러나 외마디 부르짖음 자체가 이미 판단 내지 명제로서의 성질을 안으로 숨기고 있다. 그러므로 평가적 발언도 일종의 판단이라고 보아야 한다는 것이다.

듀이가 다음에 할 일은, 평가라는 종류의 판단도 과학자들이 다루는 사실판단과 그 논리적 성격이 다를 바 없다는 것을 밝히는 일이었다. 논자들 가운데는 "평가도 일종의 판단이기는 하나, 그것은 특수한 성질의 것으로서, 자연과학이 다루는 사실판단과는 논리적 성질이 전혀 다르다."고 주장하는 사람들도 있는 까닭에, 평가도 판단의 일종이라는 것을 밝히는 것만으로는 윤리학의 학적 성립의 가능성을 위해서 불충분했던 것이다.

---

11 이모티비즘에 관한 좀 더 상세한 소개를 위해서는 졸저, 『윤리학』, 9장 1절 참조.
12 J. Dewey, *Theory of Valuation*, p.11.
13 Ibid., p.11.

논자들에 의하면, 과학이 대상으로 삼는 사실판단의 진위는 경험적 방법을 통하여, 즉 관찰 내지 실험의 방법을 통하여 밝힐 길이 있으나, 윤리학이 대상으로 삼는 평가 판단 내지 가치판단에는 그 길이 없다. 예컨대, "금강석은 금보다 단단하다."는 판단이 옳다는 것을 증명할 수 있는 방법을 모르는 사람은 없으나, "남의 것을 훔쳐서는 안 된다."는 평가적 발언이 옳다는 것을 증명하기 위하여는 어떠한 사실을 제시하여도 충분할 수가 없다는 것이다. 그러면 듀이는 이러한 주장에 대하여 무엇이라고 반박하는 것일까?

우리가 평가적 발언을 단순히 일반적이요 추상적인 발언으로서 생각하는 한, 그 발언의 타당성을 증명할 수 있는 어떤 경험적 사실을 제시하기가 매우 곤란할 것이다. 그러나 어떤 구체적 상황 안에서 내려진 평가적 판단을 염두에 두고, 그것이 실제로 의미하는 바가 무엇인가를 분석해 본다면, 그 평가적 발언의 타당성을 검증할 수 있는 길이 완전히 막히지 않았음을 알게 될 것이다. 우리가 어떤 **구체적인 상황에 있어서**, "너는 지금 거짓말을 해서는 안 된다."고 말한다면, 우리는 그 상황이 가진 어떤 경험적 사실을 지적하는 동시에, 거짓말을 했을 경우에 앞으로 일어날 경험적 사태에 관하여 어떤 예언을 하고 있는 것이다. (물론 이때 지적되는 경험적 사실이 무엇이며, 앞으로 일어날 사태에 대한 예언의 내용이 무엇인가는, 그 발언이 어떠한 경우에 어떠한 사람에 의하여 나왔느냐에 따라서 다를 것이다.) 그리고 그 발언이 은연중에 지적하는 바가 정말 사실이며, 또 그 예언하는 바가 적중하는지 아닌지는 관찰을 통하여 확인될 수 있는 일이다. 그러므로 비록 평가적 발언이라 할지라도, 구체적인 문맥 가운데서 해석될 경우에는, 그 진위를 경험적으로 검증할 수 있다고 듀이는 결론짓는 것이다.

그러면, 구체적인 상황 안에서 발언되는 평가적 판단이 전달하는 것은 무엇이며, 그 예언의 내용은 어떠한 것일까? 이 물음에 대답하기 위하여, 듀이는 '실천판단(practical judgment)'이라는 개념을 끌어들이는 동시에, 이 개념의 논리적 특색을 분석적으로 고찰한다. 듀이는 평가적 발언도 일종의 실천판단이라고 보는 것이며, 실천판단 일반에 대한 분석이 평가적 발언에도 통용된다고 믿기 때문이다.

3. 실천판단

듀이가 말하는 실천판단이란, '행동이 요구되는 상황에 관한 판단', 즉 만족스럽지 못한 '문제의 상황'을 만족스러운 상황으로 고치기 위하여 요구되는 행동에 관한 판단을 일컫는다.[14] 예컨대, "빨리 병원에 가서 의사에게 보이는 것이 옳다." "집을 짓는 일은 장마철이 지나간 뒤에 시작하는 것이 좋겠다." 따위의 판단을 가리켜서 실천판단이라고 부른 것이다. 이러한 판단을 '실천적'이라고 부르는 이유는, 그것이 **무엇을 할 것인가**를 지시해 주는 발언이기 때문이다.

실천적 판단의 특색으로서 듀이는 일곱 가지를 열거하고 있거니와,[15] 그 가운데서 우리의 견지로 볼 때 특히 중요한 것은 다음 세 가지다.

(1) 실천판단의 주제가 되는 사태는 불완전한 사태, 다시 말하면 문제를 가진 상황이다. 그 사태의 불완전성은 단순히 심리적인 것일 뿐 아니라, 객관적 사태 그 자체에 무엇인가 부족한 점이 있다. 그리고 이 부족한 점을 채워 줄 어떤 행동이 요구되고 있다. 다시 말하면, 실천판단의 주제는 무엇인가를 기다리는 미완성의 상태이며, 따라서 실천판단은 미래에 관계된 판단이다.[16]

---

14 J. Dewey, "The Logic of Judgments of Practice", *Journal of Philosophy*, Vol. XIII, p.505.
15 Ibid., p.506.

(2) 실천판단에 있어서는, 그 판단 자체가 (그 판단에 따르는 판단자의 행위와 더불어) 그 상황에 부족한 점을 채우는 데 영향을 끼치는 요인의 하나다. 다시 말하면, 그 판단의 주제가 된 사태는 그 실천판단이 내려졌다는 사실 자체에 의하여 영향을 받는다. 이로써 미완성의 상황에 관한 판단, 즉 미래에 관련된 판단 가운데도 실천판단이 아닌 것이 있음을 알 수가 있다. 예컨대, "비가 올 듯하다." "그 아이는 그칠 줄 모르고 울고 있다."는 따위의 판단이 그저 냉정한 서술로서 내려졌을 경우에, 그것들은 미래에 관한 것이기는 하나 실천판단은 아니다.[17] (물론, "비가 오니 소풍을 연기해야 하겠다." "우는 아이를 달래야 하겠다."는 등의 뜻이 포함되었을 경우에는 이것들도 실천판단이 된다.)

(3) 실천판단은 판단의 대상이 된 상황 속에 현존하는 사태를 알려 주는 동시에, 그 상황에 있어서 부족한 점을 채우기 위해서는 어떠한 방법이 좋으리라는 것을 예언한다.[18] 예컨대, "의사에게 보여야 한다."는 실천판단은 "몸이 나쁘다."는 현재의 사태를 알려 주는 동시에, "의사의 치료를 받으면 건강의 회복이 빠를 것이다."라는 것을 예언한다.

위에서 말한 바와 같은 실천판단의 특색에 비추어 볼 때 — 특히 세 번째 특색에 비추어 볼 때 — 실천판단의 진위는 경험적으로 검증할 수 있음을 알수가 있다. 왜냐하면, 실천판단에 포함된 현 사태의 파악과, 상황의 완성을 위한 예언이 모두 적중한다면 그 실천판단은 참된 것이요, 그렇지 못하다면 거짓으로 판단될 것이거니와, 현 사태가 어떠하며, 실천판단이 시키는 대로 하면 장차 어떤 결과가 생기느냐 하는 것은 경험적으로 조사할 수 있는 일이

---

16 Ibid., p.506.
17 Ibid., p.507.
18 Ibid., pp.509–511.

기 때문이다. 가령, 앞에서 언급한 "의사에게 보여야 한다."는 예에 있어서, "몸이 정상적이 아니다."라는 현황 판단과 "의사에게 치료를 받으면 회복이 빠를 것이다."라는 예언이 모두 들어맞으면, 그 실천판단은 참된 것으로 판명될 것이다. 그러나 만약 꾀병인 것을 모르고 그런 판단을 내렸거나, 또는 병임에는 틀림이 없더라도, 의사의 치료가 효험을 볼 수 없는 성질의 것임을 모르고 그런 예언을 한 것이라면, 그 실천판단은 그릇된 것으로서 판명될 것이다.

실천판단의 진위를 경험적으로 밝힐 수 있다는 주장에 의심의 여지가 없음은, 최근의 이른바 응용과학의 현저한 발달을 보아도 명백하다. 의학, 공학, 농학 등 여러 기술 과학은 모두 실천판단의 실험적 검증의 과정을 주축으로 삼는 것이다. 그러나 기술 과학에서 다루는 실천판단의 진위가 경험적으로 밝혀질 수 있다 하여, 윤리학이 다루는 가치판단의 경우도 그와 마찬가지라고 말할 수 있을까? 예컨대, "빨리 의사의 진료를 받아야 한다." "집은 장마철이 지난 뒤에 짓는 것이 좋다."는 따위의 실천판단의 타당성을 과학적으로 검증할 수 있다는 이유로 "약속은 지켜야 한다."는 따위의 도덕 판단도 과학적으로 검증할 수 있다고 단정할 수 있을까? 도대체 듀이는 어떠한 근거에서 도덕 판단을 실천판단의 일종이라고 생각하는 것일까? 그리고 도덕 판단이 실천판단의 일종이라는 것이 밝혀졌다 하더라도, 그것만으로 응용과학의 명제들에 관하여 참인 것은 모두 윤리학의 명제에 관해서도 참이라고 주장하기에 충분하지는 않다. 왜냐하면, 실천판단에도 두 가지 종류가 있을지 모르며, 그 한 가지 종류에 관해서 들어맞는 주장이 또 한 가지의 종류에 관해서는 거짓이 될 수도 있을 것이기 때문이다. 사실상 지금까지 우리가 살펴본 듀이의 실천판단에 관한 이론은 모두 '목적의 달성을 위한 수단을 제시하는 판단(meansend judgments)'이라고 부를 수 있는 특정한 종류의 실천판단의 논리적 성질에 관한 분석이었다. 다시 말하면, 응용과학의 주제가 될 수 있는 판단만을 거기서는 문제 삼았으며, 본래 윤리학의 대상인 도덕 판단에 관한 고찰은 뒤로 미루었던 것이다. 따라서 듀이가 다음에 해야 할 일은, 응용과학이 다루는 일반적 실천판단에 관해서 주장한 바가 윤리학의 대상인 도덕 판단의 경우에도 들어맞는다는 것을 밝히는 일이다. 듀이의 이설(理說)의 다음 전개를 살펴보기로 하자.

도덕 판단이 앞으로 해야 할 바에 관한 판단임에는 의심의 여지가 없다. 어떤 구체적 상황에 있어서 도덕 판단이 내려질 때, 그것은 어떤 행동을 요구하는 것이다. 행동이 요구되는 이유는 그 상황 속에 무엇인가 부족한 점이 있기 때문이다. 바꾸어 말하면, 무엇이든 불만스러운 요소가 있는 상황, 즉 문제를 가진 상황은 언제나 그 상황의 완성, 즉 상황에 포함된 문제의 해결을 요구하며, 상황의 완성 또는 문제의 해결을 위하여 효과적인 수단 가운데서 가장 중요한 것은 인간의 행동이거니와, 듀이가 보기에 도덕 판단이란 다름 아닌 이 효과적인 수단 — 문제 상황의 해결을 위해서 요구되는 적절한 수단 — 에 관한 판단이다.

이와 같은 듀이의 견해가 옳은 것이라면, 도덕 판단과 앞서 고찰한 실천판단과의 유사성은 명백하다. 양자 어느 경우에 있어서나 그 주제가 되는 사태는 불완전하고 문제가 있는 상황이다. 그리고 두 가지의 어느 경우에 있어서나 그 판단은 그 상황의 어떠한 점이 불만스러운가를 암암리에 지적하는 동시에, 그 불만스러운 점을 제거하기에 적합하다고 생각하는 행동을 명시한다. 이에 듀이는 도덕 판단도 일종의 실천판단이라고 단정을 내린다.[19]

예컨대, "외과 의사보다도 내과 의사의 진찰을 받는 편이 낫다." 따위의 실천판단은 달성해야 할 목적을 마음속에 두고 내려지는 것이며, 그 '마음

---

19 Ibid., p.514.

속에 있는 목적(end-in-view)'을 달성하기에 효과적인 수단을 제시하는 판단이다. 다시 말하면 "내과 의사의 진찰을 받아야 한다."는 판단은 "만일 병을 고치고자 원한다면, 내과 의사의 진찰을 받아야 한다."는 뜻의 가언적(假言的) 실천판단으로서, 목적의 달성을 위한 수단을 밝혀 주는 판단이다. 그리고 거기에 제시된 수단이 실제에 있어서 그 의도한 목적을 달성하는 효과를 거두느냐 못 거두느냐 하는 것은 관찰을 통하여 경험적으로 밝힐 수 있는 까닭에, 일반적으로 응용과학이 다루는 따위의 실천판단의 타당성은 경험적으로 검증할 수 있다는 결론에 도달한다.

그러나 여기에 매우 중대한 문제 하나가 제기된다. "도덕 판단도 일정한 목적을 달성하기 위한 효과적인 수단의 제시를 그 본래의 사명으로 삼는 것인가?"라는 물음이다. 이 물음이 매우 중대하다고 하는 것은, 만약 이 물음에 대한 대답이 긍정적으로 확립된다면, 도덕과학의 가능성을 입증하고자 한 듀이의 시도는 달성으로 크게 접근할 것이며, 반대로 만약 그 대답이 부정적인 것으로 판명된다면, 듀이의 실천판단에 관한 이설은 아무 소용없는 것이 되기 때문이다.

전통적인 견해에 의하면, 윤리학의 기본적인 관심사는 수단으로서의 가치(instrumental values)가 아니라, 그 자체가 목적인 가치, 즉 본래적 가치(intrinsic values)다. 다시 말하면, 도덕 판단을 위한 본래의 대상은 수단에 관한 문제가 아니라 목적에 관한 문제라는 것이다. 도달해야 할 목적이 이미 알려져 있다면 그것에 도달할 적합한 수단을 발견하는 문제는 분명히 과학적으로 다룰 수가 있다. 그러나 진정한 윤리학적 논쟁에 있어서는 도달해야 할 목적이 알려져 있지 않을 뿐 아니라, 바로 그 목적의 발견이 문제가 되는 것이라고 전통적 견해는 주장하는 것이다. 만약, 널리 알려진 이 견해가 옳은 것이라면, '실천판단'에 관하여 듀이가 세워 놓은 이론은 "가치의 과학이 가능한가?"라는 우리들의 근본 문제를 해결하기에 충분한 것이 될 수 없음이 분명하다. 그렇다면 저 전통적 견해가 제기하는 이 난관을 극복하기 위하여 듀이는 무엇이라고 대답하는 것일까? 여기서 우리는 목적과 수단의 관계에 대한 듀이의 이설을 살펴볼 단계에 다다른 것으로 보인다.

4. 목적과 수단

'목적'이라는 것의 본질에 관한 듀이의 고찰을 간추려 봄으로써, 우리는 목적과 수단의 관계에 대한 그의 이설을 음미하는 출발점으로 삼을 수 있을 것이다. 듀이는 우선 '고정된 절대목적'을 믿는 전통적 관념을 배격한다. 17세기의 정신혁명으로 말미암아, 아리스토텔레스적인 목적론적 세계관이 자연과학의 영역에 있어서 철저한 물리침을 받은 뒤에도, '고정된 절대목적'의 학설은 철학의 영역에 있어서만은 정통적인 도덕론을 위한 기초로서 여전히 광범위한 지지를 받았다.[20] 이 '고정된 절대목적'을 배척하는 듀이의 장황한 이론을 여기에 소개할 겨를은 없다. 다만, 그 대신 절대목적론을 주장하는 사람들에게 다음과 같은 두 개의 질문을 제기함으로써 문제의 핵심에 접근하도록 하자. ① 인간 행위의 그 '선천적 절대목적'이란 도대체 어떠한 것인가? ② 바로 그것을 '선천적 절대목적'이라고 주장하는 근거는 무엇인가? 이 두 개의 물음에 대하여 납득할 만한 대답이 주어지지 않는 한, 고정된 절대목적이 존재한다는 관념은 한갓 형이상학적 내지 종교적 가설에 지나지 않는다.

듀이에 의하면, 목적이란 "행위가 그리로 향하는 목표로서 마음 저편에 있는 것이 아니다. 그것은 마음이 행위의 과정 가운데서 만들어 내는 상상적

---

20 J. Dewey, *Human Nature and Conduct*, p.244.

인 그림, 즉 일종의 심상(心像)이다. 사실을 말하면 목적이란 마음속에 그려진 목표(ends-in-view) 즉 의도다."[21] 문제를 가진 상황에 봉착한 사람은 현재의 사태에 대하여 반응하며, 이 사태에 어떤 변화를 가져오고자 꾀한다. 그는 장차 실현되면 그에게 만족을 줄 그 어떤 상태를 마음속에 그려 본다. 그러나 만족스러운 상태를 단순히 머릿속에 그려 보는 데 그친다면 그것은 한갓 공상(fancy)에 지나지 않을 것이다. 단순한 공상 내지 환상은 참된 목적, 즉 '마음속에 그려진 목표'가 아니다. 그러나 우리는 스스로 원하는 바를 머릿속에 그렸을 때 대개는 그 원하는 상태를 실현하기 위한 구체적인 수단을 애써 생각하기 마련이며, 이때 비로소 마음속의 그림은 목적 즉 의도로서의 뜻을 갖게 된다. 듀이 자신의 표현을 빌리면, 머릿속에 그려진 심상은 "오직 그것을 현실화하기에 적절한 방안의 뒷받침을 받고서 구상되었을 경우에만 의도, 즉 목적으로서의 자격을 얻는다."[22] 이와 같이 '목적'이라는 것의 본질에 관하여 듀이의 견해는 이미 목적과 수단이 서로 뗄 수 없는 것이라는 주장을 내비치고 있다. 목적과 수단이 불가분의 관계에 있다는 듀이의 주장은, 본래적 가치(intrinsic values)와 도구적 가치(instrumental values)를 확연히 구별하는 일반적 견해에 입각한 반대론에 대답하는 그의 논고의 핵심이거니와, 이 주장의 전모를 우리는 다음과 같이 요약할 수 있을 것이다.

(1) 본래적 가치, 즉 목적으로서의 가치의 모체가 되는 욕구와 관심은, 그것을 만족시킬 수단에 관한 고찰을 떠나서 제멋대로 일어나는 것이 아니라, 욕구된 목표의 달성을 위하여 요청되는 여러 가지 조건에 대한 인식에 의하

---

21 Ibid., p.225.
22 Ibid., p.234; J. Dewey, *Theory of Valuation*, p.35.

여 크게 좌우된다. 다시 말하면, 우리가 스스로 추구할 목표로서 어떤 목적을 세울 때는, 그 목적을 달성할 수 있는 구체적 방안에 관하여 어느 정도의 심산이 반드시 뒤를 받치고 있다.[23]

(2) 본래적 가치와 도구적 가치의 구별을 필연적인 것으로 생각하는 일반의 견해는 반드시 그리 명백한 것이 못 된다.[24]

(3) 목적과 수단의 구별은 잠정적이요 상대적이다. 우리의 경험은 연속적인 흐름인 까닭에 어떤 단계에 있어서의 목적은 다음 단계에 있어서 달성할 목적을 위한 수단을 결정하는 요인의 하나가 된다.[25] 이 점은 '근시안적 소견'과 '원대한 안목'을 구별하는 상식적 관념에도 반영되고 있다. '원대한 안목'이란 곧 의중의 목적 내지 의도를 그보다 더 뒤에 달성할 새로운 목적을 위한 수단의 일부로서 고려하는 신중한 사고방식을 일컫는 것일 따름이기 때문이다.

(4) 목적과 수단을 딱 갈라서 나눔이 불합리하다는 것은, 우리가 그 실천적 함의(含意)를 생각할 때 더욱 명백히 알 수 있다. 예컨대, 만약 어떤 화가가 자기는 그림 그리기에 전심전력한다고 말하면서, 한편으로는 캔버스와 붓과 물감에 대하여 철저한 경멸의 뜻을 표명한다면 어떻게 될 것인가? "이상(ideals)이라는 것이 실제 행동에 있어서 무력한 것은, 수단과 목적이 똑같은 정도의 주의와 배려를 요구하고 있다는 사실을 망각하는 바로 그 사실 때문이다."라고 듀이는 지적하고 있다.[26]

(5) 일반적 견해에 의하면, 수단이란 그 정의에 의하여 상관적이요 중간적

---

23 J. Dewey, *Theory of Valuation*, p.26.
24 Ibid., p.26.
25 Ibid., p.49.
26 J. Dewey, *The Quest for Certainty*, p.266.

인 성질의 것인 까닭에, 그것은 필연적으로 도구적임에 그칠 뿐, 결코 직접적이요 본래적인 가치를 소유할 수가 없다고 주장한다. 그러나 이러한 주장은 분명히 잘못된 추리의 산물이다. 왜냐하면 "수단으로 사용되는 **사물의** 상관적(relational) 성질로 말미암아, 그 사물이 그 자체의 직접적 성질을 가질 수 없다는 법은 없기 때문이다."[27] 우리가 어떤 사물을 소중히 여길 때, 그것을 소중히 여기는 이유가 비록 그것이 가진 어떤 유용성 — 즉, 어떤 목적의 달성을 위한 도구로서의 가치 — 에 있다 할지라도, 그 사물은 반드시 **직접적** 성질의 가치를 소유하게 된다고 듀이는 주장한다. (이렇게 주장하는 이유는 반드시 명백하지 않으나, 아마 '소중히 여긴다(prize)'는 심리 작용 가운데는, 이미 그 대상을 하나의 목적으로 추구하는 뜻이 포함되어 있다는 것을 말하는 듯이 보인다.)[28]

요컨대, 듀이는 목적과 수단의 구별이 상대적임에 그친다는 것이며, 우리가 보통 목적이라고 생각하는 것도 다른 무엇을 위한 수단이요, 우리가 보통 수단이라고 생각하는 것도 한편으로는 그 자체가 이미 목적으로서의 뜻을 가지고 있다는 것이다. "우리가 만약 어떤 사물을 수단으로서 열망한다면, 그 수단을 획득하는 일은 당분간 의중(意中)의 목적이 되는 것이다."라고 듀이는 진술하고 있다.[29]

목적과 수단의 구별에 관한 듀이의 학설이 모든 면에서 타당한 것이냐에 관해서는 비판의 여지가 있을 것으로 보인다. 그러나 우리는 잠시 이 점을 묻지 않기로 하고, 만약 목적과 수단의 불가분리성에 관한 듀이의 견해가 옳다고 가정한다면, 윤리학을 과학으로서 확립할 수 있다는 것을 증명하고자

---

27 J. Dewey, *Theory of Valuation*, p. 27.
28 Ibid., p. 25.
29 Ibid., pp. 27-28.

하는 듀이의 시도가 이제는 성공했다고 볼 수 있는 것인가 아닌가에 대하여 생각해 보기로 하자.

윤리학이 학으로서 성립할 수 있음을 밝히기 위하여 듀이가 전개한 이설을 삼단논법의 형식을 빌려서 정리한다면 다음과 같이 요약할 수 있을 것이다.

(1) 경험적으로 검증할 수 있는 모든 명제는 과학적 탐구의 대상이 될 수 있다. 모든 실천판단은 그 진위를 경험적으로 검증할 수가 있다. 그러므로 모든 실천판단은 과학적 탐구의 적합한 대상이 될 수 있다.

(2) 실천판단이란 마음속에 그려진 목적을 달성하기 위한 효과적인 수단에 관한 판단을 일컫는다(정의). 모든 윤리적 발언은 비록 '마음속에 그려진 목적'의 가치에 관한 판단이기는 하나, 우리가 마음속에 그리는 '목적'은 그것을 달성하기에 필요한 수단과 불가분의 관계에 있을 뿐 아니라, 실제로 달성된 목적은 다시 새로운 목적의 추구를 위한 수단이 된다. 따라서 우리가 마음속에 그리는 목적의 가치를 판단하기 위해서는 우리는 그 목적의 달성을 위하여 요구되는 수단을 고려하지 않을 수 없으며, 또 그 목적의 달성이 다시 앞으로 추구될 장차의 새로운 목적들에 대하여 어떠한 인과율적 영향을 미칠 것인가를 생각하지 않을 수 없다. 그러므로 모든 윤리적 발언은 실천판단으로서의 성질을 가지고 있다.

(3) 위에서 말한 (1)과 (2)의 두 삼단논법의 종합에 의하여, 모든 윤리적 발언이 과학적 탐구의 대상이 될 수 있음은 명백하다.

우리가 이른바 과학적 판단의 검증 가능성(verifiability)을 부인하지 않는 한, 첫째 삼단논법에 대하여는 아무런 이론의 여지도 없을 것이다. 그리고 만약 둘째 삼단논법에도 잘못된 점이 없다고 인정된다면, 세 번째의 마지막 결론도 확립될 것이다. 그러나 둘째 삼단논법의 두 번째 명제는 상당히 복잡하며, 그것이 그 추리를 올바른 것으로 만들기에 필요한 소전제(小前提)로서 아무런 결함도 없이 충분한 것인지 아닌지를 즉석에서 단정하기는 어렵다. 그러므로 이 두 번째 명제를 좀 더 자세히 음미할 필요가 있을 것으로 보인다.

우리의 둘째 삼단논법이 요구하는 완전한 소전제는, "모든 윤리적 발언은 어떤 목적의 달성을 위하여 효과적인 수단에 관한 판단이다."라는 뜻을 가진 것이어야 한다. 그러므로 지금 우리에게 문제가 되고 있는 둘째 명제에 관한 우리들의 음미에 있어서 핵심이 되는 문제는 그 명제가 여기에 제시한 '완전한 소전제'의 모형과 결국 같은 뜻의 명제인가 아닌가를 검토하는 일이 아닐 수 없다.

저 둘째 명제와 여기에 제시된 '완전한 소전제'의 모형이 결국 같은 뜻의 것이냐 아니냐를 판가름하는 요점은, 이른바 모든 '목적'을 ― 즉, 듀이가 '마음속에 그려 본 목적(ends-in-view)'이라고 풀어서 밝힌바, 우리들이 보통 '목적'이라는 말로 부르는 것을 ― 그 궁극적인 성격에 있어서 도구적(instrumental)이라고 말할 수 있느냐 없느냐에 달려 있을 것이다. 모든 마음속에 그려진 '목적'이 도구적이라고 말하는 것은 필경 모든 '목적'이 그 자체를 넘어서는 다른 무엇을 위한 수단이라고 말하는 것과 같은 뜻이니, 그것은 언뜻 보기에 상식에도 어긋난 자기모순의 주장같이 들릴 것이다. 왜냐하면 그 '다른 무엇'이라는 것도, 즉 모든 '마음속에 그려진 목적'을 넘어서는 그 '다른 무엇'이라는 것도, 결국은 또 하나의 '마음속에 그려진 목적'이 아닐 수 없을 것이기 때문이다. 그러나 듀이의 견해를 총괄적으로 이해할 때, 듀이는 실제에 있어서 모든 '마음속에 그려진 목적'에 수단으로서의 성질이 있음을 주장하고 있다는 사실을 발견하게 된다.

목적과 수단의 **불가분성**은, 비록 그 관계가 아무리 밀접하다 하더라도, 반드시 목적이 수단으로서의 성격을 가질 사유가 되지는 않는다. 왜냐하면 '마음속에 그려진 목적'이 수단에 대한 고려와 밀접하게 연결되고 있다는 것은, 그 '마음속의 목적' 자체가 수단이라는 것과 똑같은 말은 아니기 때문이다. 경험적 사실로 말하면, 목적과 수단은 항상 불가분의 관계를 가지고 있을 것이다. 그러나 논리적 개념으로서는, 목적과 수단은 언제나 확연히 구별될 수 있고 또 마땅히 구별해야 한다. 그러므로 수단에 대한 고려가 마음속에서 결정하는 목적에 대하여 영향력을 미친다는 그 사실만으로는 '마음속의 목적'에 도구적 성격이 있다고 주장할 논리적 근거로서 충분할 수가 없다. 그렇다면 모든 '마음속의 목적'에 수단으로서의 성격이 있다고 주장하는 근거는 무엇일까?

모든 목적에 수단으로서의 성격이 있다고 주장하는 근거는, 모든 목적을 '마음속에 그려 본 목적'이라고 분석한 듀이 자신의 해석에서 찾아볼 수 있을 것이다. 듀이에 의하면, 목적이란 문제의 상황에 처한 사람이 마음속에 그려 보는 상상도(imaginary picture)다. 현재의 상황에 불만을 느끼는 사람은, 그 불만을 제거하기를 꾀하는 동시에, 현재의 상황 가운데서 부족한 점이 제거됨으로써 실현될 만족스러운 상태를 마음속에 상상해 본다. 이와 같이 하여 상상으로 그려 본 미래도(未來圖)는 그 문제의 상황이 촉구하는 행위의 당면한 목표 내지 의도, 즉 '마음속에 그려 본 목적'이 된다. 이렇게 생각해 볼 때, '마음속의 목적'이 갖는 도구적 성격이 차차 분명하게 떠오르기 시작한다. 왜냐하면 '마음속의 목적'이란 장차 실현되기를 원하는 만족스러운 상황의 상상도에 해당하는 것이며, 그것은 마치 건축을 계획하는 사람이 미리 그려 보는 청사진 내지 투시도에 비유할 수 있는 성질의 것이기 때문이다. 청사진 내지 투시도는 건축가의 목적을 시각상(視覺像)으로 나타낸 것이며, 그 시각상이 건축가의 문제를 해결함에 있어서 매우 중요한 도구 내지 수단으로서의 구실을 하고 있음에는 의심의 여지가 없다. 청사진 내지 투시도가 종이 위에 그려진 시각상이라면, 우리가 말하는 '목적'이란 머릿속에 그려진 심상(心像)이다. 그리고 이 심상은 우리의 행동을 위한 계획성의 원리이며, 우리의 행동을 위하여 방향을 잡아 주는 지침의 구실을 하는 것이니, 그 도구 내지 수단으로서의 성질도 또한 뚜렷하다.[30]

인간은 모든 생물 가운데서 가장 강한 동물이라고 말하거니와, 그것은 인간이 스스로 봉착한 문제를 해결함에 있어서 가장 교묘하고 효과적인 방법을 사용한다는 사실을 가리키는 말이다. 그리고 인간이 교묘하고 효과적인 방법을 사용할 수 있는 것은 그가 높은 지능을 가지고 있기 때문이다. 그런데 인간이 그의 문제를 해결해 가는 과정에 있어서 지능이 하는 구실 가운데 가장 중요한 것은, 어떤 행동이 빚어낼 결과를 미리 내다보는 일이다. 다시 말하면 지능의 힘은 그것이 하는 예견과 계획을 통하여 가장 현저하게 발휘된다. 예견과 계획은 인간이 그의 문제를 교묘하고 효과 있게 해결함에 있어

---

[30] 여기서 우리가 보통 말하는 목적과 건축가의 청사진 내지 투시도를 비유하는 것은 적절하지 않다고 생각하는 독자가 있을 것이다. 청사진이나 투시도는 건축가의 목적이 아니라 그 목적을 상징하는 것에 불과하며, 참된 목적은 정말 사람이 들어가서 살 수 있는 건물이 아니냐고 반박하고 싶은 사람이 있을 것이다. 이러한 반박에 대하여 듀이는 다음과 같이 대답할 것으로 짐작된다.

청사진이나 투시도는 과연 그 자체가 목적은 아니다. 그것은 현실적인 건물을 위한 수단이다. 그러나 청사진을 그리고 있는 동안의 설계사의 목적은 청사진에 있으며, 현실적인 건물은 그 다음 단계의 목적이다. 그리고 현실적인 건물도 그것이 궁극의 목적은 아닌 것이며, 또 다른 목적을 위한 수단이다.

사정은 마음속의 목적의 경우에도 마찬가지다. 마음속에 그린 심상이 목적이 아니라 그 심상대로의 상황을 현실의 세계 안에 만들어 내는 것이 목적이다. 그러나 이미 완전히 실현된 상황은 우리의 목적이 될 수 없는 것이며, 그것이 목적인 동안은 역시 일종의 심상임을 벗어나지 못한다. 그리고 또 우리가 마음속에 그린 목적이 실현되었을 때 그 실현된 상황도, 현실적인 건물과 마찬가지로 궁극적인 것이 아니라 그 상황의 전 단계에 있었던 문제를 해결하기 위한 수단에 불과하다.

윤리학은 인간이 행위의 목표로서 선택하는 목적의 평가를 위한 학문이라고 말할 수 있다. 그런데 윤리학에 있어서 평가의 대상이 되는 '목적'은 어떤 실현된 세계가 아니라, **마음속에 그려진 심상으로서의 목적**이다. 행위의 목표로서 마음속에 구상한 미래도가 잘되었느냐 못되었느냐를 묻는 것이 규범 윤리학의 소임이다. 그러므로 윤리학에 있어서 평가의 대상이 되는 목적은, 건축가의 청사진이나 투시도에 비유할 수 있는 성질의 것이다.

서 크게 도움이 되는 유력한 도구이거니와, 우리가 말하는 목적 즉, '마음속에 그려 본 목적'은, 장차 가능하다고 생각되는 것들 가운데서 가장 바람직한 노력의 대상으로서 선택된 예견도(豫見圖) 내지 청사진 이외의 다른 것이 아니다. 그것은 바다 가운데 서 있는 등대처럼, 인생의 항해를 위하여 길을 밝혀 준다. 마음속의 목적은 이정표와도 같은 것. 어떠한 이정표도 여행의 궁극적인 목적지가 아니듯이, 어떠한 마음속의 목적도 행동의 궁극적 목적이 아니다. **마음속의 목적은 '지도력을 가진 수단'**이다. 이상과 같은 해석이 듀이 자신의 사상으로부터 멀리 이탈되지 않았음을 밝히기 위하여, 다음에 듀이의 말을 몇 줄 인용해 두기로 하자(강조는 저자의 추가).

목적이란 행동의 과정 안에서 일어나는 예견된 결과(foreseen conse-quences)이며, 행동에 대하여 의미를 더해 주는 동시에, **행동의 앞길을 위한 지침이 되는 것**이다. 목적(ends)은 결코 행동의 종점(終點)이 아니다. 그것은 숙고의 종점이며, 행동의 방향을 돌리는 전기(轉機)의 요점이다.[31]

마음속에 그려진 목적은 성취된 결과와는 구별되는 것으로서, **그 자체가 지도력을 가진 수단으로서의 구실**을 한다. 다시 말하면 계획으로서의 기능을 발휘한다.[32]

듀이의 견해를 여기까지 더듬어 온 우리는 이제 듀이의 윤리설 내지 가치론의 전체를 떠받들고 있는 하나의 기본적인 가정 내지 신조가 있음을 깨달

---

31 J. Dewey, *Human Nature and Conduct*, p.225.
32 J. Dewey, *Theory of Valuation*, p.53.

는다. 그것은 "문제는 마땅히 해결을 지어야 한다." 또는 "불만을 해소하는 일은 좋은 일이다."라는 가정 내지 신조다. 듀이 자신이 이러한 신조를 명백한 표현으로 공언한 일은 없다. 그러나 만약 듀이의 가치론에 관한 지금까지의 우리 해석이 틀리지 않았다면, 그의 윤리설을 떠받들고 있는 숨은 가정으로서 그러한 신조가 바닥에 깔려 있음을 부인하지 못할 것이다. 앞에서 밝힌 바와 같이, 듀이에 의하면 모든 의도(aims) 내지 모든 '마음속에 그려 본 목적'은 어떤 무엇을 위한 수단이었다. 그리고 이제 그 '어떤 무엇'이란 '인생에 일어나는 문제들의 해결'에 해당하는 것임을 지적하기에 이른 것이다.

여기서 다음과 같은 반문을 하고 싶은 사람이 있을지도 모른다. "문제의 해결은 본래적 가치를 가진 것인가? 우리는 문제의 해결 그 자체를 위하여 문제의 해결을 꾀하는 것인가? 또는 다른 무엇을 위한 수단으로서, 예컨대 '행복' 또는 '불만 없는 생활'을 위한 수단으로서 문제의 해결을 꾀하는 것인가?" 그러나 우리는 문제를 해결해 가는 과정을 떠나서 '행복'이니 '불만 없는 생활'이니 하는 것이 따로 존재한다고 생각할 수가 없다. 만약 행복이니 인생이니 하는 것이 어떤 구체적 사실을 가리키는 것이라면 그것은 문제의 해결을 꾀하는 끊임없는 노력의 과정 밖의 다른 것을 가리킬 수 없을 것이다. "우리는 문제를 해결하기 위하여 문제를 해결한다."는 말과 "우리는 행복을 (또는 불만 없는 생활을) 위하여 문제를 해결한다."는 말은, 겉으로 보기엔 다른 사실을 가리키는 말 같기도 하나, 그 내용은 결국 같은 사실을 지적하는 발언이라고 보아야 할 것이다. '문제가 해결된 상태' 또는 '문제의 해결이 뜻대로 되어 가는 과정'이 다름 아닌 행복이요, 불만이 없는 생활일 것이기 때문이다.

우리가 추구하는 궁극의 목적을 '행복'이라고 부르든, '불만이 없는 생활'이라고 부르든, 또는 '문제의 해결'이라고 부르든, 그것은 결국 용어에 관한 문제에 지나지 않는다. 그러나 여기 "문제는 마땅히 해결지어야 한다."는 듀이의 기본적 가정에 관련하여 묻지 않을 수 없는 중요한 문제가 적어도 두 가지 있다. 그 하나는 "왜 문제는 마땅히 해결지어야 하는가?"라는 물음이며, 또 하나는, "문제를 해결하는 방법에 옳은 길과 그른 길의 구별이 있는가? 있다면 그 구별의 기준은 무엇인가?"라는 것이다.

5. 당위의 근거

듀이의 윤리설과 전통적 윤리설의 근본적 차이는, 듀이가 본래적 선과 도덕적 선의 구별을 부인했음에 있다기보다, 일반이 말하는 '본래적 가치'라는 것 가운데 도구로서의 성질이 있음을 그가 주장했다는 사실 가운데서 찾아볼 수가 있다. 전통적인 목적론적 윤리학자들은 인생의 궁극적 목적을 탐구하는 것이 윤리학의 첫째 문제라는 신념 아래, '가치'라는 개념의 추상적인 분석 또는 형이상학 내지 심리학의 원리를 근거로 삼고, 그 문제에 대답하기를 꾀하였다. 그러나 듀이는 그러한 전통적 방법이 성과 없는 시도였음을 깨닫고, "가치가 경험의 세계 안에서 어떻게 일어나게 되는 것인가?" 하는 발생학적인 문제로부터 시작하였다. 가치는 평가라는 심리 작용에 의하여 생기는 것이라고 믿은 까닭에, 듀이는 '평가'라고 불리는 일종의 실천판단의 논리적 성질을 분석하는 일에 우선 몰두하였다. 그리고 평가에 관한 분석을 통하여 그가 발견한 중요한 사실의 하나는, 보통 윤리학적 평가의 대상으로 알려진 '목적'이, 그 자체를 위하여 그것이 소망되는 절대적 목적이 아니며, 사람의 마음 밖에 독립한 실재로서 존재하는 목적이 아니라, 오직 '마음속에 그려 본 목적' 또는 건축가의 청사진 또는 투시도에 비유할 수 있는 미래도로서, 그 본질에 있어서 '도구로서의 성질'을 가진 것이라는 사실이었다. 여기에 이르러 듀이는 종래의 윤리학에 있어서 소홀한 대접을 받아 온 '수단적 가치(means-value)' 또는 '도구적 가치'의 중요성을 인정하게 되었으며, 그러한 인정을 따라서 분석을 몰고 나아갔다. 그러는 가운데 한편 전통적 목적론자들이 가장 기본적이라고 믿었던 문제 즉 "인생의 궁극목적은 무엇인가?" 또는 "본래적으로 선한 것은 무엇인가?"라는 물음은, 이를테면 무대 뒤로 남게 된 것이다. 그러나 듀이는 비록 이 물음과 정면에서 대결하지는 않았으나, 이 물음에 대한 대답도 은연중에 풀려 나왔다. 그 대답은 "문제는 마땅히 해결을 지어야 한다."는 그의 기본 신조 속에 포함되었던 것이다. 이제 우리는 전통적 사상가들과 더불어 듀이에게 물어보지 않을 수 없다. "어째서 문제는 마땅히 해결을 지어야 한다는 것인가? 그리고 문제를 해결함에 있어서 옳은 길이 따로 있는가?"

듀이 자신이 "왜 우리는 인생의 문제를 마땅히 풀어야 하는가?"라는 물음을 스스로에게 정면으로 제시한 적은 없는 것으로 알고 있다. 아마 듀이는 그러한 문제로 시간을 보내는 것이 어리석은 일이라고 생각했을지도 모른다. 의무의 근거를 묻는 이 문제를 제기한 사람들은 사실에 있어서 대개는 그릇된 가정으로부터 출발하는 경향이 있었다. 왜냐하면 이 문제를 제기한 사람들은 대개의 경우, 사람의 마음을 떠나서 선천적이요 절대적인 가치가 독립적으로 존재하며 그 독립적으로 실재하는 가치가 인간이 지는 의무의 근거가 될 것이라고 믿는 전제에서 출발했거나, 그렇지 않으면 이 세상에 도대체 '의무'라는 것이 있을 수 없다는 회의론적 견지로부터 출발하였기 때문이다. 듀이의 견지에서 볼 때, 그러한 가치 절대론 또는 윤리학적 회의론의 견지에서 '의무의 근거'를 찾거나 또는 반문하는 것은, 모두 어리석은 일이라고 생각되었을 것이다.

우리가 의무를 수행해야 하는 이론적 근거를 어떤 초월적인 원리에서 구하는 것은, 듀이의 견지에서 볼 때, 어리석은 일이 아닐 수 없다. 왜냐하면 "가치의 개념을 경험 밖에 있는 어떤 근원으로부터 끌어들여야 한다는 생각은, 인간이 마음속에 품었던 생각들 가운데서 가장 괴상한 믿음의 하나"라고 듀이는 언명한 바 있기 때문이다.[33] 그러나 만약 의무라는 것을 전적으로 부인하는 회의의 견지에서, 즉 "인생의 문제를 풀지 않고 내버려두어도 그만이 아닌가?"라는 뜻에서, "왜 우리는 마땅히 문제를 풀어야 하는 것인가?"라고 묻는 사람이 있다면, 듀이는 아마 **인생의 필연성** 또는 **행위의 불가피성**을 지적함으로써 이 반문에 대답할 것이다.

「실천판단의 논리(The Logic of Judgments of Practice)」라는 논문 가운데서 듀이는, 사람의 마음을 떠나서 대상 그 자체 안에 독립적으로 가치가 존재할 수는 없다 할지라도, 인간은 무엇인가를 원하지 않을 수 없으며, 무엇인가를 행하지 않을 수 없다는 사실을, 다음과 같이 지적하고 있다.

> "만약 그것이 가치를 갖지 않았다면, 또는 적어도 다른 어떤 가치의 실현을 위한 적합한 수단이 아니었다면, 우리는 왜 옷 한 벌을 사겠는가?"라고 묻는 사람이 있을 것이다. 이에 대한 대답은 간결하고 단순하다. "우리는 그렇게 하지 않을 수 없기 때문에, 우리가 살고 있는 상황이 그것을 요구하는 까닭에, 우리는 한 벌의 옷을 사는 것이다."… 우리가 살아 있는 동안, "우리는 행동을 해야 할 것인가 안 해야 할 것인가?"라는 물음에 봉착하는 일은 결코 없으며 오직 "우리는 어떻게 행동할 것인가?"라는 물음에 부딪칠 뿐이다. 행동을 하지 않으리라는 결심도, 어떤 길로 행동을 하리라는 결심이며, 전혀 행동을 안 하리라는 판단이 될 수는 없다. 그것은 다른 무엇을 하겠다는 결심이다. … 그것이 다른 무엇을 하겠다는 결심이 될 수밖에 없는 이유는, 인간이란 그가 어떠한 판단을 내리든지 간에 여하튼 무엇인가 행동을 하지 않을 수 없는 필연성의 제약을 받고 있는 존재이기 때문이다.[34]

---

33 J. Dewey, *Theory of Valuation*, p.58.

위에 인용한 구절은 도덕적 의무의 근거의 문제를 다룬 문맥으로부터 따온 것은 아니다. 그러나 이 구절을 우리가 지금 고찰하고 있는 '의무의 근거'의 문제에 연결시키고, "듀이에 있어서 도덕적 의무의 근거는 인간성의 어떤 생물학적 필연성 안에서 찾아볼 수 있을 것이다."라고 주장한대도, 결코 억지로 끌어다 붙인 해석이 되지는 않을 것이다.

도덕이란 "인생의 여러 가지 조건으로부터 저절로 생겨난" 문화적 현상의 하나다.[35] 우리는 도덕이라는 현상을 필연적으로 일으킨 그 근원을 도외시하고 도덕의 문제를 제멋대로 탐구할 수는 없을 것이다. 도덕의 문제란 살고 있는 인간의 문제다. 인간은 살고 있으며 그의 환경은 변동하는 까닭에, 그는 자기와 환경에 있어서 파괴된 균형 내지 조화를 다시 회복하기 위하여, 항상 어떤 행동으로써 대처하지 않으면 안 될 사정에 놓이게 된다. 다시 말하면 자기 또는 환경 가운데 있어서 불만스러운 요소를 제거하고 만족스러운 상황을 초래하기 위하여 어떤 행동을 취하지 않을 수 없다. 그러나 그 행동을 단순히 충동에 따라 행할 수는 없다. 인간은 지성을 가진 동물이기 때문이다. 우리가 행동을 취하는 것은 우리의 상황을 만족스러운 것으로 만들기 위해서이며, 그러한 목적을 달성하기에 적합한 행위의 종류는 매우 국한되어 있다. 따라서 지성의 소유자로서의 인간은 필연적으로 "어떠한 행동을 취할 것인가?"를 생각하지 않을 수 없다. 취할 수 있는 몇 가지 행동 가운데서 적합한 것 하나를 선택하기 위하여 생각하는 것이다. 그러나 여기서 인간에게 허락된 자유는 가능한 몇 가지 행동 가운데서 어느 하나를 택하는 자유일 뿐이요, 전혀 아무런 행동도 취하지 않을 자유는 주어지지 않았다. 다시

---

34 J. Dewey, "The Logic of Judgment of Practice", *Journal of Philosophy*, Vol. XII, p.519.

35 J. Dewey and J. H. Tufts, *Ethics*, p.343.

말하면, 우리 인간의 문제는 "행동을 할 것인가, 말 것인가?"라는 문제가 아니라, "어떻게 행동할 것인가?"라는 문제다. 그러므로 우리는 단순히 추상적이요 형식논리적인 토론의 대상으로서 "우리는 왜 마땅히 문제를 해결해야 하는가?"라는 물음을 제기할 수 있을 것이나, 하나의 실천적인 문제로서 이 물음을 제기할 수는 없다. 문제의 해결을 꾀하는 것은 인간성의 필연에 속하는 까닭에, 우리는 문제의 해결을 꾀하지 않을 수 없는 것이다. 요컨대, 인간의 생물학적 필연이 인간의 도덕적 당위의 근거를 제공한다는 결론에 도달한 셈이다.

도덕에 관한 문제들은 살아 있는 인간들의 문제다. 살아 있는 인간은 본래 평가하는 동물이다. 그는 살아 있는 까닭에 평가하지 않을 수 없으며, 그 본성에 있어서 평가하도록 마련되어 있는 까닭에 평가해야 한다. 듀이에 있어서 도덕적 당위의 궁극적 근거가 될 수 있는 것은 오직 인간성뿐이다. 우리가 만약 듀이에게 "현재의 경험의 의미를 증가시키도록 행동하라."[36]는 그의 지상명령의 타당 근거가 무엇이냐고 묻는다면, 그는 오직 이렇게 대답할 것이다. "바로 우리 스스로의 본성이 그렇게 하라고 요구하는 까닭에 우리는 그렇게 행동해야 한다."

듀이의 견지에서 볼 때, 모든 윤리적 판단은 일종의 실천판단인 동시에, 그것은 가언적(假言的)이다. 모든 도덕률은 "만약 네가 인생의 문제를 효과적으로 해결하기를 원한다면, ~하라."는 명령으로서 이해할 수 있기 때문이다. 그러나 우리는 살아 있는 인간으로서 우리가 부딪친 인생의 문제를 효과적으로 해결하기를 원하지 않을 수가 없다. 따라서 "만약에 인생의 문제를 효과적으로 해결하고자 원한다면" 하는 조건부는 실제에 있어서는 없는

---

36 J. Dewey, *Human Nature and Conduct*, p.283.

것이나 마찬가지며, 형식상으로는 조건부의 타당성밖에 갖지 못한 도덕률이 실제에 있어서는 절대적인 타당성을 갖는 것이나 다를 바가 없게 된다. 예컨대, 지금 우리는 "이 사회에서 부정과 부패를 몰아내야 한다."는 윤리적 판단을 내리고 있거니와, 이 판단은 듀이의 견지에서 볼 때, "우리가 만약 우리의 공동의 과제를 수행하고자 원한다면, 우리는 이 사회에서 부정과 부패를 몰아내야 한다."는 가언적 판단으로서 이해할 수가 있을 것이다. 그러나 사실상에 있어서 우리는 각자의 인생 문제의 해결을 원하지 않을 수가 없으며, 각자의 인생 문제를 해결하자면, 우리의 공동의 과제를 효과적으로 수행할 것을 원하지 않을 수가 없다. 따라서 우리가 이 사회의 공동의 과제를 수행하고자 원하는 것은 필연 불가피한 일이 되는 동시에, "이 사회에서 부정과 부패를 몰아내야 한다."는 윤리적 판단은 사실상에 있어서 절대적인 타당성을 갖게 되는 것이다. 앞서 3장 3절에서 논리학의 본질에 대한 듀이의 견해를 살폈을 때, 우리는 듀이에 있어서 논리학적 법칙이 갖는 규범성의 근거가 논리학적 필연성에 있는 것이 아니라 생리학적 내지 심리학적 필연성에 있다는 사실을 보았거니와, 이제 윤리학적 법칙의 타당 근거에 관해서도 근본은 마찬가지라는 사실을 보기에 이른 것이다.

"인생의 문제는 해결해야 한다."는 듀이의 기본 전제에 관련한 우리의 둘째 물음은, "문제를 해결하는 **올바른** 길은 무엇인가?"라는 것이었다. 동일한 문제일지라도 그것을 해결하는 방법에는 여러 가지 길이 있는 것이 보통이다. 우리는 읽고자 하는 책을 구함에 있어서, 그것을 살 수도 있고, 빌릴 수도 있으며, 심지어 훔치는 길까지도 있다. 변태적(變態的)인 보상 작용(overcompensation)이나 히스테리 같은 병리학적 행동까지도 일종의 문제 해결의 방도로서 간주할 수가 있다. 그렇다면 소망하는 목적을 달성하기 위한 여러 방도 가운데 특히 올바른 길이 따로 있는 것일까? 만약 있다면 그것은 어떠한 길인가?

이 물음에 대한 듀이의 대답은 '목적과 수단의 부단한 연속(continuum of ends-means)'이라는 관념 가운데서 찾아볼 수가 있을 것이다. 만약 어떤 문제의 상황이 다른 상황들과 관계없이 단독으로 떨어져서 존재한다면, 우리는 그 상황의 문제를 해결해 주는 것은 어떠한 길이라도 받아들일 수가 있을 것이다. 그러나 우리들의 상황은 강물의 흐름처럼 연속적으로 전개되는 것이며, 우리의 문제들은 유기체의 부분들처럼 서로 연결되고 있다. 우리가 당면한 현재의 문제를 어떠한 방법으로 해결하느냐에 따라서, 우리가 다음에 대처해야 할 상황의 양상이 달라진다. 따라서 우리는 "우리의 욕구와 마음속의 목적과 그리고 우리가 달성한 결과를, 이번에는 다시 새로운 목적을 위한 수단으로서 평가하지 않을 수 없다."[37]

다시 말하면 지금 당장의 문제를 해결함에 틀림없이 효과가 있는 방법일지라도 그것이 다음에 일어날 문제에 대하여 좋지 못한 영향을 미칠 수도 있는 것이며, 따라서 지금 당장의 문제를 해결함에 효과가 있다는 것만으로 그 방법을 올바른 것으로 평가하기는 곤란하다. 예컨대, 우리나라 속담에 "언발에 오줌 누기"라는 말이 있거니와, 언 발에 오줌을 누는 행위는 당장 발을 녹이는 데는 효과가 있을지 모르나, 그 다음에 더 큰 곤란을 겪게 될 것이므로, 이 방법은 문제 해결을 위한 좋은 길이라고 생각할 수가 없는 것이다. 이에 듀이의 견해를 대변한 가이거는 지금 우리가 고찰하고 있는 물음에 대한 대답을 다음과 같이 단도직입적으로 꾀할 것을 제언하고 있다. "문제를 해결하는 **좋은** 방법은, 오직 문제를 더욱 확대함이 없이 그것을 해결하는 길이다."[38]

---

37 J. Dewey, *Theory of Valuation*, p. 42.
38 G. R. Geiger, *John Dewey in Perspective*, p. 48.

듀이가 가이거의 표현을 마음에 든다고 생각할지 안 할지는 모를 일이거니와, 여하튼 그가 가르친 '지성적 행동의 방법(method of intelligent action)'이 우리에게 시사하는 결론은 실질에 있어서 가이거의 그것을 멀리 떠나지 않을 것이다. 그러나 우리의 사회적 관계가 착잡하게 엉클어져 있으며, 모든 원인과 결과의 연쇄가 끝없이 전개된다는 사실을 고려할 때, 그리고 인간의 지능의 유한성을 염두에 둘 때, 물론 우리는 절대적으로 완전하게 올바른 길을 발견하기가 거의 불가능함을 부인하지 못할 것이다. 여기서도 우리 인간에게 허락된 것은 이상 내지 진리 그 자체가 아니라, 오직 그것으로의 접근을 꾀하는 일에 지나지 않는다는 사실을 본다.

6. 가치 과학의 성립

이제까지 살펴본 듀이의 견해가 모두 옳다고 하더라도, 아직 그것만으로는 윤리 문제에 관한 학문의 성립의 가능성이 증명되었다고는 생각되지 않는다. '평가'라는 현상이 존재한다는 것은 의심의 여지가 없는 사실이며, 따라서 평가라는 현상에 관한 경험적 인식이 가능하다는 것도 의심의 여지가 없다. 그러나 평가라는 현상에 관한 경험적 지식의 체계는 심리학 내지 사회학의 일부는 될 수 있을지언정, 듀이가 세우고자 하는 윤리학(science of morals)이 될 수는 없을 것이다. 그리고 이제까지 살펴본 듀이의 견해가 옳은 것이라면, 어떤 평가 판단이 실제로 초래한 결과가 과연 우리로 하여금 문제의 해결에 도달하게 하였는가 안 하였는가를 경험적으로 검증하는 일도 어느 정도로 가능하다는 것이 판명되었다. 그러나 이 가능성의 판명조차도 윤리학이 학으로서 성립할 가능성을 보장하는 조건으로서 충분할 수는 없다. 왜냐하면, 어떤 예언적인 명제의 적중 여부를 후일에 가서 검증할 수가 있다는 것만으로는 그 명제가 '과학적'임을 주장하기에 충분한 근거가 되지 못하기 때문이다. 예컨대, "내년에 서울에서 제일 먼저 출생할 어린이는 여자일 것이다." 또는 "지금부터 백 년 뒤에 선출될 제31대 한국 대통령에는 반드시 정씨 성을 가진 청년이 당선될 것이다."라는 따위의 예언적 명제가 들어맞고 안 맞고는 그때가 돼 보면 사실에 의하여 판명될 것이나, 우리는 그러한 명제들을 과학적이라고 부르지는 않는다. 그것들을 '과학적'이라고 부르지 않는 이유는 그러한 명제가 다른 증명된 사실들에 입각하여 인과율적으로 추리해 낸 판단이 아니기 때문이다. 어떤 명제가 과학적이라고 불릴 수 있기 위해서는 그것이 과학적인 방법을 통하여 풀려 나온 결론이라야 한다. 방법론적 통제가 중요한 이유는, 방법론적 통제를 통하여 얻은 결론만이 '예언을 위한 타당성 있는 법칙(a valid rule for prediction)'으로서의 구실을 할 수 있기 때문이다. 학문적 탐구의 대상이 될 수 있느냐 없느냐 하는 문제는, 그 분야에 있어서 **일반적으로 타당한 원칙**을 세울 수 있느냐 없느냐에 달려 있거니와, 윤리학이 '학'으로서 성립할 수 있느냐 없느냐 하는 문제도, 결국 도덕적 문제에 관한 **일반적 원칙**의 수립이 가능하냐 불가능하냐에 달려 있다.

의사나 영양사, 그리고 건축기사 등 여러 가지 기술자들의 문제는, 그것이 실천에 관한 것이라는 점에서, 사회 개혁론자 내지 실천적 윤리학자들의 문제와 공통된 성질을 가졌다. 그런데 의사나 영양사, 그리고 건축 기사 등은 자신이 다루는 실천적 문제에 관해서 '일반적으로 타당한 원칙'을 세울 수가 있다. 예컨대, 전염병을 예방하는 방법, 또는 고층 건물의 기초공사를 튼튼하게 하는 방법 등에 관하여 '일반적으로 타당한 원칙'을 제시할 수가 있다. 일반적 원칙을 제시할 수 있는 까닭에, 의학, 영양학, 건축학 등의 학문이 성립될 수 있거니와, 그러한 일반적 원칙을 제시할 수 있는 근본 이유는, 그들 전문가가 여러 번 되풀이하여 만나게 되는 직업적인 문제들은 본질에 있어서 공통된 요인을 가진 상황에 의해서 제기되는 문제들이기 때문이다. 예컨대, 어떤 전문의는 그를 찾아온 환자들로 말미암아 항상 직업적인 문제에 부딪치거니와, 그가 만나는 환자는 비록 수없이 많다 할지라도, 그 환자들의 병은 각기 공통된 요인에 따라서 몇 가지 유형으로 분류할 수가 있다. 그리고 같은 부류에 속하는 환자들은 본질에 있어서 공통된 요인의 문제들을 가진 사람들인 까닭에, 그들을 위하여 일반적으로 타당한 처방의 원칙을 세울 수가 있다. 물론 두 개의 상황이 엄밀하게 똑같을 수는 없는 까닭에 모든 조건이 똑같은 두 사람의 환자가 찾아오는 경우는 거의 없을 것이다. 그러나 그들 환자 사이에 발견되는 차이점은 대개 지엽적인 성질의 것인 까닭에, 같은 원칙에 의한 처치나 처방이 적용될 수 없을 정도로 심각한 것은 아니다. 그리고 처치 내지 처방을 위한 일반적 원칙을 세울 수 있는 한 그 전문 의학의 성립이 보장되는 것이다. 우리는 이와 비슷한 주장을 의학에 관해서뿐만 아니라, 영양학, 건축학 그리고 그 밖의 모든 자연과학의 분야에 관해서 말할 수가 있을 것이다.

그러나 우리는 같은 주장을 윤리나 도덕의 문제에 관해서도 내세울 수 있을 것인가? 도덕적인 문제들도 그 요인을 따라서 몇 가지 유형으로 나눌 수 있으며, 같은 유형의 문제들에 대해서 그 해결을 위한 공통의 일반적 원칙을 제시할 수 있다고 말할 수 있을 것인가?

이 물음에 대하여 주저 없이 '그렇다'고 대답하기 어렵다는 것은, 듀이 자신이 강조한 '선의 고유성(the uniqueness of goodness)'의 개념 가운데 이미 암시되고 있다. 듀이에 의하면 가치라는 것은 문제를 가진 상황에 의하여, 이를테면 그 함수처럼 생기는 것이며, 도덕적 문제의 상황은 너무나 가지각색인 까닭에, 같은 내용의 가치가 되풀이하여 생기기는 어렵다는 결론이 불가피하게 된다. 듀이 자신의 표현을 빌리면, "선은 그 성질이 두 번 똑같을 수가 없다. 선은 결코 두 번 되풀이하지 않는다. … 선은 그것이 나타날 때마다 고유한 모습을 띤다."[39]

만약 선이라는 것이 "아침마다 다르고 저녁마다 새로운 것"이라면, 그 선을 실현하기 위한 행위의 일반 원칙을 제시하기는 매우 어려울 것이다. 듀이 자신도 "도덕이라는 것은 행위의 일람표(catalogue of acts)가 아니며, 또는 약국의 처방이나 요리백과의 조리법처럼 적용할 수 있는 규칙의 다발도 아니다."라고 언명하고 있다.[40]

단순한 기술에 관한 문제일지라도, 그 상황이나 조건이 완전히 똑같은 경우는 드물다. 예컨대 아이스크림을 만드는 사람들 가운데는, 상업을 목적으로 대량생산하는 사람도 있을 것이고, 가정용으로 조금 만드는 사람도 있을 것이다. 어떤 사람은 가루 우유, 가루 계란, 갈색 설탕 등을 재료로 사용하기를 원할 것이며, 다른 어떤 사람은 생우유, 생계란, 흰 설탕 등을 재료로 사용하기를 원할 것이다. 그들이 아이스크림을 만들 때의 기온이나 기압에도 차이가 있을 것이다. 그러나 이러한 차이들은 모두 양적인 차이에 지나지 않으며, 숫자적으로 명확하게 기록할 수 있는 차이들이다. 예컨대, 가루 우유나 생우유는 그것들이 포함하는 단백질, 지방, 탄수화물 등의 비율이 서로 다를 것이다. 그러나 그것들은 동일한 단위로써 계량할 수 있는 공통된 화학 성분의 이름으로 그 내용을 밝혀 기록할 수가 있다. 이와 같이 아이스크림을 만드는 상황에 있어서의 조건의 차이는 오직 양적인 성질의 것인 까닭에, 그 차이는 기술적으로 조정할 수가 있다. 물론 다른 조건 아래서 제조한 두 가지 아이스크림은 맛이나 영양에 있어서 어느 정도 서로 다를 것이다. 그러나 그것들은 역시 아이스크림이라고 부를 수 있는 비슷한 물건임에는 틀림이 없다.

---

39 J. Dewey, *Human Nature and Conduct*, p.211.
40 J. Dewey, *Reconstruction in Philosophy*, pp.169–170.

물질의 세계에 관한 한, 실천적 문제에 있어서나 이론적 문제에 있어서나, 일반적 원칙의 발견이 가능함은 널리 인정된 사실이다. 그러나 우리가 일단 정신의 세계 또는 사회적인 문제로 시선을 돌리는 순간, 사정은 그리 간단하지 아니함을 곧 발견한다. 가장 탁월한 정신병 의사일지라도, 히스테리나 정신분열증, 또는 조울증 같은 정신이상을 고칠 수 있는 일반적 원칙을, 변두리의 시계 수리공이 여러 가지 시계의 고장을 고치는 방법을 말할 수 있는 것처럼 자신만만하게 제시하지는 못한다. 사회문제 또는 정치문제에 있어서 일반적 원칙을 제시하기는 더욱 어렵다. 소년의 범죄를 뿌리 뽑는 일이 로켓을 달에 착륙시키는 일보다도 더욱 어렵다는 간단한 사실만을 생각하더라도, 사회문제의 해결이 어려움을 능히 짐작할 수가 있다. 인류가 세계의 평화를 갈망하고 있음에도 불구하고, 이 공통의 목표를 달성하기 위한 효과적 방법을 아무도 제시하지 못하고 있다는 또 하나의 사실도 우리의 주장을 뒷받침하기에 넉넉하다.

듀이의 견지에서 볼 때, '도덕적 문제'와 '정신위생 문제' 또는 '사회문제'를 구별할 분명한 한계선은 있을 수 없다. 인간의 행복을 방해하는 모든 문제들은 행동을 통하여 처리해야 할 문제들이며, 넓은 의미에 있어서 '도덕적 문제'라고 부를 수 있을 것이다. 여하튼, 듀이의 도덕적 문제들 가운데는 사회나 정치의 문제 또는 정신위생학적인 문제들도 포함된다고 보아서 좋을 것이며, 따라서 그의 도덕적 문제의 해결은 사회문제나 정신위생의 문제의 해결이 겪어야 할 모든 어려움을 겪어야 할 것이라고 말할 수 있을 것이다.

도덕의 문제는 사실 사회문제나 정신위생의 문제보다도 더욱 해결짓기 어려운 일면을 가졌으며, 따라서 윤리학은 그것이 학으로서 성립하기를 어렵게 하는 그 자체의 고유한 난관을 가지고 있다. 그 난관이란 도덕 판단에는 '정의적 의미(emotive meaning)'[41]라고 불리는 특수한 의미가 있다는 사실에서 오는 것이나, 듀이 자신은 이 점을 문제 삼지 않았으므로 여기서는 이 점에 대한 설명은 보류해 두기로 한다. 다만 이곳에서 간단히 언급해 두고자 하는 것은 도덕 현상의 다양성도 또한 윤리학의 성립을 위하여 불리한 조건의 하나라는 사실이다.

　오늘날 도덕 문제에 관한 일반적 원칙의 수립이 불가능함을 주장하는 사람들 가운데, 그 이유로서 도덕 현상의 다양성을 지적하는 학자들이 많거니와, 듀이 자신도 도덕과 관습이 불가분의 관계에 있음을 주장하여, 도덕 현상의 다양성을 인정하고 있다.[42] 관습을 곧 도덕과 동일시할 수 없으며, 따라서 관습의 다양성이 곧 도덕의 다양성을 의미한다고 볼 수 없음은 사실이나, 관습의 차이가 도덕의 차이를 초래할 수 있다는 것은 듀이의 견지에서 볼 때 긍정하지 않을 수 없는 일이다. 예컨대, 어떤 나라에서는 형의 죽음으로 인하여 젊은 형수가 과부가 되었을 때, 그 동생이 형수의 남편이 되는 것을 원칙으로 삼는 관습이 있다고 들었다. 그러한 관습이 있는 나라에서는 과부가 된 젊은 형수와 결혼하는 것이 여러 가지로 편리한 점도 많을 것이며, 따라서 그러한 결혼은 듀이의 견지에서 볼 때 도덕적으로도 좋은 일이라고 인정될 수 있을 것이다. 그러나 우리나라의 관습으로는 형수와 같이 산다는 것은 용서할 수 없는 일이며, 만약 그런 일이 생긴다면 사회적으로 상당한 물의를 일으킬 것이다. 사회적으로 물의를 일으키는 행위는, 물의를 일으켰다는 그 사실로 말미암아 바람직하지 않은 것이 될 수 있으며, 듀이의 견지에서 판단할 때 도덕적으로 부당한 행위가 될 수 있을 것이다. 결국 같은 종

41　'정의적(情意的) 의미'에 관한 설명은 '이모티비즘'에 관한 여러 문헌 가운데서 찾아볼 수 있으며, 졸저, 『윤리학』, 9장에서도 어느 정도 상세히 언급되고 있다.
42　J. Dewey, *Human Nature and Conduct*, Part Ⅰ, Chap. 5.

류의 행위일지라도 그 행위가 일어나는 사회의 관습이 다름으로 말미암아, 갑의 나라에서는 옳은 것이 되고 을의 나라에서는 그른 것이 될 수도 있는 것이다. 그리고 같은 종류의 행위가, 그 행위가 일어난 사회의 관습의 차이를 따라서 옳은 일이 될 수도 있고 그른 일이 될 수도 있다는 사실은, 도덕 문제에 대한 과학적인 처리를 어렵게 하는 사유의 하나라고 볼 수 있을 것이다. 왜냐하면, 그러한 사실은 도덕 문제에 관한 일반적 원칙의 수립을 곤란하게 하는 조건이 아닐 수 없기 때문이다.

그러나 듀이는 도덕 문제에 관한 일반적 원칙의 수립이 전혀 불가능하다고 생각하지는 않는다. 그는 그것이 어려운 일이라고 생각하기는 하나, 불가능하다고는 생각하지 않는 것이다. 듀이가 이렇게 낙관적으로 생각하는 이유는 그의 다음과 같은 신념에 기초를 둔 것으로 보인다.

그 신념의 첫째는, 인간을 심리학적으로, 그리고 또 사회학적으로 공통된 요소와 공통된 조건으로써 정의할 수 있다는 것이다. 다시 말하면 인간을 구성하는 요소가 어떤 사람에 있어서나 근본은 같다는 생각이다. 듀이는 누구에게나 근본을 같이하는 그러한 요소가 적어도 두 가지 있다고 주장하였다. 그 하나는 "기본적인 욕구에 있어서의 인간성의 심리학적 제일성(齊一性)", 즉 인간은 그 근본적인 욕구에 관한 한 누구나 같은 심리에 지배되고 있다는 사실이다. 그리고 또 한 가지의 요인은 "그것이 단순한 사회이든 또는 복잡한 사회이든, 모든 형태의 사회가 유지되기 위해서는 그것이 충족시켜야 할 몇 가지 조건이 있다."는 사회학적 사실이다.[43] 이 두 가지의 공통된 요인으로 말미암아 도덕의 기본 구조는 모든 종류의 사회에 있어서 공통적이며, 어

---

43 J. Dewey, "Anthropology and Ethics", Ogburn and Goldweiser eds., *The Social Science and Their Interrelation*, p.34.

떤 도덕률은 모든 사회에 있어서 한결같이 통용되고 있다는 것이다.

이 첫째 신념의 중요한 함의는 심리학, 사회학 또는 일반적으로 '인간학'이 단순한 기술 과학(descriptive science)의 단계에 머물지 않고, 설명 과학(explanatory science)의 단계로 발전할 수 있다는 것이다. 듀이는 심리학이나 사회학의 현 단계에 있어서, 인간성 및 인간 사회를 그 공통의 요소로서 완전히 분석하는 동시에, 개인과 사회에 있어서의 개별적인 차이를 물리학이나 화학에 있어서와 같이 오직 공통 요소의 양적 차이로써 규명할 수 있다고는 생각하지 않았을 것이다. 그러나 인간에 관한 학문도 앞으로는 물리학이 그 표본을 보여준 바와 같은 정밀한 과학으로 차차 접근할 수 있다고 믿은 것으로 보인다.

듀이의 낙관적 견지를 떠받들고 있는 둘째 가정은, "우리가 **사실에 관하여**(특히 인간성에 대한 사실에 관하여) 정확한 인식에 도달할수록 도덕적 문제들에 관하여 더 올바른 판단을 내릴 수가 있게 된다."는 내용의 것이다. 이 점을 좀 더 상세히 부연해서 설명하기로 하자.

(1) 평가의 심리에 관한 심리학적 지식은 비록 그 자체가 도덕적 판단이 될 수는 없으나, 타당성 있는 도덕 판단을 내리기 위해서는 필요하고도 중요한 **전제조건**이다. 우리가 과거에 어떠한 대상을 어떻게 평가했으며, 현재는 일반적으로 어떠한 평가가 내려지고 있는가? 그리고 그러한 평가의 바탕이 되고 있는 심리 내지 생리(生理)는 어떠한 것인가? 이러한 문제들에 대하여 우리가 풍부하고 정확한 지식을 가지면 가질수록, 우리는 현재와 장래에 있어서 부딪칠 실천적인 문제들에 대하여 더 타당성 있는 판단을 내릴 수가 있게 된다는 것이다. 예컨대, 현재 통용되고 있는 어떤 도덕률이 편견 또는 미신에 근거를 두었다는 사실이 알려졌을 때, 사실에 관한 이러한 지식은 그 도덕률을 재평가하기 위한 중요한 조건이 될 것이다.

(2) 현존하는 평가들, 또는 현재 일반적으로 통용되고 있는 도덕률을 절대

로 타당한 행위의 규범으로서 받아들일 수 없는 경우가 많을 것이다. 그러나 현존하는 평가들을 다시 평가하기 위한 절대적인 기준으로서 신봉할 만한 선천적이요 추상적인 '평가의 이론'이 따로 있을 수는 없다. "더 나은 평가는 현존하는 평가들을 근거로 삼고 생겨날 수밖에 없다. 그리고 그것은 현존하는 평가들을 체계적으로 연결시키는 비판적인 연구의 방법을 통하여 이루어져야 한다."고 듀이는 말하고 있다.[44] 결국 듀이는 현실적으로 우리 사회에 존재하는 평가들을 체계적으로 연결시키는 방법을 통하여 평가를 다시 평가하는 기준을 세울 수밖에 없다고 주장하는 것이다.

듀이는 현존하는 평가들을 체계적으로 연결시키는 방법을 제창하고 있거니와, 이것은 곧 물리학과 화학 같은 정밀과학에 있어서 성공을 거둔 방법을 인간에 관한 연구에 있어서도 적용할 것을 제언하는 것이라고 해석할 수가 있다. 인간에 관한 연구에 있어서, 실제적으로 경험되는 요소들을 밀접하게 서로 관계시키는 확실한 방법이 아직 수립되지 못하고 있다. 그러나 듀이는 물리학이나 화학에 있어서 사용되는 방법을 뒤떨어진 연구의 분야에 응용하지 못할 이유가 전혀 없다고 생각한 모양이다. "물리학, 화학 … 등의 성과이며, 그 실질적인 내용을 이루고 있는 바로 그 명제들이, 인간과 사회의 현상을 다루고자 꾀하는 신념과 생각들을 올바른 길로 혁신할 수 있는 방법을 제공한다."고 그는 믿었다.[45]

---

44 J. Dewey, *Theory of Valuation*, p.60.
45 Ibid., p.62.

5장

인간성과 도덕

5 장 인간성과 도덕

1. 도덕의 근원은 인간성이다

　듀이에 의하면, 인간이 사는 모든 상황 가운데는 항상 크고 작은 문제가 일어나며, 이 문제들을 해결하기 위한 수단으로서 사람들은 갖가지 행동을 일으킨다. 그 행동들 가운데는 인생의 문제를 해결하기에 적합한 것도 있고 그렇지 않은 것도 있다. 지성의 소유자로서의 인간은 사람들의 행동이 문제의 해결을 위하여 적합한가 적합하지 않은가를 판단하게 되며, 그러한 판단이 곧 평가라는 판단이다. 평가는 모든 가치의 성립을 위한 조건이며, 객관적으로 타당한 평가에 의하여 '옳다'고 판단된 행동은 실제로 옳은 행동이기도 하다.

　이와 같은 도덕적 가치의 근원을 생물학적으로 생각하는 듀이의 견해가 전통적 윤리관과 근본적으로 다르다는 것은 곧 알 수 있다. 이 전통적 윤리관에 의하면 사람들이 지켜야 할 도덕의 법칙은 미리부터 정해져 있다. 그 법칙은 만인에게 공통된 것이며 절대 불변하는 영원성을 가졌다. 이성의 소유자인 인간은 그 절대적 도덕의 법칙이 무엇인가를 알 수 있으며, 또 그 법칙대로 행위할 수 있는 의지의 자유도 가지고 있다. 윤리학의 사명은 그 절대적 도덕의 법칙을 소상히 밝히는 동시에, 개별적 행위의 옳고 그름을 그 법칙에 따라서 판가름하는 일이다. 전통적 윤리학자들 가운데는 모든 사람이 지켜야 할 도덕의 법칙이 미리 주어져 있다고 생각하는 대신, 인류가 공동으로 노력해서 실현해야 할 '인생의 목적'이 있다고 믿은 사람들도 있었다. 그러나 그들도 그 '목적'을 선천적으로 주어진 절대 불변의 것으로 보는 동시에 그 절대적인 목적의 발견과 그 목적에 비추어 개별적 행위의 시비를 가리는 것을 윤리학의 근본 사명이라고 본 점에 있어서, 저 법칙론자들과 대체로 비슷한 윤리관의 토대 위에 서 있었다고 볼 수가 있다.

한편, 듀이에 있어서는 선천적으로 주어진 행위의 법칙 또는 인생의 목적은 인정되지 않는다. 따라서 '선천적 도덕의 원리' 따위의 것은 생각할 수 없으며, 오직 경험에 입각한 윤리의 모색이 가능할 뿐이다. 듀이에 있어서는 도덕이 갖는 권위의 근거나 행위가 져야 할 도덕적 책임의 성질도 전통적 견해와는 달리 이해될 수밖에 없으며, 의지의 자유에 관해서도 새로운 해석이 불가피하게 된다.

도덕률의 절대 불변성을 부인하는 동시에 도덕의 권위, 행위의 책임, 의지의 자유 등의 문제들을 경험론적 견지에서 밝히려는 시도는 물론 듀이에 의해서 비로소 시작된 것이 아니며, 그것은 옛날의 그리스 철학에까지 거슬러 올라가는 오랜 역사를 가졌다. 그러나 듀이의 윤리학에는 현대적인 심리학의 힘을 입어, 행위의 성질과 도덕의 본질에 관한 해석에 있어서 새로운 일면이 없지 않다. 앞으로 잠시 도덕의 본질에 관한 듀이의 견해를 살펴보기로 하자.

옛날부터 도덕은 주로 인간성을 억제하는 힘으로서 작용해 왔다. 전통적 도덕 사상가들은 자연현상으로서의 인간성을 모든 악의 근원인 것처럼 생각하고, 이 인간성의 억제와 극복이 도덕의 신성한 사명이라고 생각하는 경향이 있었다. 그들은 "인간성을 혐의와 공포와 그리고 찌푸린 눈초리로 바라보았다. … 인간성 대신에 다른 무엇으로 그 자리를 채울 수 있다면, 차라리 좋을 것이다."라고 생각하였다.[1]

그러나 전통적 도덕 사상이 인간성을 그토록 못마땅하게 생각한 이유는 무엇일까? 그것은 인생의 목적 또는 인류의 이상을 실현함에 있어서 우리의 인간성이 크게 장애가 된다고 생각했기 때문일 것이다. 그러면 그 인생의 목적 또는 인류의 이상은 무엇에 근거를 두고 정해진 것일까? 전통적 사상에 의하면 그것은 인간 밖에 있는 어떤 초월적 원리에 근거를 두고 선천적으로 정해진 것이다. 즉, 인생의 목적은 인간이 스스로의 소망을 따라서 정한 것이 아니라 인간 밖으로부터 미리 주어진 것이다.

그러나 듀이는 인생의 목적이 선천적으로 미리 정해져 있으며 인간은 그저 그것을 수동적으로 받아들일 뿐이라고 생각할 수가 없었다. 앞 장 5절에서 이미 밝힌 바와 같이 듀이에 있어서 '목적'이라면 오직 '마음속에 그려진 목적'이 있을 뿐이요, 객관적으로 주어진 '고정불변의 목적'은 인정되지 않았다. 따라서 인간이 지향하는 모든 목적 또는 이상은 인간 스스로가 정하는 것이며, 그것들도 역시 인간성을 근거로 삼고 생기는 것이라고 보아야 한다. "인간성을 낮춤으로써 스스로의 권위를 높이는 도덕의 원리는 결과에 있어서 자살 행위를 범하고 있다. 또는 그것은 인간성을 끝없는 내란(內亂)으로 몰아넣고 있다."[2] 이렇게 말하면서 듀이는 도덕적 원리의 근거를 인간성 밖에서 구하려는 종전의 태도를 단호히 물리친다.

인간성에 토대를 두지 않은 윤리 사상은, 그것이 갖는 필연적인 결함으로

---

1 J. Dewey, *Human Nature and Conduct*, p.1.
2 Ibid., p.2.

말미암아 우리의 실천 생활을 위한 타당성 있는 지도 이념을 제공하는 데 실패하기 마련이다. 그 필연적인 결함의 첫째로서 듀이가 지적한 것은, 인간성 안에 뿌리를 박지 않은 전통적 윤리 사상이 오직 '이것을 하지 말아라', '저것을 하지 말아라' 하는 부정적 계율을 제공할 뿐이요, 적극적인 건설의 길을 제시하지 못한다는 사실이다. 이 첫째 결함은 인간이 가진 반동 심리를 자극하여 또 하나의 폐단을 불러일으킨다. 즉, 인간의 자연적인 욕구를 필요 이상으로 억제하는 도덕을 전적으로 불신하는 동시에 도리어 인간의 모든 원시적 본능을 지나치게 찬양하는 반동 심리의 폐단이다.[3]

인간성을 무시한 도덕 사상의 가장 큰 결함은, 그것이 도덕의 문제를 오로지 개인적 양심의 내면적 문제에 국한되는 것으로 생각하고, 윤리학을 정치학 또는 경제학 같은 사회과학과 완전히 분리시키는 결과와 함께 나타난다. 윤리학이 정치학이나 경제학과는 전혀 관계가 없이 성립한다고 믿는 사람들에 의하여 사회개조에 관한 이론은 크게 두 계열로 나누어진다. 하나는 도덕을 단순히 내적 자유의지의 문제라고 보는 견해에 입각한 것으로서, 사회를 개조하는 유일한 길은 사람들의 양심을 되찾는 일이라고 주장한다. 사람들의 마음만 바로잡으면 정치와 경제 등에 관한 제도의 개혁은 저절로 따라오기 마련이라는 것이다. 또 하나의 계열은 의지의 자유나 '양심의 힘' 따위의 것을 전적으로 부인한다. 이 계열의 사상가들은 인간의 정신 상태를 결정하는 것은 오로지 환경의 여러 조건들뿐이라고 주장하면서, 제도의 변화만으로 모든 개혁이 이루어질 수 있다고 주장한다. 그러나 이 두 가지의 주장은 어느 것도 사회의 개혁을 불가능하게 만드는 편견임이 분명하다고 듀이는 비판한다. 왜냐하면, 이 견해들은 모두 "모든 행위가 인간성의 요인과 자

---

3 Ibid., pp.4-6.

연적, 사회적 환경의 요인과의 **상호작용**"의 산물이라는 사실을 망각하고 있기 때문이다.[4]

인간의 행위는 자연의 환경과 사회의 제도를 고치는 주체적인 구실을 한다. 그러나 인간이 어떠한 행위를 하는가를 결정하는 것은, 전통적 윤리학자들이 인과율을 벗어나서 '자유롭다'고 믿은 의지의 힘만이 아니라, 자연 및 사회의 환경이다. 다시 말하면, 인간의 행위는 자연과 사회의 환경을 변경시키는 동시에 또 그 자연 및 사회의 환경에 의해서 어느 정도 좌우되는 것이다. 그러므로 만약 윤리학의 궁극적인 목적이 더 값지고 보람 있는 인생을 실현하는 방안을 모색함에 있다면 윤리학은 의당 인간의 행위의 내면적 요인을 문제 삼는 동시에 인간 밖에 있는 환경의 외면적 요인도 마땅히 문제 삼아야 할 것이다. "현실에 대한 끊임없는 연구, 그리고 산업, 법률 및 정치에 관한 전통적 지식의 응용을 떠나서 단순히 양심과 인간적 감정만으로 도덕의 문제를 해결할 수 있다는 생각으로 말미암아 인생에 있어서 불필요한 노예 상태가 얼마나 많이 야기되었는지는 이루 말할 수가 없다."[5] 이렇게 말하면서 듀이는 도덕 문제에 있어서의 사회 환경적 요소의 중요성을 특히 강조한다.

인간도 자연의 일부이며 자연의 다른 부분들과 밀접하게 연결되고 있다. 따라서 인간이 하는 행위의 문제를 다루는 윤리학은 자연의 다른 부분을 다루는 물리학이나 생물학과 긴밀한 연결을 가져야 할 것이다. 그리고 또한 개인의 성품과 행위는 다른 사람들의 성품 및 행위와 밀접하게 연결되고 있다. 따라서 윤리학은 오로지 개인의 처신의 문제만을 추상적으로 다루는 수신

---

4 Ibid., pp.9–10.
5 Ibid., p.11.

(修身)의 학으로 그쳐서는 안 될 것이며, 그것은 역사학, 사회학, 정치학 그리고 경제학 등, 인간을 연구하는 다른 과학들과 긴밀하게 제휴해야 할 것이다. 이와 같이 폭이 넓은 토대 위에서 윤리학의 문제를 생각한 듀이의 견지는 윤리학을 국가학 내지 정치학과의 연관 속에서 연구한 옛날의 플라톤과 아리스토텔레스를 연상케 하거니와, 도덕을 단순한 양심 내지 의지의 문제라고 생각한 중세 이후의 전통을 비판하는 안식(眼識)으로서의 의의를 가졌다.

2. 넓게 해석된 '도덕'의 개념

윤리학의 기본 과제는 선(善)을 탐구하고 또 그것을 실천함에 있다고 말할 수 있을 것이다. 도덕적으로 올바른 삶의 태도는 악을 물리치고 선을 택하는 것이라고 말할 수가 있다. '선'은 윤리학 내지 도덕에 있어서 중심 개념이다. 그러면 선이란 무엇인가?

전통적 윤리 사상에 의하면 선은 인간의 욕구나 감정과는 관계없이 그 자체가 독자적으로 실재하는 선천적 성질의 것이다. 다시 말하면 인생에 있어서 옳은 길과 그릇된 길은 이미 정해져 있으며 인간의 입장에서 본다면 그것은 오직 밖으로부터 주어진 것, 따라서 절대로 변동할 여지가 없는 영원한 길이다. 선천적으로 주어진 이 영원한 선의 길을 찾아내는 것이 다름 아닌 윤리학자의 사명이다.

인간이 밟고 가야 할 올바른 삶의 길이 선천적으로 정해져 있는 것이라면, 그 길을 발견하는 참된 방법도 선천적인 것이 아닐 수 없다. 따라서 선악의 길이 선천적으로 정해져 있다고 믿은 전통적 윤리학자들의 일부는 형이상학에 의존함으로써 그 길의 소재를 밝히고자 했으며, 다른 일부는 선천적 직각력(直覺力)의 힘으로 그 길을 찾아낼 수 있다고 주장하였다. 여하튼 그들은 모두 인생의 길을 발견하기 위하여 경험에 호소하는 것은 별로 적절한 일이 아니라고 믿었다.

도덕적으로 옳은 길과 그른 길이 선천적으로 정해져 있는 것이라면, 그 길은 때와 장소에 상관없이 일정하며, 만고에 불변하는 절대성을 가졌다. 따라서 어떤 탁월한 철학자가 한 번 옳은 길을 발견하기만 하면 그 길은 모든 시대와 모든 국가를 위하여 옳은 길이며, 만인은 그의 가르침을 따름으로써 올바른 인생을 살 수가 있다. 범인들이 각자의 특수한 사정을 따라서 그때그때의 옳은 길을 찾아내기 위하여 애쓸 필요는 없는 것이다.

과연 인류의 역사에는 몇몇 탁월한 성현(聖賢)이 나타났으며, 이 성현들은 인간이 걸어야 할 올바른 길을 소상히 밝혀 놓았다고 사람들은 믿었다. 어느 길이 옳고 어느 길이 그른가는 이미 그 성현들의 가르침에 의하여 적어도 그 대강은 밝혀졌다고 보는 생각이 압도적이다. 또 비록 성현의 가르침이 아니었더라도, 무엇이 옳고 무엇이 그른가는 사람들이 누구나 가지고 있는 이성 또는 양심에 물어보면 곧 알 수 있다는 생각도 매우 유력하였다. 여하튼 도덕의 선천적 절대성을 믿는 전통적 윤리 사상의 견지에서 볼 때, "어느 것이 옳은 길인가?"라는 것은 사실상 그리 심각한 문제는 아니었다. 그 물음에 대한 답은 이미 알려져 있다고 생각하는 경향이 압도적이었다.

전통적 도덕관념으로 볼 때, 가장 심각한 문제는 그릇된 길을 버리고 올바른 길을 택하는 의지의 문제였다. 어느 것이 옳은 길인가는 머리로 알기는 어려운 일이 아니나 그 옳은 길을 의지로써 선택하여 실천하기는 매우 어렵다고 보았기 때문이다. 올바른 사람이 되고자 하는 의지만 확고하면 누구든지 그렇게 될 수가 있으나, 다만 그 결심이 부족한 탓으로 범인들은 그릇된 길을 밟게 되는 것이라고 흔히들 생각하였다.

그러나 도덕의 본질에 대한 듀이의 견해는 모든 점에 있어서 전통적 관념과 대조적이다. 듀이에 의하면, "인생이 당면하는 모든 심각한 문제들은 결국 상황 속에 깃든 여러 가지 가치들을 정확하게 파악함이 진실로 어렵다는 사실에 기인한다."[6] 다시 말하면, 일정한 상황 속에서 우리가 취할 수 있는 몇 가지 행동이 초래할 결과들 가운데서 어느 결과의 가치가 가장 무거운가를 알아내기가 힘들다는 사실이 도덕의 문제를 심각하게 만드는 가장 큰 원인이다. 예컨대, 정치 문제에 관련하여 우리는 하나의 노선을 선택적으로 지지하거나 또는 전혀 무관심한 태도를 취하거나, 여하간에 꼭 결단을 내려야 할 궁지로 몰릴 경우가 있다. 이때 우리가 취할 수 있는 몇 가지 길은 각각 다른 결과를 초래할 것이며, 그 결과들은 각각 좋은 점과 나쁜 점을 아울러 가지고 있을 것이다. 순전히 좋은 결과만을 가져올 정치 노선도 없을 것이며, 반대로 모든 면에 있어서 나쁜 결과만을 초래할 정치 노선도 없을 것이다. 따라서 우리는 이 노선을 따르면 어떠한 좋은 결과와 나쁜 결과가 생기며, 또 저 노선을 따르면 어떠한 좋은 결과와 나쁜 결과가 생길 것인가를 예견하는 동시에 그 경중(輕重)과 득실(得失)을 비교한 다음, 그 가운데서 가장 많은 선과 가장 적은 악을 결과하리라고 보는 길을 택해야 한다. 그러나 어느 노선이 어떠한 결과를 가져올지, 그리고 그 결과가 먼 안목으로 볼 때 정말 바람직한 것인지 아닌지를 정확하게 알기는 어려운 까닭에, 어느 노선을 따라감이 가장 옳은 길인지를 판단하기는 대단히 곤란하다.

듀이의 견지에서 볼 때, 정치의 문제에 있어서뿐만 아니라 어떠한 실천적인 문제에 있어서도, 옳은 길과 그른 길은 처음부터 정해져 있는 것이 아니다. 그때그때의 구체적 상황에 따라서, 그리고 그 구체적 상황 속에 포함된 불만스러운 점이 무엇이며, 또 그 불만을 해결하는 가장 적절한 방법이 무엇

---

6 J. Dewey, *The Quest for Certainty*, Ch. Ⅹ, M. H. Fisch ed., *Classic American Philosophers*, p.367.

이냐에 따라서, 옳은 길의 방향은 종합적으로 그리고 경험적으로 탐구되어야 한다. 그러므로 모든 경우에 적용할 수 있는 '가치의 계층적 서열표'를 미리 작성하여 만인을 위한 행위의 지침으로 삼을 수는 없는 일이며, 그러한 일이 가능하다고 상상하는 것은 "구체적 상황에 있어서 지성적 판단을 내리지 못하는 스스로의 무능력을 금박(金箔)으로 허식(虛飾)하는 수작"이라고 듀이는 신랄하게 비판한다.[7]

이상과 같은 고찰을 통하여 알 수 있는 것은, 듀이가 '도덕(morals)'이라는 개념을 매우 넓은 의미로 해석했다는 사실이다. 전통적인 절대론자들에 의하면 도덕이란 양심의 문제 또는 선의지(善意志)의 문제였다. 그들에 있어서 도덕적 가치는 결국 개인적 심정의 가치를 의미하는 것이었다. 그러나 듀이는 도덕을 그렇게 좁은 의미로 해석하지 않았다. 듀이에 의하면 "양자택일의 가능성이 있는 모든 활동은 도덕의 문제가 된다."[8] 결국 어느 길이 더 낫고(better), 어느 길이 더 못한가(worse)를 반성적으로 판단해야 할 모든 실천적 상황은 넓은 의미로 도덕적인 문제의 상황인 것이다. 따라서 거의 모든 종류의 행위가 도덕의 범위 안으로 들어올 가능성이 있으며, '도덕을 인생의 특수한 부문이라고 생각하는 것'은 본래 잘못이다.

듀이에 의하면 "동기를 정화(淨化)하고, 인격을 도야하며, 먼 곳의 막연한 완전을 추구하는 것이 도덕이라고 보는 학설"들은 두 가지의 좋지 못한 결과를 초래한다. 첫째로, 그러한 학설들은 행동의 조건과 결과에 대한 면밀한 관찰을 방해함으로써 "우리의 사색을 지엽적 문제로 일탈시킨다." 그리고 둘째로, 그러한 학설들은 일부의 특수한 생활의 국면을 병적으로 중요시

---

7 Ibid., 368.
8 J. Dewey, *Human Nature and Conduct*, p.278.

하는 반면에 "인생의 대부분의 행위에 대하여는 진지한 도덕적 고찰의 대상이 될 기회를 주지 않는다."[9] 즉, 행위의 개인적이며 내면적인 측면만을 강조하고, 정치나 경제의 문제에 관련된 사회적이며 역사적인 측면은 도덕적 고찰의 대상 밖으로 밀어내 버리는 폐단이 있다는 것이다.

듀이에 있어서 도덕이란 단순한 동기나 양심의 문제에 그치는 것이 아니라, 우리들의 현실적인 삶의 문제를 해결하는 방안에 관한 행동의 문제다. 그런데 사회적 존재로서의 인간이 당면하는 현실적인 문제의 대부분은 정치와 경제, 그리고 법률과 교육 등 여러 가지의 제도 및 그 운영과 밀접한 관계를 가졌다. 정치와 경제, 그리고 그 밖의 어떤 사회적인 제도 및 그 운영과 관계없이 순전히 개인적인 문제는 그리 흔치 않으며, 그런 것이 간혹 있다고 하더라도 그것은 비교적 사소한 문제들에 속할 것이다. 따라서 듀이가 이해하는 넓은 의미의 도덕적 문제가 해결되기 위해서는 정치, 법률, 경제, 그리고 교육 등에 관한 사회과학적 지식이 필요하게 되며, 때로는 자연환경의 개조를 위하여 자연과학적 지식이 동원되어야 한다. 이것은 도덕의 문제가 도학자(道學者)들의 단순한 관념적 명상의 문제가 아니라는 사실을 의미하는 동시에, 인생의 모든 실천 문제는 여러 전문가들의 합동 연구의 과제임을 말해 주는 것이다.

3. 인생의 목표로서의 진보 내지 성장

듀이에 있어서는, 인생이 당면하는 여러 가지 '문제'들을 해결해 나감이 곧 가치의 실현이요, 그 문제의 해결을 꾀하는 지성적 노력의 과정이 바로

---

9 Ibid., p.280.

'도덕적'이라는 말로 특색지어지는 인간적 활동이다. 또 듀이가 말하는 '문제'란, '그 상황 속에 포함한 불만족한 요소들, 또는 그 상황을 불완전한 것으로 만드는 결점'을 가리키는 것이었다. '불만족스럽다' 또는 '불완전하다' 함은 어떤 결핍을 지적하는 말이며, '결핍'은 어떤 이상적 상태를 전제로 삼고 이해되는 개념이다. 플라톤을 비롯한 여러 윤리학자들이 믿었듯이, 인간이 실현해야 할 이상(理想) 즉 '완전한 상태'가 선천적으로 이미 정해져 있는 것이라면, 그 이상에 대한 인식과 더불어, 인생이 풀어야 할 '문제'의 내용도 스스로 분명하게 될 것이다. 그러나 듀이는 '선천적으로 정해진 고정불변한 목적'이라는 것을 인정하지 않았다. 따라서 주어진 상황 가운데 있어서 결여된 요소가 무엇인지를 밝히는 일은 결코 수월한 문제가 아니다. 그러나 상황 속에 결여된 요소를 밝히는 일은 '문제의 해결'을 윤리의 지상명령으로 본 듀이의 윤리학에 있어서 절대로 필요한 작업이다. 왜냐하면, 풀어야 할 문제의 내용을 파악함이 없이 그 문제를 원만히 해결한다는 것은 원리상 불가능할 것이기 때문이다. 그러면 듀이가 말하는 '문제'의 내용을 규정하는 바탕이 되는 것은 무엇일까?

인생이 당면하는 문제의 내용이 인간의 욕구와 밀접한 관계가 있음은 의심의 여지가 없다. 예컨대, 우리가 옷과 음식을 원하고 있으나 그 원하는 바를 얻기가 힘들 경우에, 우리의 욕구와 현실과의 거리는 그 상황에 있어서의 문제의 내용을 결정한다. 그러므로 우리는 대체로 말해서, 인간이 욕구하는 바와 그 욕구의 충족이 여의치 못한 현실과의 거리로써 인생이 당면하는 문제의 내용을 규명할 수 있을 것이다. 그러나 좀 더 자세히 고찰할 때, 듀이가 말하는 문제의 내용을 분명히 규명하는 일은 그리 쉬운 것이 아님을 알 수가 있다.

첫째로, 인생의 문제의 내용을 결정하는 것이 물리학적 조건들인지 또는 심리학적 조건들인지 분명하지가 않다. 좀 더 정확하게 말하면, 심리적으로 느끼는 욕구의 불만의 유무(有無)가 인생의 문제의 유무를 결정하는 조건의 전부인지, 또는 주관적으로 느끼는 불만은 없더라도 객관적 조건 여하에 따라서 문제의 존재를 인정해야 할 경우가 있다는 것인지, 듀이는 이 점에 관하여 분명히 밝히지 않았다. 어떤 사람들은 상당히 좋은 객관적 조건 가운데 살고 있으면서도 욕심 내지 의욕이 큰 까닭에 현재에 대한 불만이 큰가 하면, 다른 어떤 사람들은 매우 낮은 생활수준을 벗어나지 못하면서도, 견문(見聞)이 좁거나 타고난 성품이 낙천적인 까닭에, 현재에 만족하고 살아간다. 전자의 경우에 있어서 문제가 존재함은 의심의 여지가 없으나, 후자의 경우, 즉 객관적으로는 빈약한 조건 속에 살고 있으나 당사자들이 불편이나 불만을 별로 느끼지 않을 경우에, 문제가 있다고 볼 것인지 없다고 볼 것인지는 간단히 대답하기 어렵다.

모두들 현재에 만족하고 평화롭게 살기만 하면 그것으로 충분하다고 생각하는 것이 듀이의 본의는 아닌 것 같다. 듀이가 인간의 참된 이상이라고 생각하는 것은 '문제가 없는 상태(the state of problemlessness)' 또는 스토아 학파가 말하는 '아파테이아(apatheia)'의 상태가 아니라, 지적 성장(intellectual growth) 또는 진보다. 그리고 듀이가 말하는 '지적 성장'이란 "시야를 끊임없이 넓히는 동시에, 이에 따라서 새로운 목적을 세우고 새로운 활동에 종사함"을 의미한다.[10] 듀이의 이상은 어떤 정지된 상태를 그대로 지속함에 있는 것이 아니라, 끊임없이 앞으로 나아가는 진보의 과정에 있다.

듀이에 있어서 도덕이란 '행위를 통하여 현재의 의미를 증진함'을 가리킨다. 그리고 '현재의 의미를 증진한다' 함은 단순한 조화와 통일만을 일컫는

10　J. Dewey, *Democracy and Education*, p.206.

것이 아니라 인간적인 탁월의 성취를 아울러 가리키는 말이다.[11] 듀이는 현재의 의미를 증진함을 진보(progress)라고도 불렀거니와, 그러나 '진보'를 측정하는 척도가 미리 밖으로부터 주어져 있다고는 생각하지 않았으며, 따라서 진보에 관한 일반적 공식의 발견이 가능하다고도 믿지 않았다.

인류 또는 개인이 도달해야 할 목적이 어느 먼 곳에 정해져 있어서 그 목적지로 조금이라도 가까이 가는 것이 진보 또는 성장이라고 보는 생각을 듀이는 받아들이지 않았다. 아무런 갈등도 불만스러움도 없이 모든 것이 고요히 안정된 상태를 인생의 참된 이상이라고 보는 생각조차도 듀이는 받아들이지 않는다. 문명이 발달하고 경험이 늘어 갈수록 사람들의 욕구도 점점 커지고, 따라서 인생의 문제도 더욱 복잡해져 가는 경향이 있다. "묵은 욕구가 만족스럽게 충족될 때마다 다시 새로운 욕구가 일어나고, 새로운 욕구는 스스로의 충족을 위하여 새로운 모험을 시험해야 한다. 이미 지나간 것으로 말한다면, 하나의 성취는 그만큼 문제를 해결해 준 것이라고 할 것이다. 그러나 앞으로 다가올 것으로 말한다면, 하나의 성취는 새로운 문제를 끌어들이고 새로운 자극의 근원이 됨으로써 사태를 더욱 복잡하게 헝클어뜨린다."[12] 그러므로 인간적인 노력으로 업적을 거듭 쌓음으로써 모든 불만이 해결되어 다시는 아무런 부족도 없는 상태에 도달한다는 것은 사실상 불가능한 일이다.

아무런 불만도 부족도 없이 고요히 안정된 상태를 궁극의 목적으로 삼는 한, 우리는 비관주의로 기울어질 수밖에 없을 것이다. 노력을 많이 하면 그만큼 많은 발전이 이루어질 것은 사실이나, 발전과 함께 우리의 욕구도 늘어

---

11 J. Dewey, *Human Nature and Conduct*, p.283.
12 Ibid., p.285.

갈 것이며, 따라서 실망도 점점 더 커갈 것이기 때문이다. 다시 말하면, 이 이상 더 바랄 것이 없도록 만사가 뜻대로 되는 상태를 인생의 이상으로 삼고, 그러한 이상으로의 접근을 '진보'라고 부른다면, 필경 진보는 하나의 환상이 되고 말 것이다. 그것이 환상이라는 것을 느낄 때, 혹은 문명의 발달을 저주하는 사상이 일어나고 혹은 인간이 스스로 욕망을 억제해야 한다는 금욕주의가 일어나기 마련이다. 듀이는 "자연으로 돌아가라."고 권고한 루소(J.-J. Rousseau)나 톨스토이(L. Tolstoi)의 사상을 위에서 말한 바와 같은 이상주의의 역리(逆理)의 산물로서 이해했으며, "스스로의 욕망을 버리라."고 가르친 스토아 학파나 불교의 가르침도 역시 비슷한 사상 계열의 귀결로서 이해하였다.[13]

그러나 루소나 톨스토이 또는 스토아 학파 내지 불교의 가르침은 본래 잘못된 목적론의 전제로부터 출발했던 것이다. 욕구와 현실과의 완전한 균형이 영원히 성취되는 지경(地境)을 궁극의 목적으로 삼는 한, 진보의 이설(理說)은 좌절되기 마련이다. 스스로를 지탱할 수 있는 진보의 이설은, 시선을 막연히 먼 이상으로부터 돌려서, '현재의 어려움과 현재의 가능성'으로 주의를 집중함으로써 새로이 출발해야 할 것이다.[14]

그러면 먼 미래의 어떤 고정된 목적을 기점으로 삼는 것이 아니라, '현재의 어려움과 현재의 가능성' 속에서 새로운 전진의 방향을 모색한다는, 듀이의 '진보'의 이론은 구체적으로 어떻게 전개되는 것일까? 저자가 알기에는 우리의 이 궁금증을 듀이는 충분히 풀어 줄 것 같지 않다. 진보에 관한 듀이의 논고는 주로 종래의 절대론적 견해에 대한 비판에 힘을 기울였으며, 적

---

13 Ibid., pp.285-286.
14 Ibid., p.287.

극적인 주장을 스스로 베푸는 단계에 이르러서는 오직 하나의 암시를 던지는 정도로 멈추고 말았다.

단순한 변화와 구별되는 것이 진화라면, 그것은 일정한 방향을 예상하는 것이다. 그리고 일정한 방향이란 일정한 목표를 예상하지 않고는 이해하기 어려운 관념이다. 그러므로 고정불변하는 목적이 마음 밖에 존재한다는 생각을 철저하게 물리쳐 버린 듀이로서 '진보'의 개념을 분명히 정의한다는 것은 사실상 매우 어려운 일이 아닐 수 없다. 그가 한갓 암시를 던지는 것으로 멈추어 버린 고충을 이해할 수 있음직하다.

인간은 생물인 까닭에 살기를 계속한다. 살기를 계속하는 동안 끊임없는 욕구의 발동이 있으며, 욕구의 발동이 있을 때마다 그는 문제의 상황 속으로 던져진다. 문제에 부딪친 인간은 어떤 행동을 일으켜 그 문제를 풀고자 애쓰거니와, 올바른 판단과 진지한 노력으로써 대처할 때 대개는 문제의 해결을 보는 동시에, 우리가 보통 말하는 '성과'를 거두게 된다. 그러나 하나의 성과를 거둠으로써 문제가 그것으로 완전히 끝나는 것은 아니며, 새로운 형태의 문제가 잇달아 일어난다. 거둔 성과의 덕분으로 문제가 줄거나 간단해지는 것도 아니다. 현재의 성공은 도리어 새로운 포부를 불러일으키는 자극으로 변하며, 우리의 실천적 상황은 더한층 복잡해지는 것이 보통이다. 복잡성을 더한 새로운 상황은 새로운 통찰과 새로운 실험적 모험을 요구한다. 여기에 있어서 인간의 더 깊은 지혜와 더 강한 용기가 필요하게 되는 것이며, 더 많은 인간적 역량의 발휘가 요청된다.

이와 같이 인간이, 넓어지는 시야와 늘어 가는 포부를 따라서, 더 많은 역량을 발휘하고 더 큰 성과를 거두어 가는 과정을 듀이는 '진보' 또는 '지적 성장'이라는 개념으로 이해했던 것이다.

이미 정해진 목표가 있어서 그것으로의 접근을 진보라고 부른 것은 아니다. 다만 인간이 가진 잠재력이 더 크게 발휘되는 변화 속에 진보 내지 성장의 사실을 보았던 것이다. 진보 내지 성장의 방향은 밖으로부터 주어지는 것이 아니라 인간 스스로가 주체적으로 정한다. 그러나 그 방향을 아무렇게나 제멋대로 정해서는 안 된다. 각자는 각자가 처해 있는 상황 속의 어려움을 직시하고 현재 속에 묻혀 있는 가능성을 검토함으로써 다음에 성취할 목표를 머릿속에 그려야 한다. 이와 같이 현재에 토대를 두고 세워진 목표가 차례로 달성되어 가는 과정이 곧 진보요 성장이다.

그러나 현재의 상황 속에 나타난 어려움을 해결하는 길에도 여러 가지가 있을 것이며, 현재 속에 깃든 가능성도 또한 한 가지뿐이 아닐 것이다. 여기에 어느 길을 택해야 하느냐 하는 선택의 문제가 생기는 동시에, 어느 길이 가장 크게 성장하는 길이냐 하는 비교의 문제가 생긴다. 그리고 선택 내지 비교의 문제는 척도 혹은 기준의 확립을 요구하는 것이니, 여기 듀이로서 처리하기 어려운 문제가 여전히 남아 있음을 본다. 듀이는 아마 지성이 가진 창조의 기능에 대해 언급함으로써 이 문제에 대답하고자 꾀할 것이나, 여하튼 단순한 '생리적 만족'만으로는 설명할 수 없는 어떤 가치감의 존재를 전제하지 않고서는 풀릴 수 없는 어려운 문제가 여기에 남아 있다.

4. 도덕의 사회성

도덕은 행위에 관한 것, 좀 더 자세히 말하면 행위의 평가에 관한 것이다. 그리고 행위 및 이에 대한 평가는 모두 인간성에 근원을 두고 나타나는 현상이다. 이에 듀이는 도덕은 다른 무엇보다도 '가장 인간적인 것(most humane)'이라고 주장하였다. "그것(도덕)은 인간성에 가장 가까운 것이다. 그것은 그 본질상 경험적인 것이며, 신학적일 수도 형이상학적일 수도, 또는 수학적일 수도 없는 성질의 것이다."[15]

도덕이 인간성과 밀접히 연결되고 있다는 사실에 필연적으로 생기는 결론의 하나는 도덕은 사회적이라는 그것이다. 인간이란 본래 사회적 동물로서 이 세상에 나타나는 것이며, 인간성이란 사회적 환경의 결정적인 영향을 받고 형성되는 것이기 때문이다. 듀이는 '도덕의 사회성'을 세 가지 측면으로 나누어서 설명하고 있다. 첫째로 인간의 행위 그 자체가 사회적이고, 둘째로 도덕 판단이 사회적 산물이며, 셋째로 도덕적 책임이라는 것도 사회 환경에 의하여 우리 마음속에 형성되는 당위의 의식이라는 것이다.

인간의 행위는 그 자체가 사회적이다. 듀이는 인간의 행위가 주로 습성에 따라서 결정된다고 보았거니와, 사람의 습성을 결정하는 것은 그의 환경, 특히 그의 사회적 환경인 것이다. 행위는 보통 우리가 말하는 그 '행위자'에 게만 오로지 속하는 것이 아니라, 행위자와 그의 환경에 다 같이 나누어 속하는 것이다. 그것은 마치 호흡과 소화가 단순히 폐나 위장만으로 생기는 현상이 아니라 공기와 음식물을 필수 조건으로 삼는 것과 마찬가지다. 도덕적 판단의 대상이 되는 모든 행위는 "그것이 진정 그 행위자의 작용(function) 이듯이 진정 그 환경의 작용이기도 하다."[16] 우리의 행위를 결정하는 환경적 요인 가운데서도 특히 영향력이 강한 것은 다른 사람들의 의견과 행동이다. 다른 사람들로부터 오는 저항과 협력은 나 자신의 행위의 방향과 형태를 크게 결정짓는다. 듀이의 표현을 빌리면, "개인의 모든 행동에는, 그가 사용하는 언어가 그렇듯이, 그의 사회의 도장이 뚜렷하게 찍혀 있다."[17]

행위에 대한 평가도 평가를 내리는 그 개인만의 의견 내지 판단을 전하는 것이 아니라, 사회적으로 형성된 의견 내지 판단을 표명하는 것이다. 내가 어떤 행동을 하면 나의 그 행동에 대하여 반드시 다른 사람들의 반응이 생긴

15 Ibid., p.295.
16 Ibid., p.14.
17 Ibid., p.317.

다. 다른 사람들의 반응에 대한 경험이 거듭됨에 따라서, 우리는 다른 사람들이 내 행동에 대하여 어떻게 반응하리라는 것을 미리 알게 된다. 그리고 이 '미리 앎'은 행동에 대하여 내리는 평가적 판단의 시초이며, 그것은 동시에 '양심'의 시초다. 이를테면 밖에 있는 사회 사람들의 의견이 내 마음속으로 침투하여 그곳에서 시비를 논하고 찬성과 반대의 단안을 내린다. 이와 같이 볼 때 내 마음의 가장 깊은 곳으로부터 솟아 나온다고 말하는 이른바 '양심의 소리'도 실은 사회의 소리의 메아리에 지나지 않는 것이다. 남의 행동에 대한 나의 도덕적 판단이 사회적 성질의 것임은 더 말할 나위도 없다.

우리가 느끼는 책임감에 대하여도 듀이는 똑같은 해석을 내린다. 내가 저지른 행동의 결과에 대하여 다른 사람들은 나에게 책임을 지운다. 그리고 다시는 그러한 행동이 거듭되지 않도록 유형무형의 압력을 가해 온다. 사회 환경으로부터의 이와 같은 간섭과 압력을 거듭 받는 동안에, 우리는 "극적인 모방에 의하여, 스스로 책임을 느끼도록 길이 드는 동시에 그 행동은 내 자신의 것이며 그 행동의 결과는 나로 말미암아 생긴 것이라고 자인하기에 이른다."는 것이다.[18]

위에서와 같이 도덕은 본래가 사회적인 것이라고 이해하는 견지에서 볼 때, "도덕은 사회적이어야 한다(Morals ought to be social)."는 말은 약간 이상한 표현이 아닐 수 없다. 도덕은 이미 사회적인 것이며, 사회적이 아니래야 아닐 수가 없기 때문이다. 세상 사람들이 흔히 "도덕은 사회적이어야 한다."고 주장하는 것은, 사회적 관계를 떠나서 도덕이 성립할 수 있다고 보는 잘못된 생각에 젖어 있기 때문이라고 듀이는 지적하였다.[19] 아마 우리는

---

18 Ibid., p.316.
19 Ibid., p.319.

비슷한 의견을 '사회윤리학'이라는 말에 대하여도 주장할 수 있을 것이다. 듀이 자신이 시카고 대학 시절에 '사회윤리학(Social Ethics)'이라는 강좌를 베풀었다고 전해지거니와, 엄밀하게 말하자면 사회윤리학이 아닌 윤리학을 생각하기는 매우 힘들 것이다. 여하튼 도덕은 본질에 있어서 사회적이라는 깨달음은 실천 문제에 관한 한 근본적으로 중요한 의의를 가졌다. 그것은 도덕 교육, 도덕적 책임 및 처벌 등에 관하여 도덕을 단순히 개인적 양심의 문제라고 생각하는 견해와는 상당히 차이가 있는 결론으로 우리를 이끌기 때문이다.

사람의 행위를 결정하는 사회적 인자를 망각하고 도덕을 단순한 개인의 자유의지 또는 양심의 소관사라고 보는 종래의 견해로 말미암아, 인간 생활의 도덕적 개선은 착실한 효과를 거두지 못하였다. 도덕을 개인의 심정(心情)의 문제라고 생각하는 까닭에, 도덕 비판의 핵심을 차지하는 것은 비난이 아니면 칭찬이다. 따라서 그것은 지성적이기보다는 감정적이며, 광명보다는 열풍에 가득 차 있다. 도덕적 판단이 뜨거운 감정을 담고 내려지는 까닭에, 그러한 판단을 받는 사람도 역시 감정적으로 대응하게 된다. 도덕의 이름 아래 비난을 받은 사람은 수치가 아니면 분노를 느끼며, 칭찬을 받은 사람은 자부심과 만족감에 도취한다. 남의 도덕적 평가에 대하여 민감한 사람들은 항상 자기방어의 태도를 취하여 변명과 자책을 일삼기에 바쁘며, 냉정한 관찰로써 스스로의 행위를 음미할 마음의 여유가 없다. 다시 말하면 이른바 "도덕적으로 선량한 사람들은, 현실적인 또는 상상적인 비판으로부터 자신의 행위를 방어하기에 너무나 골몰하여, 자신의 행위의 참된 가치를 냉정하게 살펴볼 겨를이 거의 없다."[20] 그리고 걸핏하면 자기를 책망하는 도덕

---

20 Ibid., p.321.

적 습관은, 그것이 습관인 까닭에, 남의 행위까지도 책망하기를 좋아하는 경향으로 번져 간다.

듀이의 견지에서 볼 때 도덕적으로 더 나은 행위란 현재의 상황 속의 문제를 해결하여 '현재의 경험의 의미를 증대함'에 더욱 크게 이바지하는 행위다. 따라서 그것은 자연과 인간에 대한 과학적인 파악을 토대로 할 경우에만 실현을 기대할 수가 있다. 그런데 도덕의 문제를 감정적으로 처리하는 습관은, 냉정한 사실의 파악을 방해하는 까닭에, 행위의 도덕적 향상을 어렵게 만든다는 것이다.

도덕의 본질에 대한 이해의 부족은 인간성에 대한 과학의 발달이 뒤떨어지고 있기 때문이라고 듀이는 주장한다. 심리학을 단순한 의식의 과학(science of consciousness)이라고 생각한 그릇된 인식으로 말미암아, 자연을 대상으로 삼는 과학들은 눈부신 발전을 거듭했음에도 불구하고, 인간을 대상으로 삼는 과학과 도덕에 관한 학문은 형편없이 뒤떨어졌다. 그리고 두 분야의 과학에 있어서의 이와 같은 불균형을 현대가 당면한 세계적인 어려움의 근본적 원인이라고 듀이는 진단한다. 그리고 19세기에 있어서의 새로운 자연 탐구의 방법의 도입이 그 시대의 종교전쟁보다도 더욱 중요한 의의를 가졌듯이, 현대에 있어서 새로운 인간 과학의 발달을 성취하는 일은, 현대적 혼란의 근본 원인으로 알려진 국민 전쟁 내지 경제 전쟁보다도 더욱 중요한 문제라고 그는 단정한다.[21]

도덕이란 구체적 경험과 떨어져서 독자적으로 존재하는 목적이나 의무에 관계하는 것이 아니라, 인생의 현실에 직결되고 있는 것이다. 도덕의 바탕이 되고 있는 '현실'은 욕구와 감정과 사상을 가진 인간들의 서로 헝클어진

21　Ibid., p.323.

활동의 결과로서 빚어지는 것이며, 그러한 뜻에서 도덕은 본질상 사회적이다. 인간이 사는 곳에는 어디를 가나 거기에는 이미 사회적 관계가 성립되어 있다. 그러나 이미 존재하는 그대로의 사회적 관계가 모두 원만한 것은 아니며, 그것은 조화와 질서를 얻는 방향으로 조절되어야 한다. 인간관계를 조절하는 것은 행위를 통해서이다. 그러면 어떠한 행위로써 인간의 사회적 관계를 원만하게 조절할 것인가? 이것이 바로 실천 도덕의 근본 문제인 것이다.

그러나 현재의 경험 속에 주어진 인간의 사회적 관계를 질서와 조화의 방향으로 개조한다 함은, 이미 어떤 가치의 기준을 전제로 하는 것이 아닌가? 그리고 그 기준은 경험을 초월해서 주어졌다고 보아야 옳지 않을까? 바로 이러한 사고가 선천적 절대도덕론의 출발점이다. 논자들은 선천적으로 주어진 그 가치의 기준을 발견함이 곧 윤리학의 기본 문제라고 믿는 것이며, "도덕은 비록 경험의 세계에 관한 것임에는 틀림이 없으나, 경험의 세계를 다스리는 원리로서의 도덕의 기준은 경험적일 수가 없다."고 단정하는 것이다.

그러나 듀이에 의하면, 현재의 경험을 개조함에 있어서 요구되는 평가의 기준은 밖으로부터 일정하게 주어져 있는 것이 아니라, 경험되고 있는 현재의 상황 그 가운데서 발견되어야 한다. 현재의 상황 속에 깃든 문제를 해결함이 곧 선(善)이라고 본 듀이는 현재의 경험을 떠나서 따로 선의 기준을 생각할 수 없었던 것이다.

현재의 상황 속에 포함된 문제를 잘 해결할 수 있기 위해서는 현재의 상황을 올바로 인식해야 한다. 현재의 상황을 올바로 인식하는 방법은 듀이로서는 과학밖에 있을 수 없다고 믿는 까닭에, 그는 인간성에 대한 과학의 발달이 시급히 요구된다고 역설했던 것이다. 현재의 상황 속에 깃든 문제의 결정적 요인은 인간이며, 그 문제를 해결함에 있어서 결정적인 작용의 구실을 하는 것도 인간 자신이기 때문이다.

6장
사회생활의 양상

6장 사회생활의 양상

1. 개인과 사회

인간을 '사회적 존재'로서 이해한 것은 아리스토텔레스 또는 그 이전부터의 전통이다. 그리고 이 점에 있어서는 듀이도 그 전통을 멀리 벗어나지 않았다. 민주주의를 가장 올바른 인생의 길이라고 믿은 듀이는 결국에 있어서 하나의 개인주의자였다. 그러나 그는 잠시도 사회를 떠난 개인을 생각한 적이 없으며, 개인들이 각자의 편의와 이익을 위하여 하나의 방편으로서 사회를 조직했다는 생각에 찬동한 일도 없다. 사회는 인류의 역사가 시작되던 옛날부터 이미 존재해 왔으며, 또 앞으로도 인류의 역사가 계속되는 한 존속할 인간 생존의 양식이다.

모든 개인적 활동에 앞서서, 어떤 선천성의 권위를 지니고, 사회적인 제도가 미리 주어졌던 것은 물론 아니다. 모든 형태의 사회조직은 역시 인간에 의한 경험적 산물이다. 그러나 어떤 특정한 개인의 견지에서 볼 때에는, 그 개인의 의사나 선택에 앞서서 사회적 제도가 주어졌다고 보아야 할 것이다. "어린이는 이미 존재하는 가정 안에 태어나며, 그 가정에는 이미 형성된 습관과 신념이 고유한 질서의 바탕을 이루고 존재한다. … 그가 들어가는 학교에는 이미 그 방법과 목적이 정해져 있으며, 그가 한 성원으로서 참여하는 직업적, 시민적, 그리고 정치적 단체들은 모두 그 자체의 확정된 노선과 목적을 가지고 있다."[1]

개인에 대한 사회의 관계는 구속과 보호의 두 측면을 가졌다. 다시 말하면 사회는 개인에 대하여 그 행동을 구속하는 힘으로서 작용하는 한편, 또 다른 측면으로는 개인을 보호하고 개인의 발달과 성장을 도와주는 조건들을 마련한다.

원시사회에 있어서는 일반적으로 개인의 자유라는 것은 없었던 것으로 알려지고 있다. 여러 가지 관습이 절대적 구속력을 가지고 개인의 행위를 하나하나 제약하였다. 인류 역사의 발달은 보기에 따라서는 개인이 사회의 엄격한 통제로부터 점차로 해방되어 가는 과정으로서 이해할 수가 있다. 그러나 사회적 구속으로부터의 개인의 해방은 무조건적 자유의 부여를 의미하는 것은 아니다. '아무렇게나 행동하여도 좋다'는 뜻으로서의 무조건적 자유는 본래 사회적 존재인 인간에게는 허용되지 않는다. 하나의 사회적 구속으로부터 해방된다 함은, 다른 또 하나의 사회적 질서의 지배 밑으로 들어가게 됨을 의미한다. 이 새로운 사회적 질서는 묵은 사회적 구속에 비하여 합리적이며, 따라서 개인이 자진하여 그 유지에 협력할 수 있다는 뜻에서, 그리고 그러한 뜻에서만 그것은 '자유'의 이름으로 불릴 수가 있다. 대체로 말하면, 좁은 범위의 단체에 있어서 권위를 가진 사회규범일수록 불합리한 요소가 많다. 따라서 사회의 불합리한 통제로부터 개인이 해방되어 가는 과정은, 개인이 고루하고 범위가 좁은 집단으로부터 해방되어, 더 크고 진보적인 사

---

1 J. Dewey and J. H. Tufts, *Ethics*, p.431.

회의 일원이 되어 가는 과정이기도 하다. 듀이의 표현으로 요약한다면, "욕구와 사상과 창의에 있어서 개인의 역량에 자유를 부여하는 역사적 과정은, 대체로 말해서, 더 복잡하고 더 광범위한 사회조직이 형성되어 가는 역사적 과정이다."[2]

개인이 속하는 사회의 규모가 커가면 커갈수록 개인의 역량의 발휘를 위하여 필요한 사회적 자극도 증가된다. 규모가 작고 내용이 빈약한 사회란 그 사회의 성원이 종사할 수 있는 활동의 범위가 협소함을 의미하는 동시에, 사회 활동의 다양화는 그 성원의 창의와 능력을 발휘할 수 있는 기회를 더해 주는 것이다.

그러나 규모가 크고 구조가 복잡한 사회에 있어서의 개인의 역량의 발휘가 자동적으로 그리고 필연적으로 이루어지는 것은 아니다. 만약 그러한 사회에 있어서 각계각층의 성원들의 활동이 대체로 조화되지 않는다면, 혼란과 무질서를 면하지 못할 것이다. 모든 종류와 모든 규모의 집단에 있어서 단결과 협력이 요청되거니와, 크고 복잡한 집단일수록 그 요청이 더욱 절실하다. 규모가 크고 구조가 복잡한 사회일수록 전체적인 통일을 얻기 힘들며, 따라서 더 적극적인 협력의 기풍이 요청되는 것이다. 대규모의 사회를 구성하는 개인 또는 단체들 사이의 알력과 분쟁은 그 사회 및 개인들의 손실을 의미하는 반면에, "그들 사이에 있어서의 모든 조화로운 협력은", 그 사회 전체를 위해서 좋을 뿐 아니라, "각 개인을 위해서도 더 충실한 인생을 의미하며, 사상과 행동에 있어서의 더 큰 자유를 의미한다."[3]

인간은 이 세상에 태어날 때 이미 사회의 구성원으로서 던져진다. 모든 사

---

2 Ibid., p.428.
3 Ibid., p.430.

회에는 구속력을 가진 관습과 도덕과 그리고 법률이 있는 까닭에, 개인은 날 때부터 그 제약을 받고 살아가기 마련이며, 아무에게도 '제멋대로 살 수 있는 자유'는 허락되지 않는다. 그러나 그 사회적 제약이 반드시 개인에게 불행을 의미하는 것은 아니다. 관습과 제도가 합리성을 더해 감에 따라서, 사회적 규범은 단순한 '구속'이 아니라 '질서'로서의 성격을 더해 가는 것이며, 그것이 질서인 까닭에 개인은 자발적 참여와 협력의 태도로 사회의 제약을 받아들이게 된다. 그리고 스스로의 협조적인 참여로써 질서가 확립된 행위의 세계 가운데서, 각 개인은 자기의 힘과 가치와 가능성을 깨닫고, 심신 양면에 걸친 스스로의 성장을 이룩한다. 다시 말하면, 사회가 개인의 능력을 개발하고 선도하는 것이다. 이 점을 좀 더 구체적으로 설명하기 위하여 듀이는 다음과 같은 두 가지 사항을 지적하고 있다.[4]

(1) 사회를 매개로 삼지 않는 한, 개인은 자기 자신을 알지 못한다. 사람은 사회적 관계 속으로 들어감으로써 비로소 자기 안에 잠재해 있는 힘 또는 가능성을 깨닫게 된다. 예컨대, 어떤 개인이 자기의 예술적 소질을 발견하는 것은, 훌륭한 예술품과의 접촉 또는 위대한 예술가와의 대화 등을 통해서이다.

(2) 사회는 개인으로 하여금 스스로의 능력을 깨닫게 할 뿐 아니라, 여러 가지 능력 가운데서 어느 것은 더 귀중하고 어느 것은 덜 귀중하다고 여기게 하는 가치 관념을 품게 한다. 능력의 경중에 관한 가치 관념뿐 아니라, 일반적으로 모든 대상에 관한 가치관이 사회생활의 여러 조건의 영향을 받고 형성된다. 우리가 현실에 대하여 갖는 비판적 의견까지도 여러 가지 사회 현실의 영향으로 생긴 사회적 산물이다.

---

4 Ibid., pp.433-434.

위에서 대략 설명한 바와 같이, 개인의 사상과 행동에 미치는 사회의 영향력을 강조하고, 사회를 떠나서 인간 생활을 생각할 수 없다고 믿고 있으며, 그리고 가장 추상적인 철학설까지도 우리의 실천적인 현실 문제에 관련시켜서 이해하고자 하는 듀이에 있어서, '사회' 내지 '사회생활'의 개념은 매우 중요한 의의를 가졌다. 다음에 사회생활의 몇 가지 중요한 양상에 관한 그의 분석을 항목을 바꾸어서 살펴보고자 하거니와, 그에 앞서서 여기 이른바 '개인과 사회의 관계'의 문제에 대한 듀이의 견해를 잠시 살펴보기로 하자.

개인이 근본적이냐 사회가 근본적이냐 하는 문제는 옛날부터 이론이 분분했던 논쟁거리의 하나다. 이 문제에 관해서는 전통적으로 세 가지의 견해가 주장되어 왔다. 첫째에 의하면, 사회는 개인을 위해서 만들어진 것이며, 따라서 그것은 개인의 행복을 위한 수단으로서 봉사해야 한다. 둘째에 의하면, 사회는 개인에 앞서는 것이며, 따라서 개인은 사회가 요청하는 바를 좇아서 행동하고 생활해야 한다. 셋째에 의하면, 개인과 사회의 관계는 상호적이며 유기적이다. 다시 말하면 사회는 개인의 봉사와 복종을 요구하는 동시에 또 개인을 위해서 봉사해야 할 사명을 가졌다. 그리고 이 세 가지 견해들 가운데서 가장 타당한 것으로서 널리 지지를 받고 있는 것은 세 번째 것, 즉 사회 유기설(有機說)이다.

그러나 듀이에 의하면, 저 세 가지 견해는 모두 공통된 잘못을 출발점으로 삼고 있다. 그들은 모두 "일반적 관념(general notions)에 의거해서 개별적 상황(specific situations)을 파악하려는 논리적 오류를 범하고 있는 것이다." 다시 말하면, 우리가 현실에서 경험하는 구체적인 집단 또는 개인을 그들이 가진 개별적 특색을 따라서 이해하려고 하지 않고, '개인'이니 '사회'니 하는 추상적 개념의 의미의 분석을 통하여 인간의 구체적 현실을 파악하고자 한다.[5]

'사회라는 것(*the* society)', '개인이라는 것(*the* individual)'이 현실적으로 존재하는 것은 아니다. 현실적으로 존재하는 것은 여러 가지 종류의 크고 작은 집단들이며, 여러 가지 성격과 배경을 가진 사람들이다. 그리고 우리가 실제로 당면하는 문제들도 이 여러 가지 구체적 집단들과 구체적 인물들에 관한 것이며, 일반적인 의미의 '사회라는 것' 또는 '개인이라는 것'에 관한 것이 아니다. 그러므로 사회 및 개인에 관한 여러 가지 문제들은 그 하나하나의 개별적 특수성을 따라서 검토되어야 하며, '사회' 내지 '개인'에 관한 일반적 관념 또는 추상적 개념에 대한 고찰을 통하여 해결할 수 있는 성질의 것이 아니다. '개인과 사회'의 관계의 문제도 마찬가지다. 일정한 집단과 그 성원의 관계는 그 집단의 개별적인 특색을 따라서 하나하나 '케이스 바이 케이스'로 따져야 할 일이며, '사회' 및 '개인'이라는 일반적 개념의 정의로부터 연역적으로 산출할 수 있는 문제가 아니다.

개인에 대한 사회의 우선을 인정하고 개인은 사회 또는 국가의 목적을 위하여 봉사해야 한다는 전체주의의 사상이 듀이의 견지에서 받아들일 수 없음은 명백하다. 도대체 개인에 앞서서 미리부터 존재하며 개인이 그것을 위해서 봉사해야 할 선천적 실재로서의 '사회' 또는 '국가'가 듀이의 경험론 안에서 차지할 수 있는 자리는 전혀 없기 때문이다.

사회에 대한 개인의 우선을 인정하는 동시에 개인만이 참된 존재이며 사회는 오직 부차적이요 인공적일 뿐이라고 주장하는 종래의 개인주의도 듀이로서는 받아들일 수가 없다. 개인이 사회에 앞선다는 것을 강조하는 종래의 개인주의의 근본적인 잘못은 '개인'을 **기성**(旣成)의 **소여**(所與)라고 보는 점에 있다. 듀이에 의하면, 개인은 이미 결정되어 주어져 있는 것이 아니라

---

5 J. Dewey, *Reconstruction in Philosophy*, p.188.

앞으로 **만들어져야** 할 무엇이다. 듀이도 "사회적인 기구와 법과 제도를 위해서 인간이 있는 것이 아니라, 인간을 위해서 그것들이 만들어졌다."는 것을 인정한다. 사회의 여러 가지 기구와 제도들은 "인간의 행복과 발전을 위한 수단이요 기관이다." 그러나 그것들은 "**개인을 위해서** 무엇을 얻어 주기 위한 수단이 아니라, … 개인을 **만들어 내기** 위한 수단이다."[6] 본래 주어져 있는 개인이 있다면, 그것은 오직 물질적인 의미의 개인(즉 개별자로서 지각되는 육체적 개인)일 뿐이다. 사회학적 내지 윤리학적 의미의 개인은, 창의와 지략의 주체요 스스로의 사상과 행동에 대하여 책임을 짊어지는 도덕의 주체다. 그런데 창의와 지략과 책임감은 천부의 것이 아니라 '노력의 결정(achievements)'이다. 그것이 '노력이 결정'이라는 뜻에서 듀이는 개인을 주어진 것이 아니라 '만들어져야 할 것'이라고 말했던 것이다.

개인과 사회의 관계를 상호적이요 유기적이라고 보는 제3의 견해도 듀이에게는 만족스러운 것이 못 된다. 이 견해도 역시 '개인' 또는 '사회'를 주어진 실재로서 이해하는 일반적 관념에 대한 명상에 의거하고 있는 까닭에, 비록 매우 타당한 학설인 것 같은 인상을 주기는 하나, 면밀하게 살펴보면 결함이 있다는 것이다.

유기설에 따르는 결함의 하나는 그것이 사회생활 가운데 나타나는 현실적인 모순과 알력의 의의를 과소평가하고, 불만인 현실을 그대로 정당화하는 결과를 가져오기 쉽다는 사실에서 발견된다. "개인과 국가 또는 사회단체는 같은 실재의 두 측면에 지나지 않는 까닭에, 그것들은 이미 원리와 개념에 있어서 화해를 이루고 있는 까닭에, 모든 특정한 경우의 모순과 알력은 오직 표면적일 뿐이라는 해석이 현실을 수정 없이 받아들이기를 종용한다."고 듀

6　Ibid., p.194.

이는 지적한다. 유기설에 의하면, 개인과 국가는 이론상 서로를 필요로 하며 서로 돕는다. 그렇다면 "무엇 때문에 **이 특정한** 나라에 있어서 한 집단의 개인들이 온통 압박과 학대에 시달리고 있다는 사실에 대하여 크게 신경을 쓸 필요가 있을까?"[7] 만약 유기설이 옳다면, 개인의 이익과 국가 내지 사회의 이익이 진정으로 대립할 수는 없다. 기업주와 노동자의 이익도 정말로는 대립될 수 없으며, 다수파와 소수파의 이익도 정말로는 대립될 수가 없다. 모두가 동일한 유기적 전체의 필요하고 불가결한 부분인 까닭에, 결국은 서로가 서로를 요구하고 서로가 서로를 돕는 관계에 있다. 유기설의 이와 같은 견해는, 비록 의식적으로 현실의 모순을 정당화하려는 의도는 갖지 않았다 할지라도, 결과에 있어서는 현실의 구체적 상황에 대한 비판적 관찰력을 무디게 한다. 사회철학자들은 개별적 현실에 대한 관찰에 입각하여 사회의 개조를 위한 처방을 모색하는 대신, '개인', '사회', '국가' 등의 관념적인 개념을 음미함으로써, 어지러운 사회의 현실적인 문제들을 이론상으로 (즉 관념적인 해석을 통하여) '해결'한다. 그러나 구체적인 문제와 사회악은 물론 여전히 그대로 남는다.

그러면 듀이는, 개인과 사회의 관계를 어떻게 보아야 한다는 것일까? "사회는 개인을 위한 수단이다."도 틀렸고, "개인이 사회의 전체적 목적에 순응해야 한다."도 잘못이며, "개인과 사회의 관계는 상호적이요 유기적이다."도 아니라면, 도대체 어떠한 견해를 취해야 한다는 것일까? 저 세 가지 견해는 '개인과 사회의 관계'에 대해서 우리가 주장할 수 있는 논리적 가능성의 전부가 아니던가?

"개인과 사회의 관계는 어떠한 것인가?" 또는 "개인과 사회는 그 어느 편

---

7 Ibid., p.191.

을 우선적으로 생각해야 하는가?"라는 물음을 제기하는 한, 위에서 말한 세 가지 견해 가운데서 하나를 골라 대답할 수밖에 없을 것이다. 그것들은 논리적으로 가능한 대답의 전부이기 때문이다. 그러나 듀이에 따르면 '개인과 사회의 관계'의 문제는 본래 그 문제의 제기 자체에 잘못이 있었다. 그것은 "무의미한 물음이다."[8] 그러한 물음의 제기는 벌써 '개인' 또는 '사회'를 이미 주어진 실재로 보는 관념적인 사고에서 출발하고 있다. 우리는 일반적이요 추상적인 '개인'과 '사회'를 문제 삼을 것이 아니라, 구체적인 경우 하나하나에 있어서의 사회적 인간존재를 면밀한 관찰에 의거하여 파악해야 한다는 것이 듀이의 생각이다.

2. 공중과 국가와 정부

갓난아기는 혼자의 힘으로는 살아갈 수 없을 정도로 매우 연약하고 무력한 존재로서 세상에 태어난다. 그들이 생명을 유지하고 성장을 계속할 수 있는 것은, 오로지 다른 사람들의 보호의 덕택이다. 이미 성장한 사람들은 자기와 관계가 있는 어린이들의 생애에 대하여 깊은 관심을 가지고 행동하며, 또 자신의 행동이 어린이들에게 어떠한 영향을 주리라는 것을 미리 내다보고 있다.

어린이들에 대한 어른들의 관심은 단순히 저들의 생존과 성장에만 있는 것이 아니다. 어른들은 어린이들이 일정한 방식을 따라서 느끼고 생각하며 판단하고 행동하기를 원한다. 그리고 자신들이 원하는 방향으로 어린이들이 생각하고 행동하도록 음양간에 영향력을 발휘한다. 사실에 있어서 젊은

---

8 J. Dewey, *The Public and Its Problems, Intelligence in the Modern World*, p.381.

세대의 생각과 행동은 늙은 세대의 생각과 행동을 긍정적으로 또는 부정적으로 반영하여 발달하는 것이며, 엄밀한 의미에 있어서 한 젊은이 그 사람만의 내부로부터 우러나온 생각 또는 행동이라는 것은 있을 수가 없다.

생존과 사상과 그리고 행동에 대하여 영향을 주고받는 현상은 어른과 그들의 어린이 사이에만 일어나는 관계가 아니다. 직접 또는 간접으로 교섭을 갖는 모든 사람들은 적든 많든 간에 서로 어떤 영향을 주고받는다. 사람들의 행동은 복잡한 인과관계를 이루고 서로 연결되어 있으며, 이 연결이 특히 긴밀하다는 사실 가운데 사회적 존재로서의 인간의 특색의 일면이 나타나고 있다.

인간이 영위하는 사회생활의 양태에 대한 듀이의 탐구는 바로 저 사실을, 즉 "인간의 행동은 다른 사람에 대하여 영향을 미치며, 이러한 영향의 일부는 행위자 자신에 의하여 자각되는 동시에, 그 자각은 행위자로 하여금 장차 자기가 미치는 영향이 바람직한 것이 되도록 스스로의 행동을 통제하게 만든다."는 사실을 출발점으로 삼는다.[9]

한 사람의 행동이 다른 사람에게 영향을 미치는 경우들은 크게 두 가지 종류로 나누어 볼 수가 있다. 그 하나는 문제의 행동을 포함한 사건에 직접적인 관계가 있는 사람들에게만 영향을 끼칠 경우이며, 또 하나는 문제의 행동의 결과가 직접적인 관련자들을 넘어서서 그 밖의 사람들에게까지 미칠 경우다. 듀이에 따르면, 어떤 행위의 영향이 직접적인 관련자들에게만 주로 미치거나 또는 직접적인 관련자들에게만 미치는 것으로 인정될 경우에는 그 행위는 (또는 그 행위를 포함한 사건은) **사적인**(private) 성격의 것이다. 그러나 만약 행동의 영향이 직접적인 관련자들을 넘어서서 간접적 결과까

---

9 Ibid., p.367.

지도 불러일으킨다는 사실이 인정되고, 그 간접적 결과를 통제하기 위하여 어떤 노력이 취해질 경우에는, 그 행동 또는 사건은 **공적인**(public) 성격을 띠게 된다. 예컨대, 갑과 을 두 사람의 대화에 의하여 이익을 보거나 손해를 입는 것이 갑과 을 두 사람 사이에만 국한된다면, 그 대화는 한갓 사적인 사건이다. 그러나 만약 그 대화의 결과가 당사자 두 사람의 범위를 넘어서서 다른 사람들의 이해에까지 영향을 미칠 것이 고려되고 있다면, 그 대화는 공적인 행동으로서의 성격을 갖게 된다는 것이다.

비록 주관적 의도에 있어서는 직접적인 관련자만을 대상으로 삼는 행위일지라도, 실제에 있어서는 다른 여러 사람들에게 어떤 영향을 끼치는 것이 보통이다. 이에 듀이는 "두 사람 또는 그 이상의 사람들 사이에서 이루어진 모든 교섭은 넓은 의미에 있어서 사회적 성질의 것이다."라고 말하여, '사적'과 '공적'의 구별이 '개인적'과 '사회적'의 구별과 일치하지 아니함을 지적하고 있다.[10]

'사적'인 것이 반드시 '개인적'인 것을 의미하지 않는 까닭에, 사적 행위는 비사회적이고 공적 행위는 사회적으로 유용하다는 공식은 성립하지 않는다. 사적인 행위에도 공익에 이바지하는 것이 많듯이 공적인 행위에도 사회적으로 해로운 것이 적지 않다. 이른바 '정치적 행위'는 공적 행위의 대표적인 예라 하겠거니와, 정치적 행위가 사회에 해독을 끼치는 경우는 결코 드물지 않다. 따라서 사회 공동체 및 그 이익을 정치적 조직으로서의 국가 또는 정부와 동일시해서는 안 된다고 듀이는 경고한다.[11]

비록 **현실적인** 국가기관 내지 정부의 하는 일이 반드시 공중의 이익과 일

---

10 Ibid., p.368.
11 Ibid., p.369.

치하지는 않는다 할지라도, 국가 내지 정부의 본래의 사명은 공중의 이익을 보장하고 도모함에 있다고 듀이는 주장한다. 이러한 관점을 취하는 까닭에, '공적인 것'과 '사적인 것'의 구별은 국가 및 정부의 본질을 이해함에 중요한 실마리가 된다고 그는 생각하였다.

듀이에 따르면 공중(公衆, the public)이라는 것은 "자기가 직접 관여하지 않는 사회 활동에 의하여 간접적으로 받는 영향이 너무 큰 까닭에 그 간접적 영향을 조직적으로 통제함이 필요하다고 느껴지는 사람들을 묶어서 말하는" 총칭이다.[12] 공중이 간접적으로 받는 영향이 적절함을 잃지 않도록 조정하기 위하여 조직된 공적 기관의 대표적인 것이 국가이며, 공중의 이익을 도모한다는 국가의 사명을 완수하는 책임을 실천할 일꾼으로서 뽑힌 사람들이 공무원(officials)이다. 공적 행위에 의하여 간접적 영향을 받는 사람들은 공사(公事)에 직접 참여하지 않는 까닭에, 자기의 이익을 보호할 사람들을 대표로 내보낼 필요가 있는 것이다. 입법부의 의원뿐만이 아니라, 공무원은 일반적으로 공중의 대리인으로서 임무를 지는 것이며, 공무원이 공중의 손실을 가져온다면 그것은 그 임무를 배반하는 소이(所以)가 아닐 수 없다.

어떤 집단은 그 규모가 너무 작고 그 성원의 상호관계가 너무 긴밀한 까닭에, 당사자 아닌 사람들의 통제를 요구할 정도의 간접적 영향을 받는 일이 적으며, 따라서 정치적 조직으로서의 국가를 필요로 하지 않는다. 한편, 사람들의 상호 연결이 너무 소원하고 미약할 경우에도 국가는 성립하지 않는다. 산이나 바다에 의하여 격리되고, 서로 다른 언어와 풍습 그리고 종교에 의하여 멀리 떨어진 두 집단 사이에 있어서는, (전쟁의 경우를 제외한다면) 한 집단의 행위가 다른 집단의 이익에 대하여 통제가 필요할 정도로 심각한

---

12 Ibid., p.370.

영향을 미치지 않는 경우가 많다. 이러한 경우에 있어서 이 두 집단은 하나의 국가를 형성하기에는 너무 범위가 넓은 것이다. 요컨대, 그 범위와 관계가 너무 좁거나 밀접하지도 않고 또 너무 넓거나 소원하지도 않은 어떤 중간적인 영역이, 국가라는 정치적 조직을 초래하는 영역이라는 것이다.[13] 이와 같이 '공적'이라고 부를 수 있는 간접적 영향력이 미치는 범위로써 한 국가의 형성이 가능한 한계를 발견하는 듀이의 견해는, 역사의 발전과 더불어 국가의 형태와 규모가 점점 확대해 가는 것을 필연적인 추세로서 이해하는 뜻을 품었다. 교통 내지 통신의 수단이 현저하게 발달함과 동시에 지리와 풍습과 언어 등의 장벽이 점차 무너져 가는 현실의 변동을 따라서, 하나의 국가적 조직이 요청되는 범위도 점점 늘어 갈 것이기 때문이다.

국가라는 정치적 조직을 필요로 하는 집단의 실정이 구구함을 따라서, 공중이 요구하는 국가의 형태나 정부의 체제도 다르며, 또 현실적으로 역사상에 나타난 국가 및 정부도 각각 그 특색이 다르다. 그뿐만 아니라, 역사가 발전해 감에 따라서, 국가의 형성을 가능케 하는 집단의 범위가 점점 확대해 간다는 실정에 의해서도, 새로운 규모와 형태의 국가나 정부가 출현함이 불가피하게 된다. 현실에 나타난 국가와 정부가 이와 같이 다양하고 변동하는 모습을 띤다는 사실을 분명히 인식한다는 것은 중요한 일이라고 듀이는 생각한다. 왜냐하면, 이러한 현실적인 다양성을 무시하고 보편적이요 이상적인 원형으로서의 '국가라는 것(the State)'을 상정한 관념론에 의하여, 구체적인 인간의 모습의 파악이 크게 방해되었다고 판단하기 때문이다.

모든 국가가 본받아야 할 이상적인 국가의 원형이 있다는 생각은 이론에 대해서뿐만 아니라 실천에 대해서도 많은 영향을 끼쳤다. 첫째로, 책상 위

---

13 Ibid., p.372.

에서 적당히 만든 헌법을 국민에게 강요하는 경향도 그러한 생각에 바탕을 두었다. 그러한 생각이 잘못이라는 것을 깨달았을 때도, 사람들은 "국가는 성장한다."는 주장으로써 저 잘못된 견해의 자리를 메우려고 하였다. 국가가 본래 그 자체 속에 가지고 있는 힘에 의하여, 이미 정해져 있는 목적을 향해서 일정한 단계를 밟고 진화한다는 것이다. 이러한 견해들이 우리들의 실천에 미치는 폐단은 매우 심각하다. 즉 이러한 견해들은 "정치의 개혁을 효과적으로 수행하게 할 수 있는 유일한 방법 — 결과를 예견하기 위하여 지성을 사용한다는 방법 — 을 좌절시킨다."[14]

요컨대, 국가는 공중이 자기를 보호할 필요에 의하여 경험적으로 조직한 정치적 집단이다. 여기서 '공중'이라고 부르는 것은 자기가 직접 관여하지 않는 제삼자들의 행동에 의하여 빚어지는 간접적 결과에 의하여 지속적이며 심각한 영향을 받는 사람들의 집단을 가리키는 것이며, 이 공중이 받는 간접적 결과를 적당히 통제하기 위하여 조직한 것이 국가라는 것이다. 그런데 간접적 결과의 통제를 요구하는 공중의 실정은 집단에 따라서 다르므로 그 실정의 차이를 반영하고 나타나는 국가들도 여러 가지 형태를 취하는 다양성을 보인다는 결론이 뒤따른다. 그리고 역사상에 현실적으로 나타난 여러 가지 형태의 국가들은 그 모두가 각각 그런대로 진정한 국가이며, 그와 같이 현실적으로 존재하는 국가들을 떠나서 따로 '참된' 국가의 모델이 있을 수 없다는 것이 듀이가 주장하는 요점이다.

국가의 본질을 이상과 같이 이해하는 듀이에 있어서, 공중과 국가와 정부의 관계는 스스로 명백하다. 국가와 정부의 관계에 대해서는 종래 두 가지 극단론이 주장되어 왔다. 그 하나는 국가와 정부를 동일시하는 견해이며,

---

14 Ibid., p.374.

또 하나는 국가라는 주체가 먼저 있어서 그것이 스스로의 목적을 수행하기 위한 방편으로서 정부의 여러 기관을 조직하고 그 기관에서 일할 공무원들을 채용한다는 견해다. 듀이의 견지로서는 위에 말한 어떤 견해도 받아들일 수 없는 것이며, 이 점에 관한 듀이의 견해는 다음과 같이 요약할 수가 있다.

스스로 직접 참여하지 않은 사회적 활동에 의하여 심각한 영향을 받는 사람들은 하나의 공중을 형성하거니와, 공중은 그 자체로서는 조직성을 갖지 못한 혼잡한 집단이다. 공중이 어떤 조직을 가질 때에, 그 조직체의 운영을 위임받는 대표들이 곧 공무원이며, 공무원들로 구성된 조직적인 권력 기구가 바로 정부다. 그리고 공무원 또는 그들의 조직으로서의 정부 및 그들이 가진 특수한 권력에 의하여 공중은 국가가 된다. 다시 말하면, 공무원 내지 정부에 의하여 조직화된 공중이 바로 국가다. 따라서 "정부가 없이는 국가가 있을 수 없으며, 또 공중이 없이도 국가라는 것은 있을 수가 없다."[15]

관권을 장악한 공무원, 즉 관리는 본래 **공중을 위해서** 그 권력을 행사하기로 되어 있지만, 실제에 있어서는 한 개인 또는 한 당파를 위해서 권력을 남용할 수가 있다. 이것이 곧 정부 또는 관리의 부패라는 현상이다. 관리의 부패는 반드시 의식적인 부정 또는 법에 저촉되는 오직(汚職) 행위가 있을 경우에만 존재하는 것이 아니다. 법 자체를 한 당파나 계급에 유리하도록 만들 수 있을 정도로 강력한 권한을 가진 정부는 유형무형의 여러 가지 수법으로 공중의 신임을 배반할 가능성이 있다. 혹은 정치를 '필요악'이라 부르고, 혹은 '권력은 독약'이라는 말이 나돌게 된 근본 원인이다.

그러나 듀이는 정권의 부패를 필연 불가피한 현상이라고는 믿지 않는다. "직책을 맡음으로 말미암아 한 사람의 시야가 넓어지고, 그의 사회적 관심

---

15 Ibid., p.379.

이 자극을 받음으로써 그의 사사로운 생활에서는 찾아볼 수 없었던 면모가 한 정치인이 됨을 계기로 나타날 수도 있다."는 사실을 그는 인정한다.[16]

관리 내지 정치인이 아니고서는 국가라는 것은 형성될 수가 없으며, 권력이란 인간을 유덕하게 만들기보다는 부패로 유혹할 가능성이 큰 까닭에, 관리와 정치인을 필수의 구성요소로 삼고서만 형성될 수 있는 국가에 있어서 어리석고 그릇된 정치적 행동이 일어난다는 것은 듀이에 따르면 놀라운 일도 아니며 비관할 일도 아니다. 정치와 부패가 흔히 연결되기 쉽다는 현실적인 경향으로부터 우리가 얻을 수 있는 첫째 교훈은, 단순히 정권이 교체되어 사람이 바뀌고 또는 새로운 정치적 노선이 표방되는 것만으로 실질적이요 근본적인 변화가 오리라고 기대해서는 안 된다는 그것이다. 정권의 교체 또는 정부 수뇌부의 경질 등을 계기로 국민의 생활에 큰 변화가 생길 경우가 전혀 없는 것은 아니다. 그러나 그러한 변화가 일어나는 것은 새로 등장한 인물들의 개인적인 힘 때문이기보다는, 사회적 조건이 그러한 방향으로 토대를 닦아 놓았기 때문이라고 듀이는 주장한다.

정부 고위층의 인물만 바뀌면 저절로 사회의 양상이 달라지리라는 환상은 '국가라는 것'의 원형이 모든 현실적인 정부에 앞서서 독자적으로 존재한다고 믿는 관념론에 의하여 조장되었다. 논자들은 국가와 정부를 완전히 구별하는 동시에, 비록 정부에는 부정과 부패가 있더라도 국가는 항상 그 본래의 신성성을 유지한다고 주장한다. 따라서 결함은 오로지 정부에 있을 뿐이요, 국가는 항상 온전하다고 보는 까닭에, 정부를 구성하는 인물들만 갈아 내면 국가는 본연의 광채를 자동적으로 발휘하게 될 것이라고 믿는다. 그러나 국가는 앞에서도 말한 바와 같이, 정부를 통하여 조직화된 공중이다. 정부를

---

16 Ibid., p.380.

떠나서는 국가라는 것도 없으며, 정권을 장악한 인물들의 교체만으로 사회에 본질적 변화가 오리라고 믿을 근거도 없다. 이에 듀이는, "오직 공직자들에 대한 국민들의 끊임없는 감시와 비판을 통해서만 국가는 그 충실성과 유용성을 유지할 수가 있다."고 경고한다.[17]

3. 커뮤니케이션

듀이는 그의 『경험과 자연(*Experience and Nature*)』 제5장의 첫머리에서 다음과 같이 말하고 있다.

> 모든 것 가운데서 '커뮤니케이션(communication)'은 가장 놀라운 현상이다. … 커뮤니케이션이 생기면, 자연계의 모든 사건들은 다시 고려되고 다시 고쳐진다. 사건들은 대화의 (그것이 타인과의 담화이든, 사유라고 불리는 내면적인 담화이든) 요구를 만족시키기 위하여 다시 조정된다. 사건들은 대상으로 화하며, 사물은 의미를 갖게 된다. 우리는 그것들이 없는 곳에서도 그것들에 대해 언급할 수 있게 되며, 따라서 시간과 공간의 거리를 넘어서서 그것들은 우리의 생활 속에 작용한다.

'커뮤니케이션'은 듀이의 철학 가운데서 상당히 큰 비중을 차지하는 개념이다. 인간이 조직적인 사회생활을 할 수 있게 되고 화려한 사회를 갖게 된 것도, 그들이 복잡하고 발달한 커뮤니케이션의 능력을 가지고 있기 때문이다. 듀이는 특히 커뮤니케이션을 민주주의적 인간관계의 요석(要石)이라고

---

17 Ibid., p.380.

믿었으니, 그것은 듀이의 사회철학에 있어서 중추의 구실을 하는 개념의 하나다. 다음에 듀이의 커뮤니케이션의 이설(理說)의 요점을 살펴보기로 하자.

'커뮤니케이션'은 본래 인간이 인간에게 물질적인 것 또는 정신적인 것을 전달하는 모든 행위를 통틀어서 가리키는 말이다. 그러나 특히 사회학에 있어서 중요한 관심사가 되는 것은 사상과 감정 또는 의지와 같은 정신적인 것의 전달이다. 물건을 전달함에 있어서 인간이 하등동물보다 우월함이 기계를 사용하기 때문이라면, 마음을 전달함에 있어서 인간이 탁월한 능력을 가졌음은 그가 언어를 사용하기 때문이라고 할 것이다. 언어는 커뮤니케이션을 위한 도구 가운데서 가장 중요한 것이다.

언어를 사용하는 까닭에 인간은 자기 자신과도 대화를 할 수가 있다. 자기 자신과의 대화를 우리는 보통 사유라고 부르거니와 듀이는 사유도 커뮤니케이션의 한 형태라고 보고 있다.

커뮤니케이션은 단순히 입으로 지껄이고 귀로 듣는 부분적 행동으로 그치는 것이 아니다. 의사와 감정이 완전히 소통되기 위해서는 한 마음과 다른 마음 사이에 전체와 전체가 왕래가 있어야 한다. 인격 전체가 인격 전체를 이해함은 완전한 커뮤니케이션을 위하여 필요하고 또 충분한 조건이다.

완전한 커뮤니케이션은 입과 귀의 교섭이 아니라 전인격과 전인격 사이의 교섭이라는 견해가 교육에 대해서 시사하는 바는 매우 크다. 교육은 스승과 제자 사이의 커뮤니케이션을 통해서 이루어진다. 그러나 그것은 단순히 선생이 입으로 지껄이고 학생이 귀로 듣는 부분적 행동으로서 충분할 수는 없다. 그것은 전인격과 전인격의 왕래가 아니면 안 된다. 그것은 스승과 제자 사이의 인격적인 깊은 이해를 요구한다. 그리고 인격에 대한 깊은 이해는 냉철한 지성과 깊은 사랑의 조화를 터전으로 삼고 실현된다.

의사나 감정이 한 사람으로부터 다른 사람에게로 전달되는 커뮤니케이션에 있어서 그 매개의 구실을 하는 것은 기호(symbol)다. 전달되는 의사나 감정의 내용은 전달의 매개역을 맡아 보는 기호의 '의미(meaning)'를 형성한다. 따라서 커뮤니케이션은 둘 이상의 사람 또는 동물들이 기호를 매개로 삼고 **공통의 의미**를 갖는 것이라고 말할 수도 있다. 이에 커뮤니케이션의 현상을 충분히 이해하기 위해서는 '의미'라는 것에 대한 정확한 파악이 요구되는 것이며, 듀이의 철학에 있어서 또 하나의 기본적 개념인 '의미'의 문제가 여기에 연결된다.

여기서 제기되는 또 하나의 물음은 커뮤니케이션과 '마음(mind)'의 관계의 문제다. 앞에서 '전인격과 전인격의 왕래'라는 말을 하였고, 지금 또 '둘 이상의 사람들이 공통의 의미를 갖는다'는 말을 하였다. '인격'이니 '사람'이니 하는 말들은 '마음'을 핵심으로 삼는 주체를 일컫는 것이며, 따라서 저 말들은 인간에 있어서의 '마음'의 존재를 전제로 하고 나온 것들이다. 그러면 마음과 커뮤니케이션의 관계는 어떠한 것일까? 인간에게 본래 마음이 주어져 있는 까닭에 인간은 다른 동물보다 발달한 커뮤니케이션을 갖게 된 것일까? 또는 커뮤니케이션의 행위를 거듭하는 동안에 그 결과로서 마음이라는 기능이 발달하게 된 것일까?

커뮤니케이션과 마음의 관계에 대한 듀이의 고찰은 생물 진화론적이다. '마음' 또는 '의식' 따위와 같이 형태가 없는 것을 파악함에 있어서 적당한 출발점이 되는 것은 발생학적 고찰이라는 것이 듀이의 신념이다.

동물이 그 진화의 과정에 있어서 어떤 발전 단계에 도달하면, 사회적 행동의 수법으로 '몸짓(gesture)'이라는 것을 하게 된다. 몸짓은 한 동물이 다른 동물의 행동에 대하여 적절히 반응하기 위한 수단이다. 그리고 그것은 가장 넓은 의미의 언어의 시초다. 또 언어의 시초인 한에 있어서 그것은 동시에 커뮤니케이션의 시초이기도 하다. 그런데 이 가장 원시적 단계의 커뮤니케이션으로서의 몸짓을 통하여 전달되는 것은 선행하는 의식이 아니라 생리적인 행동이다. 다시 말하면, '몸짓' 즉 제스처의 단계에 있어서의 커뮤니케이션은 정신적인 것의 전달이 아니라, 물리현상으로서의 **행동의 전달**이다.

'정신적인 것'이 나타나게 되는 것은 행동이 한층 더 높은 단계에 도달했을 때, 즉 몸짓이 기호로서의 성질을 띠고 어떤 의미를 전달하기에 이르렀을 때에 있어서이다. 그리고 몸짓이 기호로서의 성질을 띠게 되는 것은, 그것이 환경 가운데 있어서 공통된 대상을 지적하고 또 공통된 반응을 유발하기에 이르렀을 때에 시작된다. 동물이 기호를 갖는 순간 그에게는 의미의 세계가 열리는 것이며, 의미의 지평이 열리는 동시에 '마음'이 무대 위에 나타나게 된다. 예컨대, 사냥개가 어떤 발자국을 발견했을 때, 그 발자국을 '산돼지'의 기호로서 이해하고, 그것이 산돼지를 **의미한다고** 알아차린다면, 그 개에게는 마음의 세계가 시작되는 것이다. 이와 같이 마음의 세계가 열리기 위해서는, 물론 대뇌피질의 발달을 비롯한 다른 현상들이 그 뒷받침을 하고 일어나야 한다.

듀이에 의하면, '마음'이라는 것이 먼저 있어서 그것의 덕택으로 인간이 풍부한 언어를 갖고 자유로운 커뮤니케이션을 하게 되는 것이 아니다. 인간은 그 생물학적 진화의 과정에 있어서 그리고 생물학적 필요를 따라서, 기호의 구실을 하는 몸짓을 하게 되고, 점차로 세련된 언어를 사용하게 되었으며, 이로써 자유로운 커뮤니케이션을 갖게 된 것이다. 그리고 이와 같이 언어를 사용하고 커뮤니케이션을 할 수 있는 단계에 도달한 그 상태 또는 기능이 곧 '마음'인 것이다. 듀이 자신의 표현을 빌리면,

'마음'이란 감각을 가진 생물이 언어 또는 커뮤니케이션에 해당하는 조직적 상호작용을 다른 생물과 더불어 교환할 수 있게 되었을 때, 그 생물에게 추가되는 기능이다. 이때 감각에 나타난 성질들(qualities)은 외계의 사물의 객관적 차이를 의미하게 되며, 과거와 미래의 사건들을 의미하게 된다. 이와

같이 질적으로 다른 감각을 단순히 느낌에 그치지 않고, 그 감각이 객관적 차이를 의미하기에 이른 사태가 곧 마음(mind)이다.[18]

여기서 주목할 것은, 듀이가 마음을 독자적으로 존재하는 실체(separate substance)라고 보지 않고 하나의 상태(state) 또는 기능(function)이라고 보았다는 점이다. 마음이라는 독립된 실체가 있어서 신체 속에 들어 있는 것이 아니다. '마음'이라는 것은 커뮤니케이션이 가능한 단계에 이른 동물에 있어서 나타나는 여러 가지의 작용 과정(functioning process)을 종합적으로 일컫는 말이다.

듀이의 견해를 해설한 가이거는, 라일(Gilbert Ryle)의 예를 인용하여, 마음이 자존(自存)하는 실체가 아님을 다음과 같이 설명하고 있다.

> 우리가 마음을, 이를테면 신체 속에 갇혀서 신체와 어떤 상호작용을 하고 있는 독립된 실체라고 생각한다면, … 우리는 별수 없이 그릇된 장소를 헤매는 것이 된다. … 그것은 마치, 라일의 예를 빌린다면, 어떤 사람에게 옥스퍼드 일대를 구경시키고, 여러 단과대학과 광장과 도로와 그리고 대학생들까지 보여주었을 때, 그가 "도대체 옥스퍼드 대학은 어디에 있느냐?"고 묻는 것과 흡사하다. 마음은, 종합대학이 단독적 실체가 아니듯이(적어도 단과대학과 같은 뜻으로 단독적 실체가 아니듯이), 단독적 실체가 아니다.[19]

요컨대, 마음은 일종의 작용(activity) 또는 능력(ability)이다. 그것은 자

---

18 J. Dewey, *Experience and Nature*, p.258.
19 G. R. Geiger, *John Dewey in Perspective*, p.419.

연의 일부가 다른 일부를 지적하고 표시하며 또는 흉내내는 작용이다. 그것은 "장차 생길 일을 예견하고, 예견된 결과를 따라서 현재의 행동을 조정할 수 있는 능력"이다.[20] 그리고 이러한 작용 또는 능력이 자연현상 가운데 일어나게 되는 것은, 둘 이상의 동물이 공통된 의미의 세계를 가질 때, 다시 말하면 의사의 소통, 즉 **커뮤니케이션**의 길이 열릴 때에 있어서라고 듀이는 생각하는 것이다. 따라서 우리가 만약 '마음'이라는 것의 출현에 어떤 신비를 느낄 수 있다면, "모든 것 가운데서 커뮤니케이션은 가장 놀라운 현상이다." 라고 한 듀이의 말을 이해할 수 있음직한 일이다.

커뮤니케이션이 인간의 사회생활에 있어서 갖는 중요성은 명백하다. 커뮤니케이션은 인간으로 하여금 공동사회(community)를 가질 수 있게 한 가장 기본적인 요인이다. 집합(association) 또는 연합(combination)은 공동사회의 출현을 위하여 절대 필요한 조건이다. 그러나 집합만으로 공동사회가 성립하지는 못한다. 자연계에는 도처에 물질의 무의식적인 집합 내지 연합의 현상이 일어나고 있지만, 거기에 반드시 공동사회가 형성되는 것은 아니다. 공동사회가 형성되는 것은, 집합한 개체들이 공통된 의미의 세계에 참여하고, 공통된 가치를 분유(分有)할 경우에 있어서뿐이다. 다시 말하면, 커뮤니케이션이 가능한 동물에 있어서뿐이다.

인간은 군서 동물로서 집단 가운데 태어나는 것이기는 하나, 날 때부터 선천적으로 공동사회의 한 성원의 자격을 갖추고 나타나는 것은 아니다. 어린이들은 그가 태어난 공동사회의 특색을 이루는 전통과 가치관을 어른들로부터 배워야 한다. 이것이 곧 교육의 과정이거니와, 교육이 커뮤니케이션의 가장 중요한 결과의 하나임은 더 말할 나위도 없다.

---

20 J. Dewey, *Creative Intelligence*, pp.39~40.

공동사회의 생활이 원만하게 진행되기 위해서는, 그 사회 안에서 일어나는 공동의 관심사가 사회의 성원 전체에게 널리 알려지는 동시에, 그 관심사에 대한 여러 사람들의 의사가 자유롭게 표명되고, 또 장차의 실천에 반영되어야 한다. "표현의 자유가 없으면, 사회적 탐구의 방법조차도 발달할 수 없다."고 듀이는 강조한다.[21] 인간성을 낙관하고 인간이 숨긴 가능성을 굳게 믿는 듀이는, 인간 사회에 나타나는 모든 불행이 실은 의사의 소통의 결여 또는 오해 내지 곡해와 깊은 관계가 있다고 믿는다. 이것을 뒤집어서 말하면, 표현의 자유가 제약을 받지 않고 의사의 소통만 유감없이 실현된다면 사회는 크게 명랑해질 것이라는 의견이 된다.

듀이는 그가 산 사회를 올바른 사회라고는 보지 않았다. 오히려 그는 많은 부조리와 불만을 보았다. 그에게도 현실은 극복되어야 할 과제였다. 그러나 듀이는 사회의 현실을 개조하기 위하여 폭력적인 투쟁 또는 혁명에 호소해야 한다고는 믿지 않았다. 사회를 개조하는 가장 좋은 방법은 사람과 사람의 유대(紐帶)를 강화하는 일이라고 그는 믿었다. 그리고 사람과 사람의 유대를 강화하기 위해서는 커뮤니케이션이 원만하게 실현되어야 한다고 믿었다.

인간이 비교적 자유로운 커뮤니케이션을 할 수 있는 것은 그가 언어라는 발달된 기호를 가졌기 때문이다. 언어는 그것이 사용되는 목적에 따라서 크게 두 종류로 나누어 볼 수가 있다. 하나는 과학의 언어요, 또 하나는 예술의 언어다. 과학의 언어를 통한 커뮤니케이션에 의하여 인간의 집단은 현재를 파악하고 미래를 내다보며, 그 예견에 따라서 행동의 방향을 정한다. 한편

---

21 J. Dewey, *The Public and Its Problems*, J. Ratner ed., *Intelligence in the Modern World*, p.361.

예술의 언어를 통한 커뮤니케이션은 미적 경험을 직접 나눔으로써 인생의 즐거움을 같이한다. 듀이에 있어서, 과학과 예술은 커뮤니케이션의 두 정화(精華)이며 문화의 두 정점이다.

커뮤니케이션의 두 정화로서의 과학과 예술이 널리 인간 사회에 보급되고, 사람들이 모두 과학적이요 예술적인 안목으로 인생의 문제를 바라볼 때, 사회의 개조는 순조로이 실현될 것이라고 듀이는 믿었다. 그리고 과학적이요 예술적인 태도의 보급을 약속하는 길로서 그는 민주주의를 이해하였다. 듀이는 민주주의를 단순히 한 가지 정치의 노선으로 보지 않았다. 과학과 예술의 언어를 사용한 자유로운 커뮤니케이션을 통하여, 서로 경험을 나누고 서로 협력하며 사는 그 생활의 방식 자체를 듀이는 넓은 의미에 있어서 민주주의라고 이해하였다.

이토록 듀이는 커뮤니케이션을 민주주의의 관건으로서 이해했거니와, 다음에 '민주주의'에 대한 그의 소견을 정리해 보기로 하자.

4. 민주주의의 본질

"민주주의는 특수한 정치의 형태보다도 훨씬 넓은 뜻을 가졌다." 「민주주의와 교육행정」이라는 제목으로 행해진 어떤 강연에서 듀이는 이와 같은 말로 입을 열었다.[22] 총선거에 의한 입법부와, 선거에 의하여 선출된 행정관의 손으로 법을 만들고 또는 행정을 맡아 보는 방법 ─ 이것만이 민주주의의 전

---

22 이 강연 "Democracy and Educational Administration"은 1937년 11월 22일에 미국 국민교육협회(National Education Association)에서 행해졌다. 그리고 이 강연의 원고는 *School and Society*, 1937년 3월호에 실렸다. 이 책의 인용은 *Intelligence in the Modern World*에 수록된 것(pp.400-404)으로부터이다.

부가 아니라는 것이다. 민주주의는 물론 그러한 입법과 행정의 방식을 포함하고 있다. 그러나 그것보다도 더 넓고 깊은 뜻이 그 속에 있다는 것이다. 넓은 의미의 민주주의는 '참으로 인간다운 삶의 길(the truly human way of living)'이다. 그것은 인간에게 잠재한 가능성을 실현하고, 넓은 인간관계 속에서 발견되는 공동의 목적을 달성하는 삶의 길이다. 그리고 입법과 행정에 있어서의 민주주의적 방식은, 저 넓은 삶의 길을 위한 수단의 일부인 것이다.

국민 전부가 참가하는 투표라든지, 정기적 선거의 실시라든지, 그 밖의 이른바 민주정치의 여러 가지 방식은 '참으로 인간다운 삶의 길'로서의 민주주의를 실현하기 위한 방법 — 이제까지 발견된 것 가운데서는 가장 효과적인 방법 — 이다. 투표나 선거 그 자체에 큰 가치가 있는 것이 아니라, 그러한 방식이 인간다운 삶의 길을 실현함에 즈음하여 진실로 이바지하는 한에 있어서, 그것은 중요한 의의를 갖는다.

'인생의 길'로서의 민주주의의 바탕을 이루는 것은 "집단적 생활을 규제할 가치의 체계를 확립함에 있어서 모든 성인이 참여할 필요성"이다.[23] 사회생활의 중요한 문제들의 해결의 방안을 결정함에 있어서 모든 성인이 참여함은 사회 전체의 복지를 위해서도 필요하고, 개인 각자의 충분한 발전을 위해서도 필요하다. 그리고 그것이 필요하다고 판단하는 근거는, "어떠한 한 사람의 개인도, 또는 몇 사람의 제한된 수의 개인들도, 다른 사람들을 그들의 동의 없이 통치할 수 있도록 현명하고 선량하지는 못하다."는 생각에 있다.[24] 어떤 정치적 내지 사회적 제도에 의하여 제약을 받는 사람들은, 누

---

23 J. Dewey, *Intelligence in the Modern World*, p.400.
24 Ibid., p.401.

구나 그 제도를 만들고 운영하는 일에 마땅히 참여해야 한다는 것이다.

정치상의 민주주의가 발달하게 된 것은, 소수의 특권층에게 다수를 강제로 복종시키는 방법을 서로 상의한 끝에 자진하여 동의하는 방법으로 대치함을 계기로 삼고서부터이다. 일방적인 복종관계는 원칙적으로 강제에 의하여 유지된다. 간혹 '자비로운 독재자'가 한때 나타나는 수가 있으나, 그런 경우에도 강제는 따라다닌다. 물론, 그 강제가 눈에 보이지 않는 형태를 취할 경우도 있다. 그러나 비록 간접적이요 심리적인 것이라 할지라도 강제임에는 틀림이 없다. 자기에게 직접 이해관계가 있는 문제의 처리를 결정하는 과정에서 제외된다는 그 사실 자체 안에 은연한 강제성이 이미 들어 있다.

눈에 보이지 않는 교묘한 강제는 일반적으로 더욱 효과적이다. 그러한 강제가 제도화하고 습관화하면, 대중은 그러한 강제의 상태를 당연하고 정상적인 것으로 생각한다. 그들은 자기가 억압을 받고 있다는 사실 자체를 깨닫지 못하는 것이 보통이다.

자기 자신의 문제를 처리하는 과정에 참여하지 못하는 것은, 그 개인을 위해서 손실일 뿐만 아니라, 사회 전체를 위해서도 바람직한 일이 아니라고 듀이는 주장한다. 왜냐하면 그것은 사회의 성원들이 숨기고 있는 능력을 ― 사회를 위해서 봉사해야 할 능력을 ― 사장(死藏)하는 결과가 되기 때문이다.

이른바 '현명한 사람의 선의의 독재'라는 것도 듀이는 찬양하지 않는다. 억압을 당하는 일반 대중은 그리 유식하거나 현명하지 못할지도 모른다. 그러나 그들도 어떤 특수한 문제에 관해서는 다른 누구보다도 현명할 수가 있다. 각자는 자기의 가장 절실하고 심각한 문제에 대해서 다른 누구보다도 적절한 대책을 세울 수 있는 것이 보통이다. 그뿐만 아니라 자기의 문제는 스스로의 힘으로 해결하는 훈련은 그 사람의 능력을 기르는 데 매우 도움이 된다. 항상 남의 명령과 지시만을 받아 버릇한 사람들은, 자기 안에 잠재해 있는 능력을 연마하여 발휘할 기회를 갖지 못한다.

민주주의 사상을 떠받드는 토대가 되는 것은, 인간성 안에 깃든 능력에 대한 믿음, 즉 인간의 지성과 경험에 대한 믿음이다. 듀이는 현재의 인간의 능력이 이미 완전하다고 생각한 것은 물론 아니다. 다만, 충분한 기회만 주어진다면 인간의 집단생활을 원만하게 영위하기에 필요한 지식과 지혜를 점차로 얻게 될 것이라고 굳게 믿었다.

탁월한 천부의 재질을 타고난 소수의 사람들만이 충분한 지성을 가지고 있으며, 그들만이 집단생활의 방향을 결정지을 자격이 있다는 생각을 — 모든 독재정치와 권위주의의 바탕이 되고 있는 저 오래된 생각을 — 듀이는 극력 물리친다. 그러나 지금까지 인류 역사의 대부분에 걸쳐서 사람들의 사회적 관계를 지배해 온 것은 바로 그러한 생각이었다고 그는 반성한다. "민주주의의 신념이 인류의 역사 위에 나타난 것은 아주 최근의 일이다."[25] 비록 오늘날 민주주의의 나라로 알려진 사회에 있어서까지도 사람들의 마음은 옛날 미개 시대에 발달된 관념 즉, '소수의 지도자의 판단에 의존하려는 생각'에 젖어 있다. 명목상으로는 민주정치의 제도가 확립되었다고 알려진 국가에 있어서도, 가정과 교회와 회사 그리고 학교에 있어서는, 옛날 독재적 지배 사회에 있어서 발달한 관념과 행동이 여전히 남아 있다. 그리고 그러한 잔재가 없어지지 않는 한, 참된 민주정치는 실현되지 않는다고 듀이는 역설한다.

민주주의의 바탕을 이루는 또 하나의 신조는 "만인은 평등하다."는 사상이다. 타고난 재질이나 능력이 모든 사람에게 균등하다는 것은 아니다. 민주주의의 바탕으로서 주장되는 '평등'은 인간의 생리나 심리에 관한 것이 아니라, 법적 내지 정치적 평등을 말하는 것이다. 모든 사람은 법과 행정에 있

---

25 Ibid., p.402.

어서 차별 없는 대접을 받아야 한다는 것이다. 다시 말하면, 모든 개인은 각자의 능력을 발휘할 수 있는 기회를 균등하게 가져야 한다는 것이며, 각자의 의사를 자유롭게 표시할 기회를 가져야 한다는 것이다. 타고난 소질이 좋지 못한 까닭에 크게 성공하지 못하는 사람도 있을 것이요, 그 의사가 다수의 목적과 배치되는 까닭에 큰 결실에 이르지 못하는 사람도 있을 것이다. 그러나 각자가 스스로를 위해서 최선을 다할 수 있는 기회는 균등하게 주어져야 한다는 것이다. 천부의 소질이 불균등하다는 사실은, 기회의 균등을 더한층 요청한다. 그 이유는, 기회의 균등조차 허락되지 않는다면 타고난 조건이 나쁜 사람들은 더욱더 억압을 당할 염려가 있기 때문이다. 모든 사람들은 각각 자기가 원하는 바를 가지고 있으며, 각자의 소원은 그 본인에게는 항상 매우 중요한 것이다.

사람들이 타고난 지성에는 개인에 따라서 차이가 있다. 그러나 지성은 매우 일반적인 기능이어서, 무엇인가 다소간 사회에 공헌할 수 있을 정도의 그것은 누구나 가지고 있다고 듀이는 믿는다. 그리고 각자의 공헌에 대한 평가는, 모든 사람들의 공헌의 결과로서 얻어진 종합적인 지성에 비추어서 이루어져야 할 것이요, 어떤 선행적 조건을 기준으로 삼아서는 안 된다. 그런데 여러 권위주의적 사회에 있어서는, 흔히 그 사람의 문벌, 재산 또는 그 밖의 사회적 지위를 따라서, 개인의 지성이 사회에 이바지한 공헌을 평가하는 경향이 있었다.

듀이는 각 개인의 지성을 해방함, 즉 사상의 자유를 대단히 강조한다. 사람들은 민주주의라 하면 흔히 행동의 자유(freedom of action)를 연상하기 쉬우나, 실은 "행동의 자유를 지도하고 보장하기 위하여 필요 불가결한 지성의 자유(freedom of intelligence)가 더욱 중요하다."고 그는 역설한다.[26] 만약 지성의 결론으로서 도달된 확고한 신념의 뒷받침 없이, 오직 행동의 자유만이 허락된다면, "그 결과는 혼란과 무질서를 초래할 것이 거의 확실하기" 때문이다.

듀이에 의하면, '민주주의적 자유'의 이념은 '각 개인이 자기 하고 싶은 대로 행동하는 자유'가 아니다. 설령 '내 행동의 자유가 다른 사람의 행동의 자유를 침범하지 않는 범위 안에 있어서'라는 제한을 붙인다 하더라도, 그러한 행동의 자유를 고취하는 것은 민주주의 본래의 정신이 아니다. 민주주의의 정신이 강조하는 기본적 자유는 '사상의 자유' 또는 '지성의 자유'요, 그 "지성의 자유를 실현하기 위하여 필요한 범위 안에서의 행동의 자유"라고 듀이는 확언한다.[27] 듀이의 이러한 주장은, 일반적으로 민주주의 국가의 헌법이 규정하는 '자유의 조항'이 신념과 양심의 자유, 언론과 출판의 자유 등 주로 '사상의 자유'를 보장하고 있다는 사실과 부합한다.

우리는 민주주의에 있어서 더 기본적인 것이 사상의 자유요, 행동의 자유는 이차적이라는 주장을 상식의 차원에서 잘 이해할 수가 있다. 그러나 사상과 행동의 한계선을 어느 정도까지 명확하게 그을 수 있느냐 하는 것은 어려운 문제이며, "진실로 옳은 사상이라면 그것이 행동을 통해서 실천의 열매를 맺는 것이 마땅하지 않은가?"라는 반문도 여기서 제기될 수 있음직한 일이다. 문제의 근본은 어떤 행동을 시사하는 사상 그 자체가 올바른 것이냐 아니냐에 있을 것이다. 그릇된 사상이 행동으로까지 발전할 때, 그 폐단은 이루 말할 수가 없다.

---

26 Ibid., p.404.
27 Ibid., p.404.

7장
현대사회의 위기

7장 현대사회의 위기

1. 과학과 현대사회

근대 이후의 서양 문화의 외면적 양상은 기계 및 과학적 기술의 산물이라고 듀이는 관찰한다. "가정에 있어서나 공장에 있어서나 또는 국내와 국제를 막론하고, 사람들의 습성과 지배적 관심 그리고 생활 조건을 결정함에 있어서 과학은 근대사회의 다른 어떤 요인도 따를 수 없을 정도의 막대한 영향력을 발휘하여 왔다."[1] 그러나 과학의 이 막대한 영향력은 사람들이 미리 의도한 방향을 따라서 발휘되지는 않았다. 오히려 사람들이 의도하고 희망한 바와는 전혀 다른 방향의 결과를 가져오기 일쑤였다. 과학의 힘으로 이루어진 기계와 기계문명이 그것을 만들어 낸 인간의 소망과는 다른 방향으로 작용한다는 사실은, 우리 생활을 위협하는 커다란 모순의 하나다.

인류의 역사 이래, 인간의 사회는 끊임없이 변천해 왔다. 그러나 고대와

---

[1] J. Dewey, *Philosophy and Civilization*, p.318.

중세에 있어서는 그 변천의 속도가 매우 느렸다. 사회상(社會相)의 변화는 눈에 보이지 않을 정도로 미미했으며, 할아버지가 살던 생활양식과 그 손자나 손녀들이 사는 생활양식은 사실상 거의 같은 것이었다. 그러나 과학과 기계문명의 발달을 계기로 인간 사회의 변천의 속도는 갑자기 촉진되었다. 증기기관의 발명이 있은 뒤 1780년부터 1830년에 이르는 50년 동안에 일어난 사회적 변화는 그전의 천 년 동안에 기록된 변화보다도 더 현저한 것이었다. 화학의 발달과 전기의 이용이 일반화된 최근의 사회 변천은 더욱 빠르고 눈부신 것이어서, 19세기의 그것은 오히려 거북이 걸음으로 보일 정도다. 92년의 오랜 세월을 산 듀이는 그 무서운 속도의 주마등 같은 변천을 몸소 목격했거니와, 그가 떠난 1952년 이후 10여 년 동안에 생긴 변화는 아마 듀이 자신이 예상한 것보다 더욱 놀라운 것이었으리라.

오늘날, 경제와 정치 그리고 사회생활의 모든 면에 있어서, 10년 전을 옛날로 만드는 무서운 변화가 일어나고 있다. 하나의 변화가 의미하는 바를 미처 이해할 수 있기도 전에, 또 새로운 변화가 닥쳐온다. 시대의 변천이 너무나 눈부신 까닭에 우리는 스스로 가고 있는 방향을 헤아리기 어려우며, 우리가 준비하고 있는 새로운 문명이 장차 어떠한 모습을 띠게 될지 전망이 묘연하다.

이와 같은 혼돈 속에서, 우리는 과학이 과연 인류를 위하여 고마운 것인지 저주스러운 것인지를 분간하기도 어려울 지경이다. 적어도 과학이 인류의 행복을 약속한다고 믿었던 17세기적인 낙관주의가 지나치게 소박한 생각이었다는 것만은 의심의 여지가 없게 되었다. 과학이 미신을 타파하고 기계가 노동력의 절약을 가져온 반면에, 새로운 생산수단이 빈부의 차를 더욱 넓히고 새로운 발명이 전쟁의 수법을 더욱 잔인하게 만드는 오늘날, 과학의 공적을 단순하게 예찬하는 것은 매우 어리석은 사람들에게만 가능한 일이다.

과학 그 자체에는 미덕도 없고 악덕도 없다. 과학은 마음도 의지도 갖지 않은 단순히 기계적인 힘이요 수단이다. 과학이 인생에 대하여 어떻게 작용하고 어떠한 결과를 가져오느냐 하는 것은 과학을 이용하는 인간의 마음에 달려 있다. 예컨대, 화학은 그 자체의 목표를 갖지 않았으며, 약품은 의사와 살인마를 구별하지 않고 오직 쓰는 사람들의 뜻을 따라서 그 성능을 발휘한다. 과학은 그것을 부리는 사람의 마음 여하에 따라서, 인간에게 새로운 광명의 지평을 열기도 하고, 인간을 기계의 노예로 만들기도 한다.

과학은 그것을 사용하는 사람들의 의지에 따라서 인간 사회를 도울 수도 있고 해칠 수도 있는 중심적 도구다. 우리는 그것을 사회 전체의 복지의 증대를 위하여 이용할 수도 있고 개인의 영달을 위해서 이용할 수도 있다. "과학적 태도는 새로운 마음의 자세를 낳게 하는 데 이용될 수도" 있으며, "과학이 발달하기 이전에 형성되었던 욕구와 목적과 제도를 위하여 계속 봉사하도록 만들 수도" 있다.[2] 따라서 우리는 과학을 응용하는 사람들의 의지와 동기가 취하는 방향에 대하여 깊은 관심을 쏟지 않을 수 없다. 우리는 과학의 힘이 인간 사회에 가져오는 결과와 인간의 사상 내지 이상 사이의 밀접한 관계를 고려하지 않을 수 없다.

우리의 마음가짐이 올바르면 과학에 의하여 혜택을 입을 것이요, 마음이 그릇되면 과학에 의하여 화를 당할 것이라는 주장은 특별히 새로운 것이 아니며, 아무도 반대하지 않을 상식이다. 문제는 오히려 어떻게 하면 인간이 마음을 올바로 가질 수 있느냐는 점에 있다. 종래의 종교가 또는 도학자들은 설교와 도덕적 반성 그리고 양심을 따르고자 하는 결심에 의하여 그것이 가능하다고 생각하였다. "과학의 발달이나 과학의 정신은 우리의 도덕적 마음가짐과는 직접 관계가 없다. 과학의 성과는 우리의 도덕적 이상을 실현하는

---

2 Ibid., p.320.

데, 특히 자선의 목적을 달성하는 데 효과적인 도구의 구실을 할 것이다. 그러나 우리의 도덕적 행로의 모색 그 자체에 대해서는 아무런 시사도 도움도 줄 수 없을 것이다." 이렇게 그들은 생각하였다.

그러나 듀이는 과학적 지성과 유리된 이른바 '내적인 정신적 개념'에만 호소하여 원하는 결과를 얻고자 하는 도학자의 방법에 찬성하지 않는다. 그는 "과학의 방법을 우리의 태도와 의향을 통제하는 데 충분히 받아들여, 사회의 현실을 계획적으로 개선하도록 우리의 사상과 노력을 지도하는 방법으로써 과학의 수법을 응용"해야 한다고 주장한다.[3]

과학의 연구가 산업 기술의 향상을 초래한 것은 과학 자체의 본래적 성질에 유래한 현상이었다. 그러나 그 향상된 산업 기술을 개인적 축재(蓄財)의 도구로서 사용한 그 마음씨는 과학의 정신 그 자체 안에서 우러나온 것이 아니다. 돈벌이의 정신은, 과학과 기계의 발달이 있기 이전의 사회제도와 그 사회제도에 따르는 인생관 및 가치 관념에 유래한 것이었다. 여하튼, 새로이 발달한 과학적 기술의 역량은 낡은 축재의 정신과 결합하였으며, 그 결과로 "사유재산제도 및 그에 따르는 법률 규정으로 하여금 종전의 한계를 멀리 넘어서서 막대한 영향력을 발휘하도록 만들었다."[4] 이와 같이 과학을 사회문제에 대한 인간의 근본적 행위 및 태도를 고치는 목적에는 이용하지 않고, 오로지 봉건적인 동기의 지나친 만족을 위해서만 사용하고 있음에, 현대사회의 문제의 핵심이 있고 20세기 문명의 모순이 있다고 듀이는 역설한다.

그러나 과학의 지식 또는 방법을 사람의 마음가짐을 고치는 일에 응용하는

---

3 Ibid., p.321.
4 Ibid., p.324.

길로서 구체적으로 어떠한 것을 생각할 수 있을까? 이미 과학의 지식을 사회문제 해결에 적용하기 시작한 하나의 예로서, 듀이는 확률의 이론에 입각한 보험제도를 들고 있다. 그리고 어린이들의 정서와 도덕관념을 교육시킴에 있어서 현대 심리학의 이론을 많이 활용해야 한다는 점도 그는 시사하고 있다. 또 여러 가지 분야의 과학적 지식을 총동원하는 이른바 '종합적 경제 계획'의 문제에도 언급하고 있다.[5] 그러나 이 점에 관해서 듀이가 가장 기본적이라고 생각한 것은 아마 자연과학이 사용하는 '실험적 방법(experimental method)'을 정치와 도덕 그리고 일반 사회문제에 적용하는 일일 것이다.

르네상스 이래의 자연과학의 급격한 발달이 그 실험적 방법에 힘입고 있음은 누구나 아는 상식이다. 그러나 이 새로운 방법은 자연현상을 연구하는 마당에 있어서만 사용되고, 이른바 정신현상 또는 사회문제를 다루는 마당에서는 별로 사용되지 않았다. 이와 같이 국한된 사용의 배후에는 이른바 '물질현상'과 '정신현상'을 근본적으로 구별하는 이원론(二元論)의 전통이 작용하였다고 듀이는 지적한다. 옛날부터 종교가와 철학자들은 "비교적 좁은 범위의 관계들과 더 넓고 전체적인 관계들 사이의 구별을 질적인 차이로서 굳혀 버리고, 전자를 물질적이라고 부르는 한편 후자는 정신적이며 도덕적"이라고 부르는 전통을 이어 왔다.[6] 또 물질적인 것은 비천하고 정신적인 것은 고귀하다는 전제 아래, 그들은 물질의 세계를 탐구하기에 적합한 방법이 정신의 세계를 탐구함에까지도 효과적일 수는 없다고 주장하였다. 이러한 주장이 수백 년 동안에 걸쳐 권위를 지켜 왔으며, 그 결과로써 자연현상에 대한 이해는 획기적인 발전을 거듭했음에도 불과하고 이른바 정신현상

---

5 Ibid., pp.324-328.
6 J. Dewey, *The Quest for Certainty*, p.271.

또는 인생 문제에 대한 이해는 오랜 제자리걸음으로부터 헤어나지 못했다는 것이다. 이에 듀이는 자연과학을 성공으로 이끈 실험적 방법을 도덕과 사회의 문제에도 적용해야 한다고 강조했던 것이다.

그러나 체험적 방법을 인생 문제에 적용하자면 구체적으로 어떻게 해야 하는 것이며, 또 그와 같은 방법을 인생에까지 응용했을 때 어떠한 효과가 생기리라고 기대한다는 것일까? 듀이로 하여금 한두 가지 예를 들어 설명하도록 하자.

듀이에 의하면, 모든 자연과학적 명제는 예언의 뜻을 가졌다. 그 명제가 '과학적'이라고 함은 '실험을 통하여 증명할 수 있다'는 뜻을 포함하는 것이며, '실험을 통하여 증명할 수 있다' 함은 "일정한 조건들을 갖추어 주면 그 명제에서 암시된 바와 같은 결과가 생길 것이다."라는 뜻이 아닐 수 없기 때문이다. 예언의 뜻을 가진 까닭에 과학적 명제의 진위는 그 예언대로의 결과가 생기는가 안 생기는가에 따라서 결정된다. 그리고 예언대로의 결과가 생기는가 안 생기는가는 실험을 통하여 확인된다.

예언대로의 결과가 생기느냐 안 생기느냐에 따라서 판단의 진위를 가리는 이 '실험적 방법'을 가치의 문제에 적용한다면, 가치판단의 진위도 이미 과거에 속하는 어떤 기준과의 일치 여부에 따라서 판명되는 것이 아니라, 그 가치판단에 포함된 예언대로의 결과가 장차 생기느냐 안 생기느냐에 따라서 판명되어야 한다. 여기 실험적 방법을 인생과 사회의 문제에 적용함으로써 생기는 첫째의 변화가 있다. 즉, "뒤를 돌아다보는 자세로부터 앞을 내다보는 자세로의 변화"다.[7] 과거에 마련된 법률이나 그 밖의 제도에 따라서, 기성의 전통적 도덕 또는 관습에 따라서, 혹은 이미 제도화된 종교의 교리에

---

7 Ibid., p.272.

따라서, 행위의 옳고 그름을 판가름하던 종래의 자세를 버리고, 그 행위가 앞으로 가져올 결과에 따라서 행위의 시비를 판단하는 자세로의 전환이다. 과거의 제도나 종교 또는 도덕을 그대로 신성시하는 대신, 그 제도와 종교와 도덕이 앞으로 우리 사회생활에 어떠한 결과를 가져올 것인가에 따라 그것들의 가치를 저울질하고, 경우에 따라서는 새로운 것들로써 그것들을 대치하기를 꾀하는 진보의 자세로의 전환이다.

물론 듀이도 과거의 경험을 아무런 중요성도 없는 것으로서 물리치는 것은 아니다. 다만 과거에 대한 인식은 옛것에 대한 맹목적 애착을 위하여 중요한 것이 아니라, 장래를 내다보기 위한 방편으로서 중요할 뿐이라는 점을 그는 강조한 것이다.

실험적 방법이란 '시행착오(trial and error)'의 방법은 아니다. 아무렇게나 닥치는 대로 행동을 해보고, 우연히 결과가 좋으면 그것을 옳은 행동으로서 인정하고 다음날을 위한 지침으로 삼으라는 것을 권장하는 방법은 아니다. 실험적 방법이 시사하는 바는, 일정한 통찰과 가설에 따라서 행동의 방향을 정하고, 그 통찰과 가설이 옳았는가 아닌가는 행동의 결과를 검토함으로써 확정하라는 것이다. 그렇다면 실험적 방법을 인생의 실천 문제에 응용하기에 필요한 통찰과 가설은 무엇으로부터 얻을 수 있는 것일까? "대부분은 자연과학의 성과로부터"라고 듀이는 단정한다.[8] 결국 듀이는 현실 문제의 합리적 해결을 꾀하는 새로운 시도는 과학에 대하여 이중으로 힘입어야 함을 주장하고 있는 셈이다.

종래의 도덕론자들은 자연과학과 도덕적 행위의 문제 사이에 확연한 한계선을 그었다. 넓은 행위의 세계 가운데서 동기에 관련된 어떤 좁은 범위만을

---

8 Ibid., p.273.

'도덕적'이라고 규정하고 그 밖의 건강, 정치, 경제 또는 교육 등에 관한 행위들은 (이러한 행위들은 모두 자연과학의 성과를 활용함으로써 다스려져야 할 것들이거니와) 모두 도덕의 문제 밖으로 추방하였다. 그러나 결과에 비추어서 행위의 시비를 판단하는 새로운 윤리학은 가장 밀접하게 과학의 결론에 의존해야 한다. 왜냐하면, 행위와 어떤 사태와를 인과율적으로 연결지을 수 있는 지식은 오직 과학만이 제공할 수 있는 것이기 때문이다.

도덕의 문제를 좁은 범위의 행위의 세계에서만 찾아보려 하는 도덕적 태도는, 도덕을 무력한 장식물로 만들었을 뿐 아니라, 사회악을 간접적으로 조장하는 결과를 초래했다고 듀이는 비난한다. 왜냐하면, 그러한 태도는 정치나 경제 또는 예술의 분야에 있어서는 '도덕적인 시비'를 따질 필요가 없다는 것을 간접적으로 용인하는 것일 뿐 아니라, "자연과학을 기술적 전문분야의 것으로서 못을 박는 동시에, 과학의 이용을 전쟁이나 상업에 있어서와 같이 개인이나 계급의 이익을 위주로 할 수 있는 분야에만 국한시키는 방향으로 무의식중에 작용하기" 때문이다.[9]

실험적 방법을 실천의 문제에 널리 적용할 때에 생기는 또 하나의 변화는, 흔히 '주관주의(subjectivism)'라는 이름으로 불리는 이기주의의 이론적 근거가 봉쇄를 당한다는 사실이다. 여기서 듀이가 주관주의라고 부르는 것은 세상에서 그러한 이름으로 알려진 철학만을 가리키는 것이 아니라, 비록 객관적 실재의 세계를 인정하더라도 우리의 상상의 힘이 실재의 세계를 변조할 수는 없다고 주장하는 모든 철학을 포함한다.

이 '주관주의'의 근본적인 잘못은, "우리가 살고 있는 세계 안에 생기는 변화에 대해서는 주목하지 않고, 우리 자신 안에 생기는 변화만을 항상 돌아보

---

9 Ibid., p.274.

고 강조한다는 사실"에 있다.[10] 주관주의자들은 우리가 현실적으로 경험하는 가치의 세계의 기초가 되는 자연과 사회의 개조에는 힘을 기울이지 않고, 오로지 '마음의 눈(the eye of the soul)'을 개조하기에만 바쁘다. 이와 같은 태도는 현실로부터의 도피이며, 자아 안으로의 후퇴다. 그것은 눈앞에 닥친 어려운 일을 회피하고 오로지 일신의 안일을 탐내는 태도인 까닭에 근본적으로는 이기주의적이라고 듀이는 규탄한다. 그리고 이러한 주관주의적 이기주의(subjective egoism)의 대표적인 예로서는 개인의 영혼의 구제를 지상의 목표로 삼는 종교가들의 '내세주의(來世主義)', 환상의 세계 안에서의 도취 속에 인생의 보람을 찾는 일부 예술가들의 '유미주의(estheticism)', 그리고 상아탑 속에서의 한거(閑居)를 자랑으로 여기는 일부 학자들의 '순수주의'를 들 수가 있다.

실험적 방법을 가치의 영역에까지 응용할 때에는, 안으로 주관을 향해서 기울이던 주의와 정력을 밖으로 객관을 향해서 기울이는 태도의 변화가 생길 것이라고 듀이는 설명한다. "사람들은 자기 스스로를 목적으로 보지 않고 행위자로 보게 될 것이다. 그들은 개조하는 활동의 결과로서 얻어지는 즐거운 체험 속에서 목적을 발견할 것이다."라고 그는 예언한다.[11] 그리고 이와 같은 외향적인 행동적 자세는 우리의 현실을 개조함에 실효를 거둘 것이며, 사회는 한결 즐거운 고장이 되리라고 믿었던 것이다.

그러나 듀이는 주체의 변화의 중요성을 부인하는 것이 아니며, 인간의 마음의 중요성을 강조한 근세 주관주의의 공적을 전적으로 무시하는 것도 아니다. 그도 사람의 마음가짐의 변화가 현실의 세계의 개조를 위하여 매우 중

---

10 Ibid., p.275.
11 Ibid., p.276.

요하다는 사실을 인정한다. 다만 그가 반대하는 것은 현실의 세계는 고치지 않고 오직 '생각'만을 달리 가짐으로써 문제의 해결을 얻으려 하는 태도이며, 자연환경이나 사회제도 같은 객관적 조건은 고치지 않고 오로지 마음을 고쳐먹는 것만으로 만사를 해결할 수 있다고 생각하는 편견이다.

실험적 방법을 인간의 문제에까지 적용함으로써 생길 변화의 세 번째 것은, 원리(principles), 원칙(rules) 또는 주의(standards) 따위가 갖는 의미에 관계한다. 실험적 방법의 견지에서 볼 때 선악 또는 시비를 가리는 기준의 구실을 하는 모든 교리나 신조는 한갓 '가설'에 불과한 것이 된다. 그것들은 절대 불변의 진리가 아니라, "그것들을 실천적으로 신봉했을 때 일어나는 결과에 따라서 검사하고 확인하며 또는 뜯어고쳐야 할 지성적 도구다."[12] 그것들도 이제는 모든 독단의 근원이 되어 온 '절대성(finality)'의 가면을 벗어야 한다.

인류의 역사를 통하여 가장 놀라운 현상의 하나는 어떤 종교, 도덕 또는 정치의 신조가 절대 진리임을 옹호하기 위하여 무수한 사람들의 재산과 정력과 생명이 희생되었다는 사실이다. 그러나 이제 실험적 방법이 인생의 문제에까지 받아들여진다면, 주의와 신조의 선천적 권위나 절대적 신성(神聖)을 주장하는 독단과 광신은 제거될 것이다. 모든 신조는 실험을 통해서 평가받아야 할 잠정적 가설이며 항상 수정하거나 버려야 할 생활의 도구다. 그리고 신조의 가치나 권위는 그것이 실제로 우리 생활에 이바지하는 성과에 따라서 인정될 것이다.

교리나 신조의 불가침적 절대성의 주장은 많은 독선과 독단, 그리고 독재를 위한 근거요 구실이었다. 교리나 신조가 절대로 거역할 수 없는 것이라

---

12 Ibid., p.277.

면, 그 교리나 신조를 대표하는 종교나 정치의 지도자의 명령도 절대로 거역할 수 없는 권위를 가져야 마땅할 것이다. 이리하여 집권자에 대한 대중의 충성이 요구되었으며, 독단과 독재의 횡포가 정당화되었다.

교리나 신조 또는 주의의 절대성을 부인하는 것은 기존하는 질서 또는 권위의 절대성을 부인하는 것이다. 따라서, 과학에서 사용하는 실험적 방법의 사회문제에 대한 응용은 필연적으로 독단과 독재의 부정으로 우리를 이끄는 동시에, 모든 권위에 대한 비판의 자유를 고취한다. 듀이에 있어서, 자연과학적 방법에 대한 찬양은 그의 민주주의 사상과 내면적으로 연결되고 있다.

2. 현대사회의 일반적 상황

듀이는 현대를 '금전 문화(money culture)'의 시대라고 규정하였다. 인간의 활동의 대부분은 돈을 버는 일과 직접 간접으로 연결되고 있다. 우리는 마치 돈의 힘이 단체와 개인의 운명을 지배하는 것처럼 행동한다. 우리들은 각자의 자유의지에 따라서 행동하는 것이 아니라, 공장의 거대한 기계가 보내는 신호에 따라서 움직였다 멈추었다 한다. 그리고 인간의 "가치는 그 사람의 재산을 모으는 능력 또는 돈벌이 경쟁에 있어서 남을 앞지를 수 있는 능력에 의해서 저울질을 당한다."[13]

그러나 우리는 이 돈벌이 위주의 생활 태도를 하나의 인생관으로서 긍정하지는 않는다. 실제의 행동은 돈벌이에 혈안이 되어 있지만, 우리가 내세우고 찬양하는 인생관은 그와는 정반대의 철학이다. 물질주의가 아닌 이상

---

13 J. Dewey, *Individualism: Old and New*, p.12.

주의를 높이 쳐드는 것이다. 재산보다도 인격이 소중하다고 공언한다. 실천에 있어서는 모두 철저한 이기주의자로서 행동하지만 "이기주의의 생활신조를 솔직하게 털어놓는 사람에 대해서는 누구나 반드시 상을 찌푸린다."[14] 실제의 인심은 날로 각박해 가는데, 도처에서 박애와 봉사를 강조하는 설교가 울려 퍼진다. 이혼의 건수는 해마다 늘어 가며, 가정은 여기저기서 파괴되어 가는 실정임에도 불구하고 라디오와 신문은 더욱 높은 소리로 '가정의 신성(神聖)'을 찬미한다.

한마디로 말해서 우리 현대인은 자기 분열에 고민하고 있다. 안과 밖이 다른 것이다. 밖으로의 행동과 안으로의 생각이 다르다. 실생활을 좌우하는 현실적 제도와 학교 또는 교회에서 가르치는 도덕 사이에 커다란 고랑이 생겼다. 그러면 이와 같은 분열과 모순의 원인은 무엇일까? 그 원인을 한두 가지로 간단히 설명할 수는 물론 없을 것이다. 그러나 그 원인의 가장 근본적인 것으로서, 듀이는 현대의 기계문명 및 기계문명을 토대로 한 자본주의적 사회제도를 들고 있다.

사유재산제도나, 이윤을 위해서 산업에 종사하는 활동은 결코 새로운 현상이 아니다. 그것은 이미 오랜 전통과 역사를 가졌다. 그러나 이러한 제도와 활동에 막대한 성능을 가진 기계가 결합한 것은 근대 이후의 새로운 현상이다. 자연과학을 응용한 여러 가지 기계의 발명은 재산제도와 산업 기구에 대하여 종전에는 도저히 상상도 할 수 없었던 정도의 막대한 힘을 제공하였다. 그리고 현대 자본주의 사회의 법률과 정치 및 그 밖의 대부분의 인간관계는 이 기계와 돈의 새로운 결합을 토대로 삼고 있으며, 그 결과로서 '금전문화'가 현대 문명의 특색을 이루게 되었다. 동시에 "우리의 전통에 있어서

---

14 Ibid., p.13.

의 정신적 요소, 즉 기회의 균등과 자유로운 인간 결합의 이념은 흐려지고 밀려나게 되었다."[15] 자유와 평등을 신조로 삼던 개인주의 철학이 약속했던 '개인의 반전'은 실현되지 않고, 개인주의의 모든 이상은 금전 문화의 압력에 깔려 여지없이 일그러졌다. 그뿐만 아니라 이제 이 철학은 도리어 불평등과 억압을 정당화하는 이론 근거로서 악용되기에까지 이르렀다.

이러한 모든 변화는 매우 급격한 속도로 닥쳐왔다. 공업화를 비롯한 모든 현상이 너무나 갑자기 밀려온 까닭에 사람들은 새로운 사태에 대처할 만한 마음의 준비가 — 새로운 가치관과 인생관의 준비가 — 없이 이 낯선 환경 속에 던져지게 되었다. 새로운 정신 무장의 준비가 없었던 까닭에, 사람들은 옛날의 철학과 신조에 자기도 모르게 매달렸다. "실제에 있어서 옛날의 신조를 멀리 떠나면 떠날수록 우리는 더 큰 목소리로 그것을 주장한다. 우리는 결국 그것을 마법의 주문처럼 대접한다."[16] 마치 그 신조를 거듭 외치기만 하면 새로운 사태의 악을 막을 도리라도 있는 것처럼, 또는 적어도 그 악이 눈에 보이지 않게 할 수 있는 것처럼, 우리는 수없이 그 신조를 입에 올린다. 이리하여 밖으로 행동의 세계와 안으로 관념의 세계 사이에 현격한 거리가 생겼다는 것이다. 하여튼 인간의 행동과 관념의 분열은 기계문명의 급속한 발달로 말미암아 일어난 현대사회의 걱정스러운 특색의 하나다.

듀이는 기계문명이 빚어낸 현대사회의 또 하나의 특색을 물심양면에 걸친 '통합의 경향(corporatedness)'에서 발견한다. 생산 기업의 통합 내지 연합의 현상을 계기로, 모든 분야에 대량생산의 경향이 농후하고, 의식 또는 사상에 있어서까지도 획일화의 경향으로 흐르는 현상을 듀이는 그가 생활한

---

15 Ibid., p.18.
16 Ibid., p.16.

미국 사회의 가장 근본적인 특색으로 보고 있거니와, 이러한 특색은 비단 미국만의 것은 결코 아닐 것이다. 합동 내지 획일화의 경향은, 기계문명을 도입한 현대 여러 나라에 있어서 어디서나 발견되는 공통된 현상이다. "생산과 운수(運輸)와 분배, 그리고 금융에 있어서의 주식회사의 발달은 생활의 모든 분야에 있어서의 통합의 상징이다."[17] 소규모의 개인기업은 점차로 위축해 가는 반면에 거대한 재벌이, 굴릴수록 커가는 눈사람처럼, 주위를 흡수하고 성장한다. 수증기와 전력의 시대에 있어서 대량생산의 방법이 필연적으로 발달했으며, 이 새로운 생산의 방법은 자본의 통합을 불가피하게 했던 것이다.

기업의 통합을 계기로 대기업의 사회적 세력이 크게 향상되었으며, '실업 정신(business mind)'이라고 부를 수 있는 새로운 기풍이 하나의 사조를 이루었다. 실업 정신은 그 자체의 고유한 언어와 대화를 가졌으며 그 자체의 고유한 관심을 가졌다. 그리고 "이 정신의 소유자들은 하나의 집단을 형성하게 되었으며, 이 집단적 세력은 자본주의 사회의 정부와 손을 잡고 사회의 풍조를 대체로 결정하기에 이르렀다. 그러나 그들의 정치적 영향력은 정부 그 자체보다도 더욱 우세하다."[18]

통합의 경향은 경제계에만 국한된 것이 아니다. 그것은 예술이나 교육 같은 종래 '정신적'이라는 말로 특색지어지던 분야에까지 전파되어, 급기야는 우리의 마음 또는 사상까지도 획일화하는 결과를 초래하고 있다.

대량생산의 방식이 일반화함에 따라서, 옛날 식의 기술자, 즉 인간문화재 장인 밑에서 오랜 개인지도를 받고 양성되는 수공업적 기술자가 점점 자취

---

17 Ibid., p.36.
18 Ibid., p.41.

를 감추게 되었다. 기계를 통한 대량생산과 함께 노동은 극도로 분업화되고, 따라서 생산의 전 과정을 혼자서 맡아 보는 예술가적 기술자는 필요 없게 되었으며, 단시일에 여러 기술자를 동시에 양성할 수 있는 새로운 기술교육의 방법이 채택되었다. 대량생산이 대량 교육을 유발한 것이다.

예술가적 기술자(artisan)뿐만 아니라 문인이나 화가와 같은 이른바 정통적인 예술가(artist)들도 점차 빛을 잃어 가고 있다. 그들은 "조직적인 기업가의 손에 여지없이 흔들리거나, 그렇지 않으면 괴상한 보헤미안으로서 따돌림을 당한다."[19] 듀이는 미국 사회에 있어서 예술가들이 받는 존경과 그 사회적 지위의 저하는, 획일화해 가는 사회에 있어서 고립된 개인이 당하는 운명을 상징적으로 표시하는 것이라고 분석하고 있다.

통합과 획일화는 라디오와 영화와 그 밖의 오락 기관을 통해서 촉진되고 신문과 잡지 같은 보도기관을 통하여 조장된다. 대기업의 상품광고를 포함한 갖가지 매스미디어의 발달은 우리에게 같은 사고방식과 같은 정서, 그리고 같은 생활양식을 강요한다. 특히 대도시의 생활 조건은 우리들의 사상과 행동을 똑같은 틀 안으로 몰아넣는다.

현대 문명에 있어서의 획일화 경향은 필연적 결과로서 개인의 자기 상실을 초래하였다. 표현을 달리하면, 개인으로 하여금 그 자주성을 상실케 하였다. 이 '개인의 자기 상실'이라는 의미 가운데 우리는, 일부의 특권층을 제외하고는 대부분의 개인들이 통합적이요 획일적인 사회의 압력과 풍조에 눌려서, 스스로의 행동을 자기의 뜻으로 정하지 못하고, 밖으로부터 오는 힘에 좌우되는 현상을 포함시킬 수 있을 것이다. 그리고 이것은 20세기에 있어서 도처에 일어나고 있는 현상이며, 현대의 문화적 위기의 기본적 요소

---

19 Ibid., p.40.

의 하나이기도 하다. 그러나 듀이는 '개인의 자기 상실'의 좀 더 심각한 측면을 약간 다른 각도에서 포착하고 있다.

듀이는 '길을 잃은 개인(lost individual)'이라는 말을 즐겨 썼다. 그리고 그가 이 말로써 의미한 것은, "행동에 있어서의 힘의 발휘와는 관계없는 도덕적이요 정신적인 사실"이다. 좀 더 상세히 말하면, "한때 개인들의 마음의 지주가 되고, 그들에게 지도 이념으로서의 구실을 했으며, 그들에게 일관성 있는 인생관을 제공하였던 저 충절심이 이제는 거의 없어졌다는 사실"을 가리킨다.[20]

쉽게 말하면, 현대의 개인들은 자기의 모든 정성을 그것에 바칠 수 있으며, 삶의 보람을 그것에서 발견할 수 있는 그러한 확고부동한 목표를 잃었다. 목표를 잃은 까닭에 사람들은 당황하고 방황한다. 지금도 물론 종교나 정치의 신조를 위하여 물불을 헤아리지 않는 광신적 정통파(正統派)가 없는 것은 아니다. 그러나 그들의 그러한 야단법석이야말로, 듀이에 의하면 이미 시대의 사조가 그들에게 불리함을 밝혀 주는 증거다. 현대의 대부분의 사람들의 마음이 가는 길을 듀이는 다음과 같이 서술하고 있다.

> 사람들은, 지적으로 너무나 공허한 까닭에 마음의 안정을 줄 수 없는 과거와, 너무나 잡다하고 혼란한 까닭에 생각과 감정에 균형과 방향을 제공할 수 없는 현재 사이를 우왕좌왕하고 있다.[21]

사람들이 확고한 인생의 목표를 세우지 못하고 우왕좌왕하는 것은 인격의

---

20 Ibid., p.52.
21 Ibid., pp.52-53.

틀이 잡히지 않았기 때문이다. 그리고 인격의 틀이 잡히지 않는 첫째 이유는, 듀이에 따르면, 사람들이 국가와 사회를 위해서 뚜렷하고 보람 있는 임무를 수행하고 있지 않다는 사실에 있다. 다시 말해서, 자기는 국가와 사회를 위해서 크게 이바지하고 있으며 따라서 국가와 사회를 위하여 매우 중요한 존재라는 것을 자타가 공인할 만한 처지에 놓여 있지 않기 때문에, 자중자애(自重自愛)하는 인격의 틀을 갖추지 못한다는 것이다. 사회를 위해서 이바지하고 있다는 의식, 즉 사회 안에서의 자기의 중요성에 대한 의식을 갖지 못한 개인들은, 그 마음의 공간을 메우기 위하여, 사사로운 돈벌이와 물질적인 쾌락을 추구하기에 여념이 없다.

인격의 틀이 잡히지 않는 둘째 이유를 듀이는 경제적 불안에서 발견한다. 기계의 발달이 많은 실업자를 배출했다는 것은 널리 알려진 사실이다. 언제 직장을 쫓겨날지 모른다는 불안과 가까워 오는 정년퇴직에 대한 공포는 실업 그 자체보다도 사람의 마음 위에 심각한 그림자를 던진다. 맹자(孟子)도 "항산(恒産)이 없으면 항심(恒心)이 없다."고 지적했거니와, 현재와 같은 경제적 불안 속에서 마음의 자세를 가다듬기는 매우 어려운 일이다.

경제의 불안은 빈민층에만 있는 것이 아니라, 중소의 기업주나 고급 월급쟁이에게도 있고, 경우에 따라서는 큰 재벌에게도 있다. 정직하게, 그리고 부지런히 일만 하면 실패할 염려가 없다는 보장은 아무에게도 주어져 있지 않다. 이러한 사정 속에서 사람들은 미덕에 대한 존경심을 잃고, 투기나 계교에 의한 일확천금을 더 현명한 처세술로 인정한다. "오늘날 주식시장의 저 흥청거리는 모습을 보라!"[22]

사람들이 확고한 인생의 목표를 세우지 못하고 우왕좌왕하는 모습은 사회

----

22 Ibid., p.55.

생활의 어떠한 분야에 있어서도 찾아볼 수가 있다. 우리는 그것을 우선 이 자본 문명의 주인공들인 자본가들의 경제활동에서 찾아볼 수가 있다. 어떤 의미로는 자본가들은 확고부동한 목표를 가졌다. 돈을 번다는 목표! 그러나 돈은 본래 무엇인가를 위해서 써야 할 수단이었다. 그런데 자본가들에게는 그 돈으로써 달성할 목표가 없다. 물론 개인적 향락이라는 정도의 목표는 있을 것이다. 그러나 그 시들한 향락에 진정 인생의 보람을 느끼는 사람은 적으며, 또 개인적 향락만을 위해서라면, 무한정 많은 돈을 벌기 위해서 그토록 혈안이 될 필요도 없음직한 일이다. 간혹 자선사업을 목적으로 내세우는 부호도 있다. 그러나 그 자선심이란 마땅히 해야 할 사회적 임무를 실제로는 수행하고 있지 않다는 사실에서 오는 죄의식을, 미온적인 방법으로 씻으려는 심리적 갈등의 표명에 불과할 경우가 많다. 듀이는 자선사업을 크게 떠들고 나서는 그 자체가 우리 사회 현실의 어떤 결함을 나타내는 것이라고 지적한다.[23]

인간의 목표 상실은 정치사회에 있어서 더욱 뚜렷하다. 오늘날, 정부나 정당이 내세우는 강령이나 정책이 무의미한 언어의 나열임은 공공연한 사실이다. 정부나 정당은 경제적으로 우세한 집단과 결탁하여 어떤 개인적 이득을 추구하는 결과로 흐르기가 일쑤이며, 확고한 국가적 목표를 추구하는 경우는 비교적 드물다. 사태는 야당의 경우에도 다를 것이 없다. 야당의 정객들은 항상 "현실을 뜯어고쳐야 한다."고 외친다. 그러나 어떻게 뜯어고치겠다는 것인지 그 목표도 방법도 막연하다. 야당의 주장이 공염불이라는 사실은 그 야당이 집권당으로서의 자리를 차지했을 때 실천적으로 증명된다.

충절의 대상이 될 만한 인생의 목표를 제공하지 못함에 있어서는 종교도

---

23 Ibid., p.57.

예외가 아니다. 과거에는 종교의 가르침이 인생관을 위한 지도 이념의 구실을 한 일이 있다. 그러나 오늘날에 있어서는 종교를 사상과 감정의 중심이라고 보기 어렵다. 오늘도 개인에 따라서는 종교가 생활의 중심이 되고 있는 사람들이 없지 않다. 그러나 전체적으로 본다면 이미 사정은 크게 달라졌다. "교회와 국가의 분리의 뒤를 이어서, 종교와 사회의 분리가 도래했던 것이다."[24]

앞에서 경제적 통합과 문화적 획일화가 현대사회의 한 특색이라고 말한 듀이의 견해를 소개하였다. 그리고 지금은 "생애를 걸고 충절을 다할 목표를 갖지 못했음"이 현대인의 근본적 불행이라는 그의 관찰을 훑어보았다. 그러나 통합과 획일화의 경향이 사실이라면 사람들이 인생의 목표를 상실하지 않았다고 보아야 옳지 않을까? 통합과 획일화의 방향으로 공동의 목표가 수립되어 가는 과정에 있다고 보아야 할 것이 아닌가?

듀이의 관찰에 따르면, 통합과 획일화의 경향은 개인의 목표 상실과 서로 반대되는 현상이 아니라, 같은 불행에 얽힌 같은 계열의 현상이다. 현대사회에 통합과 획일화의 경향이 강함은 사실이다. 그러나 그것은 사람과 사람을 '안으로' 연결하여 하나로 뭉치게 하는 움직임이 아니라, 오직 밖으로 연결하여 한 울타리 속에 가두는 타율적 강제에 가까운 것이다. 대량생산의 방법이 경쟁에 있어서 유리한 까닭에, 자본의 통합이라는 현상이 날로 번져 가고 있다. 그러나 이 통합은 어디까지나 외면적인 것이며, 통합에 참가하는 각자의 동기는 개인적인 돈벌이에 있다. 겉으로는 대동단결한 것 같은 모습을 보이나, 내용은 극히 이기적이요 기계적인 관계에 지나지 않는다. 따라서 거기에 유기적 전체의 공동 목표를 발견할 수는 없다.

---

24 Ibid., p.63.

사고방식과 감정과 그리고 생활양식의 획일화의 경향에 대해서도 근본적으로 같은 해석을 내릴 수가 있다. 신문과 라디오와 텔레비전이 같은 사상과 같은 감정을 퍼뜨리고, 숱한 광고가 같은 생활양식을 강권한다. 그러나 여기에서 지배하는 것은 유행의 심리요 암시의 심리에 지나지 않는다. 안으로부터 우러나오는 신념으로서의 공통의 철학이 있는 것이 아니며, 통일된 가치관의 형성이 있는 것이 아니다. 밖으로부터의 암시에 휩쓸리고 있음에 불과한 까닭에, 참된 개성과 주체성을 발휘할 여지는 거의 없다.

현대인이 확고한 목표를 세우지 못하고 방황하는 것은 전통적 도덕의 체계가 무너졌기 때문이라고 주장하는 사람들이 있다. 그들이 주장하는 바에 따르면, 우리가 현대의 위기를 극복하는 길은 옛 도덕을 다시 일으켜 세우는 일이다. 그리고 옛 도덕을 다시 일으키는 구체적 방안으로서는 우리의 '높은 의지'를 발동하여 어느 정도 스스로를 억제할 것을 제언한다. 그러나 듀이는 이러한 제언이 비현실적임을 지적하여 다음과 같이 논한다.

> 산업혁명과 그 결과를 **억제**하거나 도로 물릴 수는 없다. 그것이 불가능한 한 … 개인의 높은 도덕적 의지의 발동으로 스스로를 내면적으로 억제하자는 주장은 … 그 자체가 바로 저 완전히 허물어진 옛날의 개인주의의 헛된 메아리에 지나지 않는다.[25]

의지나 관념의 힘만으로 인간의 자주성을 회복할 수는 없다. 우선 무엇보다도 필요한 것은 사회적 현실을 현실 그대로 인식하고자 하는 겸손한 의지이며, 현실이 내포한 가능성을 따라서 현실을 개조하고자 하는 의지다. 우

---

25 Ibid., p.68.

리들이 스스로를 다시 회복하려면, 첫째로 우리의 관념과 이상을 이 시대의 현실에 맞도록 뜯어고쳐야 한다. 그리고 우리의 관념과 이상을 뜯어고치는 일의 제일보(第一步)는 낡은 원리와 낡은 의견을 포기하는 것이라고 듀이는 거듭 충고한다. 우리의 낡은 원리와 낡은 의견 가운데서 가장 고질적인 것은, 개인의 경제적 이익과 정치적 이권을 추구하는 '낡은 개인주의'다. 이 낡은 경제와 정치의 원리를 버리지 않는 한, 인간성의 건전한 회복은 실현되지 않을 것이다.

3. 문화의 위기

듀이는 그가 생활한 미국의 문화가 위기에 봉착하고 있음을 경고하는 동시에, 오늘날 미국적인 것이 세계적인 것으로 번져 가고 있다는 사실에 비추어, 이 위기는 곧 전 세계적인 문화의 위기임을 암시하고 있다. 그러나 듀이가 '위기에 처했다'고 걱정하는 '문화'는 단순한 예술과 과학, 그리고 철학 등 이른바 '문화재'의 총칭이 아니다. 그러한 의미의 문화라면 현대는 도리어 백화(百花)가 만발한 시대다. 문화재를 생산하는 데 종사하는 사람이나 그것을 감상하고 즐기는 사람의 수는 과거 어느 때보다도 많으며, 역사에 남을 만한 훌륭한 작품도 많이 쏟아져 나오고 있다. 일부 혜택을 받은 사람들의 정신적 개발이라는 뜻으로서의 문화에 관한 한, 현대는 크게 걱정할 것이 없다.

그러나 '문화'라는 말에는 또 하나의 의미가 있다. 그것은 "전체로서의 한 국민과 한 시대에 있어서 그 특색을 이루는 정서와 사상의 유형"을 가리키기도 한다.[26] 그것은 선택된 엘리트로서의 이른바 '문화인'의 업적이 아니라, 일반 대중이 가진 정신적 상황을 가리키기도 한다. 이 둘째의 의미로서의 '문화'에 있어서 현대는 위험한 징조를 보이고 있다는 것이다. 일부 선택된 사람들의 찬란한 '업적'의 그늘에, 많은 대중의 정신이 보람 없는 상태에 놓였다는 것이다.

이토록 균형을 잃은 상태의 근본 원인은 오늘날의 경제 사정의 불균형에 있다고 듀이는 판단한다. 우리가 공공연히 표방하는 민주주의가 정말 명실상부하게 실현된다면, 일부 '문화인'만의 높은 정신 개발에 그치지 않고, 전체의 새로운 정신적 풍조로서의 고유한 문화의 출현이 수반함직한 일이다. 현대의 고유한 문화는 물질적이요 공업적인 문명을 디디고 올라선 일부의 상층구조로서가 아니라, 하층구조로서의 공업적 문명에 참여하고 있는 사람들의 마음과 정서를 해방함으로써 이루어져야 한다. 다시 말하면 "기계의 시대를 근본적으로 새로운 마음과 정서의 습관을 형성하는 방향으로 전환시킴으로써"가 아니면, 현대의 고유한 문화는 실현될 수 없을 것이다.[27]

듀이에 의하면 현대의 새로운 문화는 땀으로 일하는 대중의 어깨와 등을 밟고 올라선 소수의 '엘리트'의 손으로 건설될 성질의 것이 아니라, 일하는 대중 자신들의 마음이 개발되고 그들 자신이 지식과 예술의 세계에 자유롭게 참여함으로써 실현되어야 할 성질의 것이다. 한마디로 말하자면 "노동 그 자체가 문화의 원동력이 되어야" 한다.[28] 듀이가 이렇게 주장하는 근거는 감상적인 인도주의(人道主義)에 있는 것은 아니다. 그는 인간이 자연의 일부임을 믿고, 마음은 물질에 연결되고 있음을 믿는다. 따라서 인류와 그 공통의 지성이야말로 자연이 숨기고 있는 새로운 가능성을 개발하는 가장 적절한 도구라고 생각하는 것이다.

학교는 지성과 정서의 개발을 직접적인 목적으로 삼고 운영되는 기관이

---

26 Ibid., p.122.
27 Ibid., p.124.
28 Ibid., p.125.

다. 따라서 학교교육이 성공하느냐 실패하느냐는 문제는 새로운 문화의 건설이 성공하느냐 실패하느냐는 문제와 직결된다. 그런데 20세기 초에 있어서의 미국의 학교교육은 대체로 실패에 가깝다고 듀이는 비판한다. (듀이는 자기의 나라 미국의 경우를 비판하고 있으나, 그의 비판은 미국과 비슷한 경제적 제도를 가진 나라에는 일반적으로 들어맞을 것이다.) 미국에는 대단히 많은 학교가 설립되고 있으며, 국민 일반이 그 교육을 받고 있다. 그러나 그 학교들의 교육 목적이 뚜렷하지 못하고 진정으로 산 교육을 실시하고 있지 않은 까닭에, 표면상으로는 교육이 널리 보급되고 있는 것 같기도 하나, 그 실효는 거두지 못하고 있다. 기술 교육의 중요성이 매우 강조되고 있으며, 실제로 많은 기술자가 양성되고 있음은 사실이다. 그러나 "공업 기술의 전문직이 잠재적으로 지니고 있는 사회적 기능을 체계적으로 연구하는 학교"는 하나도 없다.[29] 숙련된 기술자는 많이 양성되고 있으나, 그 기술이 봉사할 보람 있는 목적에 관한 철학은 없는 것이다.

듀이에 의하면 미국의 대학생들의 현저한 특색은 그들이 '지성적으로 미숙'하다는 사실에 있다. 그들이 지성적 유아증(intellectual infantilism)을 벗어나지 못하는 것은, 각급 학교가 사회생활의 깊은 현실 문제를 심각하게 다루기를 회피하기 때문이다. (듀이는 현실 속으로 파고드는 것만이 지적 성숙을 가져오는 방법이라고 믿었다.) 그리고 학교들이 현대 문명의 바닥에 깔린 사회문제들을 자유롭게, 그리고 공정한 입장에서 파고들지 못하는 것은 '돈벌이'를 위주로 삼는 경제계가 가하는 간접적 압력 때문이다.[30] 여기서 필연적으로 생기는 결론은, 교육의 성과를 포함하는 문화의 문제는 결국 경

---

29 Ibid., p.128.
30 Ibid., p.127.

제의 문제를 떠나서는 해결될 수 없다는 것이다.

오늘날 생산과 운반에 종사하는 근로 대중은 자기가 육체적으로 수행하고 있는 일에 대해서 정신적으로는 전혀 참여하는 바가 없는 것이 보통이다. 대중은 오직 근육으로만 참여하고 심장과 두뇌는 관여하지 않는다. 그들은 남이 세운 계획을 따라서 움직일 뿐이요, 스스로는 그 계획에 참여하지 않는다. 따라서 그들이 하고 있는 일의 목적도 모르고 의미도 모른다. 이러한 실정인 까닭에 대중은 그들의 활동으로부터 정신의 영양을 얻지 못하며, 그들의 마음은 자연히 일그러지고 위축감을 벗어나지 못한다.

만사에는 지도자가 필요하고 중심인물이 필요하다. 생산계획의 결정 과정에 대중이 참여해야 한다는 듀이의 주장은 이 엄연한 사실을 부인하는 것이 아니다. 듀이가 말하고자 하는 것은 생산계획의 결정권을 돈벌이만을 생각하고 사회의 유용성은 돌보지 않는 사람들이 독점할 때, 그 결과로서 생기는 지적 내지 도덕적 발전은 편파적이며 병리학적이라는 사실이다.

그러면 만약 근로 대중의 의사가 생산계획의 결정 과정에 반영된다면 어떠한 결과가 생길 것인가? 실제로 해보기 전에는 결과가 어떠하리라고 세밀한 단정을 내릴 수 없다는 것이 듀이의 실험적 방법의 입장이다. 그러나 한 가지 안심하고 예언할 수 있는 것은 "사용가치가 평가와 결정과 지침을 위한 기준으로서 인정되리라는 사실"이다.[31] 사용가치의 존중이 산업에 있어서 우위를 차지한다면 산업은 사회화하게 될 것이다. 그리고 여기서 '사회화한다(socialize)' 함은 소비자를 위하는 견지에서 생산을 통제한다는 사실을 중심으로 삼는 경제적 개혁을 의미한다. 개인의 이윤이 산업을 지배하는 사회에서는, 돈벌이가 되는 물건이라면 아무리 사회에 해롭더라도 생산되

---

31 Ibid., p.135.

며, 광고의 자극력을 통하여 강매된다. 그러나 소비자를 위주로 하는 경제적 사회에서는 인간적 가치가 경제적 가치를 통제한다.

듀이는 새로운 문화를 건설하는 일에 대중이 직접 참여해야 한다고 주장하였다. 그리고 그는 문화를 일부 엘리트의 독점물처럼 생각해서는 안 된다고 역설하였다. 그러나 그의 이러한 주장은 지성인이 갖는 사회적 임무를 부인하는 뜻을 포함하는 것은 아니다. 다음은 현대사회 안에 있어서 지성인이 해야 할 일에 대해서 듀이가 무엇이라고 말했는가를 살펴보기로 하자.

'지성인'이라는 개념은 반드시 분명한 내포와 외연을 가진 것이 아니거니와, 듀이가 이 말로써 이해한 것은 "자기가 직접 종사하는 직업을 넘어서서 전체적인 관심을 가진 전문적 지식인들"의 전부다. 그리고 그 대표적인 예로서는 철학자, 평론가 및 작가를 들고 있다.[32] 이 지성인들이 그 본래의 역량을 발휘하지 못하고 있는 것이 현대의 문화적 상황이라고 보는 것이 지성인을 논하는 듀이의 관찰의 출발점이다.

오늘의 지성인들은 내면적으로 분산되고 분열되어 있다. 이것은 바로 '길을 잃은 현대인'의 모습을 가장 여실히 보여주는 일면이기도 하다. 지성인들은 내부적으로 뭉치지 못한 까닭에, 사회적으로 무력한 존재가 되고 말았다. 현대의 지성인은 정신적으로 위축되어, 이 물질문명의 사회적 현실과 정면에서 대결할 용기를 잃고 있다. 이것은 그들이 내부적으로 분열된 근본 원인이며 또 그 결과이기도 하다.

새로운 문화적 풍토를 지향하는 혁신의 움직임이 필요하다면 그 앞장만은 지성인이 서야 할 것이다. 우선 필요한 것은 현대의 사회 현실의 원인과 그 결과를 비판적으로 들여다보는 날카로운 관찰이다. 그리고 다음에 필요한

---

32 Ibid., p.138.

것은 현실을 비판적으로 파악한 지성인들이 하나로 뭉쳐서 움직이는 일이다. 그러나 듀이는 지성인들이 어떤 이름이 붙은 단체를 조직해야 한다고는 믿지 않는다. 그가 필요하다고 생각하는 것은, 많은 숫자의 지성인들이 우리의 공통의 문제에 깊은 관심을 기울이고 이를 탐구하는 동시에, 이 문제를 해결하고자 하는 굳은 결의를 갖는 일이다. 그렇게 되는 날에는, "그들의 탐구 결과는 하나의 공통된 논점으로 집중될 것"이라고 듀이는 자못 낙관적이다.[33]

현실을 개조하는 일에 지성인이 선봉으로 참여해야 한다고 듀이는 주장하였다. 그러나 이 주장은 연구와 사색을 본업으로 삼는 지식인들이 그들의 연구실과 도서관을 떠나서, 사회개조를 위한 행동을 개시해야 한다는 뜻은 아니다. 지성인들은 도리어 한층 더 사색하고 한층 더 연구해야 한다. 그러나 그 사색과 연구의 방향만은 다시 생각해야 한다. 다시 말하면, 그 사색과 연구의 초점을 우리들의 절실한 현실 문제에 맞추어야 할 것이다. 현실에 밀접하도록 연구하고 사색하는 것, 이것이 바로 '한층 더 연구하고 한층 더 사색하는' 근본 자세이기도 하다.

아무리 우수한 사람일지라도, 한 개인의 힘만으로 새로운 문화의 풍토를 건설하지는 못할 것이다. 그러나 높은 지성과 깊은 사려를 가진 큰 집단의 인사들이 힘을 합하여 그들 속에 잠재하고 있는 사회적 기능을 발휘한다면, 저 중대한 정신적 운동의 첫걸음을 내디딜 수 있을 것이라고 듀이는 생각한다. 그렇지만 지성인들의 단결만으로는 부족하다. 현대의 새로운 문화는 대중의 전체적 참여를 기다려서 실현될 수 있는 목표이며, 지성인이 그 대중의 편에 선 대중의 단결, 다시 말하면, 지성인과 대중과의 단결이 절실히 요청

---

33 Ibid., p.139.

된다. 그럼에도 불구하고 정신노동자와 육체노동자 사이에 커다란 틈이 벌어지고 있음은 현대사회에 있어서 일반적인 경향이다. 이러한 분열은 이론과 실천이 서로 유리된 현대사회의 맹점의 한 표현이거니와, 듀이는 지성인과 품팔이 노동자와의 단결이 아쉬움을 힘주어 암시하고 있는 것이다.[34] 그러나 오늘날 지식층과 근육노동자 사이가 왜 멀어졌는가? 이 두 계층의 단합이 어떠한 방법으로 가능할 것인가? 이러한 물음에 대하여 탐구하는 일은 후일의 과제로서 남기고 있다.

---

34 Ibid., p.142.

8장
새로운 사회질서의 방향

8장 새로운 사회질서의 방향

1. 새로운 사회의 경제적 기반

듀이는 자기가 체험한 20세기 전반(前半)의 인간 사회에 있어서 많은 부조리와 결함을 발견했거니와, 그 가운데서도 가장 기본적이고 가장 절실한 사회문제로서 다음의 세 가지를 지적한 적이 있다.[1]

현대사회가 깊이 고려해야 할 사회문제의 첫째는, **일할 능력을 가진 사회의 성원에게 안정되고 보람 있는 일자리를 주지 못했다**는 사실이다. 사회가 필요로 하는 물건을 만드는 일이나 또는 사회에 필요한 서비스를 제공하는 일에 참여하기를 원하고, 그렇게 할 수 있는 능력을 가진 사람에게 적당한 일자리

---

[1] 이것은 본래 제1차 세계대전 직후에 "Internal Social Reorganization after the War"라는 제목으로 발표한 글 가운데서 지적했던 것이나, 그 뒤 20년이 지난 1939년에 듀이는 다시 그 글을 인용하고, "그 당시에 존재했던 사회악은 지금도 여전히 존재하며, 그 당시에 할 필요가 있던 일들은 지금도 역시 할 필요가 있는 일로 남아 있다."고 진술하고 있다("The Economic Basis of The New Socity", J. Ratner ed., *Intelligence of The Modern World*, p.416). 아마 그 글에 나타난 듀이의 관찰은 오늘날 우리 한국 사회에도 전혀 관계없지는 않을 것이다.

를 주지 못한다는 것은, 적어도 문명사회를 자처하는 나라에 있어서는 결코 묵과할 수 없는 중대한 문제다. 실업 문제를 심각하고 중대한 문제라고 보는 이유는 비단 실업자로 말미암아 많은 인구가 빈곤에 허덕이게 된다는 사실만에 있는 것이 아니다. 더 중대한 이유는 '실업'이라는 상태가 사람의 사기를 꺾고 마음을 일그러뜨리며, 급기야는 인격 전체를 못쓰게 만든다는 사실에 있다. 밥을 먹고 못 먹는 것만이 문제가 되는 것이 아니다. 설령 대기업가들이 많은 축재(蓄財)에 성공한 다음, 어떤 자선심에서 또는 어떤 죄책감을 덜기 위해서, 그 재산을 풀어 모든 실업자와 그 가족을 먹여 살린다 하더라도, 문제는 여전히 남는다. 남을 정도가 아니라 오히려 더욱 커질지도 모른다. 우리는 자선사업이 인간의 도덕성에 미치는 부작용을 익히 알고 있거니와, 인간에게는 각각 자기의 힘으로 살고 있다는 자존심이 필요하며, 자기도 사회를 위해서 쓸모있는 존재라는 자신이 필요하다.

듀이는 많은 실업자의 배출이 결코 불가피한 현상이라고 생각하지 않는다. 그것은 "인간의 지혜와 경험을 모으고 조직화함으로써, 그리고 정부의 권위의 힘을 빌림으로써", 넉넉히 해결할 수 있는 문제라고 그는 주장한다.[2] 그리고 듀이의 이러한 주장이 옳다는 것은 그 후 여러 나라에 있어서 역사적 사실이 밝혀 주었다.

듀이가 지적한 사회문제 내지 사회악의 둘째는, 무수한 근로 대중이 너무나 가난하여 인간 이하의 비참한 생활에 신음하고 있다는 사실이다. 이와 같은 불행한 현상은 실업자 또는 반실업자가 많다는 사실에서만 오는 것이 아니라, 노동에 종사하는 사람들에 대한 대우가 너무나 박하다는 사실에도 그 원인이 있다. 빈곤은 질병과 죽음의 원인이 되고 자녀 교육에 대한 희망을

---

2 J. Dewey, *Characters and Events*, p.748.

좌절시키는 등 여러 가지 불행의 근본이거니와, 이 빈곤과 이웃하여 소수의 부유층에 엄청나게 사치스럽고 호화스러운 생활이 영위되고 있다는 사실에 의하여, 문제는 더욱 복잡하고 심각하게 된다.

듀이가 셋째로 지적한 것은, 생산 및 배급 과정의 능률에 관한 결함이다. 보기에 따라서는 현대는 생산 능률에 있어서 크게 향상되었다고 말할 수 있으며, 또 이 점을 자랑스럽게 강조하는 사람들도 많다. 여하튼 기계를 이용한 생산과 수송의 방법이 놀라운 능률의 향상을 초래했다는 것은 엄연한 사실이다. 그럼에도 불구하고 듀이가 "능률에 관해서 결함이 있다."고 주장하는 것은 다음 세 가지 점을 염두에 두고 하는 말이다.

(1) 기구 및 기계의 발명과 발달은 현대의 자본주의적 경제체제가 세운 공적이 아니라, 금전적 성공에는 비교적 무관심했던 소수의 과학자가 거둔 성과다. 이 성과를 돈 있는 사람들이 자기의 개인적 목적의 달성을 위하여 이용한 데 지나지 않는다.

(2) '능률'이라는 것은 생산고(生産高) 또는 달성한 업무량의 절대치를 논하는 개념이 아니라, 가지고 있는 자원 및 능력과 실제로 해놓은 일과의 비율을 따지는 개념이다. 우리가 오늘날 소유하고 있는 가능성과 우리가 현실적으로 달성한 **업적**과의 비율이라는 견지에서 볼 때 현대사회는 결코 스스로 자랑할 만한 상태에 있지 않다. 기계의 힘도 충분히는 이용하지 못하고 있거니와, 특히 사람의 힘을 활용하는 데는 크게 실패하고 있다.

(3) 자본가의 이윤을 좌우하는 판매 가치로 말하면 상당히 높은 능률을 올리고 있다고 말할 수 있을 경우라 할지라도, 소비자의 이익을 의미하는 사용가치의 견지에서 본다면 아주 능률이 나쁘다고 판단해야 할 사례가 대단히 많다. 소비하는 대중을 위해서는 실제로 필요가 없을 뿐만 아니라 때로는 크게 해롭기까지 한 물건을 만들어 내기에 아무리 높은 숫자를 올렸다 하더라도, 우리는 그것을 올바른 능률의 발휘로서 인정할 수는 없을 것이다. 우리

에게 **필요한** 물건이 얼마나 생산되었으며, 우리에게 **유익한** 일이 얼마나 많이 진행되었는가? 이것이 우리에게 중요한 능률의 문제가 아닐 수 없다.[3]

현대가 해결해야 할 가장 심각한 사회문제를 이상과 같은 세 가지로 본 까닭에, 듀이는 더 나은 사회의 건설을 위해서 가장 시급한 것도 그 세 가지 문제의 해결이라고 생각하였다. 첫째로, 일할 수 있는 능력을 가진 사람들에게 일할 수 있는 기회를 보장해야 한다. 단순히 법률상으로 기회의 균등을 보장하는 것에 그칠 것이 아니라, 보람 있는 활동에 실제로 참여할 수 있는 길을 마련해야 한다. 듀이는 이 점을 다음과 같은 표현으로 강조하였다.

> 전문적 술어로서 '사회주의(socialism)'라고 불리어 온 것이 더듬는 운명적 행로에 대하여는 이론(異論)이 분분할 것이나, 각 개인이 자선사업의 혜택에 의해서가 아니라, 스스로 수행할 보람 있는 일거리를 가짐으로써, 생존과 생활을 계속할 수 있도록, 사회가 최선을 다해야 한다는 것은 한갓 평범한 상식에 지나지 않는다.[4]

둘째로 시급한 것은 노동자들의 생활수준을 높이는 일이다. 실업자를 없애는 동시에 일하는 사람들의 생활수준을 올리는 일은, 우리가 사회문제를 합리적으로 처리만 한다면, 충분히 실현될 수 있는 일이라고 듀이는 믿었다. 그는 특히 국가적 사업으로서 주택 문제를 해결할 것과, 사회보험제도를 합리적으로 운영하여 불행에 대비할 것을 시사하고 있다.[5]

셋째로 필요한 것은 능률의 향상을 도모하는 일이다. 그러나 여기서 듀이

---

3 Ibid., pp.751-752.
4 Ibid., p.756.
5 Ibid., pp.757-758.

가 문제 삼는 것은 단순히 기계공학적이거나 산업 심리학적인 문제는 아니다. 그가 여기서 역설한 것은 '산업적 자율(industrial autonomy)'의 필요성이다. 구체적으로 말하면, 생산에 종사하는 일꾼들이 자기가 하고 있는 일의 의미도 모르고, 자기가 하는 일에 흥미도 느끼지 못하면서, 남의 계획과 남의 명령에 따라서 기계적으로 일하는 그저 움직이는 상태를 벗어나서, 노동자들 자신이 생산계획의 결정 과정에 응분의 참여를 해야 한다는 것이다.

이상에서 말한 세 가지 사항을 듀이는 "사회개조를 위한 이지적(理智的)인 계획을 위하여 최소한도로 필요한 기본 요건"이라고 보았거니와,[6] 듀이는 이 세 가지의 요건 내지 요구를 실천적으로 만족시키는 것은 인간의 지성의 힘으로써 가능한 일이라고 믿었다. 그런데 여기에 있어서 매우 중대한 문제 하나가 제기된다. 즉 "현대가 요구하는 경제적 사회개조를 (거기에는 물론 정치와 법률의 개조도 수반해야 하겠지만) 실현함에 있어서, 우리는 적어도 당분간은 어떤 독재의 방법에 호소해야 하는가, 또는 전통적인 자유주의 내지 개인주의가 가졌던 좋은 점을 그대로 살려 가면서 그 개혁의 과업을 수행할 수 있는가?"라는 물음이 여기에 제기되지 않을 수 없는 것이다.[7]

이 물음은 단순한 이론상의 문제로서 제기된 것이 아니다. 그것은 행동으로써 선택해야 할 실천의 문제로서 우리의 앞을 가로막았다. 제1차 세계대전이 끝날 무렵, 경제적 사회 개혁의 필요성이 명백하게 드러났을 때, 시대의 역사적 현실을 재빨리 포착하고 새로운 형태의 정권을 수립하기에 성공한 정치가 내지 사상가들이 있었다. 파시즘(fascism)과 공산주의는 극우와

---

6 Ibid., p.759.
7 J. Dewey, "The Economic Basis of The New Society", J. Ratner ed., *Intelligence of The Modern World*, p.425.

극좌로 나누어지는바 서로 타협할 수 없는 두 가지 계열이기는 하나, 고전적 자유주의를 부정하는 새로운 정권을 수립하기에 성공했다는 면에서 공통점을 가졌다. 제2차 세계대전의 종결과 더불어 파시즘 계열의 세력은 한때 크게 쇠퇴하는 것으로 보였으나 요즈음 다시 위장된 형태로 고개를 들고 있으며, 공산주의 계열의 세력은 점차로 확대해 가는 경향을 보여 왔다는 것은 우리가 체험으로 아는 사실이다. 이와 같은 사실은 — 경제적 사회 개혁이 요청되고 있다는 사실과 아울러, 그 개혁을 시도한 하나의 방법이 현실에 있어서 세계적인 세력을 형성하기에 이르렀다는 사실은 — 여하간 우리에게 하나의 선택을 강요하는 성질의 것이라고 보지 않을 수 없다.

듀이는, 미국의 지성인들 가운데서는, 공산주의에 대한 이해가 많은 편이라고 알려져 있다. 그러나 결론적으로는 그것에 반대하는 입장을 선택하였다. 어떠한 개인 또는 어떠한 소수의 사람들도 그 지성에 있어서 대중 전체의 지성을 합한 것보다 더 우수할 수는 없다고 믿었던 듀이였다. "생산에 관한 궁극적인 문제는 인간의 생산이다. 물품의 생산은 이 궁극의 목적을 위한 중간적이요 보조적인 것이다."라고 믿었던 듀이였다.[8] 이렇게 믿었던 까닭에 그는 독재성을 띤 정치에는, 그것이 어떠한 형태의 것이든, 찬성할 수가 없었다. 물질의 생산을 위하여 인간의 성장을 희생해서는 안 된다고 본 것이다.

그러나 현실은 개조되어야 한다고 이미 주장한 듀이였다. 그러므로 그는 자기 스스로가 어떤 개혁의 방안을 제시하거나, 남이 제시한 방안을 따라가야 할 처지에 놓였다. 아무런 대안도 없이, 남이 벌써 실천에 옮겨 어떤 의미의 성과를 거둔 방안에 대하여 무조건 반대할 수는 없을 것이기 때문이다.

---

8 Ibid., p.430.

그러면 듀이가 제시하는 그 대안은 무엇인가? 여기서 우리는 듀이의 새로운 개인주의 또는 '사회적 민주주의'의 이론을 살펴볼 단계에 도달한 것으로 생각된다.

2. 새로운 개인주의의 방향

듀이에 의하면, 개인주의는 중세기 이래의 서양 문화의 바탕을 이룬 사회 사상이다. 교회가 절대적인 통제력을 발휘했던 중세기는 개인주의와는 정반대의 사상이 지배한 시대 같기도 하나, 기독교의 근본 사상은 개인의 영혼의 절대성을 믿는 데서 출발하여 개인의 영혼의 구제를 궁극의 목적으로 삼은 점에 있었다. 근세의 산업혁명을 계기로, 서양 사회의 개인주의는 더욱 뚜렷한 형태로 나타나게 되었다. 자유와 평등을 강조하는 인권 사상의 대두는 바로 개인주의의 표면화를 의미하는 것이었다.

근세 초기의 개인주의는 산업혁명을 계기로 '자유방임주의(laissez-faire)' 경제 이론을 초래하였다. 개인이 그의 욕구를 충족시키기 위해서 하는 모든 경제활동에 대하여 어떠한 법적 제약도 가해서는 안 된다는 주장이다. 자유롭게 내버려두면 개인이 가진 능력은 최대한으로 발휘될 것이며, 모든 개인들이 가진 능력이 최대한으로 발휘될 때에 전체로서의 국가나 사회도 자연히 부강하게 될 것이다. 개인간의 이해의 대립과 갈등이 없지는 않을 것이나, 그것은 '보이지 않는 손(invisible hands)'의 신비로운 힘에 의하여 조화될 것이며, 결국 개인의 번영과 국가의 번영이 양립하게 될 것이라고 주장되었다.

그러나 자유방임주의의 낙관적인 예언은 역사적 사실에 의하여 거짓으로 판명되었다. 모든 개인들이 그 능력을 최고도로 발휘할 수 있게 되는 대신 많은 실업자가 생겼으며, 국민 전체가 잘살게 되는 대신 극심한 빈부의 차이를 초래하였다. 불평을 가진 대중의 반발이 조만간 폭발하게 되었으니, 자유방임적 개인주의가 그대로 유지되기는 어려운 사태에 이르렀다.

초기의 경제적 개인주의가 그대로 유지되기를 거부하는 또 하나의 변화가 일어났다. 기계가 점점 더 발달함에 따라서 산업계의 모습이 근본적으로 달라지면서, 개인적 소규모의 기업으로부터 자본의 합병에 의한 대규모의 기업으로 전환하게 된 변화가 그것이다. 생산의 방법에 관한 한, 철저한 개인주의는 유지하기 어렵게 된 것이며, 이것은 초기의 개인주의가 믿고 섰던 발판이 허물어지기 시작했음을 의미하는 변화가 아닐 수 없다.

자유방임적인 개인주의가 싹트던 시대의 사회적 조건 가운데는 그 사상을 부분적으로 정당화할 만한 사정이 있었다. 그 당시에는 "기계공업이 아직 개척적인 단계에 있었으며, 무기력과 회의와 정치적 방해와 싸워 가며 그 길을 개척한 사람들에게는 특별한 보수를 받아도 좋을 만한 이유가 있었다."[9] 그러나 지금은 사정이 매우 달라졌다. 기계의 발달로 말미암아 인간이 가진 생산력은 대단히 크게 증대되었으며, 만약 이 크나큰 생산력을 합리적으로 활용한다면, 그리고 분배에 있어서 사회의 정의가 실현된다면, 지구로부터 빈곤을 추방할 수 있는 상태에 이르렀다. 그리고 기업에 종사하는 사람들의 사회적 세력도 산업혁명의 초창기와는 비교가 되지 않을 정도로 강화되었으며, 그들의 결합 세력은 정치와 법률을 좌우할 수 있을 정도에 이르렀다. 사태가 이토록 달라진 오늘날, 2백 년 전의 개인주의가 여전히 타당할 수는 없다는 것이 듀이의 신념이다. 우리 인간이 하기에 따라서는 거의 모든 사람이 잘살 수 있는 조건을 가지고 있으면서, 소수의 개인들에게만 창의를 발휘할 수 있게 하고 자유와 풍요를 즐길 수 있게 하는, 2백 년 전의 개인주의를

---

9 J. Dewey, *Individualism: Old and New*, p.79.

그대로 고집할 필요는 없다는 것이다.

그러나 듀이는 개인성을 말살하는 어떤 외적 통제를 새로운 질서의 원리로 삼아야 된다고는 생각하지 않는다. 그는 개인성이 궁극적으로 존귀한 것의 하나라는 생각을 버리지 못한다. 따라서 그는 개인주의라는 것을 전적으로 단념할 수는 없었으며, 새로운 개인주의로 대치해야 한다고 믿었다.

듀이의 '새로운 개인주의'에 있어서 근본이 되는 생각은, 개인에 대하여 외부로부터의 압력이나 통제를 가하지 않고, 다만 개인들이 자진하여 크게 하나로 뭉치도록 하자는 것이다. 다시 말하면, 사람과 사람은 서로 결합해야 한다고 전제하면서, 그러나 사람들을 서로 연결하는 유대는 단순히 외부적인 것에서 구할 것이 아니라, 안으로부터 우러나오는 자율적인 힘에서 구하자는 것이다. 이것은 타인과의 결합을 가능케 할 융합의 요인을 개인이 자기 자신 안에 갖는다는 것을 전제로 하는 것이니, 새로운 '인간상'의 실현을 모색하는 뜻을 그 가운데 품었다.

현대의 사회 사정은 어떤 통제를 요구한다. 그러나 그것은 개인 밖의 것이 개인을 제약하는 통제가 아니라, 개인 스스로가 자기를 통제하는 자율의 그것이다. 듀이의 표현을 빌리면, "사회적 지성(social intelligence)을 조직적으로 적용함으로써 빚어지는 사회적 통제"다. 그리고 이러한 형태의 사회적 통제만이 "상부 및 외부로부터의 강압적 통제로 결국 우리를 몰고 감이 없이, 현대의 사회악을 제거할 수 있는" 유일한 길이라는 것이다.[10] 그리고 이러한 자율적 통제가 가능하기 위해서는, 새로운 인간이 ― 새로운 정신 상태와 도덕을 가진 인간이 ― 필요하다.

그러나 '새로운 인간상'의 실현이 어떻게 가능할 수 있을 것인가? 듀이는

---

10 J. Dewey, *Intelligence of The Modern World*, p.431.

인간이라는 것이 본래 고립해서는 살 수 없다는 것, 그리고 특히 현대는 사람들이 그 외면적인 생활에 있어서 광범위하게 그리고 복잡하게 서로 연결되고 묶여 있다는 사실에 주목한다. 오늘날 사람들은 싫든 좋든 간에 서로 연결을 짓고 살아가기 마련이다. 이미 겉으로는 어떤 결합이 이루어지고 있는 것이다. 그러나 우리는 외면적으로 되고 있는 이 결합을 아직 내면화하지 못하고 있으며 외면적으로 결합되고 있는 현실을 우리의 마음과 인생관 속에 반영시키지 못하고 있다. 이와 같이 우리의 결합이 내면화되지 않는 것은, 사람들이 겉으로는 연결이 되어 있으나 참된 사회적 조화는 실현하지 못하고 있기 때문이다. 그러나 사회적 조화가 이루어지지 못하는 근본 원인은 "사람들이 사회 현실의 객관적 상황을 … 받아들이려 하지 않는" 경향에 있다고 듀이는 진단한다.[11] 다시 말해서, 오늘날의 사회 현실을 통찰력 있고 지성적인 태도로 바르게 인식한다면, 우리는 이 현실 속에 사회적 조화를 가능케 할 요인이 들어 있음을 발견하리라는 것이다. 요컨대, 현대사회의 특색을 이루고 있는 공동성과 합동성에 일치하는 정신 상태를 우리의 마음속에 길러 내는 데 성공한다면, 사람들은 밖과 안으로 결합하게 될 것이니, 사회적 조화의 실현을 볼 수 있으리라는 것이다.

매스커뮤니케이션을 통하여 조작된 여론이나 유행에 있어서 발견되는 의견 또는 감정의 일치를 사람들의 내면적 통합의 증거로 인정해서는 안 된다. 정부나 상인의 선전과 같은 외부적 암시에 의하여 조성된 의견의 일치는 오직 피상적인 것이며, 개인들의 마음의 바닥에 근거를 둔 결합은 아니다. 오늘날, 일반적으로 경험되는 여론이나 유행이 피상적인 일치에 불과하다는 증거로서는, 그것들이 그때그때의 사건이나 암시를 따라서 이리 쏠렸다 저

---

11 J. Dewey, *Individualism: Old and New*, p.82.

리 쏠렸다 하며 아무런 일관성도 보여주지 않는다는 사실만으로 충분할 것이다.

"인공적으로 만들어진 생각이나 감정의 일치는 내면적 공허를 나타내는 증상이다."[12] 그것은 군중심리의 산물이며, 언제 어떻게 변할지 모르는 위험성을 가졌다. 뜬구름처럼 불안정한 것인 까닭에, 그것은 국가 또는 개인의 행동을 위한 기준이 될 수가 없다. 마음속으로부터 우러나왔으며 비판적인 지성의 숙고를 거쳐서 다져진 의견과 감정의 일치만이 안정성을 가졌으며, 실천의 방향을 위한 지침이 될 수가 있다.

밖으로부터의 기계적인 작용에 의해서가 아니라, 마음속으로부터의 자발적인 판단에 의하여 남들과 일치된 의견에 도달할 수가 있고, 개성과 주체성을 살리면서도 사회적 조화에 실천적으로 협조할 수 있는 개인들을 만들어 내는 것이, 듀이의 '새로운 개인주의'의 이념이다. 그러면 그 새로운 인간상의 개인들을 만들어 내는 방법은 무엇일까?

이 물음에 대하여 우선 소극적인 관점에서 대답한다면, "새로운 개인상의 실현을 방해하는 사회적 요인을 제거해야 한다."고, 평범한 일반론의 원칙을 따라서 논할 수 있을 것이다. 그러면 새로운 유형의 인간의 탄생을 방해하는 사회적 요인이란 무엇일까? 듀이에 의하면 그것은 "개인의 금전적 이윤의 관념을 가지고 공업과 상업을 규정하는 낡은 개인주의의 특색이 여전히 존속하고 있다는 사실"이다.[13] 오늘날 군중심리에 호소함으로써 타율적으로 여론을 조작하는 풍조가 강한 것도, 사실은 낡은 개인주의가 아직도 여전히 가지고 있는 사회적 세력의 나타남이라고 볼 수 있다. 현대사회에 있어

---

12 Ibid., p.87.
13 Ibid., p.9.

서 여론이나 유행을 좌우하는 것은 매스커뮤니케이션이거니와, 이 매스커뮤니케이션의 기관을 장악하고 있는 세력이 대개는 보수적이라는 사실을 우리는 우연한 현상이라고 볼 수는 없을 것이다.

돈벌이를 근본 동기로 삼는 낡은 경제적 개인주의의 세력이 시들지 않는 한, 새로운 인간상의 실현은 바라기 어렵다. 그러나 그 낡은 경제적 개인주의의 세력을 어떠한 방법으로 꺾을 수 있을 것인가? 폭력적인 혁명과 독재적 통제로써 그 세력을 꺾는 방법이 있다. 그러나 듀이가 이 방법을 시인하지 않았음은 이미 말한 바와 같다. 그러면 그 밖에 또 어떤 길이 남아 있을 것인가? 듀이는 '지성적 대화'의 길을 제창한다. 그가 '커뮤니케이션'의 이론을 전개한 것도, 지성적 대화를 통한 인간적 지혜의 광범한 동원을 사회 개조의 정도(正道)라고 판단한 기본 전제를 배경으로 삼은 것이었다.

그러나 아무리 지성적인 대화라 할지라도 그것으로 어찌 오래된 개인주의의 뿌리를 뽑을 수 있을 것인가? 옛날부터의 개인주의는 결국 자기를 보호하자는 인간적 본능에 근거를 두고 자라난 사상이었다. 인간의 이 기본적인 본능은 예나 지금이나 다름이 없다. 그리고 감성적 본능의 힘은 단순한 지성의 충고로써 누르기에는 너무나 굳센 것이 아니던가? 이제까지 개인적 이윤의 추구에 의하여 지배되어 온 경제 제도를 단순한 이론의 교환 또는 지성적인 커뮤니케이션만으로 뜯어고칠 수가 있을까? 지성적 대화가 큰 효과를 거둘 수 있는 어떤 특수한 사정이라도 주어져 있다는 것인가?

이 물음에 대답할 수 있는 근거를 듀이는, 자연의 세계를 거의 완전히 지배할 수 있게 된 현대 과학과 그 공업 기술의 막대한 역량에서 찾는다. 오늘날 과학 및 기계가 가지고 있는 힘은 실로 막대하다. 이 막대한 힘을 지혜롭게 사용하는 데 성공한다면, 인류 전체가 쓰고 남을 정도의 물건을 생산하고 수송할 수 있다는 것이 듀이의 생각인 것 같다. 옛날에는 가난은 불가피한 사회악이라고 인정되었다. 잘사는 사람이 있으면 반드시 못사는 사람도 있기 마련이며 모든 사람이 다 잘산다는 것은 사실상 불가능한 일이었다. 따라서 자기를 보호하고자 하는 인간의 본능이 더 많은 재산을 차지하기 위한 생존경쟁으로 달린 것은 당연한 현상이었다. 그러나 지금은 사정이 다르다. 인간이 가진 생산의 능력을 모두 평화산업에 던져 넣어서 합리적으로 이용하고 또 그 생산품이 공정하게 분배된다면, 빈곤이라는 불행을 지구 밖으로 몰아낼 수가 있다. 빈곤은 결코 불가피한 것이 아니며, '가난'이라는 불리한 제비를 뽑지 않기 위하여 혈안이 되어 싸울 필요도 없다는 것이다.

공업 또는 상업에 종사하는 사람들이 한 푼이라도 더 벌려고 애쓰는 것도, 그 출발점은 가난으로부터 자기를 구제하고자 하는 본능적 욕구에 있었다. 그러나 이제 만약 지구로부터 가난의 그림자를 몰아낼 수 있다면, 구태여 자기 한 사람과 그 가족만을 가난으로부터 구제하려고 동료들과 잔인한 싸움을 벌일 필요는 없을 것이다. 모두가 힘을 합하여, 인류 전체를 가난으로부터 구하는 보람된 일에 적극 참여하는 것이 지성의 명령하는 바가 아닐 수 없다.

새로운 개인주의를 실현하는 유일한 길은, 과학과 공업 기술의 힘을 인류의 공동 목표에 적합하도록 활용하는 지혜로운 노력에 의해서만 열릴 수가 있다. 우리는 과학과 기술의 힘을 잘 관리해야 한다. 그러나 이 점에 관해서 우리 인간은 아직 성공하지 못한 상태에 놓여 있다. 인간이 인류의 목적과 인류의 행복을 위하여 기계를 잘 사용하고 있는 것이 아니라, 도리어 기계에게 농락을 당하고 있는 실정이다.

그러나 기계 자체의 성질 속에 인간을 해칠 필요성을 가진 요인이 내재해 있는 것은 아니다. 기계가 가지고 있는 막대한 힘을 인류에게 유익하도록 활용하지 못하고 도리어 인류의 평화를 위협하는 재앙의 근원으로 만든 점이 있다면, 그것은 어디까지나 우리 인간의 생각과 행동에 잘못이 있었기 때문이다. 이에 듀이는 다음과 같이 선언한다.

기계가 가지고 있는 능력에 적합한 가치를 창조하고 실현하기 위하여, 기계를 어떻게 이용할 수 있을 것인가를 우리가 스스로 묻기 시작했을 때, 그리고 그 가치의 실현을 위한 조직적인 계획을 시작했을 때, 우리가 살고 있는 시대의 현실에 알맞은 새로운 모습의 개인도 형성되기 시작할 것이다.[14]

3. 새 시대의 자유주의

현대가 당면한 어려운 사회문제를 해결하는 길은 과학과 공업 기술의 힘을 인류 전체의 행복을 위하여 최대한으로 활용하는 일이다. 그러나 오늘날이 새로운 힘의 보고(寶庫)가 올바른 목적을 위하여 사용되기를 방해하는 완강한 세력이 있다. 그것은 과학이 발달하기 이전의 시대에 기원을 가진 제도와 습관 그리고 사고방식이다. 좀 더 구체적으로 말하면, 개인적인 재물의 획득을 근본 동기로 삼는 경제 제도와 행동 양식, 그리고 그러한 전통 위에 입각한 가치관이다. 이것들을 우리는 새 시대의 요구에 역행하는 묵은 세력이라고 부를 수 있겠거니와, 그 가운데서도 가장 완강한 힘을 가진 것은 이미 제도화한 경제 및 정치의 세력이다.

사회의 개조가 실현되어야 할 것이라면, 그 길을 방해하는 세력을 우선 꺾어야 할 것이다. 그러면 그것을 꺾는 올바른 방법은 무엇일까? 듀이는 여기서 두 가지 길을 생각할 수 있다고 보았다. 하나는 폭력에 호소하는 길이요, 또 하나는 지성에 호소하는 길이다. 이 두 가지 길 가운데서 하나를 택해야할 것이며, 두 가지 길을 아울러서 사용할 수는 없다. 왜냐하면 그 자체는 악이라고밖에 볼 수 없는 폭력의 사용을 정당화할 수 있는 것은 오직 폭력의

---

14 Ibid., p.96.

사용이 불가피할 경우뿐이거니와, '폭력의 사용이 불가피하다'는 주장은 지성으로서는 긍정할 수 없다는 것이 듀이의 신념이기 때문이다. 처음부터 **절대 불가피하다**고 단정하는 폭력주의는 하나의 독단론이며, 실험을 해보기 전에는 어떠한 단정도 내리지 않는 것이 지성의 태도라고 믿는 듀이는 지성과 폭력은 동행할 수 없다는 전제 아래서 그의 이론을 전개시킨다.[15]

낡은 제도나 묵은 사고방식의 완강한 세력을 지성의 힘으로써 물리칠 수 있기 위하여 첫째로 요구되는 것은, 지성 자체를 묵은 세력의 굴레로부터 해방시키는 일이다. 그리고 이 '지성의 자유'야말로 참된 자유주의의 영원한 목적이라고 믿은 듀이는, 오늘날 요청되고 있는 현실 개조의 문제와 자유주의 문제 사이에 본질적인 연결성을 발견한다. '자유주의(liberalism)'의 이름 아래 많은 과오가 범해졌고, 낡은 자유주의에 대한 날카로운 비판과 반성이 요구되는 가운데도, 새 시대는 또다시 올바른 자유주의의 건설을 요청한다고 듀이는 믿었다.

오늘날 과학의 힘을 악용하고 개인의 이기적 목적을 위해서는 국가나 인류의 불행도 개의치 않는 사람들도, 스스로의 행로를 '자유주의'의 이름으로 부르기를 좋아한다. 자유주의라는 말이 우리들에게 일으키는 연상 가운데는 '낡았다'는 관념이 고개를 드는 것이 보통이며, 낡은 자유주의야말로 바로 우리의 지성이 극복해야 할 대상이기도 하다. 그러나 자유(liberty), 개인성(individuality), 그리고 해방된 지성(freed intelligence)의 관념에는 영원한 가치가 — 과거 어느 때보다도 오늘날 더욱 절실히 요청되는 가치가 — 깃들어 있다.[16] 이 가치를 현대의 실정이 요청하는 바에 맞도록 구체화하

---

15 J. Dewey, *Liberalism and Social Action*, p.78 이하 참조.
16 Ibid., p.47.

여 실현하는 것이 참된 자유주의의 사명이다.

자유라는 개념은 항상 어떤 억압하는 힘의 존재를 전제로 삼고 있다. 자유가 문제된 모든 역사적 상황에는 그것을 억제하는 강한 힘이 존재하였다. 다시 말하면 자유란, 그 본래의 뜻에 있어서, 어떤 억압으로부터의 해방을 의미하였다. 17세기와 18세기 초기의 자유는 '전제군주의 통치로부터의 자유'를 의미했고, 19세기의 자유는 주로 '법적 관례로부터 공업가(工業家)를 해방함'을 의미하였다. 그리고 현대의 사회가 요청하는 자유는, "물질적 불안으로부터의 자유요, 우리가 가진 막대한 문화적 가치에 대한 대중의 참여를 방해하는 강제와 억압으로부터의 자유"다.[17]

모든 사회에는 습관 내지 관습의 힘이 작용한다. 시대의 상황이 많이 달라진 뒤에도 옛날의 제도와 사고방식이 일종의 타성적 세력을 가지고 우리의 행동을 제약한다. 그러나 묵은 제도와 낡은 사고방식은 시대적 상황이 달라진 새로운 환경에는 적합하지 않을 경우가 많다. 그러므로 제도와 가치관은 시대의 변천에 따라서 다시 고쳐져야 한다. 그러나 제도나 가치관의 혁신이 조용히 그리고 마찰 없이 수행되는 경우는 드물다. 혁신을 둘러싼 이해관계의 대립으로 말미암아, 또는 개인의 기질과 성격의 차이로 말미암아, 옛것을 그대로 지키고자 하는 세력과 새로운 것을 황급히 만들어 내고자 하는 세력이 맞서는 것이 보통이기 때문이다. 한편에서는 어떠한 실질적인 개혁도 반대하는가 하면, 또 한편에서는 수단을 가리지 않고 옛것이라면 송두리째 뽑으려고 한다. 그러나 두 극단으로 달리는 이러한 태도들은 어느 것도 지성이 긍정하는 길이 아니다. "개인이나 사회가 당면하는 모든 문제에 있어서 지성이 해야 할 임무는, 묵은 습관과 관습과 제도와 그리고 신념을 새로운

---

17 Ibid., p.48.

현실적 조건에 맞도록 고침으로써 하나의 조화를 이룩하는 일이다."[18] 짧게 말하면, 묵은 것과 새로운 것이 조화를 이루도록 연결시키는 매개의 구실을 하는 것이 지성의 임무다. 그리고 그것은 바로 자유주의의 임무이기도 하다. 자유주의란 본래 합리적인 방법으로 사회적 혁신을 이룩하자는 주장이며, "그 임무는 사회적 변혁을 조정하는 일"이기 때문이다.[19] 자유주의란 결국 '자유로운 지성(freed intelligence)'을 사회적 행동의 지도 원리로 삼는 일종의 진보주의라고 볼 수 있다.

듀이의 자유주의는 정신적 가치의 우위를 인정하는 일종의 이상주의라고도 해석된다. 그러나 이 정신적 가치의 이상을 실현할 수 있기 위해서는 물질생활의 안정이 절대로 필요하다고 듀이는 믿는다. 필요한 물질을 획득하기 위해 사용되는 정력(精力)과 정신적 가치를 추구하기 위해 사용되는 정력이 따로따로 있는 것이 아니므로, 많은 정력을 정신적 가치의 실현 내지 추구로 돌릴 수 있으려면, 물질생활의 필요를 위하여 지나치게 많은 정력을 소모하지 않아도 좋은 처지에 놓여야 하기 때문이다. 물질은 보람 있는 생활을 위한 수단이다. 그러나 그것은 절대로 필요한 수단인 까닭에, 결코 소홀히 할 수 없는 중대한 문제를 내포하고 있다.

자유주의는 개인의 사상과 표현의 자유가 실현될 것을 그 실천적 목표로 삼는다. 따라서 충실한 자유주의자라면, 이 목표의 달성을 위하여 필요한 조건 또는 수단을 진지하게 강구하지 않을 수 없을 것이다. "자유주의는 그 것이 목표로 삼는 이상에 도달하기 위한 길을 밟지 않는 한, 그 이상에 충실한 것이라고 할 수가 없다."[20] 그러면 자유주의의 이상에 도달하기 위하여

---

18 Ibid., p.50.
19 Ibid., p.48.

필요한 조건이란 어떠한 것인가? 듀이에 의하면 그것은 "물질과 기계의 힘을 사회적으로 조직화함"이다. 다시 말하면, 자유주의의 이상이 실현되기 위해서는 경제활동에 대한 사회적 통제가 필요하다. 옛날의 자유주의자들은 개인의 경제적 활동을 그의 자유로운 경쟁심에 일임하는 것이 사회복지를 실현하는 가까운 길이라고 믿었다. 그러나 듀이는 논리의 순서를 바꾸어서 생각한다. 그리고 이렇게 주장한다. "사회화한 경제는 자유로운 개인의 발전이라는 목적을 달성하는 방법이다."[21]

옛날에는 개인의 자유를 구속한 것은 정부 또는 교회였다. 그러나 오늘날에 있어서는 돈벌이를 위주로 하는 경제인들의 금력(金力)을 배경으로 삼는 사사로운 조직이 개인에게 가하는 압제가 더욱 심하다. 이 비정치적이요 비종교적인 권력기관의 횡포로부터 대중을 해방해야 한다고 주장하는 것을 우리는 사회적 자유주의(social liberalism)라고 부르거니와, 우리는 듀이를 사회적 자유주의자의 한 사람으로 볼 수 있을 것이다. 여기서 우리는 듀이가 자기의 정치적 견해를 사회적 민주주의라고 부른 사실을 상기하게 된다. 여하튼, 듀이의 사상 가운데 사회주의가 가진 장점을 살리고자 하는 일면이 있음은 의심의 여지가 없다.

4. 사회적 민주주의

오늘날 자유세계에 있어서 경제활동의 근본 원칙으로 간주되고 있는 자본주의는, 그 기원에 있어서 자유방임주의 경제 이론을 방패로 삼고 발달한 것

20　Ibid., p.90.
21　Ibid., p.90.

이었다. 다시 말하면 경제활동에 대한 정치적 간섭은 고전적 자본주의의 원칙에는 근본적으로 배치되는 것이다. 그러나 현대의 실정은 경제와 정치의 완전한 분리를 불가능하게 만들었다. 경제활동에 대한 정치적 간섭은 불가피하게 되었으며, 어느 정도 현대적인 발달을 이룩한 국가로서 정부가 경제적인 통제를 전혀 가하지 않는 나라는 없다. 듀이는 이 사실을 강조하면서, 이 엄연한 현실을 직시할 것을 권고한다.

현대가 요구하는 경제 제도를 어떠한 이름으로 부르든지 그것은 본질적인 문제가 아니다. 본질적인 문제는 경제활동에 대한 정치적 통제가 불가피하게 되었다는 사실 가운데 있으며, "그 통제를 어떠한 원칙에 의하여 실시할 것인가?"라는 실천적 물음 속에 있다. 여하튼 19세기적 자본주의가 그대로 유지되기는 매우 어려운 실정이다. 그리고 경제적 통제의 시대가 오리라는 것을 미리 내다본 점에 있어서, 마르크스(K. Marx)의 추리에는 옳은 일면이 있었다고 듀이는 인정한다.[22]

오늘날 정부 또는 국회에 있어서 논의되는 정치문제 가운데서 경제와 직접 관계가 없는 것은 거의 없다. 대부분의 정부는 그 국민의 경제생활의 안정을 첫째의 사명으로 표방해야 하며 여당은 경제적 번영의 성취자 또는 수호자로서 자처하지 않으면 안 된다. 이러한 모든 사태가 의미하는 근본적인 사실은, 경제문제에 대한 사회적 통제가 불가피하게 되었다는 그것이다. 그러면 경제에 대한 사회적 통제를 불가피하게 만든 구체적인 사정은 어떠한 것일까? 듀이가 언급한 예를 통하여 살펴보기로 하자.

1920년대 후반기에 있어서 미국의 집권당이었던 공화당은, 당시 미국의 번영을 선전하고 스스로 그 번영의 수호자임을 자랑하였다. 그러나 도대체

---

22 J. Dewey, *Individualism: Old and New*, p.102.

그 '번영(prosperity)'이라는 것의 내용이 무엇이었는가? 한두 가지의 숫자만을 살펴보더라도 그것이 결코 건전한 것이 아님을 알 수가 있다.

1927년의 미국의 국민소득의 약 4분의 1은, 연수입 10만 달러가 넘는 1만 1천 명의 부자의 손으로 들어갔다. 그뿐만 아니라, 이 복 받은 1만 1천 명의 수입 가운데서 오직 20퍼센트만이 그들의 봉급 및 그들이 직접 종사한 사업의 이익금에서 온 것이요, 나머지 80퍼센트는 간접 투자, 투기 사업, 사용료 따위의 불로소득에서 온 것이다. 그리고 임금 노동자들 8백만 명의 총수입을 합한 것은 저 1만 1천 명이 차지한 '불로소득'의 겨우 4배밖에 되지 않는다. 한편, 1928년의 소득세에 관한 통계에 의하면 연수입이 백만 달러가 넘는 사람의 수효가 7년 동안에 67명에서 5백여 명으로 늘었으며, 그들 가운데 24명은 천만 달러가 넘는 연수입을 올리고 있다. 이와 같은 숫자가 의미하는 것은 빈부의 차이가 점점 커가고 있다는 사실이며, 그리고 이 사실은 근자에 성행하고 있는 자본 통합의 경영 방식과 밀접한 관계를 가졌다.[23]

빈부의 차이가 심하다는 사실이 결코 건전한 현상이 아님은 설명의 여지도 없거니와, 이 사실이 국민의 심리에 미치는 영향도 매우 심각하다. 국민경제의 실정이 대중의 심리에 미치는 영향이 막대하다는 것을 아는 정부와 여당은, 그 대중이 가진 많은 투표권을 고려하지 않을 수 없는 까닭에, 한편으로는 경제의 성장과 국가의 번영을 선전하면서, 또 한편으로는 대중의 불평을 덜어 줄 어떤 실질적인 조처를 취하지 않으면 안 된다. 그 실질적 조처란 결국 근로 대중의 이익을 어느 정도 고려하는 실천이 아닐 수 없으며, 그것을 위해서는 경제활동에 대한 정치적 간섭이 불가피하게 된다.

경제적 통제의 필요성은 노동자나 소비 대중의 이익을 위해서만 있는 것

23 Ibid., pp.106-107.

이 아니다. 자본가들 자신을 위해서도 그것은 불가피하게 되었다. 발달된 기계의 막대한 생산력을 이용한 무제한의 자유경쟁이 필연적으로 초래하는 결과는 생산과잉이요, 심한 불경기다. 그리고 과잉생산과 불경기의 불행한 상태를 막는 것은 생산업자 자신들을 위해서 필요한 일이며, 이 필요한 일을 하기 위해서는 생산계획의 통제가 불가피하다.

옛날에는 가장 번창하던 산업, 예컨대 대규모의 농장, 석탄 광업, 그리고 섬유 공업 같은 튼튼하던 산업이, 오늘날은 불경기에 허덕이며 도리어 국가의 보호를 요청할 지경에 이르렀다. 오늘날 새로 흥청거리는 산업은 전기나 화학같이 근래에 크게 발달한 기술을 이용하는 공업이거니와, 이러한 신흥 공업도 언제 생산과잉과 불경기로 쓰러질지 모르는 위험성을 가지고 있다. 한편 실업자의 수효는 늘어 가고 있으며, 임금 노동자들의 처우에 대한 불평은 공격적 폭발의 위험성을 가졌다. 이러한 사태는 돈벌이를 위주로 삼는 개인주의적 산업 제도의 파탄을 의미하는 것이며, 경제에 대한 정치의 간섭이 불가피함을 밝혀 주는 것이다.

이러한 사태에 직면하여, 정부와 국회는 실제에 있어서 여러 가지 대책을 강구하고 있다. 예컨대 농산물의 가격에 대한 조정, 누진율에 의한 조세제도, 상속세의 대폭 인상 등이 그것이다. 그러나 그들이 세우는 대책이라는 것은 오늘날의 사회적 혼란을 그대로 반영하여 그저 산발적인 미봉책의 단계를 넘어서지 못하고 있다. 근본적 원리에 따라서 항구적인 해결책을 강구하는 것이 아니라, 눈앞에 닥친 선거에 대비하여 불우한 대중들의 불평을 일시적으로 무마하기 위한 따위의 것이 많다.

간혹 각계의 권위자를 망라한 듯이 보이는 경제회의를 개최하여, 무슨 근본 대책을 세우는 듯한 인상을 주기도 한다. 그러나 그러한 회의는 대개 용두사미로 끝나는 것이 보통이며, 실질적인 개선은 뒤따르지 않고, 오직 어떤 전시효과를 거두는 것으로 그치는 수가 많다.

항구적이요 실질적인 개선의 길을 세우지 못하고, 오직 일시적이요 피상적인 '대책'을 세우는 정도로 그치는 근본 이유는, 정치와 경제의 핸들을 잡은 사람들이 개인적인 이익의 추구를 행동의 기본 동기로 삼는 19세기적 개인주의의 철학을 벗어나지 못하고 있기 때문이다. 이 근본적인 마음의 자세를 벗어나지 못하는 한, "크게 합류함을 통하여 조직화된 재계와 실업계의 세력이 생산의 결과를 부당하게 처리함으로써, 그것이 다수의 이익에 봉사하지 않고 소수의 특권에 봉사하도록 하는 오늘날의 혼란은 계속될" 것이다.[24]

듀이에 의하면, 역사가 과거의 사회질서와 그 질서의 바탕에 깔린 낡은 철학에 종지부를 찍는 방향으로 흐르고 있다는 것은 의심의 여지가 없는 사실이다. 지금 이 역사의 흐름에 순응하기 위하여, 조그마한 수정이 마지못해 가해지고 있다. 그러나 밖으로부터의 힘에 눌려서가 아니라 스스로 자진하여 역사의 방향을 따라 개혁의 운동을 전개하는 것이, 지성을 가진 인간으로서 취할 길이라고 듀이는 생각한다. 그는 "재계와 실업계의 지도자, 노동자의 대표, 그리고 정부의 관리가 한 당에 모여서, 산업 활동의 통제를 계획하는 조정적이요 지도적인 회의를 개최할 것"을 제언한다. 그리고 그렇게 하는 것은, "소련이 많은 파괴와 심한 강제를 감행해 가며 걷고 있는 그 길을, 건설적이요 자발적인 자세로 걷기 시작하는 것"이라고 주장한다.[25]

여기서 우리는 듀이의 '커뮤니케이션'의 이론을 상기하는 동시에, 그가 사회주의자들이 제창한 바로 그 목표를 민주주의적 방법으로 달성할 것을 이상으로 삼고 있음을 알 수가 있다. 그리고 그가 자기의 정치적 신념을 '사회

---

24 Ibid., p.115.
25 Ibid., p.118.

적 민주주의(social democracy)'라고 부른 뜻도 스스로 명백하다.

5. 과학적 휴머니즘

토머스 힐(Thomas E. Hill)이라는 윤리학자는 그의 저서 『현대 윤리학설 (*Contemporary Ethical Theories*)』(1957) 가운데서, 듀이를 포함한 프래그머티스트(Pragmatist)들의 윤리설과 마르크스주의자들의 윤리설을 '진행설(process theories)'이라는 같은 카테고리 속에 묶었다. 세계의 본질을 움직이는 것으로 보고, 역사가 발전해 가는 방향에 순응하여 인간 사회의 문제를 합리적으로 해결해 나아가는 가운데 인간적인 선이 실현된다고 믿은 점에 있어서, 이들은 공통점을 가졌다고 본 것이다. 듀이 자신도 마르크스의 학설 가운데서 적어도 두 가지 점에 대해서는 반대할 뜻이 없다는 것을 밝히고 있다. 첫째로, 사회가 변천 내지 발전해 가는 과정에 있어서, 경제적 요인이 매우 중요한 위치를 차지한다는 견해에 듀이는 반대하지 않는다. 둘째로, "현대의 경제 제도가 민주주의적 자유에 위배되는 결과들을 빚어내는 경향이 있다."는 주장에도 그는 반대하지 않는다.[26]

이 두 가지 점에 있어서 의견이 일치했던 까닭에, 듀이와 마르크스는 "대중이 모두 균등한 기회를 갖고 공평한 혜택을 입을 수 있는 새로운 사회질서를 확립함"을 사회윤리의 근본 목표로 삼는 점에 있어서도 견해를 같이할 수가 있었다. 그러나 듀이는 매우 중요한 몇 가지 점에 있어서 마르크스와 견해를 달리하는 까닭에, 저 사회윤리의 목표를 달성하는 방법에 관해서 후자와는 현저한 차이를 가진 결론에 도달했다.

---

26 J. Dewey, *Freedom and Culture*, p.76.

마르크스의 이설(理說)에 대한 듀이의 비판의 가장 기본적인 점은, 마르크스의 이설이 지나친 단순화(simplification)의 오류를 범했다고 보는 해석에 있다. 듀이에 의하면, "새로운 방향을 가진 사회운동에는 단순화가 따르기 마련이다."[27] 이 '단순화'에도 공적이 있다. 그것은 인간 사회에 있어서 새로운 경향이 — 그것이 자유롭게 충분히 발휘되면 인생을 더욱 값지게 만들 수 있는 새로운 경향이 — 대두되고 있다는 사실을 분명히 알려 주는 것이다. 그러나 단순화에는 위험성도 들어 있다. 단순화를 통해서 세워진 이론 체계는 절대론의 성격을 띠기 마련이며, 그것은 모든 시대와 모든 지역에 있어서 타당성을 가진 '절대 진리'로서 군림한다. 그러나 경험론자인 듀이의 견지에서 볼 때, 사회 개혁의 방안에 관한 어떠한 이론도 '절대 진리'로서 자처할 자격은 없다. 어떤 국한된 조건 아래서는 타당성을 갖던 이론도, 조건이 달라지고 사정이 바뀌면 타당성을 잃는 것이 인간적인 현실이다. 절대성을 주장하던 어떤 사회 이론이, 사정이 달라진 후일에 그 결함을 드러냈을 때, 하나의 반동이 생긴다. 그 반동은 문제된 저 사회 이론이 전적으로 틀렸다고 단정하면서, 그 속에 든 부분적으로 옳은 주장마저도 인정하지 않는다. 먼저의 절대론과는 정반대의 방향으로 또 하나의 새로운 절대론이 생기는 것이다. 듀이는 오늘날 세계적으로 문제가 되고 있는 마르크스주의와 이를 반대하는 19세기적 자유주의의 대립을, 다 같이 제 나름의 단순화를 통하여 형성된, 두 개의 절대론의 대립으로서 이해하고 있다.[28]

그러면 마르크스는 무엇을 어떻게 단순화했다는 것일까? 듀이의 요점은, 사회의 현상을 결정하는 여러 가지 요인들 가운데서, 마르크스는 오직 경제

---

27 Ibid., p.47.
28 Ibid., p.75.

적 요인만을 절대적인 것으로 강조했다고 지적함에 있는 것 같다.

듀이에 의하면, 인간 사회의 역사적 발전을 좌우하는 요인들은 크게 두 가지 계열로 나누어진다. 하나는 인간성 속에 근원을 둔 인간적 요인들이요, 또 하나는 인간의 환경을 구성하는 '외적인' 요인들이다. 그런데 마르크스는 인간적 요인은 문제 삼지 않고, 오직 환경적 요인에 속하는 경제적 요인만을 강조하여, 마치 경제적 요인이 역사를 움직이는 요인들의 전부인 것같이 과장했다는 것이다. 즉, 마르크스는 "한 시대의 경제적 생산력이 어떠한 상태에 있느냐에 따라서 그 시대의 정치, 법률, 과학, 예술, 종교, 도덕의 모든 분야에 있어서의 사회적 활동 및 사회적 관계가 결국은 결정되는 것이라고" 주장했다는 것이다.[29]

마르크스의 학설도 그 본래의 주장에 있어서는, 정치, 과학, 도덕 등등의 이른바 문화적 상층구조가 형성되면, 그것들의 근원이었던 물질적 하층구조를 도리어 어느 정도 변경시킬 수가 있다는 것을 인정하였다. 그러나 듀이에 의하면, 그러한 인정은 후일의 마르크스주의 이론에 있어서 점점 무시되었고, 결국은 한갓 각주(脚註)의 자리로 밀려나게 됐다는 것이다.[30]

경제적 요인 이외의 다른 요인을 무시해 버렸다는 듀이의 비판에 대해서는 이론의 여지가 있을지도 모른다. 공산주의 국가에서도 정치와 학문 그리고 예술 따위의 비물질적 요인이 가진 영향력을 중요시하고, 그러한 비물질적 요인들의 통제에 상당한 힘을 기울이고 있는 실정이라고 전해진다. 그러나 마르크스주의자들이 주장하는 '프롤레타리아 혁명'이 아직 성취되지 않은 나라에 있어서 그 혁명을 완수하는 과정 내지 방법이 문제되었을 때, 경

---

29 Ibid., p.77.
30 Ibid., p.77.

제적 내지 물질적 요인만을 중요시하고, 그 밖의 요인들은 그리 중요시하지 않는 것이 마르크스주의자의 태도라는 것은 널리 알려진 사실이다. 다시 말하면, 사회 개혁이라는 목표를 달성하는 길은 오지 그 사회의 경제적 내지 물질적 조건을 근본적으로 달리하는 것뿐이요, 학문이나 도덕 또는 그 밖의 어떤 인간적인 요인의 힘을 빌려서 그 목표에 도달하려는 태도를 그들이 배격하고 있음에는 의심의 여지가 없다.

마르크스주의에 의하면, 자본주의 사회에서 형성된 학문, 예술, 도덕, 그리고 정치 세력 등은 그 자본주의 사회를 그대로 유지하는 방향으로 작용하기 마련이다. 그러므로 자본주의 세계에서 자라난 사상의 힘이 그 세계를 개혁함에 있어서 크게 이바지하리라고 기대하는 것은 어리석은 일이라는 결론이 나온다. 다시 말하면, 자본주의 사회에 있어서 유리한 계급에 속하는 사람들의 지성이나 양식의 자발적인 협력으로 사회의 모순이 해결되기를 기대할 수는 없다는 것이다.

사리를 밝히고 양식에 호소하는 지성의 대화가 아무런 소용도 없다면, 나머지 길은 오직 계급투쟁이라는 폭력의 방법밖에 없다. 이리하여 마르크스주의는 계급투쟁이 필연 불가피하다는 결론에 도달하거니와, 이러한 결론은, 경제적 생산력에 관한 사정만이 사회의 역사적 발전을 결정하는 오직 하나의 궁극적 요인이라고 보는, 마르크스의 일원론적 전제에 유래하는 것이라고 듀이는 해석한다. 그리고 마르크스의 사회사상에 있어서 특색을 이루고 있는 일원적 사고와 필연론적 견해는, 마르크스가 즐겨 내세우는 '과학'의 견지에서 보더라도 이미 낡은 것이라고 비판한다. "왜냐하면, 필연성(necessity)과 그리고 모든 경우에 보편적으로 들어맞는 단일한(single) 법칙을 탐구하는 것이 19세기 1840년대의 사상적 풍조의 특색이었듯이, **확률론** 및 **다원론**은 현대의 과학에 있어서 그 특색을 이루고 있기 때문이다."[31]

단순화의 오류를 범한 것은 마르크스의 유물사관만이 아니라고 듀이는 지적한다. 마르크스에 의하여 공격의 대상이 된 19세기적 개인주의 내지 자유주의의 철학도 같은 논리적 오류를 범하고 있다. 다만 전자는 사회현상을 빚어내는 상호작용에 있어서 그 '외면적' 내지 물질적 요인만을 따로 떼어서 그것을 유일한 결정 요소로서 강조했음에 대하여, 후자는 그 '내면적' 또는 정신적 요인만을 따로 떼어서 강조했다는 차이가 있을 뿐이다. 쉽게 말하면, 후자는 사회현상을 단순한 심리현상으로서 설명하려고 꾀하였다.

사회현상을 심리현상으로서 설명하려 한 고전적 표현으로서, 듀이는 밀(John Stuart Mill)의 『논리학(A System of Logic)』(1843)에 나오는 유명한 구절을 인용하고 있다. "모든 사회현상은 인간성의 표상이다. … 사회현상의 법칙은 사회적인 결합 속에 사는 인간의 행동 및 감정의 법칙에 지나지 않는다."[32]

만약 사회현상이 심리현상의 종합에 지나지 않는다면, 우리의 사회적 현실을 개조하는 문제는 결국 우리의 마음가짐의 문제로 귀착하고 말 것이다. 그리고 여기에 '의지는 자유'라는 옛날부터의 신조가 결합될 때, 필연적으로 도달하는 결론은, 사람들이 도덕적 의지만을 견지한다면 세상에 모든 실천적 문제는 해결될 수 있다는 낙관론이다. 이것은 계급투쟁이라는 폭력적 혁명의 방법으로 생산 기구를 온통 바꾸는 것만이 사회를 개조하는 현실적인 길이라고 주장하는 마르크스의 견해와는 정반대의 결론이 아닐 수 없다.

그뿐만 아니라, 19세기의 자유주의 사회철학은 인간의 경제적 경쟁심을 모든 발전의 원동력으로서 찬양하였다. 그것을 '만인에 대한 만인의 투쟁'의 근원이라고 본 홉스(T. Hobbes)와는 반대로, 19세기의 자유주의자들은

---

31 Ibid., p.84.
32 Ibid., pp.105-106.

경쟁심이야말로 "개인이 자기에게 가장 적합한 직업을 발견하는 방법이요, 필요한 물건을 가장 싼 값으로 소비자에게 공급하는 방법이며, 개인들로 하여금 궁극에 가서 조화로운 상호 의존 관계에 도달케 하는 방법"이라고 찬양하였다. 그리고 경쟁심에 대한 이와 같은 해석을 근거로 삼고, "어떤 인공적 제약도 받지 않는 자유경쟁이 허용되어야 한다."는 결론을 옹호하였다.[33]

개인의 경쟁심을 사회의 발전과 복지를 위한 원동력이라고 주장하는 19세기적 개인주의자들은 개인의 '자유'를 절대화한다. 자유가 모든 사람을 위하여 현실적인 것이 되기 위하여 필요한 조건은 고려하지 않고, 개인의 **주체성**(independence)과 **창의**(initiative)와 **기업심**(enterprise)만 무조건 숭상한다. 그것들을 무조건 숭상하는 까닭에, 그들이 관계하는 구체적 사례에 대한 관찰을 통하여 사태의 시비를 가리는 과학적 방법은 허용되지 않는다. 모든 시비가 일률적으로 처리되는 것이다. 그리고 이러한 단순화와 절대론의 사고방식은, 그와는 정반대의 방향으로 또 하나의 단순화와 절대론을 ─ '마르크스주의'라는 절대론을 ─ 불러일으켰다고 듀이는 해석한다.

19세기적 자유주의자들이 그들의 사회 이론의 근거로 삼는 인성론(人性論)은, 그 시대에 있어서 우세한 자리에 오르고 있었던 사람들의 사회적인 움직임을 철저히 반영한 것이었다. 바꾸어 말하면, 이 인성론을 따라서 저 사회 이론이 생기고, 그 사회 이론을 따라서 사회적 운동이 전개된 것이 아니라, 맨 먼저 운동이 앞섰고 다음에 그 운동에 정당화하기 위한 사회 이론과 그 사회 이론을 뒷받침하기 위한 인성론이 구상되었던 것이다.

원하는 결론을 옹호하기 위한 인성론이었던 까닭에, 거기에는 인간성의

---

33 Ibid., p.110.

현실과는 일치하지 않는 많은 개념들이 조작되었다. 인간의 행동은 행위자와 환경의 상호작용 가운데 결정되는 사회현상이라는 사실이 무시되고, 의지의 절대적인 자유의 개념이 계승되었다. 경쟁심이란 "일정한 사회 안에서 현실적으로 일어난 인간 행동의 어떤 관계를 가리키는 이름"이라는 사실이 무시되고, 그것이 인간성 그 자체 속에 본래 있는 특색인 것처럼 주장되었다.[34] 그리고 '기업심'이나 '창의'의 가치는 그것들의 구체적인 내용과 그것들이 작용하는 구체적인 상황 여하에 따라서 평가되어야 할 것임에도 불구하고, 그것들을 무조건 존귀한 것으로서 절대화하였다.

이제 우리는 극단적으로 맞선 두 개의 절대론을 지양하고, 제3의 길을 모색해야 할 때라고 듀이는 선언한다. 아니, 제3의 길은 이미 모색되고 있다. "3막으로 구성된 연극의 제3막이 지금 상연되고 있으며, 현대에 살고 있는 우리들은 아직 끝나지 않은 이 제3막의 출연자들이다."[35]

듀이는 자기가 신봉하는 '제3의 길'은 참된 의미의 민주주의 이외의 다른 것이 아니라고 주장한다. 그러나 그것은 자본주의와는 근본적으로 구별되어야 할 길이라고 강조한다. 그 구별을 드러내 보이기 위하여, 그는 자기가 신봉하는 길을 '사회적 민주주의'라는 이름으로 불러 보기도 했거니와, 또 '창조적 민주주의(creative democracy)'라는 말을 써보기도 하였다.

사회현상을 결정하는 요인들 가운데서 밖으로 환경적인 것과 안으로 인간적인 것을 모두 중요시해야 한다고 말한 듀이는, 극단적으로 대립하는 두 사회사상의 옳은 점을 변증법적으로 종합할 것을 암시하였다. 사회 현실의 객관적 조건을 고치는 일과 우리 사람들 자신의 마음가짐을 바로잡는 일을 동

---

34 Ibid., p.111.
35 Ibid., p.104.

시에 추진하는 것만이 현실을 개선하는 정당한 길이라고 절충하는 자세를 취한 듀이였다. 그러나 결국에 가서 그는 외면적인 물질의 요소보다도 내면적인 인간의 요소를 더욱 중요시하는 방향으로 기울어졌다. 이것은 듀이가, 사회주의적 사상 계열에 대하여 부분적인 긍정을 표명한 바는 있으나, 결국에 있어서 미국의 지식인에게 주어진 테두리 밖으로는 나가지 않았다는 것을 의미한다. 여기 듀이가 '위험 사상가'라는 일부의 비난 가운데서도 미국의 위대한 철학자로서의 명성을 유지한 이유가 있으며, 한편 사회주의자들로부터는 '공상적 사회 개혁론자'라는 비난을 받은 이유도 있다.

듀이는 물질적 환경의 조건이 인간의 사회생활을 위하여 매우 중요하다는 것을 인정한다. 그러나 현대에 있어서 우리들의 물질적 환경은 단순히 밖으로부터 주어지는 것이 아니라 인간 스스로의 힘으로 개척해야 할 것이라고 관찰한 그는, 인간적인 요인이 더욱 중요하다고 단정한 것으로 보인다. 듀이는 참된 민주주의의 실현을 이상으로 삼는다. 그러나 그것은 자연환경이나 생활력 같은 외적 요인의 변동을 따라서 자동적으로 실현될 목표가 아니라, "창의에 가득 찬 노력과 개척적인 활동에 의해서만 달성될 수 있는 과업"이다.[36]

오늘날 민주주의가 심각한 위기에 빠지게 된 가장 근본적인 이유는, 국민이 투표에나 참가하고 세금이나 잘 내면, 민주주의라는 것이 자동적으로 성취되리라고 기대하는 것처럼 행동하는 버릇에 있다고 지적한다. 듀이에 의하면, 민주주의는 단순한 정치가들만이 관계하는 일이 아니라 모든 사람들이 함께 실천해야 할 '인생의 길'이다. 그것은 개인 한 사람 한 사람의 생활 태도가 의거해야 할 실천의 원리다. 따라서 민주주의는 국민 일반의 도덕적인 노력을 통해서만 실현될 수가 있다. 민주주의를 그 적으로부터 지키는 마당에 있어서도, 가장 중요한 것은 군대와 같은 외적 수단이 아니라, 사람들 각자의 마음가짐이라고 듀이는 역설한다.

듀이가 인간의 도덕적 태도와 노력을 이토록 중요시하는 것은, 그가 인간성이 지니고 있는 가능성을 믿기 때문이다. 듀이에 따르면, 민주주의는 "인간성의 가능성에 대한 실질적인 믿음에 의거하는 인생의 길"이다.[37] 여기서 '실질적인 믿음(working faith)'이라고 함은, 입으로 또는 어떤 인쇄물을 통하여 그렇게 주장하는 따위의 '믿음'이 아니라, 정말 실천적으로 믿는다는 뜻이다. 그리고 '실천적으로' 믿는다 함은, 일상생활 안에서의 모든 대인관계에 있어서 그 믿음이 표명된다는 뜻이다.

'인간성의 가능성에 대한 믿음' 가운데는 개인의 평등과 자유에 관한 믿음이 포함된다. 개인의 평등에 관한 믿음이란, 각자가 타고난 소질을 발휘하기에 필요한 기회를 누구나 다 같이 가질 권리가 있다는 믿음이며, 자유에 관한 믿음이란, 사람은 누구나 적당한 환경적 조건만 구비된다면, 남의 강제나 간섭을 받지 않더라도, 자기의 삶의 길을 걸어갈 능력이 있다는 신념을 바탕으로 삼는다.

민주주의는 인간성이 간직한 가능성 전반에 대한 믿음을 토대로 삼는 것이거니와, 그 가운데서도 특히 인간의 지성에 대한 믿음에 의존하는 바 크다. 다시 말해서, "적절한 조건만 부여된다면, 인간은 지성적으로 판단하고 지성적으로 행동할 수 있는 능력을 가졌다는 믿음"은 민주주의가 딛고 선 토대의 중심이다.[38] 자유로운 토론과 자유로운 커뮤니케이션의 방법을 통하

---

36 J. Dewey, "Creative Democracy: The Tasd Before Us". 이 논문은 본래 '철학의 방법에 관한 학술회의'에서 발표된 뒤에 듀이의 80회 생일을 기념하여 발간한 논문집 *The Philosophy of Common Man*(New York, 1940)에 실렸던 것이나, 여기 인용해서 옮긴 것은 M. H. Fisch ed., *Classic American Philosophers*에 실린 것으로부터이다(p.390). 앞으로도 이 논문에 관한 인용은 같은 책에 의존한다.

37 J. Dewey, *Freedom and Culture*, p.361.

38 Ibid., p.392.

여, 사람들은 공동의 문제에 대한 지혜로운 합의(intelligent agreement)에 도달할 수 있다는 신념은, 듀이의 사회철학 전체를 떠받들고 있는 가설이며, 듀이의 사회개조론 전체의 운명이 달려 있는 근본 전제다.

우리들의 공동의 문제에 대하여 지혜로운 합의에 도달하기 위해서 절대로 필요한 것은 자유로운 의견의 교환이요, 충분한 의사의 소통이라고 듀이는 믿는다. 왜냐하면, 자유로운 의견의 교환과 충분한 의사의 소통을 막는 장애가 있을 경우에는 불신과 오해와 편견이 따르기 마련이고, 급기야 사람들은 적대시하는 당파 또는 파벌로 갈라서게 되기 때문이다. 민주주의를 표방하는 나라는 거의 예외 없이 사상과 언론의 자유를 헌법으로 보장하고 있다. 그러나 현실에 있어서 감정의 대립, 의혹 또는 공포심으로 말미암아, 자유로운 의사소통의 길이 막혀 있다면, 법률상으로 보장된 사상 내지 언론의 자유는 아무런 소용도 없다. 민주주의를 표방하고 있는 나라에서 만약 사상과 언론의 자유가 음성적으로 방해된다면, 그 결과는 사상과 언론을 공공연하게 통제하는 전제주의 국가의 경우보다도 더욱 나쁘다고 듀이는 경고한다.

자유롭게 의견을 교환하여 충분히 의사가 소통만 되면 반드시 지혜로운 합의에 도달하리라고는 듀이도 믿지 않는다. 그러나 비록 의견이 끝내 충돌하여 대립관계가 해소되지 않을 경우에도, 자유롭게 피차의 신념과 의사를 주고받는 것은 '우호적인 협력'으로서의 귀중한 의의를 가졌다고 그는 주장한다. 충돌과 대립이 생기는 것은 인간 사회에 있어서 거의 불가피한 현상이다. 그러나 인생의 불행은 이 충돌과 대립 그 자체에 있는 것은 아니라고 듀이는 생각한다. 불행의 근본은, 인생이 경험하는 충돌과 대립을 감정으로 처리하고 폭력으로 해결하려는 태도에 있다. 비록 심각한 대립이 있을 경우라도, 피차 상대편의 의견을 들어주고 상대편의 처지를 이해하려는 지성적 태도로 임한다면, 쌍방은 서로 상대편에 의하여 배우는 바 있을 것이고, 또 그러한 뜻에서 넓은 의미의 '우호관계'가 성립할 것이다. 듀이는 이 사정을 스포츠에 있어서의 대립에 비유한다. 운동경기에서 맞서는 두 개인이나 단체는 엄연한 투쟁관계에 있다. 그러나 '스포츠맨십'의 지성이 상실되지 않는 한, 그 대립은 서로의 발전을 돕는 것이며, 거기에 아무런 불행의 그림자도 발견되지 않는다. 듀이는 인간 사회에 있어서의 의견이나 이해의 대립을 이 스포츠에 있어서의 대립과 같은 것으로 만들 수 있는 것처럼 암시했다.[39] 인생에 있어서의 심각한 충동이나 대립을 스포츠에 있어서의 대항과 비교하는 것이 적합한가 적합하지 않은가 하는 것은 다시 생각해 볼 여지가 있는 문제라 하겠거니와, 하여튼 여기서 우리는 듀이의 민주주의의 바탕이 되고 있는 것이 일종의 휴머니즘임을 확인할 수가 있다. 듀이가 인생 문제에 과학적 방법을 적용할 것을 거듭 역설했다는 사실과 듀이의 민주주의의 개념을 떠받들고 있는 것이 휴머니스트적 낙관이라는 사실을 아울러 고려할 때, 우리는 듀이의 사회사상을 '과학적 휴머니즘(scientific humanism)'의 한 유파라고 볼 수 있음직하다.[40]

대부분의 논자들은 오늘날 우리 사회에 잘못된 점이 많다는 것을 부인하지 못한다. 모든 사람이 다 같이 자기의 능력에 따라서 일할 수 있는 기회를 갖는 동시에, 자기가 한 일의 성적에 따라서 보수를 나누어 받을 수 있는 사회가 바람직하다는 의견에 반대하는 사람은 거의 없다. 모든 사람이 물질생활에 있어서 안정된 즐거움을 갖는 동시에 정신적으로 보람을 느낄 수 있는 사회가 실현되기를 원치 않는 사람도 별로 없을 것이다. 간단히 말해서, "어떠한 사회가 가장 이상적인가?"라는 물음에 대한 우리의 의견에는 그리 심

---

39 Ibid., p.393.
40 예컨대 가이거(G. R. Geiger)도 그의 *John Dewey in Perspective*에서 듀이의 철학에 'scientific humanism'이라는 이름을 붙였다. 그러나 여기서 우리가 그렇게 부른 것과 반드시 똑같은 뜻으로 그와 같이 부른 것은 아니다.

각한 대립은 없는 것으로 보인다. 그러나 "그 이상적 사회에 도달하는 적절한 방법이 무엇인가?"라는 물음에 관해서는 사람들의 대답은 여러 갈래로 나누어진다. 그리고 이 물음에 관한 대립 가운데서 가장 근본적이요 또 가장 중대한 것은 '폭력적 방법'을 선택하는 주장과 '평화적 방법'을 선택하는 주장의 대립이다. 우리가 관심의 대상으로 삼고 있는 존 듀이는 평화적 방법을 선택하고 이 방법을 정당화하기 위하여 여러 가지 이설(理說)을 전개했거니와, 우리에게 중요한 것은 누가 어떠한 방법을 선택하고 어떠한 학설을 전개했느냐는 사실의 문제가 아니라, 그렇게 주장된 방법이 우리가 바라고 추구하는 사회를 정말로 실현할 수 있느냐 없느냐는 문제다. 여기서 우리는 듀이의 학설을 단순한 학설로서 이해하고자 하는 관심을 넘어서서, 그것이 갖는 현실적인 의의를 묻지 않을 수 없는 동시에, 듀이의 견해에 대한 비판적 고찰이 불가결함을 본다.

그러나 국한된 범위와 목적 아래 시작된 이 책에 있어서, 저자는 지금까지 비판의 관점을 보류해 왔다. 이 사회개조론에 대한 비판적 고찰도 다음 기회로 미루어야 할 사정에 있다. 저자는 듀이에 대한 비판적 고찰을 앞으로 계획하는 다른 논문에서 시험해 볼 생각이다. 끝으로 한 가지 언급하고자 하는 것은 사회문제에 관한 한, 방법에 대한 의견의 대립은 목적에 대한 그것과 같이 본질적이요, 심각한 대립에 속한다는 사실이다. 언뜻 생각하기에는 목적에 관해서만 의견이 일치하면, 수단이나 방법에 관한 의견의 대립은 과학적인 탐구를 통하여 해결될 수 있을 것 같기도 하다. 일정한 목적을 달성함에 어떠한 수단이 가장 적합하냐 하는 문제는 인과율로 따질 문제요, 따라서 과학에 의하여 논리적으로 해결될 수 있는 성질의 것이기 때문이다.

만약 궁극적인 결과에 있어서 목적에 도달하는 것만이 우리의 원하는 바라면 수단에 관한 의견의 대립은 원칙상 과학적으로 해결될 수 있을 것이며, 거기에는 아무런 심각성도 없을 것이다. 그러나 사회문제에 있어서는 단순히 최후의 결과만이 문제가 되는 것이 아니라, 그 결과 내지 목적에까지 도달하는 과정이 중요한 문제다. 가령 '물질의 빈곤도 없고 정신의 구속도 없는 사회'에 도달하는 것이 우리의 궁극의 목표라는 점에 의견이 일치했다고 하자. 그리고 이 목표에 도달하는 길이 두 가지가 있다고 가정하자. 그러면 우리는 그 두 가지 길 가운데 어느 길을 택해도 좋다고 간단하게 동의할 수 있는 것일까? 결코 그런 것이 아니다. 현재 살고 있는 우리에게는 어느 길을 수단으로 택하느냐는 것이 바로 사활의 문제가 되는 것이다. 가령 어느 길을 택하든 백 년 뒤에는 다 같이 저 목적에 도달할 수가 있다 하더라도, 그 백년의 과정이 어떻게 되느냐는 문제는, 우리 개인에게는 일생의 문제이기를 넘어서서 적어도 삼대(三代)에 걸친 인생 전체의 문제에 해당하는 것이다. 여기서 우리는 먼 장래의 목표에 관한 추상적인 이론에 있어서는 비교적 비슷한 사회 이상을 표방하는 사람들이 구체적 현실 문제에 당면해서는 심각한 대립의 벽에 부딪치는 이유를 발견한다.

9 장
민주주의와 교육

9장 민주주의와 교육

1. 듀이 철학과 교육의 문제

듀이 철학의 궁극적인 관심은 인생의 현실 문제로 연결되고 있었다. 철학이란 결국 '삶의 문제'를 풀고자 하는 인간적 노력의 깊은 일면이었다. 듀이의 철학은 그 궁극적 관심이 실천적이라는 뜻에서 우리는 그 전체를 윤리학적인 것으로서 이해할 수가 있다.

윤리학적 사상가는 자연히 교육이라는 것에 대하여 깊은 관심을 갖게 된다. 특히 듀이의 철학의 내용에는 교육 문제로 곧장 발전할 요인이 들어 있었다.

교육 문제로 발전할 첫째 요인은 지성에 대한 경험론적 해석이다. 듀이에 의하면, 지성은 선천적 기능이 아니라, 경험을 거듭 쌓는 동안에 습득한 행동의 양식이며 인간의 여러 가지 행동 양식 가운데서 타당성이 가장 높은 부류의 것이다. 다시 말하면 지성은 인간이 오랜 경험을 통하여 얻은, 인간 자신을 위해서 매우 소중한 능력이다. 이 소중한 능력은 유전을 통하여 자동적으로 자손에게 전달되는 것이 아니며, 개인이 직접적인 체험으로 개발하기에는 그의 일생이 너무 짧다. 따라서 생활양식이 매우 복잡하고 다양한 현대 사회에서 지장 없이 살 수 있기에는 너무나 무력한 상태로 세상에 나타나는 어린이들은 그들의 조상이 오랜 세월을 두고 쌓아 올린 지성적 행동의 방식을 전(前) 세대로부터 배워야 한다. 여기 교육의 절대적인 필요성을 보거니와, 현대와 같이 복잡한 문제가 많은 사회에 있어서는 그 필요한 교육이 확고한 원칙과 조직적인 방법을 따라서 이루어져야 한다. 그러므로 실천 문제에 몰두하는 사상가로서는 교육 이론에 대하여 깊은 관심을 갖지 않을 수 없다.

듀이의 철학이 교육학으로 발전하지 않을 수 없는 더 근본적인 계기는 '인간성이 가진 가능성'에 대한 그의 믿음에 있다. 듀이는, 밖으로부터 강제적인 통제가 아니더라도 지성적 대화를 통하여 공동의 문제를 해결할 수 있는 새로운 인간상의 개인을 희구하였다. 그는 새로운 인간상의 출현이 가능하다고 생각했다. 그가 그렇게 생각할 수 있었던 것은 인간이 잠재적으로 가지고 있는 가능성을 믿었기 때문이다. 그러나 인간의 가능성은 저절로 현실화할 성질의 것이 아니라 적절한 환경적 조직을 갖추어 줌으로써 개발해야 할 보배다. 다시 말하면, 인간의 가능성은 교육을 통해서 개발되어야 한다. 교육의 힘으로 인간이 가진 가능성을 개발하는 것이 곧 민주주의를 실현하는 구체적인 길이다. 이리하여 듀이는 그의 민주주의의 이상이 교육을 떠나서 생각될 수 없음을 보았으며, 교육의 이론적인 문제에 깊이 관여하게 되었던 것이다. "한 세대에서 다음 세대로의 진보가 가능한 것은 교육을 통해서 — 오직 교육의 과정을 통해서 — 뿐이다."[1]

위에서 본 바와 같이, 듀이의 철학 사상은 필연적으로 그의 교육 이론을

---

1 M. H. Fisch ed., *Classic American Philosophers*, p.328.

발전시켰다. 앞으로 듀이의 교육설 가운데서 원리적인 측면만을 간단히 훑어보고자 하거니와, 우선 교육의 본질에 대한 그의 견해로부터 시작하기로 한다.

2. 교육의 본질

생물계가 일반적으로 그렇듯이, 인간의 세계에 있어서도 개개인은 얼마 동안 살다가 죽어 가지만, 민족 또는 인류 전체의 생명은 새로운 세대의 탄생을 통하여 오래오래 유지되고 있다. 생명의 영속을 염원하는 생물학적 본능의 견지에서 볼 때 새로운 세대가 차례로 나타난다는 사실은 매우 중요한 일이다.

새로 세상에 나타난 어린 사람들은 그러나 무력하기 짝이 없는 개체로서 인생의 길을 출발하게 되며, 우선 부모의 보호를 받고 어느 정도의 자연적 성장을 이룩한다. 그러나 육체의 자연적 성장을 성취하는 것만으로 그 새로운 개체가 생활을 지속하기에 필요한 준비가 갖추어지는 것은 아니다. 현대의 사회 환경과 생활양식은 매우 복잡한 구조를 가지고 있는 까닭에, 현대사회의 여러 조건들 가운데서 살아갈 수 있기 위해서는, 많은 지식과 지혜를 필요로 한다. 그러나 그 필요한 지식과 지혜는 육체의 성장을 따라서 저절로 생기는 것이 아니며, 개인의 직접적 체험만으로 습득할 수 있는 성질의 것도 아니다. 그것은 기성세대로부터 물려받아야 한다. 생활을 위해서 절대로 필요한 지혜와 지식을 위 세대로부터 아래 세대로 전수하는 것, 이것이 바로 넓은 의미의 '교육(education)'이다. 따라서 교육은 인간이 사회생활을 지속하기 위해서 절대로 필요한 과정의 하나다. 필요한 과정인 까닭에, 넓은 의미의 교육은 인류의 역사와 함께 시작되었으며, 발달한 사회에 있어서는 교육을 위한 특수한 기관으로서의 학교를 중심 삼는 교육제도가 발달하게 되었다. 교육은 생활의 필요에 근거를 두고 이루어지는 인간 역사의 필연적 산물이다. 음식물이 개인의 생존을 위하여 절대로 필요하듯이 교육은 사회생활의 유지를 위하여 절대로 필요하다.

사람들이 물리적으로 서로 접근해서 사는 것만으로는 사회가 성립하지 않는다. 사회가 성립할 수 있기 위해서는 거기에 공통의 관심사가 있어야 한다. 다시 말하면, 공통의 목적, 공통된 감정, 공통된 흥미 등이 있어야 한다. 한마디로 말해서, 사회생활은 공동 의식의 토대 위에서만 성립할 수가 있다.

우리가 공통된 목적, 공통된 감정, 공통된 가치 의식 등을 갖게 되는 것은, 공통된 생활을 가짐으로써이다. 그리고 공통된 생활을 위하여 가장 중요한 매개의 구실을 하는 것은 커뮤니케이션이다. 커뮤니케이션 가운데서 경험 또는 사상을 타인에게 나누어 주는 따위의 것을 듀이는 특히 전달(transmission)이라고 불렀거니와, 이 전달의 과정이 바로 교육에 해당한다. 그리고 성인이 습득한 행동의 양식이나 사고의 방식을 어린이들에게 전달하는 교육의 과정은 사회생활의 존속을 위하여 필수 조건일 뿐 아니라, 그 전달의 과정 자체가 사회생활의 중요한 부분이다. 이에 듀이는 "사회는 전달에 의하여, 커뮤니케이션에 의하여, 존재를 계속할 뿐만 아니라, 오히려 전달하는 가운데, 커뮤니케이션을 행하는 가운데, 존재한다고 말하는 편이 타당할 것이다."라고 서술하고 있다.[2]

교육은 주로 성인이 가진 경험과 지혜를 자라나는 세대에게 전달하는 가운데 성립하는 것이기는 하나, 반드시 성인과 유년 사이의 종적(縱的)이고 일방적인 관계에 있어서만 성립하는 것은 아니다. 실은 모든 커뮤니케이션

---

2 J. Dewey, *Democracy and Education*, p.5.

가운데 교육적 효과가 발생한다. 왜냐하면, 모든 커뮤니케이션은 경험의 확대와 변화를 가져오기 때문이다. 우리는 커뮤니케이션을 통하여 다른 사람들과 생각 또는 느낌을 나누는 가운데 우리들 자신의 태도에 변화를 가져온다. 그리고 이와 같은 변화는 곧 넓은 의미의 교육적 효과에 해당하는 것이다. "요컨대, … 사회생활은 그것이 지속하기 위하여 가르치는 일과 배우는 일을 요구할 뿐 아니라, 함께 어울려서 산다는 바로 그 사실이 우리들을 교육한다."[3]

교육은 전달이라고 하였다. 그러나 교육으로서의 '전달'은, 물건을 주고받듯이, 신념이나 생각을 직접적으로 주고받는 행동을 말하는 것은 아니다. 다시 말하면, 어린이들이 현대의 사회생활에 필요한 지식 또는 지혜를 습득하는 것은 성인들로부터 직접 그것을 나누어 받음으로써가 아니다. 생활에 직결되는 산 지식 또는 지혜를 진정 내 것으로 만드는 것은, 언제나 환경을 통하여 간접적으로 이루어진다. 교육은 환경 속에서 성취되는 것이다. 참된 교육의 성과는 교육을 받는 사람이 어떤 습성 또는 습관을 형성하는 단계에서 비로소 거두어진다. 그리고 습성이나 습관은 교육자가 피교육자의 머리나 가슴속에 부어 넣어 줄 수 있는 것이 아니라, 환경이 주는 자극을 통하여 스스로 만들어지는 것이다.

교육은 환경을 통하여 간접적으로 이루어지는 것인 까닭에, 교육자의 참된 임무는 피교육자를 위하여 좋은 환경을 만들어 주는 일이다. 좋은 환경 속에 놓인 사람들은, 자신과 환경과의 상호작용(interaction)을 통하여, 자기 자신의 행동 양식과 사고방식을 발전시킨다. 이러한 관점에서 본다면 교육은 일종의 자기성장이라고도 말할 수가 있다. 이와 같이 이른바 '피교육

---

3 Ibid., p.7.

자'의 주체성을 강조한 듀이의 교육 이론은 교육을 조산술(助産術)에 비교한 소크라테스를 연상케 하거니와, 주로 주입식 교육에 몰두하고 있는 우리 한국의 교육 실정에 대하여도 시사하는 바가 크다.

교육은 환경을 통하여 간접적으로 이루어진다고 말했을 때, 그 '환경(environment)'은 공간적으로 근접한 물리적 주위를 일컫는 것은 아니다. 듀이가 말하는 환경은 "생물체에게 특유한 여러 가지 활동을 촉진하거나 방해하며, 자극하거나 금지하는 여러 조건에 의하여 성립한다."[4] 짧게 말해서 그것은 오늘날 심리학에서 말하는 넓은 의미의 환경이다.

교육의 기능은 지도(direction)라는 개념으로 요약할 수가 있다. 그러나 여기서 말하는 '지도'는 매우 넓은 뜻의 것이다.

어린이들의 충동적인 행동은 그들의 생물학적 욕구를 만족시키기에도 불충분한 것이 많으며, 그들이 사는 사회의 관습화한 생활양식과 일치하지 않는 것이 대부분이다. 어린이들이 그 개인적 욕구를 만족시키고 사회의 한 성원으로서 어울리게 살아갈 수 있기 위해서는 그들의 행동은 합리적인 방향으로 조정되어야 하며, 사회생활에 적합하도록 세련되어야 한다. 이와 같이 요구되는 행동의 발달은, 일부는 자연적인 성숙(matuation)에 의해서 이루어지기도 하나, 그 대부분은 후천적인 학습을 통하여 이루어진다. 그리고 이 행동의 학습이 효과적으로 진행되도록 지도하고 도와주는 것이 교육의 기능인 것이다.

교육적인 의미의 지도는 물리적 강제와는 다르다. 지도에는 주로 두 가지 측면이 있다. 그 하나는 일정한 순간에 작용하는 여러 충동으로 하여금 어떤 목적에 적합하도록 집중시키는 일이다. 예컨대 처음 자전거를 배우는 사람

---

4 Ibid., p.13.

은 쓸데없는 방향으로 힘을 분산하고 낭비한다. 그로 하여금 제대로 자전거를 탈 수 있게 하기 위해서는 그가 필요한 힘만을 한곳에 집중하도록 지도해야 한다.

그러나 반응 또는 행동이 그 **순간의** 목적에만 적합한 것으로는 충분하다고 볼 수 없다. 예컨대, 테니스 경기를 하는 선수가 상대편에서 공격해 온 공을 그 순간에 한 번 잘 받아넘긴 것만으로 충분할 수 없다. 그 다음에 **계속적으로** 공격해 오는 공을 계속적으로 잘 막은 끝에, 마지막 승리를 거둘 때까지 잘 싸워야 한다. 따라서 행동의 지도는 그 행동이 어떤 한순간의 요구에 적합할 뿐 아니라, 일련의 행동 전체가 소기의 목적에 적합하도록 이끌어 주어야 한다. 이와 같이 일련의 행동에 '계속성 있는 질서(order of continuity)'를 부여하는 것이 지도의 또 하나의 주요한 측면이다. 요약컨대, "**집중하게 하는 것과 질서를 주는 것은 지도의 두 측면이다. 그리고 전자는 공간적이며 후자는 시간적이다.**"[5]

지도에는 대체로 두 가지 유형이 있다. 그 첫째는 직접적인 명령 또는 칭찬이나 비난으로써 상대편의 행동을 원하는 방향으로 유도하는 따위의 것이다. 이러한 타입의 지도에 있어서는 지도하는 사람의 의식이 강하게 부각되는 까닭에, 이것이 참된 지도의 전형이라고 생각하는 사람들이 있다. 그러나 힘으로 눌러서 이끄는 강제적 지도는 일시적인 목적을 달성하기에는 편리하나, 교육을 받는 사람의 자발적 태도를 고침으로써 지속성 있는 교육의 효과를 거두기는 어렵다. 따라서 이와 같은 강제에 의한 지도는 참된 의미의 교육적인 지도라고는 볼 수 없다.

진실로 교육적인 지도는 둘째 유형의 것이다. 앞서 설명한 첫째 유형의 지

---

5 Ibid.

도를 직접적이라고 부른다면, 둘째의 것은 간접적이라는 말로 특색지을 수 있는 것이다. 간접적 지도의 특색은 적절한 환경을 조성함으로써 행위자 스스로의 자각을 일으키고, 그 자각을 통하여 옳은 행동의 길을 선택하도록 이끌어 감에 있다. 예컨대, 부모나 교사가 솔선수범하여 근면과 정직의 덕을 발휘함으로써 자녀나 제자로 하여금 같은 미덕을 체득하도록 만드는 경우와 같다. 이와 같이 자각에 호소한 지도는 영속적인 효과를 갖는 것이며, 개인으로 하여금 자진하여 사회의 협동적 활동에 참여하게 하는 것이니, 참된 의미의 교육적 지도라고 말할 수 있다.

교육의 본질을 지도라고 말한 것은 교육의 기능의 측면을 주목하고 그 특색을 밝힌 것이었다. 이제 그 효과의 측면에서 논한다면 교육의 본질은 성장(growth)이라고 듀이는 주장한다. 듀이는 인생의 목표를 성장에 두었으며, 이 성장이라는 목표에 도달하는 가장 큰 추진력이 교육에서 유래한다고 보았던 것이다.

듀이가 말하는 성장은 단순히 개인적인 그것만을 일컫는 것이 아니다. 그것은 사회 전체의 성장을 포함한다. 지금의 젊은이들은 장차 이 사회의 주인이 될 사람이다. 따라서 우리가 현재의 젊은이들을 어떠한 방향으로 길러 나가느냐 하는 것은 앞으로 우리의 사회가 어떠한 사회로 발전하느냐를 결정하는 중요한 요인이다. 우리는 젊은 세대의 성장을 실현하는 교육의 과정을 통하여, 우리 사회의 성장을 결정하는 준비 작업을 하고 있는 셈이다.

갓난아기는 매우 미숙한 상태로 세상에 나타난다. 그러나 그 안에는 앞으로 성장할 수 있는, 그리고 성장하려고 하는 힘과 능력이 포함되어 있다. 그런데 어린이가 가진 성장의 능력은 그 자체만의 단독의 힘으로 발휘될 수 있는 잠재력이 아니라, 남의 도움을 필요로 하는 성질의 것이다. 즉, 어린이의 성장에는 의존성(dependence)이 있다. 그리고 어린이가 타고난 성장의 능력은 하나의 고정된 방향으로 발전하도록 미리 결정되어 있는 것이 아니라,

조건에 따라서 이렇게 발전할 수도 있고 저렇게 발전할 수도 있는 신축성을 가지고 있다. 듀이는 이러한 신축성을 성장의 능력이 가진 가소성(可塑性, plasticity)이라고 불렀다. 의존성과 가소성은 성장이 가진 두 가지의 기본적인 특색이다.

인간의 어린이가 의존성과 가소성의 두 가지 특색을 가졌다는 사실은 인간에 있어서의 교육의 필연성과 그 중요성을 짐작하게 한다. 성장을 위해서는 남의 도움을 받아야 하는 까닭에 성장을 도와주는 지도적 작업으로서의 교육의 과정은 필요 불가결하다. 그리고 어린이의 성장은 가소적(可塑的)인 성질의 것인 까닭에, 어린이에게 베푸는 교육의 내용에 따라서 그 성장의 방향과 정도가 달라진다. 이것은 어린이가 받는 교육의 질의 중요성을 말해 주는 것이다.

의존성과 가소성이 크면 클수록, 그 생활체(生活體)가 경험하는 후천적 환경의 중요성이 커진다. 이것은 선천적 본능보다도 후천적 습관의 비중이 더욱 크다는 것을 의미한다. 그리고 습관 형성의 방향을 잡아 주는 것이 다름 아닌 교육의 과정인 것이다.

의존성 및 가소성이 교육에 대하여 갖는 깊은 관계는 하등동물의 경우와 비교해 보면 분명히 알 수가 있다. 하등동물의 성장에는 의존성과 가소성이 거의 없거나, 있더라도 매우 적다. 하등동물의 성장의 과정은 거의 자동적으로 전개된다. 따라서 교육은 그리 필요하지도 않고 중요하지도 않다. 인간의 경우에 있어서 교육이 크게 필요하고 크게 중요한 것은, 인간의 성장에 의존성과 가소성이 있기 때문이다.

성장이란 생활체가 환경에 대하여 효과적으로 적응할 수 있는 습관을 획득하는 과정이라고 말할 수가 있다. 그러나 여기서 '환경에 적응한다' 함은 단순히 수동적인 적응을 의미하는 것이 아니다. 문명이 발달해 감에 따라서, 환경에 대한 인간의 적응은 능동성을 띤다. 단순히 환경에 대하여 익숙해지는 데 그치는 것이 아니라, 환경 그 자체를 변경시킴으로써 살기에 적합한 것으로 만든다. 환경에 대한 능동적 적응은 인간의 성장을 측정하는 중요한 기준의 하나다.

성장이란 적합한 습관의 획득이다. 그러나 이 습관은 융통성 없이 판에 박힌 행동의 양식을 말하는 것이 아니다. 화석화(化石化)한 습관은 성장의 정지를 의미한다. 참된 성장은 새로운 사태에 대하여 기동적으로 적응할 수 있는 능력을 포함한다. 거기에는 창조적 지성이 포함되어 있다. 참된 성장은 근본에 있어서 지성의 성장이다.

교육은 생활의 필요에 따라서 필연적으로 일어나는 인생의 과정이다. 그리고 참된 교육은 환경을 통하여 간접적으로 이루어진다. 교육의 기능은 지도다. 그리고 교육의 성과는 성장으로서 나타난다. 만약 인생에 목적이 있다면, 그것은 성장의 종점이 아니라 성장의 과정 그 자체가 아닐 수 없다.

3. 학교

교육은 이미 자라난 세대와 앞으로 자라날 세대 사이의 간격을 좁히는 성장의 과정이며, 그것은 환경을 통하여 사회적 기능으로써 이루어지는 것이었다. 따라서 특히 교육을 위한 기관이나 노력이 없더라도 교육은 하나의 자연현상으로서 이루어진다. 미개사회에 있어서는, 생활양식이 단순하고 어른과 아이들 사이의 지적 수준의 차이가 비교적 적은 까닭에 자연현상으로서 이루어지는 교육만으로도 지장이 없다. 미개사회의 어린이들은 어른과 함께 사는 가운데서, 그들에게 필요한 행동의 양식과 기술을 자연히 배우게 된다.

그러나 문명사회에 있어서는 사정이 다르다. 생활의 양식이 복잡하고 어른들로부터 배워야 할 지식과 지혜가 너무 많은 까닭에, 자연적으로 이루어지는 교육의 효과만으로는 사회생활에 지장이 없는 일꾼으로서 자라기가 어렵다. 따라서 문명이 발달한 사회에 있어서는, 교육을 위한 특별한 기관을 만들어서 유의적(有意的)인 교육을 실시할 필요가 있다. 이와 같은 필요에 응해서 만들어진 특수한 기관이 바로 각급의 학교이며, 보통 말하는 좁은 의미의 '교육기관'이다.

비록 학교를 이용하는 유의적인 교육이라 할지라도, 역시 환경을 통하여 간접적으로 지도하는 훈련이라는 근본원리에는 다를 바가 없다. 학교란 결국 교육을 위해서 특별히 만들어진 환경에 지나지 않는다. 이 점을 분명히 밝혀 두기 위하여 듀이는 다음과 같이 서술하고 있다.

> 우리는 결코 직접적으로 교육을 베풀지는 않는다. 교육은 환경을 통하여 간접적으로 베풀어진다. 우리가 우연적인 환경으로 하여금 교육이라는 일을 하도록 맡기는가, 또는 그 교육의 목적에 적합한 환경을 설계하는가에는 근본적인 차이가 있다.
>
> … 학교라는 것은 물론 학생들의 정신적 및 도덕적 경향에 대하여 영향을 주려는 특별한 생각으로 설계한 환경의 전형적인 것이다.

그러면 '특별한 환경'으로서의 학교는 어떠한 특색이 있으며, 어떠한 임무를 수행하는 것일까?

첫째로, 학교는 단순화한 환경을 학생들에게 제공한다. 현대의 문명사회는 그 생활의 내용이 너무나 복잡한 까닭에, 그 전체를 그대로 동화(同化)하기는 거의 불가능하다. 그러므로 그 전체를 간단한 여러 부분으로 분해한 다음에 그 하나하나를 차례로 동화하도록 어린이들을 이끌어 갈 필요가 있다. 오늘날, 우리의 사회생활에는 여러 가지 관계가 너무나 복잡하게 엉켜 있는 까닭에, 비록 사정이 좋은 어린이들일지라도 사회생활의 여러 중요한 부분에 몸소 참여하기는 어렵다. 스스로 참여하지 못하는 까닭에 어린이들은 사회생활의 중요한 사항들의 의미를 이해하지 못한다. 경제와 정치, 예술과 학문, 그리고 종교와 도덕 등의 여러 가지 사건들이 동시에 주의를 강요하는 착잡한 현실 속에서 어린이들은 오직 마음의 혼란을 일으킬 뿐이다. 그러므로 어린이들로 하여금 이 복잡한 사회생활에 적응할 수 있는 능력을 갖도록 하기 위해서는 단순화된 사회생활의 여러 관계를 체험하도록 만들어 주어야 한다. 이러한 필요에 따라서 만들어진 것이 학교이며, "학교라고 불리는 사회 기관의 첫째 임무는 단순화된 환경을 제공하는 일이다." 학교는 사회생활의 기초적 요소들을 선택해서 어린이들로서도 적응할 수 있는 상태로 단순화하여 제공한다. 그리고는 "먼저 파악한 요소를, (다음에 올) 더 복잡한 요소를 이해하는 수단으로 삼음으로써 점진적인 순서를 확립하기에 이른다."[6]

학교에 지워진 둘째 임무는, 순화된 환경을 학생들에게 제공하는 일이다. 다시 말하면, 현실적인 사회 환경이 가진 좋지 못한 요인들을 될 수 있는 한 제거하여, 그러한 좋지 못한 요인들이 어린이들의 습관에 영향을 끼치지 못하도록 하는 일이다.

모든 사회에는 값어치 없는 요인들이 있고 좋지 못한 요인들이 있어서 사회생활을 어지럽게 한다. 이와 같은 불순한 요인들을 제거해 버린 순화된 환경을 마련하는 것이 학교의 중요한 임무의 하나다. 사회가 가진 좋지 못한 요인들을 제거해 버리고, 가장 바람직한 요인들만을 골라서 만들어 낸 순화된 환경으로서 학교는 사회적 요인들 가운데서 가장 좋은 것들만을 강화하는 결과를 가져온다. 이와 같이 좋은 요인들만으로 구성된 환경 속에서 생활

---

6 Ibid., p.22.

하는 가운데, 학교의 어린이들은 좋은 습관을 기르게 되며, 좋은 습관을 얻은 젊은 세대가 장차 일반 사회로 진출하여 그 주도권을 잡게 될 때에는, 과거로부터 내려오던 좋지 못한 요인들을 사회 전체로부터 제거하는 방향으로 활동하게 될 것이다. 이리하여 학교는 사회 전체를 순화하고 개선해 나아가는 원동력이 될 수 있다고 듀이는 생각했다.

학교가 완수해야 할 셋째 임무는, "사회 환경 속에 포함된 여러 가지 요소들을 균형 있게 결합하는 동시에, 각 개인으로 하여금 자기가 속하는 사회집단의 범위 안에서만 국한되지 않고 더 넓은 환경과 활기 있는 접촉을 가질 수 있도록 기회를 마련하는 일이다."[7]

우리들이 사는 사회는 단순히 하나의 사회로 구성되어 있는 것이 아니라, 사실은 여러 개의 사회가 그 속에 포함되어 있다. 그리고 이 큰 사회 안에 포함되어 있는 작은 사회들은 각기 고유한 특색을 가지고 있으며, 또 각기 고유한 교육력(教育力)을 가지고 있다. 만약, 어떤 작은 사회 안에 태어난 어린이가, 자기가 속하는 사회의 특색만에 의해서 교육을 받는다면 그의 교육은 매우 편협한 것이 되고 말 것이다. 옛날처럼 생활이 단조롭고 사회의 경계는 오로지 지리적 조건에 의해서만 나누어졌으며, 한 사람의 개인은 주로 하나의 사회 안에서만 살던 시대에는, 하나의 사회의 특색에만 의해서 좁은 교육을 받고 자라더라도 별로 지장이 없었을 것이다. 그러나 오늘날의 우리 생활은 한 개인이 여러 가지 종류의 사회와 접촉해야 하는 실정에 있다. 따라서 여러 가지 사회와의 접촉에 원만하게 적응할 수 있는 소양을 기를 필요가 있다. 여러 가지 사회의 여러 가지 요소를 체험할 필요가 있는 것이다. 그리고 자기가 직접 속하지 않는 여러 가지 사회의 사정에 접할 수 있는 기회를 마

---

7 Ibid., p.24.

련하는 것이 바로 학교라는 사회적 기관의 임무의 하나라고 듀이는 생각한 것이다.

학교가 짊어진 이 세 번째 임무는, 오늘날 학교에서 많이 사용하고 있는 서적 및 교사의 강의와 밀접한 관계를 가졌다는 것을 우리는 곧 알 수가 있다. 우리가 눈으로 직접 보지 못하는 먼 나라의 사정을 배우게 되는 것은 주로 책을 통해서이기 때문이다. 책은 학교교육에 있어서뿐만 아니라 교육 전반에 걸쳐서 매우 중요한 도구의 구실을 한다.

그러나 듀이의 견지에서 볼 때, 책에 적혀 있는 지식을 그저 한갓 지식으로서 아는 데 그치는 것은 무의미한 일이다. 교육의 참된 목적은 단순한 박식가(博識家)를 만드는 데 있는 것이 아니라, 사회생활을 원만히 수행할 수 있는 능력을 기르는 데 있다. 따라서 실천으로 연결되지 않는 지식은 별로 큰 가치가 없다. 현실 사회와의 연결성을 도외시하고, 오로지 책에서 시작하여 책에서 끝나는 따위의 학습을 일삼는 것은 학교교육 본래의 취지에 어긋나는 것이다.

위에서 소개한 '학교가 완수해야 할 세 가지 임무'에 관한 듀이의 견해는, 그가 1916년에 출판한 『민주주의와 교육』가운데 정돈된 형태로 서술한 것이다. 그리고 학교의 임무에 대한 그러한 견해는 이미 듀이가 시카고에 실험학교를 창설하던 1896년 이전부터 가졌던 신념이며, 그 실험학교의 근본 이념이 된 가설이었다. 여하튼 그것은 '학교'에 대하여 듀이가 일찍부터 가졌던 이념의 바탕을 이루는 생각이었다.

학교에 관한 듀이의 이론의 출발점이 된 것은, '학교는 특별한 환경'이라는 생각이었다. 교육의 본질은 지도와 성장에 있다. 그리고 지도와 성장은 환경의 개조를 통하여 간접적으로 이루어진다. 그러므로 교육자의 임무는 어린이들에게 좋은 환경을 만들어 주는 일이 아닐 수 없다. 학교는 교육을 위하여 인위적으로 만든 '특별히 좋은 환경'의 대표적인 것이다.

특별한 환경으로서 학교는 다음과 같은 두 가지 원칙을 만족시켜야 한다고 듀이는 믿었다.

(1) 학교는 그 안에서 단순히 책을 배우고, 지식을 암기하는 수동적 학습의 장소가 아니라, 어린이들이 그 안에서 적극적으로 생각하고 활동하는 생활의 광장 — 이를테면 '조그만 사회'의 구실을 할 수 있어야 한다. 그 '조그만 사회'로서의 학교는 '큰 사회'로 밀접하게 연결되어야 한다. 다시 말하면, 학교는 단순히 아동기 내지 소년기를 즐겁게 보내기 위한 놀이터가 아니라 장차 학교 밖의 일반적 사회생활에 적응하고 학교 밖의 '큰 사회'를 개선해 나아갈 수 있는 능력을 기르는 도장(道場)이라야 한다. 이를 위해서는, 현대의 사회생활에 있어서 진행되고 있는 현실의 기본적인 특색들이 학교라는 '조그만 사회' 안에 반영되어야 하며, 현대사회의 필요와 그 진보의 방향이 학교라는 작은 사회 속에서 실험적으로 경험되고 실험적으로 모색되어야 한다. 짧게 말해서 학교는 '진보하는 사회의 축도(縮圖)'로서의 모습을 갖추어야 한다.

(2) 학교는 하나의 사회여야 한다. 어린이들이 그 안에서 적극적으로 활동하는 사회여야 한다. 그리고 동시에 그것은 학교 밖에 전개되고 있는 큰 사회를 개조함에 있어서 원동력을 발산하는 실험실의 구실을 하는 충실한 사회여야 한다. 그와 같은 실험실의 구실을 할 수 있기 위해서 학교는 첫째로 단순화하고, 둘째로 순수화하고, 셋째로 여러 가지 사회의 갖가지 요소들을 균형 있게 결합한 환경을 마련해야 한다고 강조했던 것이다.

특수한 환경으로서의 학교가 만족시켜야 할 두 가지 원칙에 관한 듀이의 신념을 통하여 우리는 교육자로서의 듀이의 포부 내지 이상을 엿볼 수가 있다. 그것은 개인의 성장과 사회의 진보를 동시에 성취하고자 하는 그의 포부다.

듀이는 개인주의의 전통 속에서 자라난 철학자였다. 그는 비록 19세기적 개인주의의 잘못을 심각하게 반성한 사상가이기는 하였으나, '개인주의'라는 것 자체를 근본적으로 물리칠 수는 없었던 지성인이다.

듀이는 인간의 의욕과 감정을 떠나서 객관적으로 주어진 인생의 목적을 — 인간의 모든 주관과는 관계없이 그 자체가 독립해서 존재하는 인생의 목적을 — 믿지 않았다. 그리고 또 그는 개인을 떠나서 '사회'라는 것이 따로 존재한다는 것도 믿지 않았다. 따라서 듀이의 견지에서 볼 때, 모든 가치의 근원은 개인에게 있다. 개인은 모든 가치와 의무의 주체적 근원이다.

만약 개인이 가치의 주체적 근원이라면, 어린이가 가야 할 '올바른 길'도 어린이 자신에게 근거를 두고 정해져야 할 것이며, 그 어린이의 관심과 의욕을 무시하고 다른 사람이 정하거나 발견할 수는 없을 것이다. 단적으로 말하자면 어린이의 성장의 방향을 정함에 있어서 어린이 자신의 관심과 소망이 충분히 반영되어야 한다.

어린이 자신의 관심과 소망은 그들 자신의 자발적 활동을 통해서 **나타날** 뿐만이 아니라 자발적 활동 그 가운데서 **일어나고 발전한다**. 따라서 어린이들의 관심과 소망을 존중해야 한다는 주장 가운데는 그들의 자발적 활동을 중요시해야 한다는 주장을 포함한다. 여기서 당연히 풀려 나오는 결론은 어린이들의 성장을 돕기 위한 기관으로서의 학교는 어린이들의 자발적 활동의 무대가 되어야 할 것이며, 단순히 수동적으로 '책을 배우는 곳'이 되어서는 안 된다는 것이다. 학교는 어린이가 그 안에서 생활하는 '조그만 사회'라야 한다.

듀이의 관점에서 볼 때, 개인을 떠난 '사회'가 추상의 산물이듯이, 사회를 떠난 '개인'도 추상의 산물이다. 구체적인 개인은 언제나 사회의 한 성원으로서 존재한다.

개인은 사회를 떠나서는 존재할 수 없다는 것이 사실이라면, 그가 사는 사회와의 관계를 떠나서 개인의 성장이나 행복을 생각할 수는 없을 것이다. 개인의 성장과 행복은 그의 사회생활 가운데서 실현된다. 자기가 사는 사회에 훌륭하게 적응할 수 있는 능력은 개인의 성장과 행복을 위한 기본 조건이다. 그러므로 어린이의 교육을 위한 특수한 환경으로서의 학교는 어린이가 장차 넓은 사회에서 훌륭히 적응할 수 있는 능력을 길러 주는 곳이라야 하며, 그러기 위해서는 현대사회의 여러 가지 특색을 '단순화하고 순수화하며 그리고 균형이 잡힌 형태로서' 경험할 수 있는 기회를 마련해 주어야 한다. 다시 말해서, 학교는 '사회의 축도'라야 한다.

개인의 성장이나 행복은 현실에 있어서 반드시 사회 전체의 번영과 일치하는 것은 아니다. 다른 사람들의 성장과 행복을 희생의 제물로 바치는 가운데 자기의 원하는 바를 성취하는 개인들도 적지 않다. 그러나 개인을 가치의 근원으로 보는 듀이의 견지에서 볼 때, 일부의 개인들의 실의나 불행을 그대로 긍정할 수는 없다. 모든 개인은 다 같이 존귀하다고 보아야 할 것이며, 모든 개인들의 낙오 없는 성장과 행복을 이상으로 추구해야 할 것이다. 다시 말하면 사회 전체의 번영과 진보를 추구해야 한다.

듀이는 자유방임주의의 경제 이론을 동반한 19세기적 개인주의의 폐단을 투철하게 통찰한 사람이다. 자기의 이익만을 추구하는 낡은 개인주의가 문화의 위기를 초래하고 있다고 역설한 사람이다. 그리고 과학과 공업 기술이 제공하는 막대한 생산력을 합리적인 계획을 따라서 활용하면 사회의 모든 부류의 사람들이 행복하게 살 수 있다고 믿은 사람이다. 개인의 성장과 사회의 진보를 통일적으로 실현하고자 모색한 것은 듀이의 철학에 있어서 처음부터 일관된 자세였다. 이 일관된 염원이 그의 교육 이론에도 반영된 것은 당연한 일이라 하겠다.

듀이의 교육 사상은 20세기의 처음 30년 동안에 미국 전체에 퍼졌으며, 학교에 관한 그의 이론은 초등학교와 중학교 및 고등학교의 교육에 대하여 현저한 영향을 끼쳤다. 학교가 만족시켜야 할 두 가지 원칙에 관한 듀이의 이론을 실천에 옮겨 보려는 운동이 전국적으로 번져 갔던 것이다. 그러면 듀이의 교육 이론은 실제에 응용되어서 과연 그가 약속한 성과를 거두었는가? 개인의 성장과 사회의 진보를 일치시켜 보려는 듀이의 이상은 그의 학설을 받아들인 미국의 학교로부터 실현되기 시작했는가?

4. 교육과 사회 개혁

듀이의 교육 이론이 미국의 학교교육에 적용되었을 때, 학교라는 특수한 환경이 만족시켜야 할 첫째 원칙은 유감없이 실현되었다. 즉, 학교를 어린이들의 적극적 활동을 위한 조그만 사회로 만들어야 한다는 듀이의 가르침은 충실하게 실천되었다. 학교에서 수업하는 광경을 참관한 학부모들은, 자기가 학생 시절에 경험한 것과는 전혀 다른 세상이 거기에 전개되고 있음을 발견한다. 우선 책상의 모양부터가 다르고 책상을 늘어놓는 방식도 딴판이다. 교과서도 다르고 수업하는 방법도 전혀 다르다. 줄지어진 책상에 어린이들이 묶인 듯이 붙어 앉은 광경은 이제는 보이지 않는다. 교단에 붙어 서서 어린이가 책을 읽는 모습을 지켜보는 교사도 보이지 않는다. 어린이들은 교실 안을 왔다 갔다 하면서 무슨 작업을 하기에 분주하고, 교사는 어린이들 사이를 걸어다니면서 그들의 작업에 대하여 의견을 말해 준다. 한마디로 말해서 그것은 교실이라기보다 무슨 놀이터 같은 인상을 준다. 이와 같이, 학교를 어린이들이 스스로 생각하고 스스로 행동하는 생활의 광장으로 만들어야 한다는 듀이의 목표는 훌륭하게 달성되었다. 그러면 듀이의 둘째 목표는 어떻게 되었을까?

듀이의 둘째 목표란, 학교를 사회의 축도로 만드는 것, 다시 말하면 학교 안에서의 활동이 학교 밖의 일반적 사회생활에 연결되도록 하는 것이었다. 그런데 이 둘째 목표는 실질적으로는 거의 실현되지 못했다는 것을 듀이 스스로가 인정하지 않을 수 없는 실정이었다. 학교와 사회가 분리되는 경향이 여전히 지속되었던 것이다.

듀이의 첫째 목표가 개인의 성장을 위한 방안이었음에 비하여, 그의 둘째 목표는 주로 사회의 진보를 위한 처방이었다. 이 두 가지 목표는 듀이의 교육 이론 가운데서 불가분의 관계를 가졌다. 그 중의 하나만 실패하더라도, 개인의 성장과 사회의 진보를 일치시키려는 듀이의 포부는 무너지고 말기 때문이다. 그런데 두 가지의 목표 가운데 하나만이 달성되고 또 하나는 구현을 보지 못했던 것이다.

낡은 개인주의를 물리친 듀이는, 그의 교육 이론에 있어서 18세기적 아동 중심주의에 대하여도 비판적이었다. 듀이가 어린이 자신들의 생각과 그들 자신의 자발적 활동을 중요시한 것은 개인의 창의를 사회의 개조라는 더 넓은 목적으로 연결시키기 위한 것이었으며, 18세기적 개인주의의 교육 이론을 그대로 계승한 것은 아니었다. 그러나 이제 그의 둘째 목표가 결국 실패로 돌아가고 말았으니, 결과로 본다면 듀이의 교육 이론은 18세기적 아동 중심주의를 그대로 이어받은 것이나 다를 바가 없었다. 이에 듀이는 자기의 교육 이론이 근본적인 수정을 받아야 한다는 것을 절실히 느끼게 된다.

듀이가 자기의 교육 이론을 스스로 비판하고 하나의 회전(回轉)을 시도한 것은 1930년을 전후한 때부터였다. 이때, 그로서는 하나의 사상적 전기를 자극하는 심각한 체험을 가졌던 것이다. 그 체험의 하나는 그의 해외여행에서 얻은 것이었으며, 또 하나는 1929년의 대공황을 계기로 얻은 것이었다.

듀이는 1919년부터 1928년에 이르는 동안에 중국, 터키, 멕시코 및 소련 등을 방문하였다. 이들 혁명적 기풍의 국가를 돌아보는 동안에 듀이가 발견한 것은, 그 어느 나라에 있어서나, 사회제도의 전반적인 개혁을 통하여 새로운 인간상을 실현해 보려는 노력이었다. 그리고 그 새로운 시도는 적어도 부분적으로는 듀이 자신의 교육 이론을 응용한 것이라고 보았던 것이다. 비록 정통적 사회주의에는 찬동하지 못한 듀이였으나, 이들 새로 일어나는 국가들에 있어서 강조되고 있는 사회 중심적 경향에 대하여 그는 부분적인 수긍을 금치 못했다. 그리고 이것은 듀이의 교육 이론으로 하여금 그 중심을 개인에서 사회로 옮겨 앉게 하는 하나의 계기가 아닐 수 없다.

1929년에 시작하여 1930년대에 들어가서 더욱 심해진 미국의 공황은, 그 나라의 사회와 문화 전반에 걸친 반성을 촉구하는 성질의 것이었다. 그것은 바로 19세기적 개인주의와 자유방임적 경제 이론의 파탄을 의미하는 것이었다. 듀이의 학교 이론이 결국은 18세기적 아동 중심주의와 다름없는 결과를 가져온 것도 사실은 저 낡은 개인주의의 뿌리 깊은 세력 때문이었다. 이 대공황의 체험도 듀이의 실천 사상을 사회 중심의 방향으로 촉구하는 동시에, 그의 교육 이론도 같은 방향으로 회전시키는 계기가 되었다.

학교교육에 관한 듀이의 학설이 그 본래의 의도와는 다른 결과를 초래한 것은, 현대의 사회상이 너무나 비교육적인 까닭에, 그것을 그대로 학교 안에 반영시켜서 '축도(縮圖)'를 형성하기가 곤란한 실정이었기 때문이다. 일반 사회에는 부정과 부패가 가득 차 있으므로 그것을 그대로 어린이들을 위한 환경 속에 끌어들일 수는 없었으며, 자연히 학교를 사회와는 격리시키는 움직임이 일어났다. "나쁜 어버이도 자식만은 착하게 되기를 원한다."는 심리가 작용한 것이다.

그러나 학교와 사회의 격리가 진실로 생명 있는 교육의 방안이 될 수는 없었다. 교육은 학교만이 하는 것이 아니기 때문이다. 하나의 섬과도 같은 학교를 둘러싼 사회의 바다가 온통 썩어 있는데, 학교 안에서만 좋은 이야기를 들려주는 것은 도리어 어린이들에게 모순과 위선을 느끼게 할 뿐이다. 학교 안에서나마 교사들이 솔선수범하여 아름다운 인간상을 실현해 보였다면 또 모를 노릇이다. 그러나 교사도 먹어야 사는 인간이었던 까닭에, 금전만능의 치열한 생존경쟁 속에서, 그들이 아름다울 수 있었던 것은 오직 입을 열어서

훈계를 일삼는 순간뿐이었다. 어린이들도 그것이 말뿐이라는 것을 안다. 그리고 그것이 알려지는 한, 참된 교육의 효과는 바랄 수가 없다.

필경 사회 전체가 근본적인 수술을 받지 않는 한, 참된 교육은 바랄 수가 없다는 결론이 된다. 그 모습을 떳떳이 학교에 반영시킬 수 있도록 사회 전체를 뜯어고쳐야 한다. 그리고 그것을 고치는 방향은 사회 전체의 진보에 더 많은 비중을 할애하는 방향이다.

학교교육을 통하여 사회 전체를 개조한다는 생각 속에는 공상이 섞였다는 것을 듀이는 깨달았다. 사회 전체가 교육적인 환경이 되어야 한다. 교육적인 사회란 공중 전체의 이익과 행복을 위하여 항상 계획과 노력이 그치지 않는 사회다. 다시 말하면, 그것은 "돈벌이를 위한 경쟁적 노력의 마당이 아니라, 서로 협조하여" 공통의 문제를 풀고자 애쓰는 사회다.[8]

사회 전체를 개혁하는 일은 그러면 누가 맡아서 할 것인가? 그것은 전 국민이 다 같이 해야 할 일이라고 듀이는 믿었다. 교사와 부모 그리고 어린이들까지도 이 큰 과업의 한 부분을 담당해야 한다. 그것은 일종의 자기교육을 전제로 삼고 수행할 수 있는 일이니, 사회를 개혁함에 있어서 교육이 해야 할 임무는 매우 무겁고 크다. 그러나 그것은 교육만의 단독의 힘으로 달성할 수 있는 일은 아니다.

듀이의 교육 이론의 회전(回轉)은 요컨대 두 가지 초점을 가지고 있다. 그 하나는 학교를 '특수한 환경'이라고 주장하던 그의 이론이 약간 수정되었다는 사실이다. 단순화하고 순수화하고 균형이 잡힌 '조그만 사회'를 형성하여, 그 가운데서 어린이를 자유롭게 성장시키면, 사회 전체가 틀림없이 개조되리라던 그의 낙관적 견해가 수정을 당한 것이다. 또 하나의 초점은 아동

---

8 W. H. Kilpatrick ed., *The Teacher and Society*, p.338.

중심의 경향에서 사회 중심의 경향으로 중심이 옮겨졌다는 사실이다. 이것은 낡은 개인주의를 극복하고 좀 더 사회적인 관점에서 인생의 문제를 고찰하게 된 그의 실천철학의 새로운 경향에 발맞춘 발전이었다.

듀이는 개인주의를 비판하고 사회 전체를 위하는 관점에서 인생의 문제를 고찰하기는 하였으나 결국은 개인주의의 테두리 안에 머문 사람이다. 따라서 그의 사회주의적 경향에도 스스로 한계가 있었듯이, 그의 사회 중심적 교육 이론에도 중간적 노선을 벗어날 수 없는 제약이 있었다. 듀이는 어린이들을 이끌어 사회의 복지를 실현할 일꾼이 되도록 성장하게 해야 한다고 주장했으나, 어린이들이 도달해야 할 목표로서의 인간상을 미리 확정하고 그 목표로 어린이들을 강력하게 몰고 가야 한다고는 믿지 않았다. 마지막 선택권은 역시 어린이들 자신이 행사해야 한다고 믿었던 것이다. 정치에 있어서 설득이 필요했듯이 교육에 있어서도 설득, 그리고 감화(感化)는 필요할 것이다. 그러나 정치에 있어서 전제(專制)가 허용될 수 없듯이 교육에 있어서도 교육자가 그 신념에 대하여 어떤 강제력을 부여해서는 안 된다고 듀이는 믿었다.

일체의 외적 통제를 거부하는 듀이의 사회 개혁론 및 교육 이론은, 그것이 매우 공정하고 이상적인 길이라는 로맨틱한 장점을 가진 반면에, 막상 실천의 문제를 구체적으로 고려할 단계에 이르러서는, 일종의 순환론적인 벽에 부딪치는 약점을 가지고 있다. 듀이에 의하면 사회 전체를 개조함이 없이는 개인의 개조라는 교육의 목표를 실현하지 못한다. 그런데 사회를 개조하는 길로서는 어디까지나 지성적 대화를 통한 원만한 합의를 모색하는 방법이 선택되어야 한다. 이것은 곧 각 개인의 마음가짐의 혁신을 전제로 삼는 것이니, 결국 사회의 개조는 개인의 개조를 기다려서 비로소 실현될 수 있다는 주장으로 되돌아오는 셈이다.

10 장
한국의 현실과 듀이의 사상

10 장 한국의 현실과 듀이의 사상

1. 듀이 철학과 한국의 현실

　듀이의 학설을 단순히 하나의 학설로서 이해하는 데 그치고, 그것을 우리 자신의 현실 문제에 연결시키지 못한다면 우리는 듀이로부터 얻은 바가 별로 없다는 결과에 도달한 셈이 될 것이다. 듀이의 사상 가운데 주목할 만한 곳이 있다면, 그것은 그의 철학이 인생의 현실 문제에 밀접해 있다는 점에 있어서, 그리고 그의 철학이 지식의 체계이기보다도 실천적 지식에 도달하기 위한 방법이라는 점에 있어서 발견되어야 할 것이다. 그런데 만약 우리가 듀이의 철학을 읽고 그것이 우리의 현실 문제에 대하여 시사하는 바를 찾아내지 못한다면, 그것은 듀이의 철학이 우리에 대하여 별로 가치가 없다는 것을 의미하거나, 또는 우리가 그의 철학을 제대로 이해하지 못했음을 의미할 것이다.

　듀이의 저서나 논문을 읽으면서 첫째로 느끼는 것은, 주로 일본과 독일의 영향을 받고 출발한 한국의 철학 연구가, 현 단계에 있어서, 한국이 당면한 심각한 사회문제와는 직접 관계가 없는 학술어 내지 학설의 해석에 여념이 없다는 사실이다. 그리고 이러한 현황에 대한 반성은 철학의 빈곤을 꾸짖는 항간의 비난으로 우리의 연상을 몰고 간다.

"철학은 **반드시** 인간 사회의 현실 문제를 외면해서는 안 되는가?"라는 물음에 대해서는 많은 논의의 여지가 있을 것이다. 다만, 논의의 여지가 없이 확실한 것은 현실 문제를 다루는 철학자도 필요하다는 사실과, 현 단계의 한국에 있어서는 철학 및 철학자를 위한 철학보다도 한국의 현실적인 문제에 횃불을 밝혀 주는 실천의 철학이 더욱 절실하게 갈망되고 있다는 사실이다. 발족한 지 아직 오래되지 않는 한국의 철학계가 우선 남의 것을 정확하게 이해하기에 힘써야 할 단계에 있다는 사실과, 현대의 서구와 미국에 있어서 주류를 이루어 온 철학설들이, 마음의 내면으로 깊이 파고드는 주관의 철학이 아니면, 언어의 의미에 매달리는 분석의 철학이라는 사실을 참작할 때, 한국의 철학자들이 아직 감히 현실을 위한 처방의 문제에 함부로 손을 대지 못하는 것은 도리어 당연한 일이라고 변명할 수도 있을 것이다. 그러나 한국의 현실이 '철학'을 요구하는 갈망에는 매우 긴급한 재촉이 서려 있으며, 그것을 한정 없이 후일로 미룰 수도 없는 실정이다. 한국의 철학자들 가운데서 누구인가가 '현실'의 문제를 정면에서 다루어야 할 일이며, 그것을 다루는 마당에 있어서 그가 사용할 방법은 종래의 관념론적 철학의 그것과는 근본을 달리해야 할 것이라는 암시를 우리는 듀이의 철학을 읽는 가운데 수없이 거듭 발견한다.

듀이의 철학 가운데서 특히 우리의 관심을 촉구하는 것은 그의 실험적 방법론과 그의 사회 이론이라고 생각되거니와, 듀이의 사회 비판은 그것이 결코 한국의 실정과 관계가 없는 이야기가 아님을 거의 모든 구절에 있어서 느낀다. 듀이는 주로 1930년 전후의 미국을 관찰의 대상으로 삼고 그의 사회 이론을 전개하였다. 또 그는 여러 외국을 돌아보았으며, 아시아의 나라들 가운데서는 중국과 일본의 사회 현실에 대하여 통찰력 있는 판단을 내리기도 하였다. 그러나 우리 한국에 대해서는 직접 관찰한 바도 언급한 바도 없다. 그럼에도 불구하고 듀이의 사회 비판은 현대의 한국을 해부하는 듯한 구절로 가득 차 있었다.

금전만능의 사회 풍조 속에서 이기적 생존경쟁이 치열하게 전개되고 있으며, 사람들은 자기의 모든 정성과 정력을 기울일 수 있는 대상이 될 만한 생활의 중심을 발견하지 못한 채 우왕좌왕하고 있으며, 머릿속에 자리잡은 시비의 관념과 실제로 움직이는 육체의 행동이 일치하지 못하고 인격이 자기 분열을 일으켰다고 듀이로부터 지적받은, 1930년경의 미국의 사회상은 오늘날 한국의 경우와도 크게 다를 바가 없다. 실업자가 많으며, 직장을 가진 사람도 경제적 불안에 떨어야 하는 점은 오히려 당시의 미국보다도 현재의 한국이 더욱 심하다. 지성인이 무력하고 교육이 빗나가고 있으며, 부정과 부패가 상식화했다는 점에 있어서도, 오늘의 한국은 듀이의 비판을 받은 30년 내지 40년 전의 미국이 무색할 정도다. 한마디로 말해서 오늘의 한국은 1930년경의 미국보다도 많은 문제를 가지고 있으며, 더욱 많은 개혁을 요구하고 있다.

오늘날, 한국이 당면한 문제는 30년 내지 40년 전에 듀이가 목격한 미국의 문제보다도 더욱 심각하고 더욱 난감하다. 오늘날, 우리들의 빈곤의 문제는 1930년대의 미국의 서민을 괴롭힌 그것보다 더욱 처절하다. 지금 우리 한국에서 발견되는 민주주의의 문제는 반세기 전의 미국의 그것보다도 더욱 많은 어려움을 가졌다. 우리들의 전통적 가치관과 한국의 현대가 요구하는 새로운 질서 사이의 간격은, 30년 전의 미국이 경험한 묵은 가치관과 새 가치관의 거리보다도 더욱 요원하다. 따라서 우리들이 극복해야 할 관점과 행동의 분열은 미국 사람들에 관하여 듀이가 발견한 그것보다도 더욱 심각하다. 듀이가 관찰한 미국의 교육이 진보의 목표로부터 빗나갔음에 비하여, 우리 한국의 교육은 목표 자체를 상실하고 있는 실정이다. 그리고 현재 우리를 둘러싼 국제관계는 40년이나 30년 전의 미국의 그것과는 비교가 되지 않을 정도로 착잡하고 험난하다.

간단하게 말해서, 오늘날 우리가 당면한 한국의 과제는 수십 년 전에 듀이가 발견한 미국의 그것보다도 더욱 어렵고 무겁다. 이 어렵고 무거운 짐을 처리해야 할 우리들에게 듀이의 철학은 무엇을 시사할 수 있는 것일까? 듀이가 제시한 사회 개혁의 방안이 우리 한국인에게 어느 정도의 도움이 될 수 있는 것일까? 오늘날, 우리들의 과제로서 인정되고 있는 한국의 근대화와 한국의 민주화를 앞에 놓고 볼 때, 듀이의 철학을 포함하는 프래그머티즘의 사상은 어떠한 장점과 단점을 가지고 있는 것일까?

이것은 우리에게 있어서 듀이의 학설 그 자체를 이해하는 일보다도 훨씬 절실한 문제다. 그러나 이 문제를 본격적으로 다루는 것은 이 기초적인 저술의 영역을 벗어나는 일이다. 그러므로 저자는 이를 다른 기회의 연구 과제로 남기고, 여기서는 다만 우선 생각나는 몇 가지 점만을 예비적으로 고찰해 두고자 한다.[1]

2. 한국에도 도움이 되는 생각들

듀이의 사상 가운데는, 근대화와 민주화가 요청되고 있는 사회에서라면, 어느 나라에 있어서나 유익하게 적용할 수 있는 몇 가지 좋은 이설(理說)이 있다. 근대화와 민주화를 위해서 일반적으로 적용될 수 있는 그러한 이설은

---

1 1966년 10월, 서울에서 동국대학교 주최로 열린 '한국의 근대화에 관한 학술회의'에서 저자는 「프래그머티즘과 한국의 근대화」라는 제목의 논문을 발표한 바 있으며, 또 저자는 1966-1967년도 문교부의 연구 조성 계획의 도움을 받아 「한국의 현실과 듀이의 사회개조 이론」이라는 논문을 작성하였다.

우리 한국을 위해서도 물론 적절한 충고로서의 의의를 가질 것이다.

근대화와 민주화를 위하여 일반적으로 도움이 될 수 있는 듀이의 이설의 첫째는, 권위주의와 절대주의를 배격하는 그의 가치론이다. 절대론적 권위주의의 가치설은 종래에 주로, 전통 속에 내려오는 가치의 척도를 절대적 진리로서 옹호함으로써, 보수적 세력을 위한 철학적 근거의 구실을 하는 동시에, 새 시대가 요구하는 새로운 윤리의 형성을 방해하였다. 그러나 듀이에 의하면, 도덕적 선은 인간이 사회생활 가운데서 당면하는 문제들을 지혜롭게 해결해 나아가는 과정 속에서 실현된다. 만약 우리 사회가 가지고 있는 여러 가지 문제를 해결하기 위해서 근대화가 필요하고 민주화가 요청된다면, 우리에 있어서 근대화와 민주화는 당분간 공동의 목표가 되는 것이며, 그것은 동시에 행위의 시비를 가리는 기준으로서의 권위를 갖는다. 따라서 우리는 근대화 내지 민주화를 방해하는 요인들을 대담하게 물리칠 것이며, 낡은 것에 대한 미련으로 말미암아 전진을 주저할 필요가 없음을 깨닫는다. 여하튼, 듀이의 가치설은 뒤를 돌아보기보다는 앞을 내다볼 것을 권고하는 까닭에, 항상 발전하는 사회를 위한 철학으로서의 장점을 가졌다.

듀이의 가치설에 따르면 가치판단의 진위는, 그 판단을 따라서 행동했을 때, 판단이 내포하는 예언과 부합하는 결과가 과연 생기느냐 안 생기느냐에 의하여 결정된다. 이와 같이 결과를 중요시하는 프래그머티즘의 사고방식도 근대화라는 우리의 목표를 달성함에 도움을 줄 수 있을 것이다. 결과를 중요시한다는 것은 명목보다도 실질을 중요시하고 형식보다도 내용을 존중한다는 뜻인 까닭에, 동양의 후진성이 명목과 형식에 구애받는 그 사고의 습성과 깊이 관계하고 있음을 생각할 때, 결과의 존중은 그 자체가 근대화된 사고방식의 한 특색이라고 말할 수가 있다.

후진국을 위하여 도움이 될 수 있는 듀이의 이설의 둘째 것으로서, 우리는 그의 과학의 존중을 들 수 있을 것이다. 듀이는 자연과학의 성과를 인간 사회의 평화와 복지를 위해서 충분히 활용할 것을 역설했을 뿐 아니라, 과학이 사용하여 좋은 성과를 얻은 저 실험적 방법을 인생의 모든 분야에 적용하자고 역설하였다. 과학의 정신을 실천 생활의 원리로서 본받자는 것이다.

과학 정신의 핵심은 합리주의의 정신이다. 합리주의적 사고방식과 합리주의적 생활양식이 근대화된 사회의 가장 기본적인 특색의 하나임을 생각할 때, 우리는 듀이가 역설하는 과학의 존중이 후진성의 극복을 과제로 삼고 있는 우리 한국에 있어서도 권장해야 할 정신임을 부인하지 못한다.

듀이의 사상 가운데서 우리가 귀를 기울일 만한 또 하나의 이설은 커뮤니케이션에 관한 그의 주장이다. 이 주장이 특히 우리의 관심을 끄는 이유는, 우리나라가 전통적으로 커뮤니케이션, 즉 의사의 소통이 제대로 되지 않는 나라라는 사실에 있다.

우리나라의 인간관계는, 서로가 동등한 위치에 서는 횡적(橫的) 관계가 아니라, 윗사람과 아랫사람의 종적(縱的) 관계로서 이해되는 전통을 가졌다. 이것은 유교적인 봉건 질서에 근원을 가진 사실이거니와, 현재에 있어서도 우리나라의 윤리에는 상하의 인간관계로서의 색채가 상당히 농후하다.

사람들이 윗사람과 아랫사람으로서 대하는 경우가 많은 사회에서는, 윗사람의 의사가 일방적으로 전달되기는 쉬우나, 솔직한 대화로써 의견을 교환하기는 어려운 것이 보통이다. 이 점에 있어서는 우리나라의 경우도 예외가 아니다. 윗사람에 대하여 자기의 생각을 솔직하게 말하기를 두려워하는 기풍이 일종의 습관으로 화해서, 일반적으로 자기의 뜻을 남에게 전하는 데 어려움을 느끼는 것이 우리들의 일상생활이다.

동양의 속담에 "병은 입으로부터 들어가고 재앙은 입으로부터 나온다."는 말이 있다. 우리나라의 경우에 있어서도 '말' 때문에 문제가 생기는 경우는 대단히 많았고 지금도 그러한 예는 적지 않다. 특히, 유교에서는 '말조심'할 것을 누누이 가르쳐 왔고, 말이 적은 것은 그 자체가 하나의 미덕으로 숭상되는 경향조차 나타났다.

말을 삼가는 것은 여러 가지로 좋은 점도 없지 않으나, 의사를 솔직하게 전달하지 못하는 습성이 좋지 못한 폐단을 동반하는 경우도 적지 않다. 듣는 자리에서 솔직하게 말하지 않는 대신 뒤에서 비방을 하고 불평을 늘어놓는다. 마음속에 있는 생각과 입 밖에 내는 말이 일치하지 않는다. 솔직하게 말을 해주지 않는 까닭에 남의 마음속을 어림으로 추측을 한다. 이러한 실정은 사람들 사이에 불신과 오해를 싹트게 하는 원인이 되기 쉬우며, 명랑한 인간관계를 해치는 요인이 되기 쉽다.

8·15를 계기로 우리나라의 인간관계도 크게 달라진 것이 사실이다. 젊은 사람이 어른 앞에서 말을 하기 어렵다거나 여자가 남자 앞에서 말을 하기 힘들다거나 하는 것은 이미 과거의 일이 되고 말았다는 느낌이 있다. 사사로운 관계에 있어서, 옛날과 같은 의사소통의 장벽은 거의 무너졌다고 보아도 좋을 것이다. 그러나 정치 문제에 관련해서는 지금도 여전히 자기의 뜻을 밝히기가 어려운 것이 우리의 실정이다. 정치 문제에 있어서뿐만 아니라 일반적으로 권력을 가진 자와 그 밑에서 지배를 받는 자 사이에 있어서는 자유로운 대화가 사실상 허락되지 않고 있다. 관청에 있어서나 회사에 있어서나, 밑에 있는 사람들은 항상 윗사람 앞에서 말을 조심해야 하며, 때로는 자기를 속이고 아첨도 하고 거짓말도 해야 한다. 특히, 정치 문제에 관해서는 자유로운 의사의 발표가 매우 힘들다. 이 점에 있어서는 대도시보다도 농어촌의 경우가 그 제약이 더욱 심한 것으로 보인다.

우리는 여기서 커뮤니케이션의 문제가 언론의 자유의 문제로 직결됨을 보는 동시에, 그것이 곧 민주주의의 핵심에 관계되는 문제임을 알게 된다. 자유로운 커뮤니케이션을 통하여 피차의 감정이나 생각을 명확하게 전달하고 이해하는 것은 민주주의의 실현을 위해서 매우 필요한 조건의 하나다. 동시에 그것은 봉건적인 인간관계를 현대적인 그것으로 발전시키는 과정에 있어서 대단히 중요한 일면을 담당한다. 이러한 관점에서 볼 때, 근대화와 민주화를 국민적인 과제로 삼고 있는 우리나라에 있어서, 커뮤니케이션의 문제는 매우 중대한 관심거리라고 아니 할 수 없다.

그러나 커뮤니케이션의 개선 **하나만으로** 참된 민주주의의 나라가 반드시 실현될 수 있다고 믿는 듀이의 생각을 전폭적으로 받아들일 수 있을지는 의문이다. 커뮤니케이션의 개선은 사회의 개선을 위해서 유일하고 절대적인 방법이라기보다는, 오히려 부차적인 방안의 하나로 보는 것이 타당할 것이다. 특히, 미국과 사정을 달리하는 우리나라의 경우에 있어서, 자유로운 커뮤니케이션만으로 모든 문제가 해결되리라고 보는 것은 지나친 낙관이 아닐까 생각된다.

듀이의 학설 가운데서 우리나라에도 도움을 줄 수 있고, 또 실제로 다소간의 영향을 우리에게 끼친 것은, 그의 교육 이론이다. 근대화 및 민주화의 문제와도 밀접한 관계를 가진 듀이의 교육 학설은 우리나라의 교육에 대하여도 일깨워 주는 바가 적지 않다.

현재 한국에 있어서 실시되고 있는 교육제도는 형식상으로는 미국의 제도를 본받은 것이며, 그 내용에 있어서는 일본의 교육을 모방한 점이 적지 않다. 그러나 오늘날 한국의 학교교육을 미국의 교육과 일본의 그것의 좋은 점을 비판적으로 종합한 것이라고는 보기 어렵다. 오히려 그것은 두 가지의 서로 다른 것을 무원칙하게 혼합했음에 가깝다. 교육의 근본에 대한 뚜렷한 이념을 갖지 못했다는 것이 한국 교육의 가장 큰 결함이라 하겠다.

일제(日帝)가 한국의 젊은 세대에게 베푼 식민지 교육은 "황국신민(皇國臣民)으로 만든다."는 뚜렷한 의도 아래 베풀어진 것이었다. 거기서는 개인의 목적이나 포부는 거의 무시되었으며, 오직 '대일본제국'이라는 전체의 융성만이 강조되었다. 이러한 전체주의적 교육 방침에 대한 반동이 8·15를 계기로 일어난 것은 당연한 일이다. 자유와 해방을 외치는 물결은 한국의 교육계에도 밀어닥쳤다.

　자유와 해방이 강조되는 물결과 때를 같이하여, 미국의 '새 교육' 사상의 물결이 미국의 정치적 영향력의 후원을 받고 밀려들었다. 미국의 '새 교육' 사상의 근간을 이룬 것은 듀이의 교육 이론이었으므로, 듀이의 사상 가운데서 그 교육에 관한 부분이 간접적으로나마 한국에 소개된 셈이다. 그러나 '새 교육'의 운동을 통하여 듀이의 교육 이론이 올바로 들어온 것은 아니다. 한국의 사정에 어두운 미국의 전문가와 미국적인 교육학에 대한 기초가 박약한 한국의 교육 공무원 사이에 베풀어진 '강습회(講習會)'를 통하여 속성으로 수입된 '새 교육'의 지식은 대체로 피상적인 것이었다. 미국에 있어서도 왜곡되기 쉬웠던 듀이의 교육 이론이 올바로 반영될 수는 없었으며, 그 교육론 가운데서 피교육자의 자주성을 강조하는 아동 중심주의적 일면만이, 자유와 해방을 구가하는 풍조 속에서 목마르게 흡수되었을 뿐이다.

　교육은 주입식으로 할 것이 아니라 학생 자신의 적극적인 활동과 사유를 통해서 이루어져야 한다는 이론이나, 교육의 내용은 우리의 사회 현실에 밀접해야 한다는 이론도 한때 우리나라 교육 실천에 다소나마 반영되었다. 그러나 그것은 한국의 학교교육을 크게 개혁하기에 성공할 때까지 오래가지 못하고 흐지부지되고 말았다. 입학시험 준비라는 더 촉박한 필요에 몰려서, 피상적인 이해를 통해서나마 시험되기 시작했던 한국의 '새 교육' 운동은 언젠지 모르는 사이에 전체가 흐지부지되고 만 것이다.

　오늘날, 한국의 교육은 일본 교육의 나쁜 점과 미국 교육의 나쁜 점을 골라서 혼합한 것 같은 일면이 있다. 즉, 한갓 시험 준비 과정으로 떨어지고 만 한국의 학교교육은 그 가르치는 내용으로 말하면 '객관식' 문제를 풀기에 적합한 토막 지식이고, 그 교수 방법으로 말하면 철저한 주입식이다. 그리고 저 '객관식' 시험 방법을 우리는 미국에서 배웠으며, 이 주입식 교육 방법을 우리는 일본에서 배웠던 것이다. ('객관식' 시험 방법이 반드시 토막 지식만을 요구하는 것은 아니나, 출제자 측의 성의 있는 연구가 동반되지 않았던 까닭에 결과적으로는 토막 지식을 권장한 꼴이 되었으며, 주입식 교육이 바람직한 방법이 아님을 깨닫지 못한 바 아니나, 시설과 서적과 선생의 부족 및 눈앞에 닥친 시험의 위협으로 말미암아 우리는 본의 아닌 주입식 교육을 일삼고 있는 형편이다.)

현재 한국의 교육은 근본적인 개혁을 요구하고 있다. 그 개혁의 방향을 모색함에 있어서 우리는 듀이의 교육 이론에서 배울 바가 많을 것으로 안다. 특히 개인의 성장과 사회의 진보를 아울러 성취하려는 그의 교육 이념이 우리의 주목을 끈다. 그리고 교육은 직접적으로 주입하기를 꾀할 성질의 것이 아니라 환경을 통하여 간접적으로 이루어져야 할 것이라는 그의 주장도 시사하는 바가 크다.

그러나 사회 전체를 개혁함이 없이 교육의 개혁만을 따로 성취할 수 없다는 것이 듀이 자신의 반성이었다. 우리는 교육의 개혁을 생각하는 마당에서 자연히 사회 전체의 개혁의 문제로 이끌려 간다. 그러면 듀이의 사회 개혁 이론은 우리 한국의 현실로 볼 때 어떻게 평가될 것인가?

3. 듀이의 사회 개혁론과 한국

듀이는 자기가 목격한 미국의 사회가 모순과 불합리에 가득 차 있음을 발견하고, 그것의 개혁이 필요함을 역설하였다. 현대사회에 있어서 개혁을 요구하는 가장 긴급한 사항은 첫째로 생산이 소비자의 필요 내지 이익을 기준으로 삼지 않고, 기업가의 돈벌이를 목표로 삼고 수행된다는 사실이며, 둘째로 생산에 참여한 사람들에 대한 분배가 불공정하다는 사실이었다. 실업자가 없이 모두가 빈곤의 위협으로부터 해방되는 동시에, 정신적으로는 사람들이 모두 자기의 활동에 보람을 느낄 수 있는 사회를 건설하는 것이 듀이의 사회적 이상이었다. 그리고 그러한 사회로 개혁하는 방안으로서는 급진적 폭력의 길을 배척하고, 지성적 커뮤니케이션에 의한 평화적이며 점진적인 개혁의 길을 제창하였다.

오늘날, 한국 사회에도 모순과 불합리가 가득하다는 것과, 결과에 있어서 듀이가 희망한 바와 같은 공정한 사회를 건설함이 바람직하다는 점에 대해서는 지성적인 반성으로 판단하는 한, 반대하는 사람이 적을 것이다. 문제는 듀이가 제창한 사회 개혁의 방법론에 있다. 듀이가 제시한 진보적 자유주의의 방법으로써 과연 한국 사회의 개혁을 실현할 수 있을 것인가?

사회 개혁에 대한 듀이의 방안은, 만약 그것이 현실적인 성공만 거둔다면, 가장 이상적이며 인간미 있는 방법임에 틀림이 없다. 그러나 듀이의 방안은 실천적으로 무력하다는 비판을 받고 있다. '커뮤니케이션을 통한 지성의 조직화'의 방법이 실제에 있어 무력한 근본 이유는, 이 방법을 실천에 옮길 강한 계층적 세력이 없기 때문이다. 우리는 듀이의 정치 사상을 일종의 제3노선이라고 부를 수 있겠거니와, 듀이는 이 제3의 노선을 밀고 나갈 계층적 지반에 대해서는 깊이 고려하지 않았다.

듀이는 자기의 방안이 지성적인 까닭에 모든 지성의 찬동을 얻을 수 있다고 믿었으며, 지성은 모든 인간에게 공통된 기능이라고 믿었던 까닭에, 계층의 여하를 막론하고 모든 사람들이 자기의 방안을 실천에 옮기는 일에 협조할 것이라고 낙관하였다. 그러나 모든 사람들이 지성의 대화에 의한 사회의 개혁에 찬동하고 협조하리라고 기대한 것은, 인간성에 대한 지나친 낙관이었다. 인간은 생각하는 순간에는 지성적일 수 있을지 모르나, 밖으로 행동을 취하는 순간에는 지성을 견지하기가 매우 어렵다는 사실이 충분히 고려되지 않았다.

장차는 모르거니와, 현 단계의 인간의 대다수는 지성의 판단에 의해서보다는 욕망과 이해관계를 따라서 행동하는 경향이 강하다. 평화적이요 점진적인 방법에 의한 사회 개혁을 꾀하는 운동에 있어서도 그러한 운동이 자기에게 대하여 갖는 이해관계를 따라서 혹은 찬성하고 혹은 반대하는 것이 보통이다. 현재 상태를 유지하는 것이 가장 유리하다고 판단하는 자산가(資産家)들은 사회 개혁 그 자체를 원하지 않을 것이며, 현재 상태에서는 하루를 사는 것도 괴롭기 짝이 없는 극빈자들은 완만하고 미온적인 개혁의 방법에 불만을 느낄 것이다. 듀이가 제창한 바와 같은 평화적이요 점진적인 개혁과, 기질적으로 보나 이해관계로 보나, 가장 조화되기 쉬운 것은 중산층이요, 중산층 가운데서도 듀이 자신과 같이 지식층에 속하는 사람들이다. 따라서 듀이가 제창한 바와 같은 점진적인 개혁이 실현될 수 있기 위해서는 중산층이 강대한 정치적 세력으로서 단결할 수 있어야 할 것이다. 그런데 중산층이라고 불리는 계층은 매우 여러 가지 계통의 사람들을 포함하며 그 이해관계도 다양한 까닭에, 이 계층의 단결은 비교적 어려운 과제에 속한다.

듀이의 사회 개혁의 방안은 미국에 있어서도 사회적 실천에 그리 만족스럽게 반영되지 못했다. 듀이의 개혁안을 실천에 옮기는 전국적인 운동이 전개된 일은 없다. 그러나 눈에 뜨이지 않을 정도의 완만한 속도로 미국의 사회는 조금씩 개선되어 왔으며, 그 개선의 방향과 방법은 듀이의 학설이 제시한 그것과 일맥상통하는 따위의 것으로 보인다. 다시 말하면, 비록 만족스러울 정도는 아니라 할지라도, 듀이의 사회 이론은 미국에 있어서 약간은 실천에 옮겨졌다고 볼 수가 있다.

일종의 이상주의라고 해석할 수 있는 듀이의 사회 개혁론이 미국에 있어서 약간이나마 실천적 의의를 가질 수 있었던 것은, 미국이 가진 여러 가지 유리한 조건 때문이었다. 서구 세계의 낡은 가치관을 어느 정도 부정하고 나온 청교도들에 의하여 세워진 새로운 국가였던 까닭에, 미국에는 봉건적 세력의 저항이 비교적 약했으며, 이러한 사실은 풍부한 자원과 높은 민도(民度), 그리고 탁월한 수준의 과학 기술 등과 아울러 평화적이요 점진적인 사회 개혁을 위하여 유리한 조건이었다.

　돌이켜 한국의 경우를 살펴보건대, 듀이가 제창한 바와 같은 개혁의 방안이 성공하기에 필요한 조건들이 여기에 갖추어져 있지 않음을 발견한다. 첫째로 우리가 지적해야 할 것은, 오늘날 한국 사람들이 가진 가치관 내지 정치의식이 듀이가 가졌던 바와 같은 사회적 자유주의의 그것과 대체로 먼 거리에 있다는 사실이다. 다시 말하면, 지금 한국에는 듀이가 제창한 바와 같은 중도주의(中道主義)의 노선에 전폭적인 찬동을 느낄 수 있는 사람의 수효가 그리 많지 않다는 사실이다.

　한국 사람들의 가치관 내지 정치의식은 대다수를 차지하는 보수주의의 흐름과 소수의 급진주의의 흐름으로 크게 나누어지는 것으로 관측된다. 그리고 중도주의의 견지를 취하는 사람들은 급진주의를 취하는 사람들보다도 수효가 더욱 적다. 이른바 지성인이라고 불리는 사람들도 그가 구세대에 속할 경우 그 의식은 대체로 극히 보수적이다. 진보적인 자유주의를 신봉하는 사람들은 매우 적으며 많은 지식인들은 19세기적인 자유주의자에 가깝다. 다만 그들은 자기의 의식구조가 이미 낡은 것이라는 사실은 모르고 있으며, 자기의 생각이 가장 인간적이요 지성적인 것이라고 믿는다.

　대학생이나 대학을 갓 나온 젊은 지식인들 — 아직 경제적으로 안정되지 못하고 사회적으로 알려지지도 않은 젊은 지성인들 — 가운데는 급진적인 생각을 가진 사람들도 상당히 많은 것이 아닌가 짐작된다. 이 사람들은 객관적으로 볼 때 우리나라에서 가장 불우한 계층은 아니지만, 주관적 의식에 있어서는 가장 불평이 많은 사람들이다. 이들의 불평은 젊은 지성인이 갖기 쉬운 인도주의적 정의감과 결합하여, 속으로 급진주의의 생각을 품게 하는 경향이 있다.

　이와 같이 중도적 자유주의의 핵심적인 지반을 이루어야 할 지성인 내지 지식인의 계층이 보수와 급진으로 양분되고 보니, 듀이의 노선을 실천할 중심 세력이 형성되기는 매우 어려운 실정이 아닐 수 없다.

한국의 경제적 현황이 이른바 중산층에게 유리한 편이 아니라는 사정도 듀이의 방안에 대하여 어두운 그림자를 던진다. 한국에서는 지금 소수의 대기업이 번성해 가고 있는 데 비하여, 중소기업은 점차로 쇠퇴해 가는 경향을 보이고 있다. 봉급 생활을 하는 사람들도 일부의 특수한 경우를 제외하고는 비교적 가난한 살림에 시달리고 있으며, 농민들 가운데도 넉넉하게 사는 사람들은 많지 않다. 한마디로 말해서 중산층의 세력이 매우 미약한 실정이다. 그리고 중산층이 미약하다는 것은 듀이적인 중도 사상이 디디고 설 지반이 허약하다는 것을 의미한다.

듀이가 미국에 있어서 지성적인 대화를 통한 사회 개혁이 가능하다고 믿은 것은, 미국에 심각한 계층의 대립이 존재하지 않는다고 믿은 것과 밀접한 관계를 가졌다. 빈부의 차이가 심하지 않고 계층적인 대립이 적은 사회일수록 대화를 통하여 합의에 도달할 수 있는 가능성은 클 것이기 때문이다. 그런데 오늘의 한국을 가리켜서 계층적 이해관계의 문제가 없다고 주장하기는 듀이로서도 힘들 것이다. 어느 나라에 있어서나 가난한 사람들의 수효가 많으면 그 나라의 사회문제는 그만큼 심각한 것이며, 문제가 심각할수록 평화적인 대화에 의한 합의는 어려운 것이 보통이다. 우리 한국에 가난한 사람의 수효가 아직도 많다는 사실도 듀이의 방안이 이 땅에서 실천되기를 어렵게 하는 조건의 하나다.

아직은 분배가 고르지 못한 까닭에 빈부의 차이가 심하기는 하나, 국민경제를 합리적으로 운영하기만 하면 모두 다 잘살 수 있는 나라가 될 수 있는 경우라면, 그래도 평화적인 개혁에 합의할 수 있는 가능성은 크다. 현재 한국이 가지고 있는 모든 물적 자원과 인적 자원을 최대한으로 활용하고 또 그 생산재를 공정하게 분배한다면 한국 사람이 모두 잘살 수 있을 것인지 아닌지, 저자는 그 방면에 대한 숫자에는 전혀 어둡다. 그러나 의심의 여지 없이 확실한 것은 경제적 가능성에 관한 한, 한국과 미국은 비교가 되지 않는다는 사실이다. 물적 자원은 말할 것도 없거니와, 인적 자원에 있어서도 한국은 아직 과학 기술이 발달하지 못한 단계에 있는 까닭에 전체의 생산력이 그리 높은 수준에 달하지 못하고 있다. 듀이는 현대사회를 지성적 합의에 의하여 개혁할 수 있다고 주장하는 가장 큰 근거로서 과학 기술의 놀라운 발달을 지적하였다. 현대가 가진 과학의 생산력을 충분히 활용한다면, 모두가 잘살 수 있다고 단언했다. 그러나 오늘날 한국이 가진 낮은 단계의 과학 기술만을 따로 떼어서 생각한다면 그렇게 단언할 수 있는 처지가 못 된다. 듀이가 가장 희망을 거는 과학의 힘이 한국에는 아직 미약한 것이다.

국제적 정세로 보더라도 한국은 미국보다 불리한 위치에 놓여 있다. 한반도는 동서 두 강대 세력이 부딪치고 있는 곳이다. 미국식 민주주의와 소련식 공산주의가 38선을 경계로 삼고 대치하는 긴장된 지역이다. 이토록 긴장된 지역에 있어서는 '이것이냐 또는 저것이냐?' 식의 강경한 태도가 환영을 받기 쉬운 반면에, 타협적인 태도는 쌍방으로부터의 공격을 면하기 어렵다. 이와 같은 점으로 볼 때, 한국을 둘러싼 국제 정세는 듀이의 방안을 이 땅에 실천하기에 결코 유리하다고 판단할 수가 없다.

여러 가지 각도로 보아서, 한국은 듀이의 개혁론을 실천하기에 미국보다도 불리한 처지에 놓인 나라다. 미국에서도 만족스러운 실천을 보지 못한 듀이의 방안이 한국에 있어서 좋은 성과를 거두리라고 기대하기는 대단히 어렵다. 그러나 어렵다는 것은 반드시 불가능하다는 것과 같은 뜻은 아니다. 또 현재에 불가능한 것이 먼 장래에는 가능하게 될 수도 있다. 어떤 방안을 일정한 사회에 있어서 성공적으로 실천할 수 있느냐 없느냐 하는 것은, 실제로 시험해 보기 전엔 절대로 확실하게 알 수 없다는 것이 듀이 자신의 학설이었거니와, 사회 개혁의 문제는 결국 사람들이 하기에 달린 것인 까닭에 이 문제에 관해서 '절대 불가능'을 주장할 근거는 없으리라고 본다. 다만 우리가 말하고자 하는 것은 듀이의 사회 개혁론이 한국의 처지로 볼 때는 하나의 이상론에 가깝다는 사실이다.

만약 그것이 진실로 인간적이요 진실로 도덕적인 이상이라면, 비록 그 실현이 몹시 어려운 일일지라도, 먼 장래를 바라보고 그 실현을 꾀하여 도전하는 것은 또한 인간다운 삶의 자세라 할 것이다.[2]

---

2 서문에서도 언급했듯이, 이 책의 원고를 쓴 지 10여 년의 세월이 흐르는 동안에, 우리나라 사정은 많이 달라졌다. 특히 경제 사정과 과학 기술 등은 '기적'이라는 찬사가 있을 정도로 크게 호전되었다. 매우 다행한 일이라 하겠다.
달라진 한국의 현실에 비추어서, 이 마지막 장은 다시 쓰는 것이 바람직함을 알면서도 지금은 사정이 여의치 않아 그렇게 하지 못하는 것을 독자들에게 죄송스럽게 생각한다. 이미 쓴 글은 하나의 기록으로 남기고, 다음 기회에 새로운 논문을 써서 보충하고 싶은 것이 저자의 심정이다.

듀이의 주요 저작

"The Metaphysical Assumption of Materialism", *Journal of Speculative Philosophy* XVI, 1882, pp.208–213.
Psychology, Harper and Brothers, 1887.
My Pedagogic Creed, E. L. Kellogg & Co., 1897.
Psychology and Philosophic Method, Berkeley University Press, 1899.
The School and Society, University of Chicago Press, 1900.
Studies in Logical Theories, University of Chicago Press, 1903.
Logical Conditions of a Scientific Treatment of Morality, University of Chicago Press, 1903.
Ethics(with J. H. Tufts), Henry Holt & Co., 1908, 1932.
How We Think, D. C. Heath & Co., 1910.
The Influence of Darwin on Philosophy and Other Essays in Contemporary Thought, Henry Holt & Co., 1910.
German Philosophy and Politics, Henry Holt & Co., 1915.
Democracy and Education, Macmillan & Co., 1916.
Essays in Experimental Logic, University of Chicago Press, 1916.
Creative Intelligence(Dewey & others), Henry Holt & Co., 1917.
Reconstruction in Philosophy, Henry Holt & Co., 1920.
Human Nature and Conduct, Henry Holt & Co., 1922.
Experience and Nature, Open Court Publishing Co., 1925.
The Public and Its Problems, Henry Holt & Co., 1927.
Characters and Events(ed. by J. Ratner), Henry Holt & Co., 1929.
Impressions of Soviet Russia and the Revolutionary World, Mexico–China–Turkey, New Republic Inc., 1929.
The Quest for Certainty, Minton, Balch & Co., 1930.
Individualism: Old and New, Minton, Balch & Co., 1930.
Philosophy and Civilization, Minton, Balch & Co., 1931.
Art as Experience, Minton, Balch & Co., 1934.
A Common Faith, Yale University Press, 1934.
Liberalism and Social Action, G. P. Putnam & Co., 1935.

The Case of Leon Trotsky: Report of Hearing on The Charges Made Against Him in The Moscow Trials, Harper & Brothers, 1937.

Not Guilty: Report of Inquiry into The Charges Made Against Leon Trotsky in The Moscow Trials, Harper & Brothers, 1937.

Experience and Education, Macmillan & Co., 1938.

Freedom and Culture, G. P. Putnam's Sons, 1939.

Logic: The Theory of Inquiry, Henry Holt & Co., 1939.

Theory of Valuation, University of Chicago Press, 1939.

Intelligence in The Modern World(ed. by J. Ratner), The Modern Library, 1939.

Education Today, G. P. Putnam's Sons, 1940.

Problems of Men, Philosophical Library, 1946.

Knowing and The Known(with A. F. Bentley), The Beacon Press, 1949.

듀이에 관한 주요 연구 서적

Essays in Honor of John Dewey of his Seventieth Birthday, Henry Holt & Co., 1929.

Adolph E. Meyer, *John Dewey and Modern Education*, Avon Press, 1931.

W. T. Feldman, *The Philosophy of John Dewey*, Johns Hopkins Press, 1934.

Sidney Hook, *John Dewey: An Intellectual Portrait*, The John Day Co., 1939.

Paul S. Evanston ed., *The Philosophy of John Dewey*, Northwestern University Press, 1939.

Sidney Ratner ed., *The Philosopher of Common Man*, G. P. Putnam's Sons, 1940.

Folke Leander, *The Philosophy of John Dewey: A Critical Study*, Goteborg, 1940.

Henry B. Parkes, *The Pragmatic Test*, The Colt Press, 1941.

Morton G. White, *The Origin of Dewey's Instrumentalism*, Columbia University Press, 1943.

Moris R. Cohen, *Studies in Philosophy and Science*, Henry Holt and Co., 1949.

Sidney Hook ed., *John Dewey: Philosopher of Science and Freedom*, The Dial Press, 1950.

Jerome Nathanson, *John Dewey*, Charles Scribners' Sons, 1951.

J. B. Butler, *Four Philosophies*, Harper & Brothers, 1951.

H. S. Thayer, *The Logic of Pragmatism: An Examination of John Dewey's Logic*, The Humanities Press, 1952.

Joseph L. Blau, *Men and Movements in American Philosophy*, Prentice-Hall, 1952.

Irwin Edman, *John Dewey*, Bobbs-Merrill, 1955.

George R. Geiger, *John Dewey in Perspective*, Oxford University Press, 1958.

본저의 인용문헌

R. B. Perry, *Thought and Character of William James*, Harvard University Press, 1935.

M. H. Fisch ed., *Classic American Philophers*, Appleton Century, 1951.

J. Dewey, *Philosophy and Civilization*, Minton, Balch & Co., 1931.

_____ , *Democracy and Education*, Macmillan Co., 1928.

_____ , *Art as Experience*, J. Ratner ed., *Intelligence in the Modern World* 에 발췌된 것.

_____ , *Experience and Nature*, Dover, 1958.

_____ , *Reconstruction in Philosophy*, Beacon Press, 1963.

_____ , *Human Nature and Conduct*, Henry Holt, 1922.

_____ , *The Quest for Certainty, Minton*, Balch & Co., 1929.

_____ , *The Logic of Judgments of Practice*, in *Journal of Philosophy*, Vol. XII.

_____ , *Theory of Valuation*, Chicago University Press, 1939.

_____ , *The Public and Its Problems*, J. Ratner ed., *Intelligence in the Modern World*에 발췌된 것.

_____ , *Individualism: Old and New*, Minton, Balch & Co., 1930.

_____ , *Character and Events*, Vol. I, II, Henry Holt, 1929.

_____ , *Freedom and Culture*, George Allen, 1940.

_____ , *Liberalism and Social Action*, Putnam, 1935.

_____ , *How We Think*, Heath, 1933.

_____ , *Psychology*, Harper & Brothers, 1917.

_____ , *Essays in Experimental Logic*, University of Chicago Press, 1916.

J. Dewey & J. H. Tufts, *Ethics*(Revised Edition), Henry Holt, 1932.

J. Dewey & Others, *Creative Intelligence*, Henry Holt, 1917.

Ogburn & Goldenweiser eds., *The Social Sciences and Their Interrelations*, Boston, 1927.

J. Ratner ed., *Intelligence in the Modern World*, The Modern Library, 1939.

Morton G. White, *The Age of Analysis*, Mentor Press, 1955.

516

G. R. Geiger, *John Dewey in Perspective*, Oxford University Press, 1958.
T. H. Hill, *Contemporary Ethical Theory*, Macmillan, 1957.
W. P. Montague, *The Way of Knowing*, George Allen, 1953.
W. H. Kilpatrick ed., *The Teacher and Society*, New York, 1937.

듀이 연보

1859년	10월 20일, 버몬트 주의 상업 도시 벌링턴에서 출생. 아버지는 아치볼드 스프레이그 듀이, 어머니는 루시나 아티메지어 리치.
1875년	고등학교를 졸업하고 바로 사촌 형 존 리치와 함께 버몬트 대학에 입학.
1877-78년	T. H. 헉슬리가 저술한 교과서와 G. H. 파킨스 교수의 강의를 통하여, 찰스 다윈의 진화론적 사상에 접촉함.
1878-79년	H. A. P. 토리 교수의 강의를 통하여 스코틀랜드 학파의 철학 사상을 듣는 한편, 제임스 마슈 교수의 강의를 통하여 독일 철학에 접촉함.
1879년	대학을 졸업. 가을에 펜실베이니아 주 사우스 오일 시티의 고등학교 교사로 부임. 담당 과목은 라틴어와 대수(代數)와 자연과학.
1880년	연말에 사우스 오일 시티 고등학교 교사직을 사임하고, 고향 벌링턴으로 돌아옴.
1881년	버몬트 주의 어느 시골에서 초등학교 교사로 부임. 한편, 토리 교수의 지도로 철학사(哲學史)의 고전을 읽고, 또 해리스 박사가 주재하는 철학 잡지 『사변적 철학』에 접촉하여, 생애의 사업으로서 철학을 연구하고자 하는 뜻을 굳힘.
1882년	「유물론의 형이상학적 가정(The Metaphysical Assumption of Materialism)」을 『사변적 철학』 4월호에 기고. 겨울에 존스홉킨스 대학에 입학하기 위하여 볼티모어로 떠남.
1884년	존스홉킨스 대학 철학과를 졸업. 모리스 교수의 주선으로 미시간 대학 강사로 봉직. 봉급은 연봉 9백 달러.
1886년	7월 앨리스 치프먼과 결혼.
1887년	첫아들 프레드릭 아치볼드 출생. 『심리학(Psychology)』을 출판.
1888년	미네소타 대학으로 옮김.
1889년	다시 미시간 대학으로 돌아와, 모리스 교수의 후임으로 철학과장이 됨. J. H. 터프츠 박사를 같은 과의 교수로 초빙.

1890년	맏딸 에벌린이 미네아폴리스에서 출생.
1893년	둘째 아들 모리스 출생.
1894년	시카고 대학으로 직장을 옮겨, 그곳에서 철학, 심리학 및 교육학을 포함한 학부의 부장이 됨.
1897년	시카고 대학의 후원과 일부 학부모의 원조를 받아서, 새로운 스타일의 특수학교(후일에 '실험학교'라고 불린 것)를 설립.
1898년	실험학교에 두 개의 작업실과 두 개의 실험실, 그리고 식당을 마련함.
1899년	『학교와 사회(*The School and Society*)』 발간.
1900년	『초등학교 기록(*The Elementary School Record*)』 발간.
1903년	『도덕의 과학적 연구를 위한 논리적 요건(*Logical Conditions of a Scientific Treatment of Morality*)』 출판.
1905년	실험학교의 폐쇄를 계기로 시카고 대학의 교수직을 사임. 컬럼비아 대학의 철학과 교수로 부임.
1910년	『사고의 방법(*How We Think*)』 출판.
1916년	『민주주의와 교육(*Democracy and Education*)』 출판.
1919–20년	부인과 함께 일본과 중국 방문.
1922년	『인간성과 행위(*Human Nature and Conduct*)』 출판.
1924년	터키 방문.
1925년	『경험과 자연(*Experience and Nature*)』 출판.
1926년	멕시코 방문.
1927년	부인 앨리스 사망.
1928년	소련 방문.
1929년	후버 대통령의 당선을 계기로 제3당을 제창하여 정계의 주목을 끌다. '독립정치활동연맹'의 창립에 가담. 『확실성의 탐구(*The Quest for Certainty*)』 출판.
1930년	컬럼비아 대학으로부터 은퇴하여 명예교수가 됨.
1934년	『경험으로서의 예술(*Art as Experience*)』 및 『공통의 신앙(*Common Faith*)』 출판. 진보교육협회(Progressive Education Association)의 명예회장으로 추대됨.
1938년	멕시코를 다시 방문. 트로츠키의 재판 사건을 연구하기 위한 위원회의 의장이 됨.
1940년	'세계문화자유회의 미국 본부'를 조직, 이를 지도함.
1941년	『버트런드 러셀의 경우(*The Case of Bertrand Russell*)』라

는 책을 편찬하여, 물의를 일으킨 러셀의 저서 『결혼과 도덕 (*Marriage and Morals*)』을 옹호함.

1944년 　　　'미국 교육교우회(American Education Fellowship)'의 명예총재로 추대됨.

1946년 　　　펜실베이니아 주의 미망인 로버타와 재혼.

1951년 　　　예일 대학에서 명예 문학박사 학위를 받음.

1952년 6월 1일　자택에서 영면. 병상에 누운 지 26시간 뒤의 일이었다. 슬하에는 앨리스와의 사이에 태어난 네 자녀와 그 밖에 세 명의 양자녀(養子女)가 있었다.

편　　집 : 우송 김태길 전집 간행위원회

간행위원 : 이명현(위원장), 고봉진, 길희성, 김광수, 김도식,
　　　　　　김상배, 김영진, 박영식, 손봉호, 송상용, 신영무,
　　　　　　엄정식, 오병남, 이삼열, 이영호, 이태수, 이한구,
　　　　　　정대현, 황경식

우송 김태길 전집

윤리 문제의 이론과 사회 현실
존 듀이의 사회철학

지은이　　김태길

1판 1쇄 인쇄　2010년 5월 20일
1판 1쇄 발행　2010년 5월 25일

발행처　철학과현실사
발행인　전춘호

등록번호　제1-583호
등록일자　1987년 12월 15일

서울특별시 종로구 동숭동 1-45
전화번호 579-5908
팩시밀리 572-2830

ISBN 978-89-7775-712-7　94100
　　　978-89-7775-706-6　(전15권)
값 20,000원

●잘못된 책은 교환해 드립니다.